Bernd Blöbaum · Stefan Neuhaus (Hrsg.)

Literatur und Journalismus

Bernd Blöbaum · Stefan Neuhaus (Hrsg.)

Literatur und Journalismus

Theorie, Kontexte, Fallstudien

Westdeutscher Verlag

Bibliografische Information Der Deutschen Bibliothek
Die Deutsche Bibliothek verzeichnet diese Publikation in der Deutschen Nationalbibliografie; detaillierte bibliografische Daten sind im Internet über <http://dnb.ddb.de> abrufbar.

1. Auflage März 2003

Lektorat: Barbara Emig-Roller / Nadine Kinne

Der Westdeutsche Verlag ist ein Unternehmen der Fachverlagsgruppe BertelsmannSpringer.
www.westdeutscher-verlag.de

Umschlaggestaltung: Horst Dieter Bürkle, Darmstadt
Druck und buchbinderische Verarbeitung: Rosch-Buch, Scheßlitz
Gedruckt auf säurefreiem und chlorfrei gebleichtem Papier
Printed in Germany

ISBN 3-531-13850-2

Inhalt

Vorwort

Journalisten arbeiten in Redaktionen, sie berichten über tagesaktuelle Ereignisse. Die Nachrichtenbeschaffung hat sich im Laufe der Zeit ausdifferenziert. Nachrichtenagenturen unterhalten Büros in aller Welt, Fernseh- und Rundfunkanstalten sowie manche Tages- und Wochenzeitungen haben ihre eigenen Korrespondenten. Journalisten suchen nach Fakten und versuchen, sie zu vermitteln. Schriftsteller hingegen sitzen meist zu Hause an ihrem Schreibtisch und denken sich Geschichten aus. Ihre Fiktionen sind künstliche Welten, virtuelle Realitäten, die als Spiegel bestimmter Zeiten gelesen, aber auch auf die eigene Zeit und Umwelt bezogen werden können.

Die Fächer Kommunikationswissenschaft und Journalistik beschäftigen sich mit der Vermittlung öffentlicher Kommunikation in Massenmedien. Die Kommunikatoren (Journalisten, Redakteure), die Inhalte der Medienkommunikation, die Formen der Darstellung und die gesellschaftlichen und organisatorischen Kontexte (Medienfunktion, Medienstruktur) sind akademisch bearbeitete Problemfelder. Literaturwissenschaftler hingegen untersuchen Strukturen literarischer Texte und ordnen sie in literaturgeschichtliche Zusammenhänge ein.

Die Idee zu diesem Band entstand aus der Beobachtung, dass es über diese allgemeinen Befunde hinaus Grenzbereiche zwischen Literatur und Journalismus gibt, die bislang wenig erforscht sind. Die geisteswissenschaftliche Tradition der Literaturwissenschaft und die sozialwissenschaftliche Orientierung der Kommunikationswissenschaft haben Kooperationen und gemeinsames Arbeiten an nahe liegenden Problemen eher verhindert als befördert. Die durch akademische Disziplingrenzen markierten Trennungen lassen den Journalismus aus der Perspektive der Germanistik offenbar ebenso randständig erscheinen wie die Literatur aus der Sichtweise der Journalistik oder Kommunikationswissenschaft als eher peripher gilt. Dabei sind die Fachgeschichten eng miteinander verknüpft. Die Kommunikationswissenschaft entwickelte sich nicht nur aus den Sozialwissenschaften, sondern hat ihre Wurzeln auch in der deutschen Philologie.

Journalisten schreiben Bücher, Schriftsteller arbeiten als Journalisten; Kritiker Hellmuth Karasek veröffentlicht Romane und Martin Walser meldet sich als Essayist in Printmedien zu Wort. Journalisten unterrichten über Leben und Arbeit von Autoren, etwa in Form von ‚Werkstattberichten', während Letztere einige ihrer Figuren den Beruf des Journalisten ausüben lassen oder Probleme der Medien direkt ansprechen. Das wohl aufsehenerregendste Beispiel von literarischer Medienkritik in der jüngeren deutschen Geschichte ist Heinrich Bölls Erzählung *Die verlorene Ehre der Katharina Blum.*

Bei der Betrachtung solcher Überschneidungen von Berufsbildern und Themen stellt sich die Frage, wie sich die literarischen Gattungen und journalistischen Darstellungsformen unterscheiden lassen – und was sie verbindet. Reportagen und Essays finden sich in Printmedien und zwischen Buchdeckeln; Romane werden in Zeitungen vorabgedruckt. Bei der Frage, was ein literarischer oder ein journalistischer Text ist, hilft das in der Literaturwissenschaft übliche Kriterium der ästhetischen Qualität nur bedingt weiter. Heinrich Heines Reiseberichte, Egon Erwin Kischs Reportagen und Erich Kästners Feuilletons gehören nicht zuletzt wegen ihrer hohen literarischen Qualität zum Kanon.

Damit sind einige Schlaglichter auf den Problemhorizont geworfen, der in diesem Band in kleinen Teilen bearbeitet wird: Am Anfang stehen Kontextualisierungen. Bernd Blöbaum geht der Frage nach, welche Funktion die Systeme Literatur und Journalismus erfüllen, welche Leistungen sie erbringen, worin Unterschiede zwischen Rollen und Programmen in Literatur und Journalismus liegen. Stefan Neuhaus stellt am Beispiel literaturkritischer Texte fest, dass entgegen tradierter Werturteile die Frage der literarischen Qualität eines Texts nicht oder nicht nur von seiner Zugehörigkeit zu journalistischen oder literarischen Genres abhängt. Cecilia von Studnitz hat bei der empirischen Analyse fiktionaler Texte Journalisten-Images ermittelt und deren Abhängigkeit von historischen und autorbezogenen Koordinaten beschrieben.

Die im darauf folgenden Abschnitt in Angriff genommenen historischen Perspektivierungen führen zu weiteren aufschlussreichen Ergebnissen. Reinhard Heinritz zeigt, dass der moderne Essay auf Erasmus und Montaigne zurückgeht. Michael Meyer legt dar, dass Daniel Defoe bereits vor rund 300 Jahren mit publizistischen Mitteln focht, die teilweise auch heute noch üblich sind. Defoe wird als eine der ersten großen Doppelbegabungen als Schriftsteller und Journalist konturiert, wobei die Differenz zwischen diesen Rollen gleich wieder auf produktive Weise relativiert wird. Claude Conter weist nach, dass Robert Prutz Mitte des 19. Jahrhunderts mit Fragen einer erst im 20. Jahrhundert etablierten Wissenschaft – der Kommunikationswissenschaft – beschäftigt war. Er behandelte Problemstellungen, die auch heute noch teilweise ungelöst sind. Die historisch ausgerichteten Analysen können als Beiträge zu einer gemeinsamen Fachgeschichte von Literatur- und Kommunikationswissenschaft gelesen werden.

Im letzten und umfangreichsten Abschnitt folgen Fallstudien, die sich am Beispiel einzelner Autoren mit Konzepten von Texten im Grenzbereich der Disziplinen beschäftigen. Thorsten Unger eröffnet die Reihe mit dem auch literaturhistorisch bedeutsamen Vater der Reportage Egon Erwin Kisch. Benjamin Wagener beleuchtet eine wichtige journalistische Arbeitsphase eines der bekanntesten deutschsprachigen Schriftstellers des 20. Jahrhunderts: Erich Kästner, der wie kein anderer den permanenten Medienwechsel vollzog. Heiner Bus ermöglicht einen doppelten Grenzübertritt: in die USA und in die Gattung des „New Journalism", die versuchte, Fakten und Fiktionen ununterscheidbar zu vermischen. Johannes Birgfeld stellt die Frage nach den Risiken und Nebenwirkungen der Kriegsberichterstattung von Schriftstellern. Andreas Meier fragt am Beispiel der Auseinandersetzungen um Martin Walser und Günter Grass, wie Vertreter der Massenmedien mit Literatur umgehen.

Überblickt man die historische Spannbreite der Beiträge, dann stellt sich die Frage nach den Brüchen und Kontinuitäten. Die Grenzen zwischen literarischer und journalistischer Tätigkeit sind erst gezogen und dann zementiert worden, mit kuriosen Folgen. Im 19. Jahrhundert mussten, neben zahlreichen anderen, heute weit weniger bekannten Autoren, Ludwig Börne und Heinrich Heine für ihre publizistisch-literarische Tätigkeit ins Exil gehen. Heute gibt es professionelle Journalisten, die

Schriftsteller schelten, wenn sie sich in Fragen der Politik einmischen. Eine schärfere Wahrnehmung der historischen und gegenwärtigen Gemeinsamkeiten von Literatur und Journalismus und der diese Bereiche beobachtenden wissenschaftlichen Disziplinen könnte den Boden für mehr Verständnis und ertragreichen Austausch bereiten.

Die Beiträge beruhen auf einer Vortragsreihe, die im Sommer 2001 an der Otto-Friedrich-Universität Bamberg stattfand. Sie wurde gemeinsam von den Lehrstühlen für Kommunikationswissenschaft/Journalistik und Neuere deutsche Literaturwissenschaft veranstaltet, dem Lehrstuhlinhaber Prof. Dr. Wulf Segebrecht sei an dieser Stelle herzlich für seine Unterstützung gedankt. Für finanzielle Unterstützung der Vortragsreihe und der Publikation danken die Veranstalter und Herausgeber der Verlagsbuchhandlung *Collibri*.

Für umsichtiges und kompetentes Redigieren, Korrigieren und Formatieren danken die Herausgeber, die selbstverständlich für die verbliebenen Fehler verantwortlich sind, Maja Malik, Dagmar Schierenberg und Kristina Wied vom Institut für Kommunikationswissenschaft der Universität Münster. Die inhaltliche Verantwortung für die Aufsätze liegt bei den Autoren, denen die Herausgeber ebenfalls zu Dank verpflichtet sind.

Münster/Bamberg, im November 2002

Bernd Blöbaum, Stefan Neuhaus

Stefan Neuhaus

Von Texten, Menschen und Medien

Die Literaturwissenschaft und ihr Gegenstand

1 Texte lesen

Schriftsteller und Journalisten schreiben Texte. Sie sind nicht die einzigen, doch ihre Texte entfalten öffentliche Wirkung und sind in ein Netz von Beziehungen eingebunden, denen gesellschaftliche und dann auch historische Relevanz zugebilligt wird. Fragt man nach den Unterschieden, dann werden mehrere Kriterien genannt, vor allem zwei: Journalistische Texte sind nichtfiktional und tagesaktuell, literarische Texte fiktional und überzeitlich. Betrachtet man aber diese beiden Unterscheidungskriterien genauer, dann beginnen sie sich sehr schnell aufzulösen. Der Blick zurück in die Geschichte zeigt, dass Autoren mit Gedichten zu Zeitereignissen direkt in die politische Debatte eingegriffen haben, berühmt-berüchtigte Namen Anfang des 19. Jahrhunderts sind Ernst Moritz Arndt und Theodor Körner. Heinrich Heine formulierte später mit satirischen Texten eine politische Gegenposition. Er rückte seinen Landsleuten nicht mit Pathos, sondern mit Ironie zu Leibe. So heißt es in der Vorrede zu *Atta Troll. Ein Sommernachtstraum*:

> Unser Vaterland ist ein gesegnetes Land; es wachsen hier freilich keine Zitronen und keine Goldorangen, auch krüppelt sich der Lorbeer nur mühsam fort auf deutschem Boden, aber faule Äpfel gedeihen bei uns in erfreulichster Fülle, und alle unsere großen Dichter wußten davon ein Lied zu singen (Heine 1994: 335).

Der Text kann (mindestens) auf zwei Ebenen gelesen werden, zunächst als Zustandsbeschreibung, dann als satirische Abrechnung mit den Deutschen, die mit „faulen Äpfeln" gleichgesetzt werden. Insofern handelt es sich um einen Kommentar zur Zeit, um den Versuch, mittels Satire das politische Bewusstsein der Leser zu wecken und gesellschaftliche Veränderungen anzustoßen. Andererseits lässt sich der Text auch heute mit Gewinn lesen, aus historischer (‚damals waren die Deutschen unfähig zu notwendigen politischen Veränderungen'), aber auch aus aktueller Perspektive (‚das politische System Deutschlands bedarf zahlreicher Reformen, doch die Deutschen sind dazu nicht in der Lage'). Das Adjektiv ‚faul' lässt sich in seiner zweifachen Bedeutung aktualisieren, als ‚verfault' und als ‚nicht bereit zu Veränderungen'.

Das Beispiel soll illustrieren: Im 19. Jahrhundert formte sich erst die funktionale Trennung der Rollen ‚Journalist' und ‚Schriftsteller' und damit der Beruf des Journalisten, der uns heute so vertraut ist und so leicht eingrenzbar zu sein scheint. Auch literarische Texte reflektieren diese Entwicklung, etwa Gustav Freytags Lustspiel *Die Journalisten* von 1854. Jene Personen, die in der heutigen Literaturgeschichtsschreibung als Schriftsteller bewertet werden, waren in der Ausbildung eines spezifischen Berufsbildes indes viel weniger diszipliniert als ihre Journalistenkollegen. Sie haben, zum Beispiel Karl Kraus mit seiner *Fackel*, Zeitschriften gegründet und Leitartikel geschrieben; sie sind, wie Hans Magnus Enzensberger, durch Europa gereist und haben darüber – ja was? – Essays, Feuilletons geschrieben. Dazu kommt, dass die Literaturgeschichtsschreibung dem Rollenverständnis von Journalisten nicht immer gefolgt ist. Das Werk von Egon Erwin Kisch, er war der sprichwörtliche rasende Reporter, hat eine relativ breite literaturwissenschaftliche Rezeption aufzuweisen. Kischs Reportagen sind nicht nur in Zeitungen und Zeitschriften, sondern auch in Buchform erschienen; die verschiedenen Ausgaben werden immer wieder neu aufgelegt. Augenscheinlich gibt es also einen Grenzbereich zwischen Literatur und Journalismus; als Sonde in diesem Grenzbereich versteht sich der vorliegende Sammelband.

2 Instrumente bereitstellen

Bei der Arbeit an diesem Band hat sich schnell gezeigt, dass nicht nur die Rollen und Textgattungen, sondern auch die ihnen zuzuordnenden wissenschaftlichen Zugriffe ganz verschieden sind. In der Literaturwissenschaft arbeitet man kaum empirisch, wie auch? Was sollte man messen? Schriftsteller arbeiten in der Regel allein an ihren Schreibtischen. Sie sind Individualisten, die sich nicht bei ihrer Arbeit beobachten lassen, und wenn man sie befragt, antworten sie bestenfalls ausweichend. Der Journalismus ist auf Normierungen angewiesen, die Literatur auf deren Abwesenheit. Schriftsteller bemühen sich seit dem 18. Jahrhundert nicht darum, vorgegebene Normen zu adaptieren und zu variieren, sondern ihren Texten ein autonomes Gepräge zu geben, das sie unverwechselbar macht. Danach richtet sich auch die Bewertung der Texte im Diskurs über Literatur. Ein qualitativ hochwertiger Text bemüht sich um Originalität, Stimmigkeit und Innovation, ihm stehen alle Möglichkeiten der Sprache offen.[1]

Um der Heterogenität der Texte Rechnung zu tragen, hat die Literaturwissenschaft ein heterogenes Arsenal von Textzugängen entwickelt (vgl. Baasner/Zens 2001). Dies wird ihr gern zum Vorwurf gemacht, Kommentatoren und Kritiker sprechen deshalb von einer Dauerkrise (vgl. Griesheimer/Prinz 1992). Stattdessen sollte man die enormen und enorm spannenden Möglichkeiten produktiv begreifen, lassen sich doch nur so möglichst viele, wenn auch wohl niemals alle Facetten eines Texts ausleuchten.[2] Die Restunschärfe liegt im Wesen der Sprache, erst recht bei literarischen Texten, die nur überzeitlich wirken können, wenn sie Interpretationsspielräume eröffnen.

Aus der Perspektive der Literaturwissenschaft handelt es sich bei journalistischen Texten um nichts anderes als um *Texte*. In den vergangenen Jahrzehnten hat die Literaturwissenschaft den Textbegriff erheblich ausgeweitet, ja ausweiten müssen. In den 60er, 70er und frühen 80er Jahren wurden so genannte Gebrauchstexte analysiert und kanonisiert oder deren Entstehungsbedingungen erforscht, etwa durch die Behandlung in Literaturgeschichten. Dies hat Gründe, die sich auf die politi-

1 Für eine differenzierte Darstellung der Möglichkeiten literarischer Wertung, die hier nicht zu leisten ist, vgl. Heydebrand/Winko (1996), Neuhaus (2002).

2 Folgende Einschätzung scheint mir daher, vorsichtig formuliert, etwas überzogen und wenig vorwärtsgewandt zu sein: „Die spezielle Trostlosigkeit der heutigen Germanstik liegt ja darin, daß sie nach dem mißlungenen Versuch ihrer sogenannten Politisierung in den siebziger und frühen achtziger Jahren sich jetzt in ein neues Fachidiotentum zurückgezogen hat, das sich seine so genannten Interessen auch noch von außen vorschreiben läßt“ (Arntzen 1996: 8).

schen Diskussionen der Zeit der Studentenbewegung zurückführen lassen, es hat aber auch mit dem Verschwimmen der einst so festgefügten literaturwissenschaftlichen Kategoriebildungen zu tun.[3] Wie kann man es rechtfertigen, sich auf Höhenkamm-Literatur zu beschränken, wenn es Texte gibt, die viel höhere Auflagen und eine viel größere Verbreitung hatten, also eine bedeutendere Wirkung entfalteten? Warum soll man Differenzierungen als gottgegeben und ewiggültig hinnehmen, die sich erst im 19. Jahrhundert entwickelt haben? Zunehmend öffnete sich der Blick für die in mancher Hinsicht geringen Unterschiede zwischen Gebrauchs-, Trivial- und Höhenkamm-Literatur. In manchen Texten sind die offenbar so gegensätzlichen journalistischen und literarischen Gattungen fast ununterscheidbar verschmolzen, etwa in Alfred Döblins *Berlin Alexanderplatz,* das zum Teil aus Artikeln besteht, die Döblin aus Zeitungen ausgeschnitten und in sein Manuskript eingeklebt hat.

Verschiedene neue Forschungsrichtungen etablierten sich, etwa zur Dokumentar- und Reiseliteratur. Forschungen zu einzelnen Autoren berücksichtigten nun auch die bisher kaum zur Kenntnis genommene Produktion, etwa Berichte in Zeitungen, Kommentare, Rezensionen, Aufführungsbesprechungen, Essays, Briefe. In der Autobiographieforschung stellte man fest, dass Autobiographien stark stilisiert, wenn nicht gar fiktionalisiert sind. Romane, etwa die Theodor Fontanes, wurden verstärkt als weitgehend tatsachengetreue Charakterisierungen ihrer Handlungszeit gelesen, Vergleiche zwischen fiktiver und historischer Realität wurden angestellt. Aus solcher Perspektive ist es nicht zu rechtfertigen, wenn journalistische Texte nicht auch auf ihre literarische Qualität geprüft werden. Kein Wissenschaftler, sondern ein Autor hat formuliert:

> Günter Grass sieht keine Probleme, wenn der Literaturnobelpreis künftig auch an Autoren in gänzlich neuen [sic!] Sparten vergeben wird. ‚Warum nicht ein Journalist? Es muss nur eben literarisch anspruchsvoll sein', meinte der 74-jährige Autor am Mittwoch in Stockholm beim Jubiläums-Symposium ‚Literatur als Zeugnis' (N.N. 2001: W4).

3 Als Abgrenzung zur traditionellen Literaturgeschichtsschreibung sind die Sozialgeschichten der Literatur entstanden, am bekanntesten sind die Großprojekte von Glaser (1980ff.) und Grimminger (1980ff.). Im 1983 erschienenen Band 9 der Literaturgeschichte von Glaser (Weimarer Republik – Drittes Reich: Avantgardismus, Parteilichkeit, Exil 1918-1945) finden sich Kapitel zur „Literarischen Öffentlichkeit", zur „Essayistik", zu „Reportage und Dokumentarliteratur" und zu den „Massenmedien".

In der Wissenschaft steht eine solche Auffassung heute aber leider (wieder) relativ isoliert da. Die Grenzen wurden während der letzten Jahrzehnte aufgeweicht, aber sie wurden nicht aufgehoben und scheinen sich langsam wieder zu festigen. Nach wie vor steht der fiktionale Text im Zentrum der literaturwissenschaftlichen Forschung, nichtfiktionale Texte scheinen zunehmend marginalisiert zu werden.[4] Ob das eine Rolle rückwärts ist, wird sich zeigen. Diese Entwicklung dürfte mit einem Unbehagen zu tun haben, das die nicht zuletzt ideologisch motivierte Betonung der Leserperspektive – als Abgrenzung von der etablierten, als elitär eingeschätzten Literaturwissenschaft der 50er Jahre – hervorgebracht hat. Die Marxistische Literaturwissenschaft oder die Doktrin des Sozialistischen Realismus, nicht zuletzt der täglich zu beobachtende Umgang mit Literatur in der DDR dürften zu einer erneuten Betonung der künstlerischen Dimension von Texten beigetragen haben. Vielleicht wird man in späterer Zeit über diese Entwicklung gesicherte Erkenntnisse haben.

Die entscheidende Konsequenz aus der Öffnung des literaturwissenschaftlichen Textbegriffs ist jedenfalls noch nicht gezogen worden: Die literarische Qualität von Texten bedeutet nicht notwendigerweise, dass sie fiktional sein und auf jeden Bezug zum Tagesgeschehen verzichten müssen. Im vorliegenden Band werden zahlreiche Beispiele diskutiert, die beides sind, journalistische und literarische Texte, sei es, weil sie den Qualitätskriterien beider Disziplinen genügen, weil ihnen eine literarhistorische Bedeutung zukommt oder weil sie von kanonisierten Schriftstellern verfasst wurden. Akzeptiert man die Aufhebung der grundsätzlichen Differenz zwischen journalistischen und literarischen Texten, dann öffnet sich ein weites, bisher kaum vermessenes Feld literaturwissenschaftlicher Forschung.

Bisher war von ‚der' Literaturwissenschaft die Rede, auch wenn bereits auf die Heterogenität der Textzugänge hingewiesen wurde. ‚Die' Literaturwissenschaft hat sich schon früher bei der Philosophie, der Sprach- und Geschichtswissenschaft bedient, deren Begrifflichkeit und Methodik teilweise übernommen und den eigenen Bedürfnissen angepasst; man denke an die Geistesgeschichte, den Strukturalismus oder die

4 Vgl. als Beispiel aus der Literaturgeschichtsschreibung die hervorragende, aber sich fast ausschließlich auf fiktionale Texte konzentrierende, vergleichsweise neue Literaturgeschichte von Borries/Borries (1991ff.).

Literaturgeschichtsschreibung. Nun gibt es Bestrebungen, ‚die' Literaturwissenschaft, man könnte auch sagen: die traditionelle Literaturwissenschaft durch eine Medien- oder Kulturwissenschaft abzulösen (vgl. Schütz/Wegmann 1996; Spangenberg 1995). Vorarbeiten gibt es schon seit langem, etwa mit der Einbeziehung psychoanalytischer, empirischer, soziologischer und anthropologischer Fragestellungen. Untersucht man beispielsweise die psychische Disposition eines Autors, die Wirkung eines Textes, die Rolle eines Autors im literarischen Leben seiner Zeit (vielleicht gar im ‚Sozialsystem Literatur'), das Geflecht von Beziehungen zwischen Autoren und ihrer Gesellschaft, die politischen Implikationen von Texten, die Aussagen eines Textes über historische, gesellschaftliche, soziologische, ökonomische Verhältnisse der Zeit – und vieles mehr, dann tritt die Frage nach der (wie immer zu definierenden) Qualität in den Hintergrund.

3 Texte interpretieren

Die im vorliegenden Band versammelten Aufsätze zeugen von der Heterogenität, aber auch von der Integrationskraft der Möglichkeiten der Textanalyse und Textbeobachtung. Mit ihnen wird ein breites Spektrum abgedeckt. Die Frage bleibt, ob es möglich ist, die Ansätze in einen theoretischen Rahmen zu spannen. Hierfür werden zwei Schritte angeboten.

1. Schritt: Wie bereits angeführt, produzieren Literaten und Journalisten zunächst einmal nichts anderes als Texte. Die Einbeziehung journalistischer Texte in die literaturwissenschaftliche Analyse hat Günter Grass mit dem Kriterium „literarisch anspruchsvoll" (N.N. 2001: W4) benannt. Um das Spezifische dieses Kriteriums zu erfassen, ist die Sprache als Code zu beschreiben. Texte bestehen aus sprachlichen Zeichen, das sind Bedeutungseinheiten; das Textganze kann als komplexes sprachliches Zeichen beschrieben werden. Die Grundlagen hierfür haben Strukturalismus und Semiotik (die Lehre vom sprachlichen Zeichen) gelegt. Zwischen nicht-literarischen und literarischen Texten gibt es einen gravierenden Unterschied; nicht-literarische Texte bemühen sich um Eindeutigkeit, literarische Texte um Mehr- oder Vieldeutigkeit. Dazu Lotmans:

> Die Spezifik künstlerischer Kommunikation besteht nun aber unter anderem darin, daß der Kode des Empfängers sich immer in der oder jener Weise vom Kode des Senders unterscheidet. Dabei kann es sich um relativ geringfügige Abweichungen handeln, die von der kulturellen Erfahrung der Persönlichkeit oder ihrer speziellen psychologischen Struktur herrühren, aber es können auch tiefgreifende soziale und historische Züge der Kultur sein, die entweder eine künstlerische Rezeption des Textes unmöglich machen oder aber ihn einer tiefgreifenden Umdeutung unterwerfen. Der Leser tendiert dazu, den Text in die ihm vertrauten Vorstellungen hineinzupressen, indem er aus dem ihm zur Verfügung stehenden Vorrat an künstlerischer Erfahrung diejenigen textexternen Strukturen auswählt, die ihm für den Fall als die geeignetsten erscheinen (Lotman 1993: 417).

> Der Leser ist daran interessiert, die notwendige Information mit dem geringsten Aufwand an Mühe zu erlangen (der Genuß an der Verlängerung der Bemühung ist der typische Autor-Standpunkt). Wenn daher der Autor bestrebt ist, die Anzahl der Kodesysteme und die Kompliziertheit ihrer Struktur zu erhöhen, so ist der Leser geneigt, sie auf das, wie ihm scheint, ausreichende Minimum zu reduzieren (ebd.: 418f.).

Es ist Aufgabe der Literaturwissenschaft, die Komplexität von literarischen Texten nicht zu ignorieren, sondern transparent zu machen, also die verschiedenen Ebenen, auf denen ein Text gelesen werden kann, zu rekonstruieren oder auch zu konstruieren, denn der Autor hat nicht das alleinige Recht an der Textauslegung. Maßgeblich ist, was der Text selbst sagt. Um nun nicht der Willkür anheim zu fallen, „den Text in die ihm [dem Leser, S.N.] vertrauten Strukturen hineinzupressen" (ebd.), ist ein größtmögliches Maß an Objektivität, Genauigkeit und methodischer Reflexion notwendig:

> *Methode* ist der systematische und reflektierte Zusammenhang von Operationen beim Erkennen und Verändern eines Gegenstandes. Methodisch vorgehen heißt, die Ausgangsbedingungen der eigenen Arbeit kennen, ein Erkenntnis- bzw. Handlungsziel definieren und die Prinzipien und Verfahren formulieren, nach denen auf dem projektierten Weg zum Ziel vorgegangen werden soll. Literaturwissenschaftliche Interpretation unterscheidet sich also von der alltäglichen Praxis der Textauslegung vor allem durch den Anspruch methodischer Reflexion. Diese hat den Zweck, die angewandten Untersuchungsverfahren in ihrem Zusammenhang mit der Gegenstandswahl und dem Erkenntnisinteresse kontinuierlich zu explizieren, um sie auf diese Weise erkennbar, überprüfbar und wiederholbar zu machen (Schutte 1993: 13).

Dieser Weg kann nur beschritten werden, wenn man der Auffassung ist, dass Interpretation kein willkürlicher Prozess ist, ohne deshalb gleich dogmatischen Ausschließlichkeitsansprüchen zu huldigen. Man vergleiche Umberto Ecos paradigmatische Formulierung: „Texte zu interpretieren bedeutet erklären, warum Wörter – je nachdem, wie man sie interpretiert – Verschiedenes machen können (anderes dagegen nicht)" (Eco 1996: 30). Die Interpretation ist „unbegrenzt" (ebd.: 38), aber eingrenzbar. Wer interpretiert, muss argumentieren, und zwar auf der Basis von Logik.

2. Schritt: Vier Begriffe, mit denen dieser allein auf den Text bezogene Rahmen erweitert werden kann, lauten *Diskurs*, *System*, *Kommunikation* und *Medium*. Die Begriffe können auf Makro- und Mikroebene verwendet werden, dies geschieht bereits disziplinübergreifend. Auf der Makroebene wird oft vom Sozialsystem Gesellschaft gesprochen,[5] das durch Kommunikationshandlungen ‚funktioniert'. Texte sind solche Kommunikationshandlungen, es sind Botschaften, die codiert und decodiert werden, wobei der Prozess der Codierung und Decodierung von Autor(en), Text(en) und Leser(n), aber auch von vielen anderen abhängt (vgl. Bogdal 1995), die mit dem Text nur mittelbar etwas zu tun haben, beispielsweise Distributeure oder Verkäufer. Gleichzeitig ist die Schrift ein bedeutendes Medium und Texte sind Speichermedien, die Kommunikation archivieren und zu jeder Zeit wieder aktivieren können (vgl. Assmann/Assmann/Hardmeier 1983, bes. das Nachwort S. 265ff.). Texte lassen sich darüber hinaus als Diskursbeiträge verstehen, sie greifen in bestimmte Argumentationsketten ein, werden zu deren Bestandteil, auf dem wieder andere Texte aufbauen.[6] Die Wirkungen der Texte in Diskursen sind aber nicht chronologisch oder sonst wie geordnet, sie sind vor allem rezipientenabhängig.

---

5 Für eine knappe Einführung auf systemtheoretischer Basis vgl. Dörner/Vogt 1996: hier 86ff.; Plumpe 1995. Auf Textebene kann der Begriff ‚System' an den ungleich bekannteren Begriff der ‚Struktur' angeschlossen werden. Die systemtheoretische Perspektive bedeutet für die Literaturwissenschaft eine methodische Engführung (mit allen Vorzügen und Nachteilen), die an dieser Stelle vermieden werden soll.

6 ‚Diskurs' ist ein definitionsbedürftiger Begriff (vgl. Nennen 2000). Der in der Literaturwissenschaft etablierte Zugang der Diskursanalyse schließt in der Regel an das Diskursmodell Michel Foucaults an (vgl. Baasner/Zens 2001: 137ff.). – Für die Verwendung an dieser Stelle genügen die Hinweise im Text.

Auf der Textebene konstituiert jeder Text sein eigenes System aus (internen) Verweisungszusammenhängen, die mit textexternen Zusammenhängen korrelieren. Als Mikrokosmos kann der Text in seinem Verhältnis zur Gesellschaft als Spiegel, als Kommentar, als Reaktion, als Reflexion, als vieles mehr und vieles gleichzeitig gelesen werden. In Texten kommunizieren Erzähler und Figuren mit sich selbst und mit dem (imaginierten, impliziten, empirischen) Leser. Es bilden sich Diskursstrukturen im Text, die wiederum in ihrem Verhältnis zum übergeordneten gesellschaftlichen Diskurs beschrieben werden können, sowohl in synchroner als auch in diachroner Perspektive.

Der einzelne Text nutzt das Medium Schrift und bewahrt es in seiner Gegenständlichkeit als Buch dauerhaft auf. Während Zeitungen und journalistische Zeitschriften in kurzen Zeiträumen periodisch ‚erneuert' werden, ist die Veröffentlichung im Buch bereits ein Hinweis auf die denkbare Kanonfähigkeit oder zumindest auf die mögliche literarhistorische Relevanz eines Textes. Es ist an der Literaturwissenschaft, solche Zusammenhänge zu reflektieren und, mit ihrem Handwerkszeug der Textanalyse, entsprechende Überprüfungen zu initiieren, die im günstigsten Fall zu einer Wiederentdeckung von Autoren und Texten führen können. Der Erkenntnisgewinn der Analyse vorgeblich journalistischer Texte und ihrer Kontexte ist vielfältig und richtet sich, wie die versammelten Beiträge hinlänglich zeigen, nach dem Erkenntnisinteresse. Es hat wenig Sinn, darüber zu lamentieren, wie komplex das in Sicht gekommene Feld ist, und wieder neue Grenzzäune zu errichten. Entdeckerfreude, Neugierde und Wissenschaft sind tautologische Begriffe. Es bleibt zu wünschen, dass auch die Leser verschiedener Disziplinen dies so sehen und die kleine Entdeckungsreise dieses Bandes als Aufforderung verstehen werden, weitere Expeditionen auszurichten.

Literatur

Arntzen, Helmut (1996): Unsinn und Sinn der Germanistik. Weinheim: Beltz Athenäum

Assmann, Aleida/Jan Assmann/Christof Hardmeier (1983) (Hg.): Schrift und Gedächtnis. Beiträge zur Archäologie der literarischen Kommunikation. München: Fink

Baasner, Rainer/Maria Zens (2001): Methoden und Modelle der Literaturwissenschaft. Eine Einführung. 2., überarb. u. erw. Aufl. Berlin: Erich Schmidt

Bogdal, Klaus-Michael (1995): Akteure literarischer Kommunikation. In: Jürgen Fohrmann/Harro Müller (Hg.): Literaturwissenschaft. München: Fink: 273-296

Borries, Ernst von/Erika von Borries (1991ff.) (Hg.): Deutsche Literatur-Geschichte. 12 Bände. München: dtv

Dörner, Andreas/Ludgera Vogt (1996): Literatur – Literaturbetrieb – Literatur als ‚System'. In: Heinz Ludwig Arnold/Heinrich Detering (Hg.): Grundzüge der Literaturwissenschaft. München: dtv: 79-99

Eco, Umberto (1996): Interpretation und Geschichte. In: ders.: Zwischen Autor und Text. Interpretation und Überinterpretation. München: dtv: 29-51

Glaser, Horst Albert (1980ff.) (Hg.): Deutsche Literatur. Eine Sozialgeschichte. Reinbek bei Hamburg: Rowohlt

Griesheimer, Frank/Alois Prinz (1992) (Hg.): Wozu Literaturwissenschaft? Kritik und Perspektiven. Tübingen: Francke

Grimminger, Rolf (1980ff.) (Begr.): Hansers Sozialgeschichte der Literatur. München, Wien: Hanser

Heine, Heinrich (1994): Werke in vier Bänden. Band 1. Frankfurt/Main, Leipzig: Insel

Heydebrand, Renate von/Simone Winko (1996): Einführung in die Wertung von Literatur. Systematik – Geschichte – Legitimation. Paderborn u.a.: Schöningh

Lotmann, Jurij M. (1993): Die Struktur literarischer Texte. 4. Aufl. München: Fink

N.N. (2001): Über die Literatur als Zeugnis. Grass: Literatur-Nobelpreis könnte auch an Journalisten gehen. In: Fränkischer Tag vom 06.12.2001: W4

Nennen, Heinz-Ulrich (2000) (Hg.): Diskurs. Begriff und Realisierung. Würzburg: Königshausen & Neumann

Neuhaus, Stefan (2002): Revision des literarischen Kanons. Göttingen: Vandenhoeck & Ruprecht

Plumpe, Gerhard (1995): Literatur als System. In: Jürgen Fohrmann/Harro Müller, unter Mitw. v. Susanne Landeck (Hg.): Literaturwissenschaft. München: Fink: 103-116

Schütz, Erhard/Thomas Wegmann (1996): Literatur und Medien. In: Heinz Ludwig Arnold/Heinrich Detering (Hg.): Grundzüge der Literaturwissenschaft. München: dtv: 52-78

Schutte, Jürgen (1993): Einführung in die Literaturinterpretation. 3., überarb. u. erw. Aufl. Stuttgart, Weimar: Metzler

Spangenberg, Peter M. (1995): Mediengeschichte – Medientheorie. In: Jürgen Fohrmann/Harro Müller, unter Mitw. v. Susanne Landeck (Hg.): Literaturwissenschaft. München: Fink: 31-76

Bernd Blöbaum

Literatur und Journalismus

Zur Struktur und zum Verhältnis von zwei Systemen

Wabra

Leupold Popp

Ludwig Müller Wenauer Blankenburg

Starek Strehl Brungs Heinz Müller Volkert

(Peter Handke 1969)

1. FC Nürnberg: Kampa – Sanneh, Kos, Nikl, L. Müller – Paßlack, Larsen, Krzynowek – Jarolim – Cacau, Rink

(Kicker. Sportmagazin 2002)

1 Literatur oder Journalismus?

Zwischen 1968 und 2002 liegt nicht nur ein Stück Fußballgeschichte mit sportlichen Berg- und Talfahrten des Clubs aus Nürnberg. Die beiden Mannschaftsaufstellungen sind verschiedenen Bezugssystemen zurechenbar. Der Text von Peter Handke, der den Titel *Die Aufstellung des 1. FC Nürnberg vom 27.1.1968* (Handke 1969: 59) trägt, gehört zur Gattung Lyrik. Als Teilelement des literarischen Systems schließt das Gedicht an andere literarische Kommunikationen an und steht etwa literaturwissenschaftlichen Interpretationen zur Verfügung. Konsens über die Zurechnung der Aufstellung zum Literatursystem besteht im literaturbezogenen Diskurs nicht. Bei dem Text aus der Sportzeitschrift *Kicker* handelt es sich um ein Element des journalistischen Systems. Aktuelle Informationen werden vermittelt; dafür wird eine im Sportjournalismus typische Form verwendet – die Aufzählung der Fußballer der Anfangsaufstellung in einer durch Konvention festgelegten Reihenfolge: Torwart, Abwehrspieler, Mittelfeldspieler, Angriffsspieler. Durch die Veröffentlichung der Aufstellung mit den Spielernachnamen erfüllt der Journalismus eine Chronistenpflicht; Personen, die nicht an dem Ereignis direkt teilgenommen haben, werden über Mitwirkende informiert. Es gehört zur eingeübten sportjournalistischen Praxis, die Mannschaftsaufstellungen der Bundesligaspiele zu veröffentlichen.

In anderen vom Journalismus bearbeiteten Ereignisfeldern ist die Auflistung von Namen nicht üblich. So werden weder die Teilnehmer von Bundeskabinetts- noch von Bundestagssitzungen namentlich in der Politikberichterstattung aufgeführt, auch Listen von Managern, die zur Bilanz eines Wirtschaftsunternehmens beigetragen haben, sind in der Wirtschaftsberichterstattung nicht üblich.

Die Mannschaftsaufstellung eines Bundesligisten ist sicherlich ein ungewöhnlicher Fall von Literatur und im Sportjournalismus ein Standardelement. Eine Aufzählung von Namen einmal als literarisches und ein anderes Mal als journalistisches Werk zu beobachten, liefert wichtige Hinweise für die Unterscheidung zwischen Literatur und Journalismus: Beobachterstandpunkt, eingeübte Konventionen und Kontext sind neben Gattung und Darstellungsform einige Merkmale für die Differenzierung zwischen den fokussierten Bereichen. Veröffentlichungsort, das Umfeld der Publikation, die Rolle der Produzenten und die Anschlusskommunikation der Rezipienten entscheiden mit darüber, welche Systemreferenzen der Printmedien gebundenen Kommunikationsangebote zum Tragen kommen.

Handelt es sich um Literatur oder/und Journalismus, wenn Hans Magnus Enzensberger eine Reportage in der spanischen Tageszeitung *El País* veröffentlicht? Verwandelt sich diese Reportage von Journalismus in Literatur, wenn sie später in dem Band *Ach Europa!* (Enzensberger 1987) zusammen mit anderen Texten des Autors publiziert wird? War das *Literarische Quartett*, in dem Journalisten und Literaturkritiker im *ZDF* über Bücher sprachen, ein Teil des Literatursystems, weil darin Deutungen literarischer Texte vorkamen, oder ein Teil des journalistischen Systems, weil dieser Diskurs in der fernsehtypischen Form des Talkformats im Fernsehen aufgeführt wurde und dabei zweifellos auch aktuelle Informationen über die Neuerscheinungen vermittelt wurden? Die Zurechnung zu Literatur oder Journalismus hängt davon ab, was beobachtet wird, wie beobachtet wird und wer beobachtet.

Insbesondere systemtheoretisch und konstruktivistisch argumentierende Theoriediskurse betonen die zentrale Rolle des Beobachtens und der Beobachterposition (vgl. für viele Luhmann 1984, 1997; Schmidt 1987). Beobachtung wird dabei als Prozessieren von Unterscheidungen aufgefasst. Mit Blick auf die Beschreibung des von Literaturwissenschaftlern beobachteten Problembereichs unterstreicht Schmidt diesen Umstand:

> Literaturwissenschaftler sprechen nicht über Literatur, sondern über soziokulturell konditionierte Beobachterprobleme beim Erfahrungmachen mit literarischen Phänomenen in literarisch bestimmten sozialen Situationen (Schmidt 2000: 333).

Jahre bevor Niklas Luhmann die Theorie sozialer Systeme entwickelte und über die Realität der Massenmedien reflektierte, schildert Evelyn Waugh in seinem Roman *Scoop* (deutsche Erstausgabe 1953), der in einer deutschen Übersetzung *Der Knüller* heißt (Waugh 1984), ein Gespräch zwischen einem Agenturjournalisten und einem Korrespondenten über die Bedeutung von Aktualität im Journalismus. Der erfahrene Agenturjournalist klärt den weniger erfahrenen Korrespondenten auf:

> Eine Neuigkeit ist etwas, das einer lesen will, dem im Grunde alles reichlich wurst ist. Und für ihn ist's nur so lange eine Neuigkeit bis er's gelesen hat. Danach ist der Fall für ihn erledigt. (...) Wenn schon jemand anders einen Bericht eingeschickt hat, ist unsrer keine Neuigkeit mehr (Waugh 1984: 86).

Knapp sechzig Jahre später formuliert Luhmann diesen Umstand als ein zentrales Merkmal moderner Massenmedien:

> Informationen lassen sich nicht wiederholen; sie werden, sobald sie Ereignis werden, zur Nichtinformation. Eine Nachricht, die ein zweites Mal gebracht wird, behält zwar ihren Sinn, verliert aber ihren Informationswert (Luhmann 1996: 41).

Im Roman und im Fachbuch verweisen Schriftsteller und Soziologe auf die Zeitdimension journalistischer Arbeit. Im Aktualitätsbezug des Journalismus liegt offenbar ein Unterschied zur Literatur, die nicht der Vermittlung aktueller Informationen verpflichtet ist. Das Gedicht von Handke könnte heute noch in einem Schulbuch veröffentlicht werden und es ist nach wie vor verschiedenen Interpretationen zugänglich. Die Veröffentlichung der Mannschaftsaufstellung des 1. FC Nürnberg im *Kicker* Monate nach dem Spiel wäre jedoch unter journalistischen Gesichtspunkten eine Fehlleistung, weil der Aktualitätsbezug und der Neuigkeitswert der Information nicht mehr gegeben sind.[1]

Die Beziehungen zwischen Literatur und Journalismus sind wissenschaftlich weitgehend ungeklärt. Zwar gibt es aus der Perspektive der Journalistik viele Hinweise auf die schriftstellerischen Wurzeln des Journalismus (vgl. etwa Baumert 1928; Haas 1999), oft werden diese Beziehungen jedoch vornehmlich auf der Akteursebene behandelt. Schriftsteller nehmen Journalistenrollen ein (zum Beispiel Heine, Kästner, Enzensberger) oder Journalisten betätigen sich als Schriftsteller (zum Beispiel Kisch, Osang). Die moderne Journalismusforschung blendet das Verhältnis von Literatur und Journalismus weitgehend aus, und auch aus der Perspektive der Literaturwissenschaft ist Journalismus offenbar kein relevanter Bezugspunkt. Dabei lassen sich enge Verbindungen zwischen der Geschichte der Literatur und der des Journalismus ausmachen.[2]

Im Folgenden wird ein Vorschlag zur systematischen Beschreibung der Beziehungen zwischen Literatur und Journalismus gemacht. Dabei werden einige Forschungsfelder vorgestellt, wobei primär ein Beobachterstandpunkt in der Journalismusforschung eingenommen wird. Die Darstellung hat den Charakter einer Skizze, die sich als Anregung für die Kommunikationswissenschaft und Journalistik auf der einen und für die Literaturwissenschaft auf der anderen Seite versteht.

---

1 Es gibt Gründe, die eine Wiederholung der Aufstellung journalistisch gerechtfertigt erscheinen lassen: Vergleich der aktuellen mit der vergangenen Aufstellung, Chronologie der Aufstellungen, um über Änderungen zu informieren usw.

2 Vgl. den Beitrag von Conter in diesem Band.

2 Literatur und Journalismus als Systeme

Journalismus und Literatur als Systeme im Sinne der Systemtheorie zu beobachten, gehört weder in der Kommunikationswissenschaft noch in der Literaturwissenschaft zu der akademischen Hauptströmung.[3] Um jedoch die Problembereiche Literatur und Journalismus sinnvoll miteinander in Beziehung setzen zu können, erscheint es angebracht, mit der Theorie sozialer Systeme ein Modell zu benutzen, das angemessen abstrakt ist, komplexe Verhältnisse zu beschreiben und das auch die Interrelationen zwischen gesellschaftlichen Sinnbezirken in das Blickfeld nimmt. Literatur und Journalismus werden dabei als Sozialbereiche der modernen Gesellschaft verstanden und sozialwissenschaftlich analysiert.[4]

Die beiden Sozialsysteme bilden sich im Verlauf der funktionalen Differenzierung der modernen bürgerlichen Gesellschaft. Die Entfaltung des Kapitalismus im Bereich der Wirtschaft, die Entstehung von nationalstaatlicher Herrschaft, die Entwicklung von moderner Wissenschaft, von Erziehungs- und Rechtssystem markieren diesen Prozess ebenso wie die Herausbildung eines lesekundigen und informationshungrigen Publikums in der bürgerlichen Öffentlichkeit. Die Entstehung des Sozialsystems Literatur wird im 18. Jahrhundert angesiedelt (vgl. Schmidt 1989), die Ausdifferenzierung des Journalismus vollzieht sich bis zur Mitte des 19. Jahrhunderts (vgl. Blöbaum 1994).

Soziale Systeme bilden sich in Abgrenzung zu anderen Systemen in ihrer Umwelt. Diese Grenzziehung ist notwendig für den Aufbau innerer Komplexität und für die Bildung von Identität. Systeme übernehmen die exklusive Bearbeitung eines gesellschaftlichen Problems, sie erfüllen eine Funktion in der Gesellschaft, die von keinem anderen Teilsystem übernommen werden kann. Sie beobachten ihre Umwelt unter dem Gesichtspunkt ihrer Funktion und verarbeiten Kommunikationen und Ereignisse nach systemeigenen Programmen. Funktionssysteme orientieren sich bei der Verarbeitung von Kommunikationen an einem systemspezifischen Code, der als binäres Entscheidungsschema fungiert, welches die

---

3 Zu Systemtheorie und Literatur vgl. Jahraus/Schmidt (1998); Schmidt (1993).

4 Systemtheoretische Modellierungen von Literatur differenzieren nicht immer zwischen Literatur- und Kunstsystem. Gelegentlich wird Literatur als Subsystem von Kunst interpretiert, gelegentlich als eigenständiges Funktionssystem dargestellt. Vgl. Luhmann (1995); Plumpe/Werber (1993); Schmidt (1989).

Zuordnung von systemrelevanten Kommunikationen und solchen, die außerhalb des Systems unbehandelt bleiben, erlaubt. Systeme operieren gleichzeitig als geschlossene und offene Einheiten: in ihrer inneren Operationsweise sind sie geschlossen, auf der Ebene der Programme jedoch offen. (Vgl. Luhmann 1984)

Wie Schmidt (1989) in einer Studie zur Entstehung des Literatursystems herausgearbeitet hat, differenzieren sich ästhetisch kommunikative Handlungen aus, die von unmittelbaren Situationsverankerungen gelöst sind und keinen lebenspraktischen Bezug mehr haben müssen. Literatur erlaubt es dem Leser, das Modell möglicher Wirklichkeit mit dem Modell eigener Wirklichkeit in Beziehung zu setzen. Das Literatursystem „übernimmt die kommunikative Bearbeitung" (Schmidt 1989: 21) einer Dimension „subjektiven Wissensgewinns, der Vervielfachung von Wirklichkeitsmodellen in der Phantasie und der innovativen Vorwegnahme sozialer Erfahrungs- und Handlungsmöglichkeiten in Utopie und Kritik" (ebd.). Eine ähnliche Funktionsbestimmung findet sich bei Plumpe (1995: 55):

> Die soziale Funktion der Kunst und Literatur läge also darin, eine Art Kontingenzbeweis für die Gesellschaft zu erbringen; alles, was sozial ist – so zwingend und alternativlos es sich auch geben mag – , ist auch anders möglich.

Als Leitdifferenz identifiziert Schmidt (1989: 20) die Unterscheidung literarisch/nicht-literarisch.[5] Plumpe/Werber (1993: 30) sehen Literatur als Teilelement des Kunstsystems und weisen dem System die Unterhaltungsfunktion zu: „Die Funktion der Kunst ist Unterhaltung, ihr Code ist ‚interessant' vs. ‚langweilig'." Plumpe (1995: 53) unterbreitet folgende Vorschläge für einen Code des Kommunikationsmediums Kunstwerk, zu dem auch Literatur zu zählen ist: interessant/uninteressant, spannend/langweilig, faszinierend/banal.

Die Funktion des modernen Journalismus kann als aktuelle Selektion und Vermittlung von Informationen zur öffentlichen Kommunikation beschrieben werden (vgl. Blöbaum 1994: 261). Die Strukturelemente des journalistischen Systems sind darauf gerichtet, diese Funktion zu erfüllen. Strukturveränderungen, die im Verlauf der Systemgeschichte insbe-

---

5 Zur Kritik dieses Ansatzes vgl. Sill (2001).

sondere als Differenzierungen auftreten, können als Entwicklungen zur Leistungssteigerung bei der Verarbeitung von Informationen angesehen werden. Der systemspezifische Code lässt sich mit Information/Nicht-Information beschreiben. (Vgl. ebd.: 273)[6]

Die Systeme Literatur und Journalismus bauen je eigene Strukturen zur Verarbeitung von Kommunikationen auf. Organisationen wie etwa Verlage im Literaturbereich oder zum Beispiel Medienunternehmen im journalistischen System sind ebenso Elemente dieser Struktur wie die im Differenzierungsprozess ausgebildeten Rollen Autor, Literaturkritiker, Leser auf der Seite der Literatur oder Redakteure und Rezipienten auf der Seite des Journalismus. In der systemtheoretischen Argumentation stehen die sozialen Sinnbezirke Literatur und Journalismus gleichberechtigt nebeneinander; das eine ist für das andere jeweils ein Element in seiner Umwelt.

Neben den Unterschieden hinsichtlich Funktion und Code grenzen noch andere Differenzen Literatur und Journalismus voneinander ab. Der Journalismus ist bei der Vermittlung von Informationen an eine sozial verbindliche Wirklichkeit gebunden. Diese Verpflichtung auf ein akzeptiertes Wirklichkeitsmodell ist für den Informationsjournalismus die Basis, auf der er operiert. Die Produkte der literarischen Kommunikation dagegen sind nicht an ein allgemein akzeptiertes Wirklichkeitsmodell geknüpft. Texte der Literatur erzeugen und beziehen sich auf mögliche Wirklichkeit. (Vgl. Schmidt 1989) Die imaginäre Wirklichkeit kann Bezug zur sozialen Wirklichkeit haben und ist nicht losgelöst von dieser; entscheidend ist aber der Umstand, dass in der Literatur – anders als im Journalismus – keine Verpflichtung aufgebaut worden ist, die soziale Wirklichkeit als Bezugspunkt anzusehen. Während Fakten der Rohstoff des Journalismus sind, ist die Erzeugung von Fiktionen die Grundlage der Literatur.

Die historische Ausdifferenzierung des Journalismus hat dazu geführt, dass vor allem jene gesellschaftlichen Bereiche, die für ihre Operationen auf Öffentlichkeit angewiesen sind, vom journalistischen System intensiv beobachtet werden. Der Journalismus beteiligt sich an der Inklusion des Publikums in die Vollzüge von Systemen. Besondere journalis-

---

[6] Zur Kritik an dieser Code-Zuweisung und an der Bestimmung der Primärfunktion vgl. Scholl/Weischenberg (1998: 73); Görke/Kohring (1997: 8).

tische Aufmerksamkeit genießen die Bereiche mit starkem Publikumsbezug: Politik, Wirtschaft, Kultur und Sport. Dafür haben sich Ressorts gebildet. (Vgl. Meier 2002; Neuberger 2000; Blöbaum 1994) Gesellschaftliche Bereiche wie Wissenschaft, Bildung oder Religion hingegen stehen nicht so intensiv im Fokus der aktuellen Berichterstattung.

Für das Literatursystem fällt es schwer, solche Beobachtungsschwerpunkte auszumachen. Es ist gerade das zentrale Merkmal von Literatur, verschiedene Wirklichkeitszugänge als Bezugspunkte zu nehmen und sich damit auf eine imaginäre Wirklichkeit zu beziehen. Es ist geradezu konstituierend für Literatur, dass fast „unbegrenzte Spielräume subjektiven Handelns und Erlebens eröffnet" werden, „die allerdings auf das Literatursystem begrenzt werden" (Schmidt 1989: 19). Anders als bei Journalismus, dessen Umweltbeobachtungen primär auf aufgewählte Systeme zugeschnitten sind, bleibt Literatur auf die Welt bzw. die Gesellschaft in ihrer Gesamtheit bezogen – wenn auch möglicherweise bestimmte Themen bei der literarischen Bearbeitung bevorzugt werden. Die Leistung des Literatursystems liegt gerade darin, dass eine „Gleichzeitigkeit von kognitiven, normativen und hedonistischen Erfahrungsmöglichkeiten im Umgang mit literarischen Texten" (Schmidt 2000: 338) gegeben ist.

Gemeinsam ist den Systemen, dass sie sich mit einer Vermittlung von Wirklichkeit befassen – sei sie sozial verbindlich und/oder imaginär. Im Fall der Journalisten geschieht dies mittels der Information über aktuelle Ereignisse, die zu Themen gebündelt werden. Im Fall der Literaten geschieht dies mittels Fiktionen.

Auch bei der Zeitdimension der Operationsweise von Literatur und Journalismus lassen sich wesentliche Differenzen beobachten. Die Produktion journalistischer Elemente erfolgt periodisch fortlaufend. Diese Periodizität ist ein markantes Merkmal der Massenmedien. Monatliche, wöchentliche, tägliche oder noch kürzere Intervalle – beispielsweise bei stündlichen Nachrichtensendungen im Hörfunk oder noch rascheren Aktualisierungen im Internet – sorgen für ein kontinuierliches Angebot an Themen für die öffentliche Kommunikation. Aktualität und ihre Herstellung ist damit ein zentrales Element der journalistischen Funktion und der vom Journalismus für Umweltsysteme zur Verfügung gestellten Leistungen.

Auch das Literatursystem produziert ständig neue Elemente in Form von Neuerscheinungen. Damit sichert die Literatur ihre Kontinuität. Anders als im Journalismus liegt in der Literatur jedoch keine primär periodische Erscheinungsweise vor, die einem verbindlichen Muster folgt, sondern die Zeitdimension literarischer Vollzüge kann eher als unregelmäßig kontinuierlich fortlaufend charakterisiert werden.

Die Aktualität, die im Journalismus ein Qualitätsmerkmal und ein Faktor im Wettbewerb der Medien ist, bezieht sich auf Informationen, die als gesellschaftlich relevant eingestuft werden. Durch die Vermittlung einer Information im Journalismus verfällt deren Neuigkeitswert, sie büßt an Aktualität ein. Die Periodizität sorgt für eine kontinuierliche Herstellung von Aktualität durch immer neue Angebote an Informationen. Die Schaffung literarischer Werke unterliegt auf der Zeitebene nicht in dem Maße dem Verfall und der damit verbundenen Notwendigkeit, neue Werke herzustellen. Zwar gibt es auch in der Literatur Autoren, Moden und Stile, die nicht mehr zeitgemäß sind und die mangels Nachfrage nicht mehr angeboten werden. Aber die Phasen zwischen Veröffentlichung und Verfall sind in der Literatur zweifellos deutlich länger.[7] Literatur operiert im Unterschied zu Journalismus nicht aktualitätsfixiert, sondern aktualitäts- oder zeitübergreifend. Kommunikationen in der Literatur sind weniger ereignisfixiert als journalistische. Literarische Texte verfallen nicht, sie stehen in einem zeitlichen Kontinuum zur Rezeption bereit. Dieses Merkmal des Zeitübergreifenden besonderes Kennzeichen von Literatur und eröffnet diesem System Freiheiten der Stoffauswahl und -bearbeitung. Möglicherweise liegt gerade in dem Grad einer aktualitäts- und zeitübergreifenden Bereitstellung literarischer Werke ein Qualitätsmerkmal von Literatur (zum Beispiel Klassiker). Wie Schmidt in der Studie zur Ausdifferenzierung des Literatursystems im 18. Jahrhundert argumentiert, führten

> Fiktionalisierung und Ästhetisierung dazu, daß das Literatursystem in der Zeitdimension relativ autonom wurde, also eine eigene Systemzeit entwickelte, wie die ‚Ungleichzeitigkeiten' der verschiedenen literaturtheoretischen Strömungen belegen (Schmidt 1989: 428).

---

[7] Der organisationsgebundene Charakter und das Agieren auf kapitalistischen Märkten nötigen allerdings beide Systeme gleichermaßen dazu, ständig neue Angebote zu liefern. Verlage sichern damit ihre wirtschaftliche Zukunft.

Auch in der Sachdimension lassen sich in der Literatur deutlich größere Spielräume identifizieren als im Journalismus. Der Informationsbezug des Journalismus und seine Verpflichtung auf ein sozial konsensfähiges Wirklichkeitsmodell binden journalistische Kommunikationen an Sachlichkeit. Dies drückt sich in der Haltung der Akteure und in den Berichterstattungsmustern aus. Die Freiheit literarischen Schaffens dagegen eröffnet vielfältige Handlungsspielräume in Bezug auf die Darstellungsformen und vor allem die Haltung des Autors.

Die Geschichte des Journalismus hat Baumert (1928) als Entwicklung vom schriftstellerischen zum redaktionellen Journalismus dargestellt. Die moderne Journalismusforschung hat die Organisation als determinierenden Kontext für die Journalisten beschrieben (vgl. Rühl 1989, 1979) und sich damit gegen eine Sichtweise gestellt, die den Journalismus als Produkt publizistischer Persönlichkeiten begreift (vgl. Rühl 1980: 25ff.). Wie Schmidt für das Literatursystem herausgearbeitet hat, spielen der den Gesetzen des Kapitalismus unterworfene literarische Markt und die über den Stellenwert befindende Literaturkritik eine wesentliche Rolle in der modernen Literatur.

> Der Autor literarischer Werke wird zum ästhetisch autonomisierten Literaturproduzenten, der seine Produkte auf einem kapitalistisch organisierten Markt anbieten muß, für ein zunehmend anonymes Lesepublikum arbeitet und in der literarischen Rangbestimmung auf die neuentstandene Literaturkritik angewiesen ist (Schmidt 1989: 26).

Obwohl sich damit Parallelen zur Entwicklung des Journalismus ergeben, ist der Autor literarischer Werke in seinen Entscheidungen viel flexibler als der Journalist. Die aktualitätsgebundene Sachlichkeit des Journalismus begrenzt die Spielräume und das Abrufen von Kreativitätspotenzialen bei Journalisten, die mit relativ festgefügten Darstellungsmustern in routinisierten Arbeitsabläufen arbeiten. Dagegen bleibt die persönliche Haltung des literarischen Autors, seine Kreativität und die weniger zeitgebundene Möglichkeit zur Verarbeitung von Wirklichkeiten ein vergleichsweise unstrukturiertes Feld. Die Spielräume bei der Produktion von Texten sind in der Literatur größer als im Journalismus. Zwar kann das Literatursystem Themen aus anderen Sozialsystemen aufgreifen, „aber nur nach Transformation in systemeigene Selbstreferenz, also selegiert nach der Leitdifferenz literarisch vs. nicht-literarisch, ergo um den Preis der Fiktionalisierung" (Schmidt 1989: 429).

Eine Gemeinsamkeit von Literatur und Journalismus besteht in der Fähigkeit, sich selbst zu beobachten und zum Gegenstand von Kommunikation zu machen. Beide Systeme bilden dafür Reflexionseinrichtungen. Elemente des journalistischen Systems wie etwa einzelne Massenmedien oder Fehlleistungen von Journalisten können zum Gegenstand der Berichterstattung werden. Medienberichterstattung hat sich in jüngerer Zeit als eigenes Themen- und Ereignisfeld im journalistischen System herausgebildet. (Vgl. u.a. Malik 2002; Krüger/Müller-Sachse 1998) Die Medien sind damit wie Politik, Wirtschaft oder Kultur Stofflieferant für Journalismus geworden, was als Indiz für die große gesellschaftliche Bedeutung der Medien anzusehen ist. Diese Selbstreferenz findet sich auch in der Literatur. „Literatur kann, wenn sie Neues kreiert, entweder sich selbst beobachten und Altes neu arrangieren, oder sie beobachtet ihre Umwelt und importiert aus ihr Materialien für ihre Formen" (Plumpe/Werber 1993: 25). Baasner/Zens (2001: 13) halten die Literatur insgesamt für eine selbstreferenzielle Einrichtung, wenn sie davon ausgehen, dass sich literarische Aussagen immer auf sich selbst zurück beziehen. Dieses Bezugsmuster findet sich auch im journalistischen System, in dem Kommunikationen in Form von Beiträgen, Artikeln, Texten usw. an bereits publizierte Beiträge anschließen und die schon vermittelten Informationen bei den Rezipienten zum Teil voraussetzen.

Mit der Literaturwissenschaft und Journalistik/Kommunikationswissenschaft verfügen beide Systeme zudem über wissenschaftliche Reflexionseinrichtungen zur Selbstbeschreibung. „Jede Selbstbeschreibung modelliert das System, das sie beschreibt, vereinfacht, reduziert also Komplexität. (...) Jede Reflexion erzeugt Beobachtung der Reflexion, erzeugt Kritik der Reflexion" (Luhmann 1986: 255f.). Die sowohl in der Literaturwissenschaft als auch in der wissenschaftlichen Kommunikationsforschung angebotenen Theorien, Modelle, Hypothesen – etwa die in diesem Beitrag vorgenommene Modellierung von Literatur und Journalismus als Systeme – sind systematisierende Beschreibungen, die sich auf andere Reflexionen zum fokussierten Problembereich beziehen und die offen für Kritik sind. Ein Blick auf die mit Literatur und Journalismus befassten akademischen Disziplinen macht deutlich, dass in der Literaturwissenschaft deutlich mehr Theorien und Modelle angeboten werden als in der Journalismusforschung. (Vgl. Baasner/Zens 2001; Löffelholz 2000; Fohrmann/Müller 1995) Dies dürfte zum einen auf die längere Fachgeschichte der Literaturwissenschaft zurückzuführen und zum anderen ein Ausdruck des Größenverhältnisses der akademischen Fächer sein. Die hier skizzierten Unterschiede zwischen Literatur und Journalismus bilden eine erste Grundlage zur Unterscheidung der beiden Sozialsysteme.

Tab. 1: Merkmale von Literatur und Journalismus

Merkmal	**Journalismus**	**Literatur**
Funktion	Informationsvermittlung	Vervielfachung von Wirklichkeitsmodellen
Code	Information/Nicht-Information	Literarisch/nicht-literarisch oder interessant/langweilig
Referenz	Sozial verbindliche Wirklichkeit	Imaginäre Wirklichkeit
Beobachtungshorizont	Ausschnitte der Gesellschaft wie Politik, Sport, Wirtschaft, Kultur	Gesellschaft, Welt
Leistung/Ziel	Informieren	Unterhalten, Erbauen
Produkt	Fakten, Themen	Fiktionen
Zeitdimension	Aktuell, periodisch	Zeitübergreifend, fortlaufend
Sachdimension	Sachlichkeit	Persönliche Haltung
Sozialdimension	Starke Rollendifferenzierung	Geringe Rollendifferenzierung
Reflexionseinrichtung	Journalistik	Literaturwissenschaft

3 Literarische und journalistische Organisationen

Massenmedien wie Tageszeitungen, Hörfunk- oder Fernsehsender, Nachrichtenagenturen oder Wochenzeitschriften sind Organisationen im journalistischen System. Journalistische Rollenträger arbeiten entweder als Angestellte in diesen Medien oder sie liefern ihre Angebote als freie Mitarbeiter diesen Organisationen zu. Die Verlage, Rundfunkanstalten und Agenturen binden ihre journalistischen Mitarbeiter über Verträge an die Organisation. Anders als bei Verlagsunternehmen im Literatursystem sind die Journalisten ihren Organisationen als Angestellte verbunden und damit Weisungen unterworfen. Hierarchien, Arbeitsteilung und Spezialisierung kennzeichnen die Arbeitszusammenhänge im Journalismus. Diese Merkmale finden sich bei literarischer Arbeit nicht. Der von der Organisation ausgehende Einfluss auf die Vollzüge literarischen Arbeitens ist sicherlich vorhanden (Notwendigkeit von Lesereisen, Signierstunden, Besuch von Buchmessen usw.), aber deutlich geringer als der Organisationsbezug journalistischer Tätigkeit. Während die Produktionsphase im journalistischen System organisationsgebunden ist, bleibt sie im literarischen System ein eher individueller Akt. In der an den Produktionsprozess anschließenden Phase der Distribution sind beide Systeme auf Organisationen angewiesen (Verlag, Vertrieb, Buchhandel, Grossisten).

Neben den Massenmedien bilden die Redaktionen im journalistischen System ein zweites Element der Organisation. Redaktionen sind der primäre und spezifische organisatorische Rahmen journalistischer Arbeit (vgl. Blöbaum 1994; Rühl 1979).[8] Die Redaktion als strukturierender Organisationsrahmen journalistischer Arbeit beeinflusst die Arbeitsabläufe und Routinen ebenso wie die Arbeitszufriedenheit. Als soziales und kommunikatives Umfeld der Arbeit kommt diese Form im Bereich der Literatur nicht vor. Der Arbeitsplatz von Journalisten ist in ein komplexes Gefüge von sozialen, hierarchischen und arbeitsteiligen Prozessen eingebunden. Der Arbeitsplatz von Autoren in der Literatur ist dagegen weitgehend frei gestaltbar. Im Prozess der Entstehung literarischer Aussagen ist die Integration in organisatorische Strukturen sicherlich geringer als im Journalismus. Die weitere Verarbeitung, Vermittlung und Vermarktung literarischer Produkte findet dann allerdings ähnlich wie

---

8 Zu aktuellen Entwicklungen der Organisationsform Redaktion vgl. Meier (2002).

im Journalismus in festen organisatorischen Strukturen statt. Festzuhalten bleibt: Der Zusammenhang journalistischer Arbeit ist geregelt und strukturiert, der Zusammenhang literarischer Arbeit lässt Handlungsspielräume und ist auf individuelle Entfaltung angelegt.

Eine Besonderheit im Verhältnis von Literatur und Journalismus auf der Ebene der Redaktionen besteht in der Herausbildung des Feuilletons (vgl. Reus 1999). Für die Beobachtung von Kunst hat sich mit dem Kulturressort eine eigene Organisationseinheit gebildet. Mit Kulturredakteuren haben sich für diese Aufgabe Spezialisten entwickelt. Das Feuilleton ist eine Einrichtung zur dauerhaften Beobachtung von Literatur (und anderer Formen von Kunst), über die die beiden Systeme strukturell aneinander gekoppelt sind.

Enge Verbindungen von Kulturteilen (von Tageszeitungen) und Literatur werden ebenfalls durch den Abdruck von Fortsetzungsromanen markiert. Man kann die Zeitungs-Fortsetzungsromane als Hybridformen interpretieren. Sie werden aus dem Literatursystem vom Journalismus adaptiert – um den Preis, dass sie als literarische Text zerstückelt (und gelegentlich gekürzt) werden, damit sie in das journalistische Angebot passen.

4 Literarische und journalistische Rollen

Rollen sind neben Organisationen und Programmen ein Strukturelement von sozialen Systemen. Auf der Rollenebene lassen sich eine Reihe von Unterschieden zwischen den Systemen Literatur und Journalismus identifizieren. Eine wesentliche Differenz liegt darin, dass sich die journalistischen Rollen – mit Ausnahme der Publikumsrolle, die hier für die beiden diskutierten sozialen Systeme ausgeklammert wird – im Kontext von Organisationen bewegen.

Bei den journalistischen Rollenträgern handelt es sich um Redakteure, die eine Berufsrolle innehaben. Die journalistische Berufsrolle hat sich in der modernen Gesellschaft aus einem Konglomerat von Elementen ausdifferenziert (vgl. Requate 1995; Blöbaum 1994). Aus Tätigkeiten ist ein Beruf geworden, der sichere Lebensplanung ermöglicht und Einkommenschancen eröffnet. Ein ähnlicher Prozess der Verberuflichung lässt sich für Schriftsteller zumindest in dem Maße nicht ausmachen. Die

Autoren von literarischen Werken üben die Literaturproduktion häufig als Tätigkeit mit überwiegend unsicheren Einkommenschancen aus.

Die Differenzierung zwischen Journalismus als Beruf und Schriftstellerei als Tätigkeit ist nicht nur eine soziologische Beschreibung, sondern hat auch vielfältige praktische Folgen: Im Journalismus gelten Tarifverträge, Arbeitsschutz- und Arbeitsrechtbestimmungen, während diese Elemente sozialer Sicherheit in der Literatur nicht so entwickelt sind.[9] Für den Beruf des Redakteurs gibt es eine allgemein anerkannte Ausbildung, die in den vergangenen Jahren stark akademisiert wurde. Neben der berufsbezogenen Hochschulausbildung und einem zunehmend ausdifferenzierten System spezieller Journalistenschulen ist ein tarifvertraglich geregeltes 18- bis 24-monatiges Volontariat in einer Medienorganisation ein Teil der Berufsvorbereitung im Journalismus. Den Status eines Berufs mit in der Regel systematischer Ausbildung hat schriftstellerische Tätigkeit bis jetzt nicht erreicht. Die zentrale Rolle des Autors, der als autonomes Individuum gesehen wird, der geringe Grad an Formalisierung in literarischen Werken und die im Vergleich kleine Zahl der literarisch Tätigen stehen einer systematischen Vorbildung offenbar im Wege.

In den Bereichen Literatur und Journalismus gibt es mit den Journalistengewerkschaften und Schriftstellervereinigungen nationale und internationale Formen der Organisation von Interessen. Die organisierte Vertretung von Interessen vornehmlich in sozialen und rechtlichen Fragen dokumentiert in Literatur wie im Journalismus eine kollektive Vorstellung von zentralen Problembereichen.

Journalismus und Literatur unterscheiden sich auf der Rollenebene zudem durch den Grad der Ausdifferenzierung. Im Journalismus ist eine starke vertikale und horizontale Ausdifferenzierung zu beobachten. Vertikal lassen sich Hierarchieebenen unterscheiden: Chefredakteur, Ressort-/Abteilungsleiter, Redakteur, Volontär. Horizontal kommt es zu Schwerpunkte entlang von Sachgebieten und von Tätigkeiten. Mit Bezug auf Themen- und Ereignisfelder differenzieren sich beispielsweise Re-

---

9 Mit der Künstlersozialkasse wurde ein Instrument geschaffen, das den prekären sozialen Status von Schriftstellern und anderen künstlerisch Tätigkeiten mildert. Auch freiberuflich arbeitende Journalisten können in der Künstlersozialkasse Mitglied werden und sich damit sozial absichern. Die Reform des Urheberrechts soll Autoren und Übersetzer ebenfalls besser absichern.

dakteure für die Felder Politik, Kultur, Wirtschaft, Sport oder Lokales aus; für Produktionsaufgaben und Organisationstätigkeiten bilden sich spezifische Rollen wie Chef/Redakteur vom Dienst und Produktionsredakteur. Diese Spezialisierungen können als Leistungssteigerungen des journalistischen Systems interpretiert werden, die dazu dienen, Umweltkomplexität besser zu verarbeiten. Neue berufliche Tätigkeiten wie Onlineredakteure und Medienredakteure belegen, dass die Differenzierungen auf der Rollenebene im Journalismus fortlaufend stattfinden.

Bei den Autoren in der Literatur gibt es ebenfalls Schwerpunkte, die sich gelegentlich entlang von fokussierten Wirklichkeitsausschnitten bilden. So gibt es Autoren von historischen Romanen; im Dschungel der Kriminalromane lassen sich Experten für Polizeikrimis von solchen für Frauen-, Katzen-, Regional- oder Medienkrimis unterscheiden.[10] Eine weitere Differenzierung lässt sich mit Bezug auf literarische Gattungen identifizieren: Spezialisten für Romane stehen solchen für Gedichte oder Dramen gegenüber. In beiden Systemen sind die Rollen nicht fixiert, so dass ein Rollenwechsel in horizontaler wie in vertikaler Hinsicht (beruflicher Aufstieg) im Journalismus ebenso möglich ist, wie der Rollenmix und -wechsel zwischen Romanautor, Lyriker oder Dramatiker.

Schmidt (1991, 1989) identifiziert im Sozialsystem Literatur insgesamt vier Handlungsrollen: Produktion, Vermittlung, Rezeption, Verarbeitung literarischer Phänomene. Im Bereich der Produzentenrolle entspricht der Journalist/der Redakteur dem Autor im Literatursystem; bei der Publikumsrolle besteht ebenfalls Übereinstimmung hinsichtlich der Einbeziehung von Rezipienten in das jeweilige System. Eine Parallele zu der Handlungsrolle zur Vermittlung literarischer Phänomene in Form von Buchläden und Bibliotheken gibt es in den systemtheoretischen Journalismuskonzepten indes nicht. Die Distributionseinheiten im Journalismus sind zum Teil (zum Beispiel im Fall von Abonnementzeitungen) der Organisation Verlag zuzuordnen, in der Regel werden die Vertriebsorganisationen (beispielsweise Pressegrosso, Kabel- und Satellitenbetreiber) jedoch eher als Elemente des Wirtschaftssystems betrachtet. Systematisch wären die Rolleninhaber der Vermittlerrolle vielleicht auf der Ebene der Medienorganisationen anzusiedeln. Die genannten Handlungsrollen im Medienbereich sind nicht (primär) auf die Vermitt-

[10] Zu Medienthrillern vgl. Kleinsteuber in diesem Band.

lung von journalistischen Kommunikationen (als aktuelle Vermittlung von Informationen zur öffentlichen Kommunikation) spezialisiert.

Eine Entsprechung zur Handlungsrolle Literaturkritiker als Verarbeiter literarischer Phänomene gibt es im Journalismus nicht. Die Selektion, Präsentation und Bewertung journalistischer Beiträge obliegt dem Publikum. Möglicherweise kann die Ausdifferenzierung der journalistischen Organisationseinheit Medienredaktion/Medienjournalismus mit entsprechend spezialisierten Rollen als ein Hinweis auf die Entstehung einer selbstreflexiven Verarbeitungsrolle im Journalismussystem gedeutet werden (vgl. Malik 2002; Blöbaum 2001).

Eine – nicht seltene – Sonderform des Rollenwechsels zwischen Literatur und Journalismus liegt vor, wenn Schriftsteller in die Journalistenrolle schlüpfen und wenn Journalisten als Schriftsteller agieren. Heinrich Heine, Schriftsteller und früherer Korrespondent der *Allgemeinen Zeitung*, Karl Kraus, Hans Magnus Enzensberger und in jüngerer Zeit der ehemalige Leiter der Kulturredaktion des *Spiegel*, Hellmuth Karasek, oder der Reporter von *Berliner Zeitung* und *Spiegel*, Alexander Osang, sind Beispiele für diese Rollenwechsel. Rollenwechsel bedeuten in der Regel einen Systemwechsel. Wer als Schriftsteller für ein Rundfunkprogramm oder eine Tageszeitung arbeitet, muss sich oft den journalistischen Gegebenheiten anpassen (Darstellungsform, Redaktionsschluss usw.). Ein Beitrag im Kontext des journalistischen Systems steht mit anderen journalistischen Texten im Wettbewerb um Aufmerksamkeit. Ein Journalist, der als Autor einen Roman veröffentlicht, unterliegt den Bedingungen des Literatursystems: Kritiker bewerten sein Werk und ordnen es vor dem Hintergrund ihrer Interpretationsfolien ein; es besteht die Notwendigkeit, sich den Vermarktungsmechanismen des Literaturbetriebes auszusetzen (Lesereisen, öffentliche Vorträge usw.).

Warum tauschen Journalisten und Schriftsteller gelegentlich die Rollen? Als Schriftsteller vor einigen Jahren eine Ausgabe der Berliner *tageszeitung (taz)* produzierten, war dies eine Grenzüberschreitung vor dem Hintergrund des redaktionellen Marketings. Die Frage nach dem Rollentausch wäre empirisch etwa durch sozialwissenschaftliche Interviews zu beantworten. Plausibel erscheint, dass die rigiden Vorgaben des Journalismus zu einem temporären Wechsel in die Literatur verleiten.

Tab. 2: Merkmale von Literatur und Journalismus: Organisation und Rolle

Merkmal	**Journalismus**	**Literatur**
	Organisation	
	Massenmedien (Verlage, Rundfunkanstalten, Agenturen ...)	Verlage, Agenturen
	Redaktionen	
Interessenvertretung	Journalistengewerkschaften	Schriftstellerverbände, Gewerkschaft
	Rolle	
Primärrolle	Redakteur	Autor, Schriftsteller
Komplementärrolle	Publikum	Publikum
Differenzierungsgrad	Hoch	Niedrig
Differenzierungsform	Horizontal und vertikal	Horizontal
Ausdifferenzierung	Nach Themenfeldern und Tätigkeiten	Nach Tätigkeiten und Gattungen
Soziale Form	Beruf	Tätigkeit
Beschäftigungsform	Abhängig	Unabhängig
Einkommenschancen	Eher sicher	Eher unsicher
Ausbildung	(Stark) formalisiert	Keine spezifische Ausbildung
Rollenwechsel	Möglich	Möglich

Die Begrenzung des Platzes in den regelgeleiteten Darstellungsformen der Massenmedien und der ständige Aktualitätsbezug lassen die Bearbeitung komplexer und imaginärer Wirklichkeiten nicht zu. Ebenso wenig wäre die durchgängige Wahl des Unterhaltungsmodus und literarischer Formen im Journalismus systemkonform. Der journalistisch vorgeschriebene Bezug auf Fakten stellt eine dauerhafte Limitierung dar, der sich Journalisten in Einzelfällen durch die Wahl fiktionaler Darstellungsformen in der Literatur entziehen. Es wäre interessant, empirisch zu prüfen, ob Grenzgänger häufiger in dem literaturnahen Ressort Feuilleton/Kultur zu finden sind als in anderen Ressorts oder ob Journalisten mit einer Spezialisierung auf die literaturnahe Darstellungsform Reportage eher dazu neigen, einen Beitrag für das Literatursystem zu liefern.

Literarische Autoren, die als Veröffentlichungsplattform den Journalismus wählen, dürften – so kann spekuliert werden – erstens den Vorzug der sicheren Honorierung schätzen und es zweitens vorziehen, ein feststehendes Publikumssegment gezielt mit einem aktuellen Beitrag zu erreichen. Der Wechsel von literarischer zu journalistischer Kommunikation bedeutet auch, eine journalistische Darstellungsform zu wählen. Dazu bieten sich die literaturnahen Formen Reportage und Essay an.

5 Literarische und journalistische Programme

In sozialen Systemen geben Programme vor, nach welchen Gesichtspunkten Kommunikationen verarbeitet werden. Bei Programmen handelt es sich um verfestigte Regeln, die es dem System vor dem Hintergrund des binären Codes erlauben, Kommunikationen zuzuordnen und zu behandeln. Während der grundlegende Code die Identität des Systems bestimmt und nicht veränderbar ist, solange das System seine gesellschaftliche Funktion erfüllt, ist es auf der Programmebene offen für Umwelteinflüsse. Programme in Literatur und Journalismus legen fest, in welchen Formen literarische und journalistische Kommunikationen mitgeteilt werden. Solche Vermittlungsformen werden im Journalismus als Darstellungsformen und in der Literatur als Gattungen bezeichnet. Für Schmidt und Weischenberg sind Medienschemata

> alle Programme der Invariantenbildung, von denen bei der Produktion, Vermittlung, Rezeption und Verarbeitung von Medienangeboten wie Büchern, Filmen, Hörspielen, Videoclips usw. Gebrauch gemacht wird. Die Invariantenbildung wird durch Sozialisation und soziale Kontrolle erreicht und gefestigt (Schmidt/Weischenberg 1994: 216).

Welche Leistungen erbringen diese Schemata?

> Medienschemata regeln Erwartungen und Ansprüche an den Wirklichkeitsbezug referentialisierbarer Medienangebote bzw. an den Grad der Zuverlässigkeit oder Glaubwürdigkeit von Kommunikatoren in bezug auf die Verwendung des jeweiligen Medienschemas (ebd.: 218).

Schemata steuern die Erwartungen der Rezipienten und liefern Muster für die Produzenten von Medienangeboten. Gattungen in der Literatur können damit einen anderen Wirklichkeitsbezug haben als journalistische Darstellungsformen. Und diese Andersartigkeit wird auch vom Publikum verstanden, das die Differenzen im Sozialisationsprozess gelernt hat.

Im Journalismussystem haben sich fünf Programmtypen ausgebildet: Ordnungs-, Darstellungs-, Selektions- und Prüfprogramme sowie ein Programm zur Informationssammlung. Damit werden Informationen generiert, bearbeitet und vermittelt. Das Ordnungsprogramm leistet die grobe Zuordnung von Informationen und Ereignissen. Ressorts und Rubriken sind Beispiele für Ordnungsstrukturen, in die Informationen verteilt und mit denen sie dargeboten werden. Als Darstellungsprogramme lassen sich Techniken und Formen der Präsentation von Ereignissen und Themen bezeichnen. In der Journalismusforschung wird zwischen tatsachenbetonten und meinungsbetonten Darstellungsformen unterschieden. Die tatsachenorientierten Formen übernehmen basal die journalistische Funktion der aktuellen Vermittlung von Informationen. Mit Nachricht, Bericht, Reportage und zum Beispiel Interview haben sich journalistische Darstellungsformen herausgebildet, die darauf abzielen in konzentrierter Form Fakten zu vermitteln. Die Benutzung dieser Formen unterliegt Konventionen und ist weitgehend an Regeln gebunden, die die Journalistenausbildung vermittelt. Deutlich wird die Regelgebundenheit des Nachrichtenjournalismus in den Stilbüchern der Nachrichtenagenturen, die nicht nur den Aufbau von Nachrichten und Berichten vorschreiben, sondern auch angeben, an welcher Stelle die Informationsquellen zu nennen sind. Der formalisierte Aufbau von journalistischen Texten ist ein Muster, nach dem gearbeitet wird.

Der Begriff Informationssammelprogramm steht für die journalistische Technik der Recherche als Form der aktiven Generierung von Informationen. Im Sektor der Informationsgewinnung genießen Journalisten Berufsprivilegien wie Informantenschutz, Zeugnisverweigerungsrecht und sie können darauf bestehen, dass ihnen Behörden Auskunft erteilen. Das Selektionsprogramm gibt vor, nach welchen Gesichtspunkten Informationen ausgewählt und zu Themen gebündelt werden. Durch Auswahl von Ereignissen nach Kriterien wie Nähe, Neuigkeit, Aktualität, Negativität, Dramatik usw. weist Journalismus Ereignissen Relevanz zu. Das journalistische Prüfprogramm sichert die Richtigkeit von Informationen. Durch Nachrecherchieren oder durch die direkte gegenseitige Zuordnung von Quelle und Aussage werden Prüfungen vorgenommen oder ein Prüfpotenzial wird bereitgehalten.

Mit der Rezension hat sich im Journalismus eine eigene Darstellungsform entwickelt, die auf die Beurteilung von Kunst ausgerichtet ist. Unerforscht ist, warum es für diese Feuilleton typische Form keine Entsprechung in anderen Ressorts wie Politik, Wirtschaft oder Sport gibt. Die Besprechung und Bewertung literarischer Werke in der spezifischen Form der Rezension ist aus der Sicht des Literatursystems eine Leistung zur Rangbestimmung von literarischen Kommunikaten. „Die Literaturkritik entsteht als neue gesellschaftliche Instanz der bürgerlichen Öffentlichkeit, die sich durch eine hermeneutische Vermittlungsnotwendigkeit zwischen Autor, Leser und literarischem Werk zu legitimieren versucht“, hat Schmidt (1989: 26) für die Phase der Entstehung des Literatursystems formuliert. Es dürfte fraglich sein, ob aktuelle Formen von Literaturbesprechungen in Massenmedien – wie etwa das frühere *Literarische Quartett* im *ZDF* oder die vielen Kurzhinweise auf Bücher und Bestsellerlisten – noch primär eine Leistung im Rahmen der literarischen Bewertung darstellen oder vorwiegend zu einem Element des redaktionellen Marketings geworden sind.[11]

In der Literaturwissenschaft spricht man nicht von Darstellungsformen, sondern von Gattungen. Bei den in der Literatur benutzten Gattungen handelt es sich ebenfalls um Schemata, die ein Muster für die Rezeption und Produktion von literarischen Werken vorgeben. Bei der Konzeption der verschiedenen Gattungen gelten unterschiedliche Regeln. Für die Bezeichnungen literarischer Gattungen gibt es – wie beim Begriff Gattung selbst – in der Literaturwissenschaft keinen Konsens. So werden beispielsweise als Obergattungen Lyrik, Epik und Dramatik unterschie-

[11] Zur Literaturkritik vgl. den Beitrag von Neuhaus in diesem Band.

den. Diesen Gruppen werden Untergattungen zugeordnet; zu Epik gehören Novelle, Märchen, Fabel, Epos, Roman; Dramatik umfasst Tragödie und Komödie. Brief, Predigt, Tagebuch, Reportage und Essay werden als zunächst außerliterarische „erst spät literarisierte Gattungen" angesehen (Gfrereis 1999: 67). In der Systematik von Schmidt (2000) gehören Gattungen zum „Symbolsystem Literatur". Gattungskonzepte erlauben es Beobachtern, über literarische Phänomene zu kommunizieren. Sie markieren eine Ebene des literarischen Diskurses, der nicht nur über Gattungen, sondern auch über Autoren, Werke, Epocheneinteilungen, Formen- und Themenkontinua und -differenzen geführt wird (vgl. Schmidt 2000: 337). Dabei spielen Kanons eine wichtige Rolle:

> Kanonisierte literarische Phänomene werden in literarischer Kommunikation und vor allem in literarischen Sozialisationsprozessen bevorzugt als Prototypen zur Einübung und Bestätigung literaturadäquaten Handelns, Erfahrungmachens und Kommunizierens herangezogen, wodurch sich wiederum Kanonisierungsprozesse und deren Kriterien selbstreferentiell bestätigen (ebd.).

Damit werden für das Literatursystem ähnliche Verarbeitungsmechanismen und Kommunikationsprozesse beschrieben wie für das journalistische System. Das Konzept von Schmidt enthält den in der Journalismusforschung wenig beachteten Aspekt der systembezogenen Sozialisation: Diese bezieht sich nicht nur auf die Handlungsrollen von Autor und Journalist und das Erlernen der Anwendung journalistischer Formen und literarischer Gattungen, sondern betont auch die Sozialisationsprozesse auf Seiten der Rezipienten, die Erfahrungen im Umgang mit den Schemata und Mustern sammeln. Auf der Programmebene sind die Systeme Literatur und Journalismus offen und damit veränderbar. Die Programme sorgen für die Bearbeitung von Umweltirritationen. Wie im Journalismus werden auch im Literatursystem Anregungen in Form von Kommunikationen, Ereignissen, Themen aus der Systemumwelt nach Maßgabe des jeweiligen aktuellen Systemzustands bearbeitet.

> Welche Themen, Formen und sprachlichen Strategien aus Diskursen anderer Sozialsysteme auch immer im Literatursystem aufgegriffen werden: Sie müssen einer systemspezifischen Transformation unterworfen werden, die ein erfolgreiches Differenzmanagement (literarisch/nicht-literarisch) erlaubt und mit Kanonisierungsresultaten kompatibel macht (ebd.).

Während im literaturwissenschaftlichen Diskurs unter Kanon eine Richtschnur in Form von Werken, Autoren und Stilen gemeint ist, die als zeitübergreifend und normsetzend angesehen werden – also eine Kombination von Form, Inhalt und Autor – (vgl. Neuhaus 2002a), fehlt in der Journalistik diese normative Perspektive überwiegend, wobei allerdings durch Lehrbücher und in der Debatte um journalistische Qualität sowie durch die Verleihung von Journalistenpreisen Werturteile ins Spiel gebracht werden. Aktualitätsdruck, Themen- und Programmvielfalt verhindern offenbar eine längerfristige Verfestigung von einheitlichen Urteilen in Bezug auf die Beispielhaftigkeit einzelner Journalisten, Werke und Formen.[12]

Literatur und Journalismus operieren also mit Medienschemata. Diese Muster stellen sich jedoch unterschiedlich dar. Journalistische Beiträge, die die Funktion der Informationsvermittlung erfüllen, müssen nicht nur aktuell, sondern auch verständlich und sachlich richtig sein. Die Verständlichkeit ist eine Leistung, die sicherstellen soll, dass die Information auch beim Rezipienten ankommen kann. So gibt es bei Nachrichten für Printmedien und für den Rundfunk teilweise Vorgaben für die Anzahl der Wörter pro Satz, um Verständlichkeit herzustellen. Die sachliche Richtigkeit der publizierten Beiträge muss nicht nur aus rechtlichen Gründen gegeben sein, weil Pressegesetze sorgfältige Berichterstattung verlangen, sondern sie ist notwendig, um das Vertrauen des Publikums in die journalistischen Leistungen aufrecht zu erhalten. Wie wichtig das Qualitätskriterium der Richtigkeit ist, zeigt die fast durchgängige Bereitschaft von Massenmedien, falsche Meldungen richtig zu stellen. Mit dem Gegendarstellungsrecht haben von der Berichterstattung betroffene Personen ein Instrument, falsche Tatsachenbehauptungen zu korrigieren.

Die Qualitätsmerkmale Aktualität, Verständlichkeit (Vermittlungsqualität) und Richtigkeit spielen in der Literatur keine Rolle. Literarische Werke unterliegen nicht der Notwendigkeit, allgemein verständlich formuliert zu sein. Sie müssen schon gar nicht faktisch richtig in dem Sinne sein, dass sie die soziale Wirklichkeit widerspiegeln, denn an Literatur wird nicht die Erwartung gestellt, dass das Beschriebene richtig ist. Die Qualität literarischer Texte wird nach Gesichtspunkten wie etwa Aufbau, Dramaturgie, Handlung und Sprache beurteilt, während Journalismus mit

[12] Zu einer anderen Deutung in diesem Zusammenhang vgl. Haas (1999).

Kriterien wie Aktualität, Exklusivität, Neuigkeit und Relevanz in Verbindung gebracht wird. Die Vermittlungsformen des Informationsjournalismus sind der Neutralität verpflichtet. Dagegen sind literarische Beiträge gerade nicht wertfrei, sondern durch die Subjektivität des Autors bestimmt.

Tab. 3: Literarische und journalistische Programme/Schemata/Muster

	Journalismus	**Literatur**
Programm/Muster	Darstellungsprogramme: - Nachricht - Bericht - Interview - Reportage Ordnungsprogramme: - Ressort - Rubrik Selektionsprogramme: - Auswahlmerkmale - Nachrichtenwerte Informationssammel-programme: - Recherche Prüfprogramme: - (Nach)Recherche	Gattungen: - Lyrik - Epik - Dramatik Untergruppen: - Novelle - Märchen - Fabel - Epos - Roman - Tragödie - Komödie Weitere Formen: - Reportage - Essay - Brief - Tagebuch
Merkmale	- Aktualität - Verständlichkeit - Richtigkeit - Eindeutigkeit - Monovalenz	- Ästhetische Kriterien - Kanonisierbar - Mehrdeutigkeit - Polyvalenz
Haltung	Neutralität, Objektivität	Subjektivität
Gestaltungsprinzip	Selektion nach Regeln	Konstruktion nach Konventionen

Für die Selektion von Themen und Ereignissen aus der Fülle des permanenten Angebots hat sich im Journalismus eine Reihe von Regeln entwickelt, die als Muster die journalistische Aufmerksamkeit steuern. Ereignissen zugeschriebene Nachrichtenwerte steuern die Wahrnehmungsweisen von Journalisten: Personalisierung, lokale, nationale und kulturelle Nähe sowie Dramatik sind neben Makrokonventionen wie Neuigkeit und Aktualität Merkmale für die Auswahl von Themen und Ereignissen für die aktuelle Berichterstattung. Der Selektion nach Regeln im Journalismus steht die Konstruktion nach Konventionen in der Literatur gegenüber. Literarische Autoren sind bei der Auswahl ihrer Stoffe und bei der Präsentation ihrer Inhalte weit weniger an Regeln gebunden.

Aus der Perspektive der Rezipienten haben sich in journalismus- und literaturbezogenen Sozialisationsprozessen unterschiedliche Erwartungen entwickelt. Journalismus als Informationsvermittlung muss eindeutig und genau sein sowie knappe Darstellungsformen pflegen. Andererseits ist es geradezu ein systemkonstituierendes Merkmal von Literatur, dass eine Gleichzeitigkeit von kognitiven, normativen und hedonistischen Erfahrungsmöglichkeiten im Umgang mit literarischen Texten praktiziert werden kann. Während Journalismus eher monovalent ist, ist Literatur polyvalent. Daraus folgt, dass der Spielraum für die Interpretation von journalistischen Texten gering ist. Sie sind nicht deutungsoffen. Anders in der Literatur: Literarische Texte sind (be)deutungsoffen, sie fordern unterschiedliche Lesarten geradezu heraus. Die Literaturwissenschaft liefert zahlreiche Belege dafür, dass Texte im Laufe der Zeit anders interpretiert werden, dass derselbe Text zur selben Zeit unterschiedlich gedeutet werden kann. (Vgl. Neuhaus 2002b)

6 Literatur und Journalismus als Forschungsfeld

Literatur und Journalismus mit dem Instrument der Systemtheorie zu beschreiben, eröffnet Forschungsperspektiven in einem bislang wenig beachteten Schnittfeld akademischer Disziplinen. Die im systemtheoretischen Diskurs angeregte Umstellung des wissenschaftlichen Fokus von „Gegenstand“ auf „Problem“ (Stichweh 1984: 49) erlaubt die Lösung von tradierten Vorstellungen über den Gegenstand einer Disziplin. Werden die Prozesse der Problembearbeitung in den Mittelpunkt gerückt, ergeben sich Antworten auf die Frage nach der Funktion von beobachtbaren Phänomenen wie Literatur und Journalismus in der Gesellschaft ebenso wie Erkenntnisse über die historische Entwicklung der Bereiche und den Wandel ihrer Strukturen und Operationen.

Nimmt man die von Luhmann entwickelte Argumentationsfigur ernst, nach der ein System sich in Abgrenzung zu seiner Umwelt, die aus der Gesellschaft und anderen Systemen besteht, entwickelt und ausdifferenziert, dann geraten gerade die Grenzstellen, strukturellen Kopplungen und Interpenetrationen zwischen Systemen in den Blick. Für die Analyse von Literatur und Journalismus stellt sich damit die Forschungsaufgabe, die Beziehung dieser Systeme, ihre Ausdifferenzierung, ihren Wandel und ihre gesellschaftlichen Funktionen historisch und empirisch zu rekonstruieren. Auf der Ebene der Personen (Schriftsteller, Autoren, Journalisten, Redakteure) gibt es offenbar viele Grenzgänger, die in beiden Systemen gelegentlich Rollen innehaben. Mit den Methoden der Inhaltsanalyse und mit qualitativen sowie quantitativen Befragungen könnten Formen, Verfahren, Urteile und Motive von Akteuren in diesem Grenzbereich analysiert werden.

Auf der Ebene der Strukturelemente haben sich zahlreiche Verbindungen identifizieren lassen, die Anlass für Analysen liefern. Das Berichterstattungsmuster literarischer Journalismus, die Darstellungsformen Reportage und Essay, Konstruktionsmerkmale wie Montage, Subjektivität, Perspektivität, das Verhältnis von Fakten und Fiktionen, Metaphern, narrative Elemente, Erzählperspektive, Themenwandel usw. sind Forschungsthemen im Überschneidungsfeld von Literatur und Journalismus. Diese Problemstellungen werden sowohl in der Journalistik/Kommunikationswissenschaft als auch in der Literaturwissenschaft eher als randständig aufgefasst. Die durch eine geisteswissenschaftliche Tradition geprägte Germanistik und die durch sozialwissenschaftliche Perspektiven und Methoden geprägte Journalistik finden offenbar nur schwer zueinander.

Literatur

Baasner, Rainer/Maria Zens (2001): Methoden und Modelle der Literaturwissenschaft. 2. überarbeitete Auflage. Berlin: Schmidt

Baumert, Dieter Paul (1928): Die Entstehung des deutschen Journalismus. Eine sozialgeschichtliche Studie. Leipzig: Duncker & Humblot

Blöbaum, Bernd (1994): Journalismus als soziales System. Geschichte, Ausdifferenzierung und Verselbständigung. Opladen: Westdeutscher Verlag

Blöbaum, Bernd (2001): Autonom und abhängig. Zur Autopoiesis des Journalismus. In: Communicatio Socialis, 34. Jg., H. 1: 66-76

Enzensberger, Hans Magnus (1987): Ach Europa! Frankfurt/Main: Suhrkamp

Fohrmann, Jürgen/Harro Müller (Hg.) (1995): Literaturwissenschaft. München: Wilhelm Fink Verlag

Gfrereis, Heike (Hg.) (1999): Grundbegriffe der Literaturwissenschaft. Stuttgart, Weimar: Metzler

Görke, Alexander/Mathias Kohring (1997): Worüber reden wir? Vom Nutzen systemtheoretischen Denkens für die Publizistikwissenschaft. In: Medien Journal, Jg. 21, H. 1: 3-14

Haas, Hannes (1999): Empirischer Journalismus. Verfahren zur Erkundung gesellschaftlicher Wirklichkeit. Wien, Köln, Weimar: Böhlau

Handke, Peter (1969): Die Innenwelt der Außenwelt der Innenwelt. Frankfurt/Main: Suhrkamp

Jahraus, Oliver/Benjamin Marius Schmidt (1998): Systemtheorie und Literatur. Teil III. Modelle systemtheoretischer Literaturwissenschaft in den 1990ern. In: IASL. Internationales Archiv für Sozialgeschichte der deutschen Literatur. Band 23. 1: 66-111

Krüger, Udo Michael/Karl H. Müller-Sachse (1998): Medienjournalismus. Strukturen, Themen, Spannungsfelder. Opladen, Wiesbaden: Westdeutscher Verlag

Löffelholz, Martin (Hg.) (2000): Theorien des Journalismus. Ein diskursives Handbuch. Wiesbaden: Westdeutscher Verlag

Luhmann, Niklas (1984): Soziale Systeme. Grundriß einer allgemeinen Theorie. Frankfurt/Main: Suhrkamp

Luhmann, Niklas (1986): Ökologische Kommunikation. Kann die moderne Gesellschaft sich auf ökologische Gefährdungen einstellen? Opladen: Westdeutscher Verlag

Luhmann, Niklas (1995): Die Kunst der Gesellschaft. Frankfurt/Main: Suhrkamp

Luhmann, Niklas (1996): Die Realität der Massenmedien. 2. erweiterte Auflage. Opladen: Westdeutscher Verlag

Luhmann, Niklas (1997): Die Gesellschaft der Gesellschaft. 2 Bände. Frankfurt/Main: Suhrkamp

Malik, Maja (2002): Selbstthematisierung des Journalismus. Eine journalistische und theoretische Grenzerfahrung. In: Armin Scholl (Hg.): Systemtheorie und Konstruktivismus in der Kommunikationswissenschaft. Konstanz: UVK: 111-128

Meier, Klaus (2002): Ressort, Sparte, Team. Wahrnehmungsstrukturen und Redaktionsorganisation im Zeitungsjournalismus. Konstanz: UVK

Neuberger, Christoph (2000): Journalismus als systembezogene Akteurskonstellation. Vorschläge für die Verbindung von Akteur-, Institutionen- und Systemtheorie. In: Martin Löffelholz (Hg.): Theorien des Journalismus. Ein diskursives Handbuch. Wiesbaden: Westdeutscher Verlag: 275-291

Neuhaus, Stefan (2002a): Revision des literarischen Kanons. Göttingen: Vandenhoeck & Ruprecht

Neuhaus, Stefan (2002b): Warum Werther sterben musste. In: Literatur in Wissenschaft und Unterricht 35, H. 4

Plumpe, Gerhard (1995): Epochen moderner Literatur. Ein systemtheoretischer Entwurf. Opladen: Westdeutscher Verlag

Plumpe, Gerhard/Niels Werber (1993): Literatur ist codierbar. Aspekte einer systemtheoretischen Literaturwissenschaft. In: Siegfried J. Schmidt (Hg.): Literaturwissenschaft und Systemtheorie. Positionen, Kontroversen, Perspektiven. Opladen: Westdeutscher Verlag: 9-43

Requate, Jörg (1995): Journalismus als Beruf. Entstehung und Entwicklung des Journalistenberufs im 19. Jahrhundert. Deutschland im internationalen Vergleich. Göttingen: Vandenhoeck & Ruprecht

Reus, Gunter (1999): Ressort Feuilleton. Kulturjournalismus für Massenmedien. 2. überarbeitete Auflage. Konstanz: UVK

Rühl, Manfred (1979): Die Zeitungsredaktion als organisiertes soziales System. 2. überarbeitete und erweiterte Auflage. Fribourg: Universitätsverlag

Rühl, Manfred (1980): Journalismus und Gesellschaft. Bestandsaufnahme und Theorieentwurf. Mainz: Hase & Koehler

Rühl, Manfred (1989): Organisatorischer Journalismus. Tendenzen der Redaktionsforschung. In: Manfred Kaase/Winfried Schulz (Hg.): Massenkommunikation. Theorien, Methoden, Befunde. Opladen: Westdeutscher Verlag: 252-269

Schmidt, Siegfried J. (Hg.) (1987): Der Diskurs des Radikalen Konstruktivismus. Frankfurt/Main: Suhrkamp

Schmidt, Siegfried J. (1989): Die Selbstorganisation des Sozialsystems Literatur im 18. Jahrhundert. Frankfurt/Main: Suhrkamp

Schmidt, Siegfried J. (Hg.) (1993): Literaturwissenschaft und Systemtheorie. Positionen, Kontroversen, Perspektiven. Opladen: Westdeutscher Verlag

Schmidt, Siegfried J. (1991): Grundriß der empirischen Literaturwissenschaft. 2. Auflage. Frankfurt/Main: Suhrkamp

Schmidt, Siegfried J. (2000): Kalte Faszination. Medien, Kultur, Wissenschaft in der Mediengesellschaft. Weilerswist: Velbrück Wissenschaft

Schmidt, Siegfried J./Siegfried Weischenberg (1994): Mediengattungen, Berichterstattungsmuster, Darstellungsformen. In: Klaus Merten/Siegfried J. Schmidt/Siegfried Weischenberg (Hg.): Die Wirklichkeit der Medien. Eine Einführung in die Kommunikationswissenschaft. Opladen: Westdeutscher Verlag: 212-236

Scholl, Armin/Siegfried Weischenberg (1998): Journalismus in der Gesellschaft. Theorie, Methodologie und Empirie. Opladen, Wiesbaden: Westdeutscher Verlag

Sill, Oliver (2001): Literatur in der funktional differenzierten Gesellschaft. Systemtheoretische Perspektiven auf ein komplexes Phänomen. Wiesbaden: Westdeutscher Verlag

Stichweh, Rudolf (1984): Zur Entstehung des modernen Systems wissenschaftlicher Disziplinen. Physik in Deutschland 1740-1890. Frankfurt/Main: Suhrkamp

Waugh, Evelyn (1984): Der Knüller. Zuerst 1953. Zürich: Diogenes

Stefan Neuhaus

Vom Sinn und Unsinn der Literaturkritik

Mit einigen grundsätzlichen Überlegungen zum Verhältnis von Literatur und Journalismus

Die Unberufenen

Tadeln ist leicht, erschaffen so schwer; ihr Tadler des Schwachen,

Habt ihr das Treffliche denn auch zu belohnen ein Herz?

Schiller/Goethe: *Tabulae Votivae*
(Schiller 1987: 314)

Soeben ist mir der Gedanke gekommen, daß in der Harmonie meines künstlerischen Schaffens eine Lücke klafft.

Ich schreibe mir meine Stücke selbst, ich inszeniere und spiele sie selbst, warum bei allen Heiligen, schreibe ich mir nicht auch meine Kritiken selbst?

Curt Goetz: Selbst-Kritik
(Goetz/Martens 1981: 474)

1 Vorbemerkung

‚Die' Literaturkritik ist ein zu weites Feld, um in gebotener Kürze vermessen werden zu können. Daher sind Beschränkungen notwendig. Es findet keine historische Grundlegung der auf die Gegenwart bezogenen Ausführungen statt (vgl. Barner 1990; Hohendahl 1985). Nur gestreift wird die – umstrittene – Wirkung, die Literaturkritik haben kann.[1] Ausgeklammert bleiben daher die wirtschaftliche Bedeutung (für den Buchverkauf) und die kognitiven Prozesse (Bestätigung oder Korrektur von Meinungen), die sie auslösen kann. Zunächst soll das Selbst- und Fremdbild der Literaturkritik kurz skizziert werden, um dann ein Modell

---

1 Vgl. den zahlenreichen und gleichzeitig pointierten Aufsatz von Machinek (1988).

für ein neues Verständnis des Begriffs und letztlich der Funktionen zu entwickeln. Auch dies kann nur skizzenhaft geschehen. Die Ziele sind,

1. Denkanstöße zu geben, wie die weitgehend als unbefriedigend empfundene Situation der bundesdeutschen Literaturkritik verbessert werden könnte,
2. und darüber hinaus nach dem Grenzbereich, nach den gemeinsamen Schnittmengen von Literaturkritik und Literatur zu fragen.

In diesem Sinn ist der Titel zu verstehen;[2] er fragt danach, wie aus der Sicht der Literaturwissenschaft Literaturkritik ‚Sinn' machen kann.

2 (Eigen-)Lob und (fremder) Tadel

Wenn die Literaturwissenschaft einen Bereich des Arbeitens mit Literatur besonders kritisch sieht, dann die Literaturkritik. Verbissen bis lustvoll wird – mal mit stumpfem Stift, mal mit spitzer Feder – der Kritiker aufs Korn genommen. Das hat zwei Gründe, die sich mit den Begriffen ‚Kompetenz' und ‚Konkurrenz' beschreiben lassen. Es handelt sich um zwei Seiten einer Medaille. Die Literaturwissenschaft sieht sich als die Instanz, der als einziger ein Urteil über literarische Texte zukommt, denn nur sie verfügt über das ausdifferenzierte Instrumentarium dafür. Aus ihrer Warte muss das, was Kritiker treiben, eben deshalb suspekt sein, weil es wissenschaftlicher Überprüfbarkeit – je nach Standpunkt – nicht immer oder nur selten standhält.

Exemplarisch sei hier auf die Feststellung Wendelin Schmidt-Denglers zu einem bedeutenden Literaturstreit der 90er Jahre hingewiesen:

> Der Fall *Ein weites Feld* von Günter Grass machte selbst dem, der es noch nicht gewußt hat, bewußt, daß die Literaturkritik noch schneller zur Stelle sein will als das Werk selbst. Das Gespräch lief nicht mehr um das Buch; dieses schien vielmehr in der leeren Mitte eines Riesenschlachtengemäldes zu stehen, als der gefallene Held gleichsam, um den herum die Kritiker posieren konnten. Ob dies, wie gerne von Reich-Ranicki behauptet wird, der Literatur prinzipiell zugute komme, weil von ihr dadurch überhaupt noch die Rede sei, wage ich zu bezweifeln. Diese Behauptung kommt mir so vor, wie wenn jemand Ludwig XVI. und Marie Antoinette

[2] Es handelt sich hierbei um eine Analogiebildung zum Titel der Arbeit von Arntzen (1996): „Unsinn und Sinn der Germanistik".

> das Vorhandensein der Guillotine hätte damit schmackhaft machen wollen, daß nur auf Grund eben dieses Vorhandenseins des Instruments von ihnen überhaupt über ihren Tod hinaus die Rede sein werde (Schmidt-Dengler 1999: 12f.).

Für die Widerlegung einer Literaturkritik findet sich bei Jürgen Wehnert ein Beispiel. Er hat Gert Uedings Rezension von Heinz Ludwig Arnolds *Kritischem Lexikon zur deutschsprachigen Gegenwartsliteratur* (KLG) unter die Lupe genommen und ist zu einem vernichtenden Befund gekommen. Ueding weist nach, dass im KLG Detailfehler zu finden sind. Er listet einige falsche Angaben zu Titeln, Verlagen und Erscheinungsdaten auf und knüpft daran den Schluss, es handele sich um ein „unentbehrliche[s], aber im Detail oft unzuverlässige[s] Schriftstellerlexikon" (zit. n. Wehnert 1988: 50).

Wehnert vollzieht die Rezension Satz für Satz nach und wirft Ueding vor, seine Kritik weit überzogen zu haben. Wichtigster Beleg sind die Fehler, die Wehnert in Uedings *Karl-May-Handbuch* ermittelt hat und die er in ähnlicher Weise darstellt wie Ueding die Fehler des KLG. Daran knüpft Wehnert folgende Frage an: „Würde Ueding diese schadenfrohe Behandlung seines Handbuchs für fair halten, darin eine zutreffende Information des Publikums sehen? Würde er sich auf der Basis dieser elenden Erbsenzählerei das Prädikat *unzuverlässig* gefallen lassen?" (Ebd.: 56)

Auf den ersten Blick scheint die Kritik von Wehnert berechtigt, auf den zweiten muss man sich fragen, ob er nicht genau das tut, was er Ueding vorwirft. Wehnerts Kritik gipfelt in dem Schluss-Absatz:

> Ich erlaube mir daher, die Solidität und Unbestechlichkeit des KLG weiterhin höher zu schätzen als Uedings weithin unseriöse Rezension. Lieber in wenigen, stets korrigierbaren Fällen *unzuverlässig* und dennoch *unentbehrlich*, als auf dem Gebiete des Erbsenzählens verläßlich und im übrigen hoffnungslos entbehrlich (ebd.: 57).

Mit der Etikettierung „hoffnungslos entbehrlich" überschreitet Wehnert die von ihm gezogene Linie, wie weit eine Kritik gehen darf, beträchtlich, enthält Uedings Rezension doch erstens allgemeine Informationen zum KLG, die für viele FAZ-Leser neu gewesen sein dürften, sowie zweitens Hinweise auf Fehler, die so von den KLG-Machern korrigiert werden können. Folglich ist die Rezension nicht unentbehrlich. Wirklich fragwürdig wird die Kritik an der Kritik aber durch ihren Publikationsort. Sie steht in einem Heft, das von Heinz Ludwig Arnold herausgegeben wurde. So wird der Verdacht ermöglicht, Arnold habe Wehnert vorgeschoben, um mit einem ihm unliebsamen Kritiker abzurechnen. Das muss keineswegs so sein, doch allein die Möglichkeit dieses Verdachts hätte Arnold davon abhalten sollen, diese Meta-Kritik zu publizieren.

Nun wird die Grauzone zwischen Literaturwissenschaft und Literaturkritik vollends durchschritten; vorläufig soll hier die Wissenschaft beiseite gelassen werden und der Fokus richtet sich auf die Kritik. Über die Qualität ihrer Arbeit reflektierende Literaturkritiker differenzieren vor allem zwischen Medien, sie distanzieren sich von der Boulevardpresse. Auch hier ein Beispiel zur Illustration, diesmal von Sigrid Löffler:

> Die Redaktion [von „‚Cosmopolitain' oder ‚Vogue'"; S. N.] wünschte sich von mir eine Buchkritik. ‚Können Sie für uns Susan Sontags Roman *Der Liebhaber des Vulkans* besprechen?', fragte das Blatt ganz aufgeregt per Fax. ‚Das Buch erscheint im Hansa-Verlag. Es hat 550 Seiten. Wir bieten Ihnen ein angemessenes Honorar. Ihre Rezension sollte eine Länge von ein bis drei Zeilen haben'. Ich habe mir dieses verlockende Angebot ernsthaft überlegt. Zumal mich in diesem Falle das Zeilenhonorar interessiert hätte. Dann aber habe ich mich doch entschlossen, mit Karl Kraus zu antworten: ‚Sehr geehrte Redaktion. Ihr Angebot, für Sie Susan Sontags Roman *Der Liebhaber des Vulkans* zu besprechen, ehrt mich. Ich nehme es gern an. Jetzt sind die drei Zeilen leider voll'. Kontonummer. Auf das Honorar warte ich leider bis heute (Löffler 1999: 27).

Bei Sigrid Löffler findet sich auch eine Beschreibung des eigenen Selbstverständnisses, die als Konsens unter vielen Literaturkritikern gelten kann:[3]

> Der Kritiker schreibt heute nicht um des Autors willen, sondern um des Publikums willen. Er verteidigt die Literatur, notfalls auch gegen den Autor. Und er sucht das Publikum von der Literatur zu überzeugen, von der er selber überzeugt ist. Er ist der Vermittler zwischen dem Buch und dem Publikum. Der Kritiker obliegt der selbstgewählten Aufgabe, das Publikum für die Literatur zu gewinnen, die er für lesenswert hält, und ihm von Büchern abzuraten, die er für mißlungen, für überflüssig, für schädlich hält (ebd.: 32).

An diesem Zitat lässt sich exemplarisch Glanz und Elend der Literaturkritik festmachen. Die Sicht als ‚Verteidiger der Literatur' rekurriert auf ein Wertesystem, das hier als subjektiv beschrieben wird und in der Form höchst anzweifelbar, schlicht falsch ist. Man darf aber davon aus-

---

[3] Marcel Reich-Ranicki (1994) hat sogar im Titel eines Buches die Literaturkritiker als *Anwälte der Literatur* bezeichnet und Kritiker in eine Reihe mit Dichtern gestellt, darauf wird noch zurückzukommen sein.

gehen, dass stillschweigend allgemeine Wertekriterien angenommen werden, auf dem die letztlich subjektive Lektüre des Kritikers beruht, schließlich wird hier auch verallgemeinernd von ‚dem Kritiker' gesprochen, als gäbe es eine große Einigkeit über die zugrunde gelegten Maßstäbe innerhalb der Zunft. Sicher ist positiv hervorzuheben, dass sich ‚der Kritiker' nicht zum PR-Agenten degradieren lässt und die Unabhängigkeit seines Urteils wahren möchte.

Die Rolle des Kritikers wird als die eines kritischen Vermittlers zwischen Literatur und Publikum beschrieben. Er will das Publikum für seine Auffassung von Literatur gewinnen, es überzeugen. Allerdings scheint diese ‚selbstgewählte Aufgabe' die eines messianischen Eiferers zu sein. Um einem Buch gerecht werden zu können, sollte man auch überlegen, welche Intention der Autor möglicherweise hatte und welche Strategien er dafür implementierte; das heißt ganz und gar nicht, dass man dem Autor das alleinige Recht an der Interpretation seines Textes zubilligen muss.[4] Hier nun wird propagiert, die Autorperspektive gar nicht zu beachten. Die gänzliche Ablehnung der Autorinstanz müsste eigentlich, um eine neue Balance herzustellen, zu größerer Vorsicht beim Urteil führen. Stattdessen wird eine Dichotomie von ‚lesenswert' auf der einen, ‚misslungen, überflüssig, schädlich' auf der anderen Seite aufgemacht. Die Schärfe der gewählten Vokabeln lässt aufhorchen, besonders die letzte weckt unangenehme Erinnerungen an Zeiten der Zensur. Um es klar zu sagen: Mit einem solchen Wortgebrauch unterscheidet sich ein Literaturkritiker deutlich vom bundesdeutschen Gesetz, das nur dann Literatur als ‚schädlich' einstuft, wenn Kinder und Jugendliche in ihrer Entwicklung betroffen sind. Die im Grundgesetz verbriefte Meinungsfreiheit garantiert genau das, was hier der Literatur offenbar abgesprochen werden soll.

Das Hauptproblem scheint, so kann als vorläufiges Ergebnis festgehalten werden, weniger der Inhalt als der Ton der Kritik zu sein. Den Kritikern wird nicht das Recht zu urteilen, sondern das Recht *so* zu urteilen abgesprochen. Das Problem ergibt sich aus den unterschiedlichen Vorstellungen von Wissenschaftlern und Kritikern über ‚gute' Literatur,

---

4 In der Literaturwissenschaft hat es über diese Frage eine breite Diskussion gegeben. Die frühere strukturalistische Perspektive vom *Tod des Autors* (Roland Barthes), nicht zuletzt eine Reaktion auf die Verabsolutierung der Autorperspektive, kann mittlerweile als einseitig gelten, die nicht unbedeutende Rolle des Autors als eine der Instanzen Autor – Text – Leser wird wieder wahrgenommen. Vgl. den informativen Band von Jannidis u. a. (2000).

wobei die Gräben nicht nur zwischen ihnen, sondern auch innerhalb beider Gruppen verlaufen. Konkret geht es um die Wertungskriterien, die man zugrunde legt, um zu einem Urteil zu kommen. Werner Irro hat festgestellt: „Zuerst müssen sich Wissenschaft und Kritik ihrer normativen Basis bewußt werden, d.h. diese reflektieren" (1986: 45f.). Dass Literaturkritiken ihre Bewertungsmaßstäbe nicht immer und oft nur partiell offenlegen, macht die Sache besonders schwierig.[5]

3 Was ist überhaupt Literaturkritik?

Exemplarisch konnte gezeigt werden, dass die Auffassungen von dem, was Literaturkritik ist und was sie leisten sollte, weit auseinandergehen. Es dürfte einen Minimalkonsens geben, doch besonders in der Frage, inwieweit der Kritiker die Interessen des Autors berücksichtigen sollte, kommt es immer wieder zu Auseinandersetzungen. Die 90er Jahre haben verschiedentlich Eskalationen solcher Konflikte gesehen, man denke vor allem an den Streit um Christa Wolfs *Was bleibt* und Günter Grass' *Ein weites Feld*. Befürworter und Kritiker der Bücher verließen des Öfteren den Bereich der sachlichen Auseinandersetzung (vgl. Negt 1996; Anz 1995). Schriftsteller haben – mit dem ihnen eigenen Esprit – die oder den prototypischen Kritiker nicht geschont. Ein neueres und witziges Beispiel stammt von Jurek Becker und ist – ausgerechnet – einer Festschrift zum 60. Geburtstag von Marcel Reich-Ranicki entnommen:

> Ich komme aus einem Land, in dem es keine Literaturkritik gibt [gemeint ist die DDR; S. N.]. Das hat nicht dazu geführt, daß die Literatur dort am Boden läge, o nein; man sollte das Abhandensein von Literaturkritik nicht einmal zu den großen Schwierigkeiten zählen, denen Literatur in der DDR ausgesetzt ist, obwohl es natürlich mit ihnen zu tun hat. Ich erwähne diesen Umstand, weil er mir auf etwas hinzudeuten scheint, was für unser Thema ja nicht ohne Bedeutung ist: daß das Gedeihen von Literatur mit dem Zustand der dazugehörigen Kritik nicht viel zu tun hat. Wahrscheinlich gilt diese Behauptung in umgekehrter Richtung auch (Becker 1980: 144).

Es dürfte angesichts solcher Dissonanzen legitim sein, einen eigenen systematischen Zugang zum Thema zu suchen. Die Frage ‚Was ist Lite-

[5] „Nach wie vor aber ist auch nach der Qualität einer Literaturkritik zu fragen, deren Wertungskriterien der öffentlichen Diskussion weitgehend entzogen bleiben" (Wittkowski 1988: 64).

raturkritik?' scheint auf den ersten Blick einfach zu beantworten und ist bei näherem Hinsehen wesentlich vielschichtiger, wenn auch nicht ganz so komplex wie die berühmtere Frage: Was ist Literatur?

In der Forschung gibt es Antworten, auf die man zunächst zurückgreifen kann. Wendelin Schmidt-Dengler definiert „Literaturkritik als die Summe der in Medien praktizierten Auseinandersetzung mit literarischen Texten". Dies grenzt er ab zur Literaturwissenschaft als „Summe der Produktion und Aktivität im Bereich der Unterrichts- und Forschungsinstitutionen wie Universitäten und Akademien" (Schmidt-Dengler 1999: 11).[6] Auch von Kritikerseite wird diese formale Trennung vollzogen. Ulrich Greiner formuliert bündig: „Es gibt Literaturwissenschaft, und es gibt Literaturkritik. Beide betrachten denselben Gegenstand, aber sie tun es mit verschiedenen Methoden" (Greiner 1985: 49). Literaturkritische Texte sind demnach journalistische Texte; Literaturkritik ist ein Teil der journalistischen Arbeit. In der Praxis vermischt sich dies,[7] viele an Universitäten tätige Literaturwissenschaftler arbeiten freiberuflich als Literaturkritiker, etwa Paul Michael Lützeler, Dieter Borchmeyer, Peter von Matt oder Wulf Segebrecht, der am 2. Mai 2001 den *Preis der Frankfurter Anthologie* überreicht bekam.

Sigrid Löffler hat einen Katalog von „Funktionen heutiger Feuilletonkritik" zusammengestellt, demnach sollte eine gute Kritik Folgendes leisten: Sie sollte

- „Lust auf Literatur machen";
- „plausibel und nachvollziehbar sein", „die Kriterien der Beurteilung immer auch mitliefern", dadurch die eigene Urteilskraft des Lesers aktivieren;
- „streitbar und begründet sein";
- „einen Gegenkanon zu den gängigen Bestsellerlisten aufstellen" und vor allem Bücher berücksichtigen, „die keine Massenbasis haben";

---

6 Die weitere Beschränkung der Literaturkritik auf „Printmedien" wird, da Schmidt-Dengler kein Unterscheidungskriterium angibt und der Autor sich auch kein sinnvolles vorstellen kann, weggelassen. Ob ein literaturkritischer Text gesprochen oder geschrieben wird, sagt noch nichts über seine Qualität aus. Und geht man nach der Wirkung, dürfte die Kritik im Fernsehen, besonders in Gestalt des *Literarischen Quartetts*, die der Bücherfeuilletons weit übertreffen.

7 Darauf weist Schmidt-Dengler selbst hin (vgl. 1999: 13).

- „die Kritikfähigkeit des Publikums gegenüber (...) Marktstrategien schärfen";
- „die eigene Bevormundungsposition gelegentlich selber in Frage stellen" (Löffler 1999: 38f.).

Mit solchen Aussagen sind Muster vorgegeben, die bestimmte subjektive Positionen nicht verleugnen können und zum Teil variabel sein dürften. So erscheint es wenig gerecht, *bevorzugt* Bücher kleiner Verlage vorzustellen. Sollte die Auswahl nicht nach dem Interesse getroffen werden, das der Text selber weckt, unabhängig vom Verlag? Löffler widerspricht außerdem ihrer vorherigen Unterscheidung in ‚gute' und ‚schlechte' Literatur. Es gibt Übereinstimmungen mit dem Zugang von Irro, der jedoch zwei wesentliche Punkte hinzufügt:

- „daß Literatur nicht allgemeingültig für gut oder schlecht befunden werden kann. Deshalb ist der jeder Aussage zugrundeliegende Literaturbegriff offenzulegen" (Irro 1986: 46).
- „Der Kritiker ist ebenfalls Leser, dem durch seine öffentliche Stellung freilich besondere Bedeutung zukommt. Aus ihr erwächst seine Verantwortung für den literarischen Text" (ebd.: 274).

Damit sind wichtige Grundlagen des Verständnisses benannt, dennoch bleiben viele Fragen offen, beispielsweise nach dem Wertekatalog, der, selbst wenn man sich um das Eingehen auf den Text bemüht, nicht allein aus diesem bezogen werden kann. In seltener Offenheit seiner Zunft hat dies Ulrich Greiner auf den Punkt gebracht:

> Mich verfolgt die Frage: Mein Herr, wo sind Ihre Maßstäbe? Nicht, daß es darauf keine Antwort gäbe. Irgendeinen Maßstab hat schließlich jeder. Was mir jedoch wenig gefällt, ist die Tatsache, daß es für alle diese Maßstäbe keinen Maßstab gibt (Greiner 1985: 49).

Für einen allgemeinen Begriff von Literaturkritik sind also weitere Klärungen notwendig. Vor allem ist zu fragen, was man unter dem zweiten und letztlich bestimmenden Teil des Kompositums, also unter Kritik allgemein zu verstehen hat. Ich möchte hier zunächst die folgenden Erläuterungen von Foucault aufgreifen, die mir symptomatisch zu sein scheinen:

> Schließlich existiert die Kritik nur im Verhältnis zu etwas anderem als sie selbst: sie ist Instrument, Mittel zu einer Zukunft oder zu einer Wahrheit, die sie weder kennen noch sein wird, sie ist ein Blick auf einen Bereich, in dem sie als Polizei auftreten will, nicht aber ihr Gesetz durchsetzen

> kann. All das macht, daß sie eine Funktion ist, die dem untergeordnet ist, was die Philosophie, die Wissenschaft, die Politik, die Moral, das Recht, die Literatur usw. positiv darstellen (Foucault 1992: 8).

Explizit wird hier sogar die Literatur genannt. Die Literaturkritik wäre demnach der Literatur nach- oder untergeordnet, sie will „als Polizei auftreten“, Mahnungen und Lob aussprechen, in anmaßender Form sogar Lesegebote und -verbote formulieren. Darin liegen gleichzeitig Chance und Missbrauch; sie erschließen sich, wenn wir Foucaults Präzisierung nachvollziehen. Für ihn gibt es, verkürzt und banal, eine gute und eine schlechte Kritik, die Kriterien zur Beurteilung hängen eng mit den Begriffen „Wissen“ und „Macht“ zusammen: „wenn ich dieses Wort [Wissen; S.N.] verwende, dann hauptsächlich, um alles zu neutralisieren, was Legitimierung oder auch nur Hierarchisierung von Werten sein könnte“ (ebd.: 60).

Foucaults Machtbegriff fundiert die Forderung Irros (und anderer) nach einer verantwortungsbewussten Rezensententätigkeit. Daraus lässt sich die fundamentale Forderung ableiten, im besten Sinn aufklärerisch zu wirken, als „Medium des Widerstands und der Erkundung“ (Vormweg 1985: 160). Die beste Kritik dürfte die sein, die den Leser anregt, das Buch selbst zu lesen und zu einer eigenen Meinung zu kommen. Die Notwendigkeit eines Bildungsauftrags könnte eine Anekdote belegen, die Greiner anführt:

> Einmal machte ich Urlaub auf Fuerteventura, stand am Hotel-Kiosk und hörte, wie sich ein junges Paar über Bücher unterhielt, die es einem Drehständer entnahm. ‚Kennst du das‘, fragte die Frau, ‚ist das gut?‘ – ‚Nein‘, sagte der Mann und fügte, nachdem er eine Weile darin geblättert hatte, hinzu: ‚Ich glaube, das ist nichts, das ist so ein Problemroman.‘ Es war *Effi Briest* (Greiner 1985: 53).

Mit der Forderung, den Leser primär zur eigenen Reflexion anzuregen, überschreitet man einerseits den üblicherweise für Literaturkritiken gesteckten Rahmen und man fordert vom Kritiker eine Leistung, die üblicherweise der Literatur im engeren Sinn zugeschrieben wird. Andererseits ist nicht einzusehen, warum man nicht – wie in der Literatur allgemein – zwischen Gebrauchs-Kritiken und qualitativ höherwertigen Kritiken unterscheiden sollte.

4 Literaturkritik als Literatur

Die klare Opposition von journalistischen, nicht-literarischen und literarischen, nicht-journalistischen Texten zieht sich durch die Rezeptionsgeschichte, seit es eine funktionale Trennung von journalistischer und literarischer Arbeit gibt.[8] Norman Sims hat dies so ausgedrückt: „We assume The New York Times is factual, that autobiography contains personal testimony, and that journalism – simply and honestly presented – is free of the creations and symbolism of fiction" (Sims 1990: Preface V-X, hier VI).[9] Literarische Texte in Zeitungen und Zeitschriften sind aus solcher Perspektive immer fiktionale Beiträge in lyrischer oder anderer, deutlich erkennbar literarischer Form.[10] Man kann und man sollte aber anzweifeln, dass Kritik der Literatur immer nach- oder untergeordnet sein muss. Jürgen Enkemann hat festgestellt:

> Die Tendenz zur polyfunktionalen Konzentrierung sprachlicher Mitteilung kann kein hinreichendes Kriterium zur Bewertung ästhetischer Phänomene sein. Eine literarische Wertung kann nicht der Frage ausweichen, wie das Ensemble von Funktionen in einem umfassenderen historischen und soziokulturellen Sinne gerichtet ist (Enkemann 1983: 10).

Mit anderen Worten: Die prinzipielle Offenheit eines literarischen Kunstwerks schließt nicht aus, dass es zeitbezogene Strategien verfolgt, die denen journalistischer Texte ähnlich sind. Enkemann hat sich besonders mit dem Essay beschäftigt, den man als Grenzgattung bezeichnen kann. Er wird ebenso in Zeitungen oder Zeitschriften publiziert wie in Büchern; für ihn sind explizite wie implizite, subjektive Bewertungen charakteristisch. Stilistische Brillanz sollte für ihn selbstverständlich sein. Es gibt weitere Grenzgattungen, vor allem die Reportage und den Reisebericht. Für alle gilt, dass sie einen hohen Grad an Faktizität aufweisen, der für journalistische Texte typisch und bei literarischen Texten möglich ist. Letztes und letztlich einziges allgemeines Unterscheidungskriterium zwischen Journalismus und Literatur bleibt also der Grad der Fiktionalität.

---

8 Für eine Einordnung der Kritik in die Kategorie „Gebrauchstext" vgl. Schneider (1987: 300).

9 Für den Band von Sims ist diese Feststellung der Ausgangspunkt, um gegenläufigen Tendenzen im Werk einzelner Journalisten/Autoren nachzuspüren.

10 Vgl. zum Beispiel das implizite Verständnis von „Journalismus und Literatur" in der Studie von Stürzer (1984).

Zu den Grenzgattungen lässt sich auch die Literaturkritik zählen. Hier lässt sich an eine allgemeine Bemerkung von Gert Ueding anknüpfen:

> Der Kritiker braucht nicht zu wünschen, was er immer schon ist: Schriftsteller zu sein. Seine Wirkung und seine Überzeugungskraft beruhen auf seiner Urteilskraft ebenso wie auf seinem Stil, und über den Kunstcharakter eines Literaturwerks entscheiden nicht mehr die traditionell gegebenen Bedingungen des Inhalts oder der Form. Die Möglichkeit zur Kunstprosa steht dem Kritiker so offen wie jedem anderen Schriftsteller (Ueding 1985: 141; vgl. Vormweg 1985).

Die Literaturkritik bezieht sich auf einen vorhandenen literarischen Text und erfüllt somit das Merkmal der Faktizität. Gleichzeitig ist sie besonders durch ihren hohen Grad an Subjektivität gekennzeichnet, der allerdings durch die Forderungen nach Nachvollziehbarkeit und Nachprüfbarkeit begrenzt wird. Eine Literaturkritik verfolgt eine Strategie, sie will eine bestimmte Einschätzung des literarischen Texts vermitteln.[11] Besondere Bedeutung hat der literarische, kulturelle und gesellschaftliche Kontext, zu dem dieser Text in Beziehung gesetzt wird. Hier besteht eine Parallele zwischen Literaturkritik und Essay, beide reagieren auf Diskurse, die einen deutlichen Zeitbezug haben und gleichzeitig in ihrer historischen Entwicklung betrachtet werden können.

In der neueren Literaturwissenschaft gibt es Ansätze, ausgewählte Literaturkritiken zur Literatur zu zählen, ihnen so – noch unausgesprochen – ähnliche Merkmale wie literarischen Texten und überzeitliche Bedeutung zu bescheinigen. Nicht gemeint ist der Versuch, durch Zuschreibung von Literarizität die Kritik in ihrer Substanz zu entwerten, um ihr den Giftzahn zu ziehen. Ein gutes Beispiel hierfür ist Hugo Dittberners Aufsatz über Marcel Reich-Ranicki: Dittberner gelangt zu dem Urteil, dass Reich-Ranicki „ein guter Schriftsteller und zuerst dies ist" (Dittberner 1988: 10). Der kritische Subtext des Aufsatzes lautet jedoch: Reich-Ranicki ist ein guter Schriftsteller, aber ein nicht so guter Kritiker. Der (um Ausgewogenheit bemühte) Tadel wird als Lob verpackt, was das Lob auch gleich mit entwertet.

Mit der literarischen Literaturkritik ist vielmehr eine stilistische und inhaltliche Qualität gemeint, die nach literaturwissenschaftlichen Maßstäben bestimmt werden kann. Frühe und bedeutsame Beispiele sind

[11] Die Konstruiertheit von Kritiken hat Jurek Becker (1980: 150) zum Anlass für folgenden Satz genommen, der Feststellung und Frage zugleich ist: „Am Ende ist Literaturkritik nichts anderes, als ein Genre der Literatur".

Hans Mayers Sammlungen *Meisterwerke deutscher Literaturkritik* von 1954/56 und *Deutsche Literaturkritik der Gegenwart* von 1971/72, die Texte von der Aufklärung bis zur Nachkriegszeit versammeln und das nachzeichnen, was man heute als Diskurs über Literatur bezeichnen kann (vgl. Mayer 1971/72; Mayer 1945/56, bes. Band 1: 5-34; Band 2.1: IV-XXV). Eine Position der Wertschätzung klingt auch bei Marcel Reich-Ranicki an, wenn er in *Die Anwälte der Literatur* folgendes Auswahlkriterium für seine Autorenporträts besonders betont: „Zugleich stand fest, daß Schriftsteller, die ihren Ruhm anderen Gattungen verdanken, sich aber kontinuierlich mit der Kritik befaßten, also Lessing etwa, Heine oder Thomas Mann, nicht unberücksichtigt bleiben dürften" (Reich-Ranicki 1994: 329). Dazu kommen erste systematische Zugänge in der wissenschaftlichen Auseinandersetzung. „Der Gegenstand literarischer Kritik ist eine Kunst; aber auch die Kritik trägt die Züge der Kunst", hat Northrop Frye apodiktisch festgestellt (1964: 9). Für Frye sind die Übereinstimmungen noch sehr allgemeiner Natur:

> Die Literatur ist wie die Mathematik eine Sprache, und eine Sprache an sich vertritt keine Wahrheit (...). Aber Dichter wie Kritiker haben immer an irgendeine Wahrheit der Einbildungskraft geglaubt, und die Rechtfertigung dafür ist vielleicht durch die in der Sprache enthaltenen Ausdrucksmöglichkeiten gegeben (ebd.: 353).

Das mit *Literaturkritik – Anspruch und Wirklichkeit* betitelte DFG-Symposion von 1989 hat die Beiträge seines zweiten Veranstaltungstages mit *Literaturkritik als ‚Literatur'* überschrieben; bemerkenswert ist allerdings die Relativierung des Literaturbegriffs durch Anführungszeichen. Die Annäherung von Literaturkritik an Literatur lässt sich erkennen, wenn man Gerhard R. Kaisers Aufsatz *Jean Pauls Rezension zu Mme de Staëls ‚De L'Allemagne'* betrachtet. Kaiser beschreibt eine Textstruktur, die für Literatur charakteristisch ist, zu nennen sind insbesondere die intentionale Durchformung, der durchgängige Gebrauch von Symbolen und Motiven sowie die geschlossene Struktur des Textes, der mehr über Jean Paul als über Mme de Staël aussagt (vgl. Kaiser 1990). Diese Beobachtung erlaubt zwei Schlussfolgerungen:

1. Wenn Autoren, die über ihre fiktionalen Texte kanonisiert sind, Rezensionen schreiben, dann werden diese Rezensionen quasi automatisch zum Gegenstand der Literaturwissenschaft und damit als Literatur kanonisiert. Demnach würden Rezensionen von Schriftstellern beides sein, Literaturkritik und Literatur.

2. Möglich ist, dass auch Rezensionen nicht-kanonisierter Autoren Merkmale aufweisen, die für literarische Texte charakteristisch sind. Insofern ist zu fragen, ob nicht generell Rezensionen auf ihre Literarizität hin geprüft werden könnten.

Auf den ersten der beiden Punkte soll im Folgenden noch etwas näher eingegangen werden. Dirk Göttsche hat zu Recht festgestellt:

> Seit sich die Literaturkritik im Laufe des 19. Jahrhunderts aus dem Verbund mit der literarischen Praxis und der Literaturgeschichtsschreibung, in den sie von Lessing bis Schlegel gestellt war, gelöst und im Feuilleton als eine eigene Institution des literarischen Lebens verfestigt hat, spielt das literaturkritische Sprechen der Schriftsteller nur mehr die Rolle einer ‚Gastrede'. Der Schriftsteller als Kritiker spricht auf Einladung, er schreibt als Gastrezensent und verficht doch gerade hier die eigene Sache (Göttsche 1990: 197).

Die Charakteristika dieser „eigenen Sache" hat Göttsche im bereits angedeuteten Sinn beschrieben, so handelt es sich bei einer Rezension auch um eine „poetologische Vertiefung" von Fragestellungen, die „das Verhältnis von Literatur und Gesellschaft" allgemein berühren (ebd.). Die Literaturkritik von Schriftstellern nähert sich oftmals dem Porträt oder dem Essay (vgl. ebd.: 198), also Gattungen, die im allgemeinen Verständnis in größerer Nähe zur Literatur stehen.

Göttsche geht auf Martin Walser und Ingeborg Bachmann ein. Es gibt zahlreiche Autoren der Literaturgeschichte, die ebenfalls angeführt werden könnten (vgl. die Auswahl bei Mayer 1971/72 und Mayer 1945/56). Im Folgenden sollen die Merkmale literarischer Kritik aus der Feder eines Schriftstellers an einer Besprechung Theodor Fontanes kurz dargestellt werden, die in der Fontane-Forschung sehr bekannt ist und deren Wahl daher keiner größeren Rechtfertigung bedarf. Gegenstand sind die ersten Bände von Gustav Freytags Romanzyklus *Die Ahnen*, erschienen ist die Kritik in der Sonntagsbeilage der *Vossischen Zeitung* vom 14. und 21. Februar 1875 (vgl. Fontane 1979: 110ff., Anm. 442).[12]

Fontane leitet seine Besprechung ein mit ihrem aktuellen Bezug; er verweist auf das Erscheinen des dritten Bandes der *Ahnen* kurz vor Weihnachten 1874. An die Beobachtung der Unvollständigkeit des Werks knüpft er das möglichen Einwänden begegnende Argument, dass

---

12 Diese Kritik ist nicht enthalten in Mayer (1945/56). Dort finden sich Fontanes Aufsatz über Willibald Alexis, seine Besprechungen von Gerhart Hauptmanns *Vor Sonnenaufgang* und Arno Holz' *Die Familie Selicke* (Bd. 2: 847 ff.).

das vorliegende Material für eine allgemeine Einschätzung des Projekts genüge. Es folgt eine Nacherzählung des Inhalts, um dem Leser die nötigen Informationen an die Hand zu geben, die es ihm erlauben, sich selbst ein Bild zu machen und der Argumentation des Rezensenten zu folgen – oder nicht zu folgen. Damit erfüllt Fontane auf vorbildliche Weise die wichtigsten Anforderungen an eine Literaturkritik: Information und Transparenz. Dieser allgemeine Teil wird unter römisch I zusammengefasst, die angekündigte Bewertung folgt unter II. Fontane schickt der Bewertung eine objektive und eine subjektive Beobachtung voraus: Den *Ahnen* Vergleichbares habe es noch nicht gegeben; er selbst wage sich „nicht ohne Zagen" an seine Rezensententätigkeit (ebd.: 118).

Damit wird eine Doppelstrategie verfolgt: Auf der ersten konnotativen Ebene wird der Leser aufgefordert, sich eine eigene Meinung zu bilden und die des Rezensenten nicht zu wichtig zu nehmen; auf der zweiten konnotativen Ebene erhöht der Rezensent durch dieses Eingeständnis seine Glaubwürdigkeit und damit auch die Durchschlagskraft beim Leser, er sagt indirekt: ‚seht her, wie vorsichtig und voller Skrupel ich zu Werke gehe, so jemandem wie mir kann man eher glauben als unvorsichtigen Rezensenten ohne Skrupel'.

Ein Beleg für die Vermutung einer Beglaubigungsstrategie ist, dass im zweiten Teil das genaue Gegenteil von dem folgt, was der erste Teil bot. Fontane entwickelt ein poetologisches Programm und leitet dies wie folgt ein:

> *Was soll ein Roman?* Er soll uns, unter Vermeidung alles Übertriebenen und Häßlichen, eine Geschichte erzählen, an die wir *glauben*. Er soll zu unserer Phantasie und unserem Herzen sprechen, Anregung geben, ohne aufzuregen; er soll uns eine Welt der Fiktion auf Augenblicke als eine Welt der Wirklichkeit erscheinen, soll uns weinen und lachen, hoffen und fürchten, am Schluß aber empfinden lassen, teils unter lieben und angenehmen, teils unter charaktervollen und interessanten Menschen gelebt zu haben, deren Umgang uns schöne Stunden bereitete, uns förderte, klärte und belehrte (ebd.: 118f.).

Die Konsequenzen dieser Forderung sind von der Literaturwissenschaft immer noch nicht erkannt worden. Fontane hält ein leidenschaftliches Plädoyer für eine Symbiose von Identifikation und Reflexion; sie schließen sich nach seiner Auffassung nicht aus. Für das ‚Funktionieren' der Konzeption gibt es jedoch eine Bedingung, die in Form einer Präzisierung nachgeschoben wird:

> Was soll der *moderne* Roman? (...) Der Roman soll ein Bild der Zeit sein, der wir selber angehören, mindestens die Widerspiegelung eines Lebens, an dessen Grenze wir selbst noch standen oder von dem uns unsere Eltern noch erzählten (ebd.: 121).

Fontane vermisst bei Freytag genau das, was er von jedem zeitgenössischen Roman verlangt: „lebenswahre Figuren" (ebd.: 126) als Voraussetzung für Identifikation und Reflexion, die für Fontane immer wie selbstverständlich zusammengehören. Damit vertritt Fontane ein Literaturkonzept, das

- als eine allgemeine Bestimmung des realistischen Romans angesehen werden kann, die auf den Naturalismus vorausweist;
- im Wesentlichen von der Aufklärung bis zur Weimarer Klassik geprägt und mit Beginn der Moderne teilweise außer Kraft gesetzt wurde;
- in den 90er Jahren wieder zu neuer Bedeutung zu kommen scheint, man denke an Uwe Wittstocks Frage „Wie unterhaltsam ist die neuere deutsche Literatur?" (Wittstock 1995).

Dieser Aspekt der Unterhaltsamkeit oder ‚Leselust' ist von der Literaturwissenschaft bisher weitgehend ignoriert worden, für ein breites Publikum unterhaltsame Texte sind gegenüber schwerer zugänglichen konsequent abgewertet worden (vgl. hierzu Anz 1998: 20ff.; Wittstock 1995). Nach neueren Positionsbestimmungen von Uwe Wittstock oder Thomas Anz ließe sich Fontanes Plädoyer aber (wieder) als überaus modernes (oder postmodernes?) Literaturkonzept begreifen.

Am Beispiel von Freytags *Ahnen*-Bänden exemplifiziert und vertieft Fontane seine Auffassung von dem, was ein Roman leisten soll, der zu besprechende Roman hat eine Beispielfunktion. Im Mittelpunkt steht, um es noch einmal deutlich zu sagen, Fontanes eigenes literarisches Konzept. Nun möchte Fontane es sich mit seinem Zeitgenossen Freytag, der ungleich bekannter und einflussreicher war als er, nicht gänzlich verderben. Deshalb bejaht er zunächst die Frage, ob die *Ahnen* seine Anforderungen erfüllen, um dann gleich das positive Votum nach allen Regeln der rhetorischen Kunst zu unterminieren, etwa mit der Feststellung, es sei der „Zweck des Nachstehenden", „den Todeskeim nachzuweisen, an dem dieser Freytagsche Roman notwendig sterben muß" (Fontane 1979: 119). Starker Tobak also, der vom genau Lesenden durch das quantitativ überwiegende Lob und die vielen Relativierungen nicht verdeckt wird.

Nicht weniger vernichtend ist folgende Feststellung:

> Dennoch will uns der Gedanke (...) nicht verlassen, daß es keine allzu glückliche Stunde war, in der G. Freytag den Plan faßte, diese ,Ahnen' zu schreiben und ihnen ein Vollmaß an Kraft und Arbeit zuzuwenden, das auf einem anderen Gebiete (so meinen wir) segensreicher zu verwenden gewesen wäre (ebd.: 120).

Aus heutiger Sicht kann man Fontane da nur zustimmen. Freytags *Ahnen* sind, nach jahrzehntelanger Popularität, fast vergessen, Fontanes Romane erfreuen sich großer Beliebtheit und Wertschätzung. Fontanes Kunst liegt aber gerade darin, zwei gegenläufige Strategien zu verfolgen. Der eine, dominierende und letztlich dem Leser angebotene Argumentationsstrang läuft auf eine Abwertung von Freytags Roman zugunsten von Fontanes Literaturkonzept hinaus; der zweite betont die subjektiven und objektiven Probleme, ein solches Urteil zu fällen, und gibt die Stärken des Werks zu bedenken. So kann Fontane seine Auffassung kundtun, ohne die Gefühle des Autors und seiner Leser zu verletzen oder einen Anspruch auf Allgemeingültigkeit zu erheben.

Fontanes Rezension ist nicht fiktional, aber stilistisch brillant, kohärent, innovativ und aktualisierbar, um nur einige Merkmale zu nennen, die auch für kanonisierbare fiktionale Texte gelten. Warum also sollte man sie nicht zur Literatur zählen? Das Kriterium der Fiktionalität oder Nichtfiktionalität kann nicht das ausschlaggebende sein, beispielsweise sind Texte der kanonisierten Literaturgattung Autobiographie nichtfiktional. Wie in Autobiographien finden sich auch in Rezensionen Selbststilisierungen. Man könnte nun ein neues Kriterium diskutieren – Autobiographien haben einen ,plot', Rezensionen nicht. Den haben Gedichte, von Balladen und anderen Handlungsgedichten abgesehen, allerdings auch nicht. Mit solchen Argumentationen ist man tief im Dickicht der definitorischen Abgrenzung literaturwissenschaftlicher Kategoriebildung, aus dem es in der Regel kein Zurück mehr gibt, jedenfalls nicht mit heiler Haut. Insofern soll die Argumentation hier abgebrochen werden, um abschließend ein vorläufiges Ergebnis festzuhalten.

5 Schlussbemerkung

Bei einer Literaturkritik kann es sich um einen genuin journalistischen, aber auch um einen literarischen Text handeln. Als journalistischer Text sollte Literaturkritik informieren und werten und dabei dem Leser die

Möglichkeit an die Hand geben, die Bewertungen nachzuvollziehen, so dass er sich eine eigene Meinung bilden kann. ‚Sinn' der Literaturkritik ist also zunächst eine Vorauswahl literarischer Texte als Service für den nach Orientierung suchenden Leser. In zwei Richtungen kann Literaturkritik über diese Grundfunktion hinausgehen. Sie kann sich programmatisch über allgemeine Fragen der Literatur äußern und sie kann sich um besondere sprachliche Gestaltung bemühen. Hier finden sich die Übergänge vom literaturkritischen zum literarischen Text. Zunächst geraten literaturkritische Texte von Schriftstellern ins Blickfeld, doch gibt es keinen Grund, weshalb nicht auch Texte von Journalisten entsprechende Eigenschaften aufweisen sollten. Blickt man auf die Literaturgeschichte zurück, dann finden sich Beispiele unter den Autoren von Lessing, Goethe und Schiller bis Martin Walser, Christa Wolf und Günter Grass. Hier wäre weiter zu forschen.

Grundsätzlich sollte die Reflexion über das Verhältnis von Literaturkritik und Literatur gezeigt haben, dass die Grenze zwischen journalistischen und literarischen Texten fließend ist. Hier fiel der Nachweis besonders schwer, doch bei anderen Textgattungen im Grenzbereich hat eine entsprechende Kanonisierung bereits eingesetzt, man denke an die Reportage, mit ihrem ersten und vielleicht bedeutendsten Vertreter Egon Erwin Kisch, oder an den Reisebericht, beispielsweise an Heinrich Heines *Reisebilder* oder an Hermann Fürst von Pückler-Musk aus *Briefe eines Verstorbenen*.

Literatur

Anz, Thomas (1995) (Hg.): Es geht nicht um Christa Wolf. Der Literaturstreit im vereinigten Deutschland. Frankfurt/Main: Fischer

Anz, Thomas (1998): Literatur und Lust. Glück und Unglück beim Lesen. München: C.H. Beck

Arnold, Heinz Ludwig (1988) (Hg.): Über Literaturkritik. München: edition text + kritik

Arntzen, Helmut (1996): Unsinn und Sinn der Germanistik. Weinheim: Beltz Athenäum

Barner, Wilfried (1990) (Hg.): Literaturkritik – Anspruch und Wirklichkeit. Stuttgart: Metzler

Becker, Jurek (1980): Zum Thema: Literatur und Kritik. In: Walter Jens (Hg.): Literatur und Kritik. Aus Anlaß des 60. Geburtstages von Marcel Reich-Ranicki. Stuttgart: Deutsche Verlags-Anstalt: 144-150

Dittberner, Hugo (1988): Der Mann in der Arena. Über Marcel Reich-Ranicki. In: Heinz Ludwig Arnold (Hg.): Über Literaturkritik. München: edition text + kritik: 10-22

Enkemann, Jürgen (1983): Journalismus und Literatur. Zum Verhältnis von Zeitungswesen, Literatur und Entwicklung bürgerlicher Öffentlichkeit in England im 17. und 18. Jahrhundert. Tübingen: Niemeyer

Fontane, Theodor (1979): Aufsätze und Aufzeichnungen: Aufsätze zur Literatur. Frankfurt/Main, Berlin: Ullstein

Foucault, Michel (1992): Was ist Kritik? Berlin: Merve

Frye, Northrop (1964): Analyse der Literaturkritik. Stuttgart: Kohlhammer

Goetz, Curt/Valérie von Martens (1981): Memoiren. Stuttgart: DVA

Görtz, Franz Josef/Gert Ueding (1985) (Hg.): Gründlich verstehen. Literaturkritik heute. Frankfurt/Main: Suhrkamp

Göttsche, Dirk (1990): Liebeserklärungen und Verletzungen – Zur Literaturkritik von Martin Walser und Ingeborg Bachmann. In: Wilfried Barner (Hg.): Literaturkritik – Anspruch und Wirklichkeit. Stuttgart: Metzler: 197-212

Greiner, Ulrich (1985): Die verlorene Unschuld. In: Franz Josef Görtz/Gert Ueding (Hg.): Gründlich verstehen. Literaturkritik heute. Frankfurt/Main: Suhrkamp: 49-53

Heydebrand, Renate von (1998) (Hg.): Kanon Macht Kultur. Theoretische, historische und soziale Aspekte ästhetischer Kanonbildungen. Stuttgart, Weimar: Metzler

Heydebrand, Renate von/Simone Winko (1996): Einführung in die Wertung von Literatur. Systematik – Geschichte – Legitimation. Paderborn u.a.

Hohendahl, Peter Uwe (1985) (Hg.): Geschichte der deutschen Literaturkritik (1730-1980). Stuttgart: Metzler

Irro, Werner (1986): Kritik und Literatur. Zur Praxis gegenwärtiger Literaturkritik. Würzburg: Königshausen & Neumann

Jannidis, Fotis u.a. (2000) (Hg.): Texte zur Theorie der Autorschaft. Stuttgart: Reclam

Kaiser, Gerhard R. (1990): „Durch solche Mittelgläser bricht sich im letzten leicht das Licht zur Nacht." Jean Pauls Rezension zu Mme de Staëls „De l'Allemagne". In: Wilfried Barner (Hg.): Literaturkritik – Anspruch und Wirklichkeit. Stuttgart: Metzler: 155-174

Löffler, Sigrid (1999): Die versalzene Suppe und deren Köche. Über das Verhältnis von Literatur, Kritik und Öffentlichkeit. In: Wendelin Schmidt-Dengler/Nicole Katja Streitler (Hg.): Literaturkritik. Theorie und Praxis. Innsbruck, Wien: Studien-Verlag: 27-39

Machinek, Angelika (1988): Wozu Literaturkritik? Empirische und innerbetriebliche Bedeutung von Rezensionen. In: Heinz Ludwig Arnold (Hg.): Über Literaturkritik. München: edition text + kritik: 82-88

Mayer, Hans (1945/56) (Hg.): Meisterwerke deutscher Literaturkritik. 2 Bände u. ein Registerband. Berlin: Rütten & Loening

Mayer, Hans (1971/72) (Hg.): Deutsche Literaturkritik der Gegenwart. 2 Bände. Stuttgart: Goverts

Negt, Oskar (1996) (Hg.): Der Fall Fonty. „Ein weites Feld" von Günter Grass im Spiegel der Kritik. Göttingen: Steidl

Reich-Ranicki, Marcel (1994): Die Anwälte der Literatur. Stuttgart: Deutsche Verlags-Anstalt

Schiller, Friedrich (1987): Sämtliche Werke. Band 1: Gedichte. Dramen I. München: Hanser

Schmidt-Dengler, Wendelin (1999): Literaturwissenschaft und Literaturkritik. In: Wendelin Schmidt-Dengler/Nicole Katja Streitler (Hg.): Literaturkritik. Theorie und Praxis. Innsbruck, Wien: Studien-Verlag: 11-25

Schmidt-Dengler, Wendelin/Nicole Katja Streitler (1999) (Hg.): Literaturkritik. Theorie und Praxis. Innsbruck, Wien: Studien-Verlag

Schneider, Jürgen (1987): Theater- und Filmkritik. Zur Bestimmung und Begründung einer journalistischen Textform als Gegenstand der Vermittlung. In: Walter Seifert (Hg.): Literatur und Medien in Wissenschaft und Unterricht. Festschrift für Albrecht Weber zum 65. Geburtstag. Köln, Wien: Böhlau: 299-308

Sims, Norman (1990) (Hg.): Literary Journalism in the Twentieth Century. New York, Oxford

Stürzer, Volker (1984): Journalismus und Literatur im frühen 18. Jahrhundert. Die literarischen Beiträge in *Tatler*, *Spectator* und den anderen Blättern der Zeit. Frankfurt/Main u.a.: Peter Lang

Ueding, Gert (1985): Fragmente über Kritik und Literaturkritik. In: Franz Josef Görtz/Gert Ueding (Hg.): Gründlich verstehen. Literaturkritik heute. Frankfurt/Main: Suhrkamp: 138-149

Vormweg, Heinrich (1985): Ist Literaturkritik antiquiert? In: Franz Josef Görtz/Gert Ueding (Hg.): Gründlich verstehen. Literaturkritik heute. Frankfurt/Main: Suhrkamp: 150-160

Wehnert, Jürgen (1988): FAZetten. Durchleuchtung einer Ueding-Rezension. In: Heinz Ludwig Arnold (Hg.): Über Literaturkritik. München: edition text + kritik: 49-57

Wittkowski, Joachim (1988): Das souveräne Bekenntnis zu sich selbst. Notizen zu einem ‚Fall' der bundesdeutschen Literaturkritik. In: Heinz Ludwig Arnold (Hg.): Über Literaturkritik. München: edition text + kritik: 59-65

Wittstock, Uwe (1995): Leselust. Wie unterhaltsam ist die neue deutsche Literatur? Ein Essay. München: Luchterhand Literaturverlag

Cecilia von Studnitz

Ist die Wirklichkeit Fiktion oder ist die Fiktion Wirklichkeit?

Gedanken zum Bild des Journalisten in der Literatur

1 Beispiele

Erstes Beispiel: „Alle Wetter, kommt der wieder mit der alten Seeschlange! Ich wollte, sie würde ihm als Gelee gekocht, und er müsste sie kalt aufessen“ (Freytag 1854: 19), so der Redakteur der Tageszeitung *Union* zu seinem Mitarbeiter, und weiter: „wie konntest du die abgedroschene Lüge wieder hineinsetzen? (...) Erfinde deine eigenen Geschichten, wozu bist du Journalist?“ (Ebd.) Der Leser kennt bestimmt jene Seeschlange, wenn auch unter dem Namen als ‚Ungeheuer von Loch Ness‘ oder liebevoll abgekürzt als ‚Nessie‘. Im Internet findet man sie zumindest unter diesem Namen rund 800 Mal, inklusive Nessie-Homepage, PR-Vermarktung durch schottische Gemeinden, Angebote über Reisebüros, dubiose PSI-Seiten, die sich selbst als paranormal bezeichnen, Verlage, Filmfirmen, Tauchartikel-Hersteller, Bootsverleihe, Forschungsgemeinschaften, Expeditionsmitglieder, Sponsoren, Fotografen und Historiker (vgl. http://www.nessie.de; 14.6.2001). Nessie taucht darüber hinaus auch heute noch jeweils etwa ab Juni zur Sauregurkenzeit selbst in seriösen Zeitungen auf.

Zweites Beispiel: „Auf Leben und Tod. Ein Deutscher muss in Amerika mit seiner Hinrichtung rechnen und versucht deshalb einen RTL-Film zu verhindern“ (Leyendecker 2001a). Das erste Beispiel lässt uns lächeln, das zweite könnte uns das Fürchten lehren. Es geht dabei um Leben und Tod, weil ein fiktives Werk dazu führen könnte, dass ein Mann in den USA hingerichtet wird. Dies ist zumindest die Befürchtung des Verurteilten und seiner Anwälte. Sie wollen aufgrund von neuem Entlastungsmaterial eine Wiederaufnahme des Verfahrens und eine Aussetzung der bevorstehenden Hinrichtung erreichen (vgl. Leyendecker 2001a; Leyendecker 2001b). Der TV-Sender RTL hatte ein Drehbuch schreiben lassen, das dem Fall des verurteilten Deutschen Dieter Riechmann so ähnlich ist, dass – so der Betroffene und seine Anwälte – zu befürchten sei, dass die Richter negativ beeinflusst werden könnten und das Wiederaufnahmeverfahren des Todeskandidaten ablehnen. In dem umstrittenen Film bekehrt sich die als eine der Hauptfiguren agierende naiv-schnodderige Journalistin zur einfühlsamen, mitleidigen Gesprächspartnerin des Mörders, die als Krönung ihrer Läuterung anstatt des Sensationsartikels ein Gnadengesuch für den Verurteilten schreibt. Etliche Zeitungen berichteten, kommentierten und protestierten, RTL schaltete in der *Süddeutschen Zeitung* eine halbseitige Anzeige der Rechtfertigung (vgl. Zeiler 2001) und sendete den Film am 16. Mai 2001 trotz aller Proteste.

2 Das Bild von Journalisten in literarischen Werken

Im Folgenden geht es um das Bild des Journalisten in der Fiktion und seine Auswirkungen auf die Wirklichkeit. Mit dem ersten Beispiel wird deutlich, dass in der Fiktion eine abgedroschene Lüge als Wirklichkeit verkauft wird. Der lügende Journalist ist allerdings nicht deshalb fragwürdig, weil er lügt, sondern weil er schlecht lügt. Mehr noch: diese bereits 1854 in einem fiktiven Werk als breitgetretene Lüge bezeichnete Story wird heute noch als Wirklichkeit verkauft, wenn im Jahre 2001 auch das Internet der Zeitung den Rang abzulaufen scheint und damit nicht nur die Journalisten, sondern auch Geschäftemacher jeglicher Couleur sich des alten Märchens bedienen. Im zweiten Beispiel wird die Wirklichkeit zur Fiktion und die Fiktion könnte zu einer neuen Wirklichkeit führen. Im ersten Fall geht es auch um das Berufsbild der Journalisten in der Fiktion, im zweiten um das Berufsethos der Journalisten in der Realität.

Das Bild von Journalisten in literarischen Werken wurde vor einigen Jahren inhaltsanalytisch untersucht (vgl. Studnitz 1983). Gefragt wurde dabei nach den journalistischen Helden. Daraus folgend interessierte vor allem die mögliche Auswirkung dieses Berufsbildes auf die Wirklichkeit, also die

Frage: Hat die Fiktion einen Einfluss auf die Realität? Natürlich implizierte diese Frage auch eine Umkehrung: Hat die Realität Einfluss auf die Fiktion?

Erfasst wurden fiktive Werke des Zeitraumes ab 1774 bis 1975. Ausschlaggebend war stets das Datum der ersten Veröffentlichung. Die meisten fiktiven Werke waren Romane, Theaterstücke, Erzählungen oder Novellen, darunter allein über 60 Prozent Romane und rund ein Viertel Theaterstücke. In den fiktiven Werken agiert ein journalistischer Held selten allein: In insgesamt 110 fiktiven Werken treten 183 handlungsrelevante journalistische Helden auf. Über 70 Prozent dieser Werke hatten eine ungewöhnlich hohe oder zumindest eine hohe Breitenwirkung. Zu ersteren gehören der Welterfolg des Romans von Bertha von Suttner: *Die Waffen nieder!* (Suttner 1889), der ihr den Friedens-Nobelpreis einbrachte, aber auch ein Film wie *Citizen Kane* von Orson Wells.

Das Sample ist nicht zufällig im statistischen Sinne, aber es ist zufällig in der ursprünglichen Hinsicht des Wortes: Neben der Analyse der Grundlagenliteratur gehörte zu der Untersuchung eine Befragung. Zu Beginn der Arbeit wurden Journalisten, Schriftsteller, Wissenschaftler, Regisseure, Schauspieler, Verbands- und Vereinsmitglieder angeschrieben und gebeten, ein fiktives Werk zu nennen, in dem ein journalistischer Held eine wichtige Rolle spielt. Die Antwort kam in der Regel binnen einer Woche. Fast jeder der Angeschriebenen nannte mindestens zwei bis fünf Werke. Mehrfachnennungen waren allerdings die Norm: Nicht Romane, sondern zwei Theaterstücke wurden am häufigsten genannt: *Die Journalisten* von Gustav Freytag (1854) und *Ein Volksfeind* von Henrik Ibsen (1888). Bei den wenigen Filmen – zehn Prozent – wurde vor allem *Citizen Kane* von Orson Wells angeführt. Ausgerechnet bei der größten Gruppe, den Romanen, gab es so dünne und diffuse Mehrheiten, dass sich keine signifikanten Mehrfachnennungen ergaben.

Zwischen dem Erscheinungsdatum des ersten analysierten Werkes, in dem journalistische Helden agieren, und dem letzten liegen mehr als 200 Jahre. Anzunehmen, dass es in der vorliegenden Arbeit gelungen sei, ein repräsentatives Berufsbild statistisch einwandfrei und vollständig über einen derartigen Zeitraum zu vermitteln, wäre Illusion. Schon die bereits erwähnte äußerst problematische Stichprobe beweist die Unzulänglichkeit. Stattdessen wurde hier ebenso summarisch wie zufällig erfasst, was von 200 Jahren kultureller Berufsbildstereotype übrig geblieben ist. Dennoch, es ist übrig geblieben, das heißt, die Werke sind auch heute noch verfügbar, und das ist in Hinblick auf ihre hohe Breitenwirkung dann kein Zufallsergebnis mehr.

Zur Untersuchung wurde ein Fragebogen mit insgesamt 88 Fragen entwickelt, der den Methoden der Marktforschung entlehnt war (vgl. Studnitz 1983: 204ff.). Um ein Werk der Analyse zu unterziehen, mussten mindestens 70 Prozent aller Fragen im Erhebungsbogen beantwortet werden können. Jeder Fragebogen wurde auf Kodierbögen verschlüsselt und programmiert. Die Daten wurden nach einfachen Häufigkeiten ausgezählt.

Die Fragen im Rahmen der Grundauszählung erfassten die demografischen Daten der journalistischen Helden.[1] In der Grundauszählung wurde erfragt, woher die Helden stammen, ob sie fest angestellte Redakteure oder freie Mitarbeiter sind, zu welchem Ressort sie gehören, was ihre primäre Tätigkeit innerhalb ihres Medienbetriebes ist, ob ihr Verdienst zum Leben ausreicht oder sie sogar reich macht, wie ihre Vorbildung ist, wie sie von ihrer fiktiven Umwelt eingeschätzt werden, wie sie selbst sich und ihren Beruf einschätzen. Als sehr wichtig erwies sich der Abschnitt mit den Eigenschaften des journalistischen Helden, denn aus diesen Eigenschaften konnte auf einen positiven oder negativen Helden rückgeschlossen werden. Jede Eigenschaft wurde ihrem Gegensatz gegenüber gestellt, zum Beispiel mutig oder feige, ehrlich oder unehrlich, politisch progressiv oder politisch rückständig, unbestechlich oder bestechlich. Die Einschätzung als positiv oder negativ, politisch progressiv oder rückständig war nicht abhängig von der Einschätzung des Analysierenden, sondern ausnahmslos von der des Autors. So war zum Beispiel um 1848 eine revolutionäre Einstellung politisch progressiv, um 1880 jedoch rückständig, denn das II. Deutsche Reich galt als Inbegriff von Fortschritt: die ‚Schwatzbude' politisch völlig unfähiger Parlamentarier in der Paulskirche hatte ausgedient, progressiv war jener journalistische Held, der die kleindeutsche Lösung befürwortete und damit die Größe der preußischen Zentralmacht.

Das Erfinden von Informationen, bis etwa 1980 als ‚Zeitungsente' bezeichnet, inzwischen aber neudeutsch ‚Fake' genannt, ist im Prinzip eine negative Eigenschaft. Sie wird von den meisten Autoren allerdings nach wie vor nur dann negativ bewertet, wenn sie dilettantisch durchgeführt wird.

---

[1] Wir können auf die Schrägstrich-Ergänzung Held/innen verzichten, denn nur vier Prozent aller analysierten Fälle waren Frauen.

Akzeptiert wird sie, sofern der Zeitungsmensch mit ihr etwas Originelles erfindet. Und an dieser Bewertung hat sich im Laufe der Jahre wenig geändert. Für Gustav Freytag ist die gute ‚Zeitungsente' zum Beispiel ein „Meuchelmord aus Höflichkeit" oder „wie ein Hamster sieben schlafende Kinder erbissen hat" (1854:19). Im 1973 erschienenen Roman *Der Honigsauger* von Robert Ruark arbeiten zwei Journalisten verschiedener Zeitungen zusammen, um durch ‚Zeitungsenten' ihren Ruhm zu etablieren und ihre Position zu verbessern: „Dinah erfand für ihre Zeitung einen Skandal im Wohnungsbau und Alec bestätigte es für seine Zeitung mit einer ähnlichen Meldung. (...) Wenn Alec einen Pockenalarm erfand, bestätigte es Dinah." Besonders rücksichtsvoll gehen die beiden dabei nicht vor. Mit einer eigens dazu geschlachteten Ziege wird von Alec ein Mord fingiert und Dinah ist natürlich die erste, die zufällig die Blutspur entdeckt. „Ein Verdächtiger um den anderen wurde in Haft genommen (...), es war eine großartige Story" (Ruark 1973: 106).

An anderer Stelle wird in der Fiktion lange Jahre vorweggenommen, was im August 2001 in einem Dokumentarfilm als Wirklichkeit behauptet wird: Journalisten können mit Falschmeldungen dafür sorgen, dass Krisen entstehen und bewaffnete Konflikte ausbrechen (vgl. Koelbl 2001). In der Fiktion liest sich das eher unterhaltsam. Bei Evelyn Waugh wird der fiktive Held Jakes als Auslandskorrespondent in ein Land geschickt, in dem die Revolution wütet. Durch ein Versehen landet er im falschen Staat. Um seinen Irrtum zu kaschieren, kabelt er einen ausgedachten, grauenvollen Augenzeugenbericht nach dem anderen in seine Redaktion:

> Und in seinem Büro waren sie natürlich nicht schlecht überrascht, dass sein Bericht aus dem verkehrten Land kam, doch sie glaubten ihm und spritzten es in sechs Nationalzeitungen mit Schlagzeilen heraus. Am gleichen Tag erhielten alle Sonderberichterstatter Europas Anweisung, sich auf die neue Revolution zu stürzen. Sie kamen in Scharen. Alles schien ganz friedlich zu sein, aber wenn sie das gesagt hätten, wären sie ihre Posten losgeworden, wo doch Jakes täglich tausend Worte Blut und Kanonendonner kabelte. Also sangen sie mit. Die Staatspapiere fielen, Panik an der Börse, der Kriegszustand wurde erklärt, das Heer mobilisiert, Hungersnot brach aus, es kam zum Aufstand, und in weniger als einer Woche war die prächtigste Revolution im Gange – genau, wie Jakes gesagt hatte. Das nenn ich Macht der Presse, bitteschön (Waugh 1962: 61).

Die analysierten Werke der fiktiven Welt hatten überwiegend einen Handlungszeitraum, der rund eine Generation oder eine Geschichtsepoche vor dem Zeitpunkt spielte, in dem das Werk entstand. So schrieben die Autoren in der späten Weimarer Republik primär über den Ersten Weltkrieg und den Zerfall des Kaiserreichs. Im Deutschen Reich, das 1871 ausgerufen wurde, war die Revolution von 1848 ein beliebter Handlungszeitraum. Mitunter wurden derartige Werke nachträglich aktualisiert. Hans Falladas 1937/38 verfasster Roman *Der Eiserne Gustav* spielt im Berlin der 20er Jahre und endet 1928 mit der Rückkehr des kaisertreuen alten Droschkenkutschers, der den Untergang der Monarchie nicht verschmerzen kann. Reichspropagandaminister Joseph Goebbels war 1938 nur bereit, den Erstdruck des Romans zu genehmigen, wenn die nationalsozialistische Bewegung darin einen angemessenen Platz fände. Zähneknirschend hängte Fallada seinem Werk einen von ihm selbst so genannten ‚Nazi-Schwanz' an das Ende und ließ den Eisernen Gustav für die SA 1932 siegreich zum Knüppel greifen (vgl. Studnitz 1997: 404). Ein Wechselspiel also auch hier, nur diesmal beeinflusste die Wirklichkeit die Fiktion.

Erfragt wurden die Interaktionsnetze im Rahmen der fiktiven Handlung, zum Beispiel die Art des Kontaktes zu Kollegen oder der Umgang mit den Mächtigen in seiner fiktiven Welt. Was für ein Selbstbild unterstellt der Schöpfer seiner journalistischen Figur? Agiert der Held als selbst definierter Anwalt der Armen oder bezeichnet er sich selbstkritisch als Parteigänger der Reichen und Mächtigen? Will er durch seinen Beruf helfen aufzuklären, um zu bilden, oder will er sich vielleicht nur selbst bestätigen, seine Existenz sichern oder Macht erhalten? Was denkt der journalistische Held von seinem Leser? Gehört dieser Leser zu einer dummen, manipulierbaren Masse oder gehört er zu einer Vielzahl einzelner Individuen, die als gleichberechtigte Ansprechpartner eingeschätzt werden? Was glaubt er, macht den guten Journalisten aus? Kann er etwas bewirken, verändern, bewegen, aufklären? Will er das überhaupt? Hier wurden Berufsbildklischees besonders sichtbar.

Den Grunddaten folgen die Daten zum Autor und zum Werk. Die Frage nach der journalistischen Erfahrung der Verfasser war zugleich die Frage, ob es sich in ihrem Werk um ein Selbst- oder um ein Fremdbild handelte (vgl. Studnitz 1983: 34). Als Hauptberufler galten jene Verfasser, die über lange Jahre als Redakteure gearbeitet hatten. Sie schrieben in dieser Zeit auch oder mitunter fiktive Werke, aber ihr journalistischer Hauptberuf dominierte. Karl

Kraus war in diesem Sinne hauptberuflicher Journalist. Als Nebenberufler galten Autoren wie Gustav Freytag, der nur kurze Zeit als Journalist arbeitete, dann aber Buchautor und anschließend Berufspolitiker wurde (ebd.). Gemessen an der Gesamtsumme seines Arbeitslebens dominierte bei Freytag die journalismusfremde Tätigkeit. Aufgrund seiner journalistischen Erfahrung ist sein fiktives Werk ein Selbstbild, wenn auch ein eingeschränktes. Ein Fremdbild des journalistischen Berufes schufen jene Autoren, die niemals selbst als Journalisten gearbeitet hatten, wie Wilhelm Raabe (vgl. Studnitz 1983: 35 u. 230; dies. 1989).

Insgesamt ein Viertel aller Verfasser der analysierten fiktiven Werke war im Hauptberuf Journalisten und schriftstellerten nebenbei. Rund ein Drittel war zumindest im Nebenberuf Journalist und ebenfalls rund ein Drittel hatte niemals im Journalismus gearbeitet und keinerlei praktische Erfahrung. Beim Rest der Autoren gab es keine Angaben zum Beruf. Jene Autoren, die selbst hauptberuflich als Journalisten gearbeitet hatten und nebenher Theaterstücke, Novellen oder Romane schrieben, stellten ihren journalistischen Helden das charakterlich schlechteste Bild aus. Diese Berufsinsider kannten das Gewerbe besonders gut und statteten ihre Helden mit etlichen negativen Eigenschaften aus. Aber war das, was sie da beschrieben, tatsächlich Realität? Wir wissen es nicht, aber wir wissen, dass sie die größten Erfahrungen in dem von ihnen beschriebenen Beruf hatten. Das beste Urteil stellten ihren fiktiven journalistischen Helden jene Autoren aus, die selbst niemals im Journalismus gearbeitet hatten. Bei ihnen waren also noch Träume erlaubt.

An dieser Stelle ist einzuschränken: Mehrheitlich erwies sich der journalistische Held als positiver Held. Das bedeutet, dass er zwar negative Charakterzüge aufweist, aber insgesamt ein nachahmenswerter Typ ist, so der journalistische Held Alec Barr im Roman *Der Honigsauger* von Robert Ruark. Im Beruf ist er gezwungen zu lügen, zu betrügen, Falschmeldungen zu erfinden, Kollegen zu hintergehen, Recherchen zu fingieren oder gar die große Liebe zu einer Informantin vorzutäuschen. Im Prinzip aber ist er ein prima Kerl. Zum einen, weil er pfiffig genug ist, in diesem unbarmherzigen Beruf zu bestehen, zum anderen, weil er sonst eine ehrliche Haut ist. Hinzu kommt, dass 114 der analysierten 183 journalistischen Helden in den fiktiven Werken als Hauptfigur oder eine der Hauptfiguren agieren (vgl. Studnitz 1983: 35). Und Hauptfiguren sind in der Regel mehrheitlich positiv, in der vorliegenden Arbeit zu 85 Prozent.

Tab. 1: Erste Berufsbildtypen (bis ca. 1918)

Ausprägungen	Positiver Held	Negativer Held
Bezeichnung	‚Unabhängiger'	‚Abhängiger'
Vorbild in der Realität	Akademischer Journalist	Statuswechsler
Herkunft	Ober- und Mittelschicht	Mittel- und Unterschicht
Schichtenmobilität	Keine	Absteiger; selten Aufsteiger
Vorbildung	Akademiker, abgeschlossenes Studium	Akademiker, meist abgebrochenes Studium; selten Nichtakademiker
Finanzsituation	Unabhängig	Abhängig
Vorwiegende Tätigkeit	Schreiben	Redigieren
Tätigkeitsfeld	Gesinnungspresse	Vorwiegend Gesinnungspresse; Selten Generalanzeigerpresse
Beurteilung beruflicher Fähigkeiten	Begabt	Unbegabt
Berufsmotive	Ideell, politisch: Durchsetzen progressiver Ideen	Materiell: Sicherung der Lebensexistenz
Berufsethik	Ja	Nein
Berufsideologie	Nein	Ja
Politisches Engagement	Ja	Nein
Bevorzugte Zielgruppen	Volk	Lobbygruppen
Vorstellungen vom Rezipienten	Positiv, elitär	Negativ, elitär

N = 89 Fälle

Zwei Berufsbilder kristallisierten sich heraus. Unabhängig von den in der Studie herausgearbeiteten Zeitepochen ergab sich für die Literatur, die bis 1918 erstmals veröffentlicht wurde, ein Berufsbildtypus, der sich durch die aufgelisteten Merkmale auszeichnete (Tabelle 1). Wie alle Vereinfachungen entspricht die dargestellte Typisierung lediglich einem Grobraster: Genaue Prozentzahlen sind der Dissertation zu entnehmen (vgl. ebd.: 71).

Es kann an dieser Stelle nicht auf die Einzelheiten des ermittelten Berufsbildes eingegangen werden. Nur eine grobe Zusammenfassung ist möglich: Der positive Held ist unabhängig, akademisch ausgebildet, entstammt der Mittelschicht und hat keine finanziellen Sorgen. Er schreibt für die Gesinnungspresse, denn er möchte seine progressiven Ideen durchsetzen. Er vertritt hohe Ideale bezüglich der journalistischen Berufsethik, lehnt jede einengende Ideologie ab und wendet sich an die positiv eingeschätzte Masse des Volkes.

Sein negativer Gegenspieler ist abhängig, eine gescheiterte Existenz aus der Mittel- oder der Unterschicht. Dieses Scheitern symbolisiert einen gesellschaftlichen Abstieg. Seine Vorbildung besteht höchstens aus einem abgebrochenen Studium. Seine vorwiegende Tätigkeit ist das Aufarbeiten von Fremdtexten. Seine Finanzsituation ist klamm, der journalistische Beruf ist seine einzige Einnahmequelle. Er gilt als unbegabt. Über eine Berufsethik verfügt er nicht, denn seine Berufsmotive sind nur auf die materielle Absicherung seiner Existenz ausgerichtet. Politisch engagiert er sich auch nicht. Seine Zielgruppe ist nicht das Volk, sondern die gesellschaftliche Elite, seine Rezipienten schätzt er negativ ein. Als Beispiel kann der negative Held Schmock von Gustav Freytag dienen: Er ist ein armseliger Hungerleider, charakterlich mies, häufig ein kleiner oder großer Verräter. Schmock ist käuflich, dies aber nicht ohne Grund, denn „sein Redakteur ist ein ungerechter Mensch. Er streicht zu viel und bezahlt zu wenig (...), wie kann ich bestehen bei solcher Behandlung. Wie kann ich ihm schreiben lauter Brillantes die Zeile für fünf Pfennige?“ (Freytag 1854: 96f.) Die Charakterlosigkeit und Käuflichkeit der fiktiven Figur wurde bis heute zum geflügelten Wort in der beruflichen Wirklichkeit: Bezeichnet man einen Kollegen als Schmock, oder als verschmockt, so besteht die Absicht, ihn zutiefst zu beleidigen.

Tab. 2: Moderne Berufsbildtypen 1919 bis 1979

Ausprägungen	**Positiver Held**	**Negativer Held**
Bezeichnung	‚Emporkömmling'	‚Schädling'
Vorbild in der Realität	Self-made-Journalist	Self-made-Journalist
Herkunft	Mittel- und Unterschicht	Kaum Angaben
Schichtenmobilität	Statusaufsteiger	Kaum Angaben
Vorbildung	Akademiker oder Nichtakademiker	Nichtakademiker
Finanzsituation	Wohlhabend	Wohlhabend
Vorwiegende Tätigkeit	Schreiben, redigieren	Schreiben, redigieren, für Kollegen recherchieren
Tätigkeitsfeld	Tages- und Wochenzeitungen, Funk und Fernsehen; selten Boulevardzeitungen	Boulevardzeitungen
Beurteilung beruflicher Fähigkeiten	Begabt	Begabt
Berufsmotive	Anerkennung erzwingen, Macht ausüben	Macht ausüben, destruieren
Berufsethik	Nein	Nein
Berufsideologie	Ja	Ja
Politisches Engagement	Nein	Nein
Bevorzugte Zielgruppen	Regierung, Lobbygruppen	Lobbygruppen
Vorstellungen vom Rezipienten	Negativ	Negativ

N = 94 Fälle

Fast alle statistischen und nachprüfbaren Ausprägungen des journalistischen Berufsbildes stimmten überein mit der damaligen Wirklichkeit. Das bezog sich auf die soziale Herkunftsschicht, den Berufsweg, die Finanzsituation und die vorwiegende Tätigkeit der Journalisten. Ob Ausprägungen wie Berufsmotive, Berufsethik und -ideologie, Vorstellung vom Rezipienten gleichfalls der damaligen Realität entsprachen, ist nicht festzustellen, da keine entsprechenden Studien vorliegen. Da aber die erstgenannten Ausprägungen nachprüfbar der Wirklichkeit gleich kamen, ist zu vermuten, dass dies auch bei den anderen Ausprägungen der Fall ist.

Nach 1918 wandelt sich das Berufsbild sukzessive, um bis Anfang der 80er Jahre seine endgültige Gestalt zu erhalten, die nunmehr in fast allen fiktiven Werken zu finden ist (Tabelle 2). Und das betrifft sowohl den positiven als auch den negativen journalistischen Helden (vgl. Studnitz 1983: 172).

Schon an der Typisierung als ‚Emporkömmling' = positiver Held oder als ‚Schädling' = negativer Held zeigt sich die Veränderung des Berufsbildes. Der journalistische Held ist in der Regel ein Statusaufsteiger, häufig ein cooler Karrierist, der allerdings positiv beurteilt wird. Seine bevorzugten Zielgruppen bei den Rezipienten sind entweder Regierungskreise oder sonstige Lobbygruppen. Sein Berufsmotiv ist eigennützig: Entweder möchte er erzwingen, dass man ihn akzeptiert und anerkennt, oder aber er möchte persönliche Macht ausüben. Es ist gleichgültig, ob es sich um einen positiven oder negativen Helden handelt, beide beurteilen ihre Rezipienten als ungebildete und dumme, manipulierbare Masse. Sowohl der positive als auch der negative Held gelten als begabt, beide verdienen recht gut.

3 Das Journalistenbild in Literatur und Wirklichkeit

Das also ist das moderne Bild des Journalisten in der Literatur. Und der Vergleich mit der Wirklichkeit? Sie ist in folgenden Punkten zusammenzufassen (vgl. Studnitz 1983: 181ff.).

1. Zwar handelt es sich bei den fiktiven Gestalten journalistischer Helden um Produkte der menschlichen Fantasie. Die Fantasiegestalten der ersten Berufsbildtypen entsprachen aber überwiegend den historischen Journalisten der damaligen Wirklichkeit. Sichtbar wurde bereits bei den

ersten Berufsbildtypen, dass sich ihre Schöpfer gerne an positiven Vorbildern der Vergangenheit orientierten, deren Theorie mitunter länger die Zeiten überdauerte als die praktischen Aspekte des Berufes, wie zum Beispiel soziale Stellung oder finanzielle Situation.

2. Bezüglich der beruflichen Wertvorstellungen lässt sich ein Unterschied zwischen den frühen und den späteren Berufsbildtypen in den Werken der fiktiven Welt ausmachen: Über 100 Jahre lang wirkten die positiven Berufsmerkmale wie selbstloser Einsatz für die Masse des Volkes, ein Selbstverständnis als Anwalt der Armen und Entrechteten, die Rolle als progressiver Politiker oder gar die Funktion als Gewissen der Nation der ersten Berufsbildtypen nach, obwohl sich definitiv Berufsmotive und Berufsbedingungen in der Wirklichkeit längst verändert hatten. Aber etwa ab 1940 sind diese Edelgestalten zum Scheitern verurteilt, ihre pragmatischer und illusionsloser agierenden fiktiven Kollegen werden nunmehr positiv beurteilt.
3. Berufsbilder der Wirklichkeit enthalten fiktive Elemente. Untersuchungen (vgl. Fohrbeck/Wiesand 1972; Fabris 1971; Kepplinger 1979) zeigen: Journalisten der fiktiven Welt und der Realität haben streckenweise die gleichen berufsspezifischen Ansichten. Das gilt zum Beispiel für die Bewertung der unterschiedlichen Arbeitsweisen: Selber recherchieren und schreiben ist positiv. Auswählen von fremden Informationen, Recherchieren für Kollegen gilt als Kennzeichen von niederen Tätigkeiten, die in der Fiktion den negativen Helden zukommt, in der Wirklichkeit den untergeordneten Redakteuren. Von beiden, den fiktiven Figuren wie den realen Journalisten, wird das Handwerkertum im Journalismus abgelehnt, die Begabung hoch bewertet und als gegeben vorausgesetzt. Nach wie vor gilt in der Fiktion wie in der Realität: Die Fähigkeit zum Journalisten ist angeboren, guten Journalismus kann man nicht lernen.
4. Der Einfluss fiktiver Berufsbilder auf die Wirklichkeit ist beträchtlich. Fantasie ist kreativ umgesetzte Wirklichkeit. Je älter und massenwirksamer ein fiktives Werk ist, umso dauerhafter erweisen sich die berufsspezifischen Merkmale. Mit jedem journalistischen Helden wird ein Stück alten oder neuen Berufsbildes vermittelt. Jede Film- oder Fernsehaufführung von *Die Unbestechlichen* (1975) kann das positive Journalistenbild weiter manifestieren. Jede weitere Ausstrahlung des Welterfolgsfilms *Citizen Kane* (1940) von Orson Wells, der gerade 2001 von

etlichen Fernsehsendern erneut gesendet wurde, manifestiert das dort ermittelte Klischeebild des rücksichtslosen über Leichen gehenden Emporkömmlings. Und jede Neuauflage eines Erfolgsbuches wie Angelika Mechtels *Friß Vogel* (1972) wird dazu beitragen, dass das neue fiktive Berufsbild des positiven Helden als ‚Emporkömmling' immer mehr Gewicht erhält. Aber, und das ist sehr wichtig: Meinungsbildend und beispielhaft können derartige fiktive Bilder nur dort sein, wo sie Assoziationserlebnisse bei den Rezipienten auslösen. Das bedeutet, dass ein fiktives Bild nur dort wirken kann, wo bereits bestimmte Vorstellungen in den Köpfen der Leser vorhanden sind.

5. In der Fiktion ist der neue Berufsbildtypus geprägt von Pragmatismus, Opportunismus und Illusionslosigkeit. Der neue Typus verkauft sich ganz bewusst und handelt mit der Ware Information. Jedwede Berufsethik wird von ihm abgelehnt. Der Journalist der Wirklichkeit hingegen pflegt – so zumindest in den empirischen Untersuchungen bis 1979 – noch die Ideale der Vergangenheit: Er stuft sich als politisch hochmotiviert ein, er möchte primär für die Masse des Volkes schreiben. Er fürchtet die Abhängigkeit der Lobbygruppen und beklagt erzwungene Hofberichterstattung. Was sein fiktiver Kollege freiwillig macht und zudem auch positiv bewertet, ist dem Journalisten der Wirklichkeit Kennzeichen des beruflichen Niedergangs. Zugleich vertritt er berufsethische Ideale, die bei den fiktiven ‚Unabhängigen' der frühen Berufsbildtypen nachgewiesen werden konnten.

Damit wird im journalistischen Berufsbild der Wirklichkeit ein deutlicher ‚cultural lag' sichtbar, ein Entwicklungsrückstand in Bezug auf die Theorie in einem Beruf, dessen materielle und strukturelle Bedingungen sich längst verändert haben. Mit dem gleichen Instrumentarium setzte die Dortmunder Journalistik-Studentin Martina Knippel in ihrer Diplomarbeit die Untersuchung des Journalistenbildes in der Literatur fort (1983). Sie kommt zu folgenden Ergebnissen: In der deutschsprachigen Literatur häufen sich seit 1977 Prosatexte in den Werken der fiktiven Welt, die sich kritisch mit dem Beruf des Journalisten auseinander setzen. Bei mehr als der Hälfte der analysierten Werke handelte es sich um ein eindeutiges Selbstbild der Autoren. Das zog nach sich, dass diese Autoren Auskunft gaben über ihre persönlichen Berufserfahrungen, denn: „Wenn Journalisten über Journalisten schreiben, kritisieren sie hauptsächlich die internen Zwänge und die subtilen Medienmechanismen zur Sicherung von Herrschaft" (Knippel 1983: 129). Für diese Autoren sind die Zensurpraktiken von Zeitung, Fernsehen und Hörfunk so einschneidend, dass sie auf Werke der fiktiven Welt ausweichen müssen, um ihre Frustration zu kompensieren. Ihre Bücher, Hörspiele und Filme werden zum Medium der kritischen Selbstreflexion.

Auffallend wenig Angaben werden in den fiktiven Werken über das journalistische Selbstverständnis, die Berufsethik, das politische Engagement oder das Publikumsbild der fiktiven Helden gemacht (vgl. ebd.: 129). Das bedeutet allerdings, dass Knippels Hinweis, Journalisten müssten auf die Literatur ausweichen, um ihr Berufsproblem darzustellen, wenig stichhaltig ist, denn in den Büchern gab es die von den Journalisten beklagte Verleger- oder Intendantenpression nicht. Vielmehr scheinen die oben genannten Fragen für die Autoren der 80er Jahre obsolet geworden zu sein.

Sowohl der erwähnte positive moderne Typus des Emporkömmlings als auch der negative Held als ‚Schädling' treten in den von Knippel analysierten Werken wieder auf, dies vor allem in Abenteuer-, Kriminal- und Unterhaltungsromanen. Allerdings arbeiten die journalistischen Helden inzwischen primär bei Illustrierten und beim Fernsehen (vgl. ebd.: 130). Die Berufsmotive des modernen Typus werden zugespitzt: Unpolitisch und meinungsmäßig neutral will er dennoch gesellschaftliche Macht und persönliche Anerkennung erfahren. Er versteht sich – und das ist neu – in erster Linie als Kontrolleur. Was einst lediglich den negativen journalistischen Helden auszeichnete, gilt nunmehr auch für den positiven: Er „tritt nach unten, und dienert (...) vor Vorgesetzten, Regierung und wirtschaftlichen Lobby-Gruppen, den Adressaten seiner Nachrichten" (ebd.). Er ist überzeugt von seinen Einflussmöglichkeiten auf sie. Der normale kleine Zuschauer oder Leser interessiert ihn nicht. Der berufsbedingten Selbstüberschätzung der journalistischen Helden (vgl. Studnitz 1983) folgt, von Knippel ermittelt, ein Bewusstseinswandel: Ernüchterung, Zweifel und Resignation dominieren. Der journalistische Held ist nur noch ein unmaßgebliches Rädchen im Getriebe. Die fiktiven Kollegen scheitern, die versuchen, sich gegen Zensur, Kollegenmobbing und fragwürdige Berufspraktiken durchzusetzen. Es dominieren jene, die als ‚Schmock' bezeichnet wurden.

Der journalistische Held der Neuzeit bleibt widersprüchlich. Aber Rückzugsstrategien kennzeichnen seine Berufsrolle: Entweder funktioniert die

Schere im Kopf, also die vorauseilende (Selbst-) Zensur, oder die Identitätskrise überwältigt ihn. Die von Knippel analysierten journalistischen Helden der Veröffentlichungen bis 1983 steigen entweder desillusioniert aus dem Beruf aus, oder sie bringen sich um, oder sie wählen den unabhängigeren Job als freier Journalist. Den geborenen Journalisten, das Naturtalent gibt es nach Knippel beim modernen Berufsbildtypus nicht mehr. Nicht das Schreibtalent ist die entscheidende Erfolgsgarantie, sondern die Fähigkeit, Kritik zu üben (vgl. Knippel 1983: 134).

Es fällt auf, dass vor allem Autoren, deren journalistische Helden Fremdbilder darstellen (vgl. ebd.), in ihren Werken Defizite im traditionellen Journalismus aufdecken. Was also bereits konstatiert wurde, dass vor allem die Autoren, die eindeutig aufgrund ihrer fehlenden journalistischen Erfahrung Fremdbilder produzierten, auch noch Träume bezüglich des Berufes hatten, die halbwegs Informierten kaum, die Insider hingegen gar nicht, bestätigte auch Knippel: Bei jenen Autoren, die den Beruf in keiner Weise aus eigener Erfahrung kennen, sind noch Gedanken an Ethik möglich, bei den Insidern überhaupt nicht.

Seit den vorgestellten Untersuchungen zum Journalistenbild hat sich die Diskussion um den Journalismus verschärft. Die gefälschten Hitler-Tagebücher der Illustrierten *Stern* wurden zur berühmtesten ‚Zeitungsente'. Exemplarisch sei auch auf das Geiseldrama von Gladbeck und die unrühmliche Rolle der Journalisten dabei hingewiesen. Dies sorgte für eine erneute kritische Diskussion um journalistische Ethik: Bankräuber in Gladbeck hatten mehrere Geiseln genommen, um eine Festnahme zu verhindern. Die Polizei wollte die Verbrecher unauffällig verfolgen. Dies aber war nicht möglich, weil sich Journalistenwagen zwischen das Gangsterauto und die Autos mit den zivilen Polizisten schoben, um dem Ereignis so nah wie möglich zu sein. Die Polizei musste tatenlos mit ansehen, wie die Gangster den Journalisten in die Kameras und auf Diktiergeräte sprachen. Zwei der Geiseln wurden im Verlauf der Ereignisse erschossen.

Ein weiteres Beispiel: Für den Unfalltod der englischen Lady Diana wurden die ihr nachhetzenden Paparazzi, also die Klatschfotografen, verantwortlich gemacht. Das waren die Aufsehen erregendsten Fälle der Jahre seit 1983 in der Realität. Kritiker sprechen angewidert vom „Schweine- und Hinrichtungs-, Jagd- und Rudeljournalismus" (Meyn 1993: 201). Medienwissenschaftler beklagen den ‚Stichflammen-Journalismus'. Die Jagd nach der Sensation sei inzwischen so wild, dass „jetzt wohl nicht mehr täglich, sondern stündlich eine neue Sau durchs Dorf getrieben werden“ muss (ebd.: 202), so jedenfalls 1993 der damalige Vorsitzende des Deutschen Journalisten-Verbandes (DJV), Hermann Meyn. Die verschärfte Konkurrenz, der Quotendruck bei den Fernsehsendern werden als Grund für diese Entwicklung genannt. Reality-TV und Big Brother sind die jüngsten Produkte eines kritisch beurteilten Journalismus.

Über diesen spektakulären negativen Presseereignissen wird leicht der Blick getrübt für die positiven Leistungen der Journalisten. Dazu gehört das Aufdecken von Korruption, zum Beispiel bei Parteispenden oder bei internationalen Verträgen wie dem Verkauf der Leuna-Werke. In der Fiktion ist dies anders. Sowohl die negative als auch die positive Rolle der Journalisten wird in Fernsehfilmen, Kinofilmen, Hörspielen, Romanen und Erzählungen seit 1983 vermehrt geschildert. Die Rolle des Journalisten ist Thema geworden, seit dem Jahr 2000 weitaus häufiger als je zuvor. Kaum eine Woche vergeht, in der nicht in mindestens einem Fernsehfilm ein positiver oder negativer journalistischer Held auftritt.

Bei der Frage nach Literatur und Wirklichkeit, Wirklichkeit und Literatur bleibt daher die Eingangsfrage stehen: Entsteht durch Fiktion Wirklichkeit oder gebiert die Wirklichkeit Fiktion? Wer beeinflusst hier wen? Was beeinflusst hier wodurch? Tendenzen wurden aufgezeigt, die deutlich darauf hinweisen, dass eine ständige Wechselwirkung stattfindet. Literatur kann zur Realität werden, Wirklichkeit zur Fiktion. Es ist sicher kein Zufall, dass Diktatoren immer zuerst fiktive Werke vernichten und die Zensur verschärfen, bevor sie ihre tatsächlich lebenden Gegner bekämpfen.

Literatur

Freytag, Gustav (1854): Die Journalisten. Lustspiel. Neuauflage 1977. Stuttgart: Reclam

Fabris, Hans Heinz (1971): Das Selbstbild von Redakteuren bei Tageszeitungen. Arbeitsberichte des Instituts für Publizistik und Kommunikationstheorie, H. 2. Salzburg

Fohrbeck, Karla/Andreas J. Wiesand (1972): Der Autorenreport. Hamburg: Rowohlt

Ibsen, Henrik (1888): Ein Volksfeind. Neuauflage 1977. Stuttgart: Reclam

Kepplinger, Hans Mathias (1979) : Angepasste Außenseiter. Was Journalisten denken und wie sie arbeiten. München: Ölschläger

Knippel, Martina (1983): Das Bild des Journalisten in der neueren deutschsprachigen Literatur: Von Angepassten, Außenseitern und Aussteigern. Unveröffentlichte Diplomarbeit. Institut für Journalistik, Universität Dortmund

Koelbl, Herlinde (2001): Die Meute: Macht und Ohnmacht der Medien. Dokumentarfilm. ARD, ausgestrahlt am 10.8.2001

Leyendecker, Hans (2001a): Auf Leben und Tod. Ein Deutscher muss in Amerika mit seiner Hinrichtung rechnen und versucht deshalb einen RTL-Film zu verhindern. In: Süddeutsche Zeitung vom 14.5.2001: 21

Leyendecker, Hans (2001b) : So ist es wirklich! RTL bringt Anwälte gegen Todeskandidaten in Stellung. In: Süddeutsche Zeitung vom 14.5.2001: 21

Mechtel, Angelika (1972) : Friss Vogel. Hamburg: Heyne

Meyn, Hermann (1993): Fehlentwicklungen im bundesdeutschen Journalismus. In: Walter A. Mahle: Journalisten in Deutschland. Nationale und internationale Vergleiche und Perspektiven. München: Ölschläger: 201-204

Ruark, Robert (1973): Der Honigsauger. Reinbek bei Hamburg: Rowohlt

Studnitz, Cecilia von (1983): Kritik des Journalisten. Ein Berufsbild in Fiktion und Realität. München, New York, London, Paris: K. G. Saur

Studnitz, Cecilia von (1989) : Wilhelm Raabe – Schriftsteller. Düsseldorf: Droste

Studnitz, Cecilia von (1997): Es war wie ein Rausch. Fallada und sein Leben. Düsseldorf : Droste

Suttner, Bertha von (1889) : Die Waffen nieder! – Marthas Kinder. Neuauflage 1978. Köln: Pohl-Rugenstein

Waugh, Evelyn (1962): Die große Meldung. Darmstadt: Ullstein

Zeiler, Gerhard (2001): So ist es wirklich. Anzeige. Süddeutsche Zeitung vom 15.5.2001

Reinhard Heinritz

Der Essayist auf der Weltbühne: Erasmus und Montaigne

1 Der Essay als integrative Form

Der Essay ist heute ein allseits beliebtes Genre. Er begegnet als eine Form der philosophischen oder kulturkritischen Reflexion, des politischen Kommentars oder der Betrachtung zu Phänomenen des Alltagslebens. Essays treten in Buchform ebenso in Erscheinung wie in der journalistischen Publizistik; inzwischen spricht man vom Radio-Essay, ja sogar vom Film-Essay. Die Vielzahl der Spielarten weckt Zweifel an einem präzisen Gattungsbegriff. Dennoch besteht heute – trotz der zahlreichen und oft divergierenden Definitionsversuche – ein Konsens darüber, dass der Essay zwei Eigenschaften miteinander vereint, die gewöhnlich in einem konträren Verhältnis stehen. Zum einen ist ein essayistischer Text *behauptend*, oft auch *argumentativ*, das heißt er vertritt einen Wahrheitsanspruch und bezieht sich in empirisch nachprüfbarer Weise auf die Wirklichkeit. Zum anderen weist er *literarische Qualitäten* auf, die von stilistischen bzw. rhetorischen Merkmalen über narrative Verfahren bis hin zu quasi-fiktionalen Formen reichen können.[1] Dieser Misch-Charakter hat nicht gerade zur Anerkennung als Gattung beigetragen. Inzwischen darf man von einer integrativen Form sprechen, deren experimentelle Möglichkeiten in der Zusammenführung – oder auch in der Subversion – heterogener Denk- und Schreibweisen liegen. Als eine litera-

---

1 Zu historischen und definitorischen Fragen siehe die umfangreiche Dokumentation bei Rohner (1966). – Das Nebeneinander von „wissenschaftlicher Klarheit und künstlerischer Intuition" ist von Potgieter (1987: 201) erneut hervorgehoben worden. Zuletzt hat Neymeyr (2000: 81ff.) eine solche Bestimmung des Genres vorgeschlagen (v. a. unter Berufung auf Musil).

risch-argumentative Mischform kann dem Essay, der Wortbedeutung nach ein ‚Versuch', eine „Affinität zur offenen geistigen Erfahrung" zugesprochen werden (Adorno 1974: 21). Diese Flexibilität ließe sich auch mit der These in Übereinstimmung bringen, wonach der Ursprung dieser Form im (platonischen) Dialog liege (vgl. Rohner 1966: 595f.). Es handelt sich also um eine Schreibart, mit der das Subjekt über ganz unterschiedliche Strategien der Selbst- und Weltdarstellung verfügt.[2]

Wo liegen aber die Ursprünge dieser Subjektivität, und welche Darstellungsformen sind es, in denen sie sich äußert? Der so genannten geistesgeschichtlichen Hypothese zufolge hat der Essay besonders in Zeiten der Krise Konjunktur, weil er aufgrund seiner nicht-systematischen Form gut auf Umbrüche reagieren kann (vgl. ebd.: 606). Diese Annahme lässt sich vor allem in Bezug auf das 18. Jahrhunderts belegen, als „der Essay zur primären Ausdrucksform journalistischen Schreibens" wird (Schärf 1999: 80). Hier ist vor allem an das Zeitschriftenwesen in England (*Spectator*, *Tatler*) und, mit Verzögerung, auch in Deutschland (*Teutscher Merkur*) zu denken. Die kleine betrachtende Prosa – der Ausdruck ‚Essay' wird bekanntlich erst ein Jahrhundert später durch Grimm ins Deutsche eingeführt – widmete sich literaturkritischen und philosophischen Themen und reagierte damit auf einen allgemeinen Orientierungsbedarf in Fragen der Lebensführung sowie der Literatur und Kunst. Literarische Elemente dienen dabei teils der Unterhaltung und der Veranschaulichung, teils eröffnen sie dem Vorstellungsvermögen neue, assoziative Möglichkeiten und geben der Individualität von Autor und Leser den gewünschten Raum.

Die Anfänge des Essays aber liegen im 16. Jahrhundert. Die Systeme des theoretischen und des praktischen Wissens sind in der beginnenden Neuzeit durch erhebliche Umschichtungen gekennzeichnet (vgl. Burke 2001); es herrscht ein immenses Bedürfnis nach neuen, gesicherten Wertvorstellungen. Ein Rückgriff auf die ersten Essayisten dürfte also auch von literatur- und kulturgeschichtlichem Interesse sein. Während Montaignes Werk ohne-

[2] So heißt es in einem Leitartikel der Kulturzeitschrift *Lettre*: „Der Essay will nichts beweisen, er will höchstens eine Tür öffnen, ein Fenster, einen Keim legen, ein Gefühl erzeugen. Der Essay ist nur dem Weg seiner eigenen Prüfung zu Treue verpflichtet, was andererseits eine strenge Forderung ist. (...) Der Essay ist der Weg, nicht das Ziel" (Rosenberg 2001: 4). Hier wird das Genre sehr griffig in seiner eigenen, begrifflich-bildhaften Sprache charakterisiert.

hin als Gründungsakte der Gattungsgeschichte gilt, spricht einiges dafür, bereits bei Erasmus von Rotterdam anzusetzen. Zwar scheinen der holländische Humanist und der französischen Schriftsteller einander recht fern zu sein. Indes liegen nur 40 Jahre zwischen der letzten Ausgabe der *Adagia* (1533) und der Niederschrift des ersten Buchs der *Essais* (1572-3). Trotz einiger grundsätzlicher Unterschiede besteht Grund zu der Vermutung, dass Erasmus und Montaigne ideengeschichtlich an einer übergreifenden Entwicklung teilhaben. Diese Vermutung sei durch folgende Thesen präzisiert:

- Orientierungsfragen können im Essay auf zweierlei Weise aufgegriffen werden: durch die Kritik von Normen (Legitimationsdiskurs) oder durch die Thematisierung des Subjekts (Selbstreflexion).
- Die offene Form ist der geeignete Rahmen für eine neue intellektuelle Dynamik. Der Essay „öffnet sich dem Perspektivismus eines selbstverantwortlichen Subjekts in einer ständig sich verändernden Umwelt" (Schärf 1999: 19).

Hinzu kommt, dass auch die Essayistik der frühen Neuzeit häufig auf das aktuelle Zeitgeschehen kommentierend Bezug nimmt, sei es kritisch oder affirmativ. Daher erscheint es sinnvoll, bereits die Anfänge des Genres unter publizistischen Gesichtspunkten zu betrachten. Den Leitfaden für die folgende Gegenüberstellung liefert der Topos der ‚Weltbühne', denn er erlaubt es, den frühen Essay als ein Medium der Zeitkritik, aber auch der Selbstreflexion herauszustellen.

2 Erasmus von Rotterdam: *Adagia*

In gattungsgeschichtlichen Darstellungen zum Essay ist der berühmte Humanist kaum vertreten.[3] Demgegenüber haben Erasmus-Kenner darauf aufmerksam gemacht, dass die *Adagia*, die große Sammlung antiker Sprichwörter mit ihren ausführlichen Kommentaren, durchaus Züge des modernen Essays aufweist. „Anknüpfung an Dichtungen, Zitate, Sentenzen, die spontane

---

[3] Nur beiläufig fällt der Name Erasmus bei Rohner (1966: 611) und nirgendwo bei Schärf (1999). Man ist wohl eher gewohnt, an ältere Genres (Spruchsammlung, Florilegium usw.) zu denken. Allerdings sind die *Adagia* bereits durch Schon (1954) als wichtige Wegbereiter in der Geschichte des Essays gewürdigt worden, dann auch durch Potgieter (1987: 197); vgl. auch Mann Phillips (1964: IX).

Eigenwilligkeit des Assoziationen wie auch ganz besonders die biographischen Bezüge sind kennzeichnend für die ‚Adagia' des Erasmus" (Gail im Vorwort zu Erasmus 1983: 13).[4] Diese vorläufige Bestimmung ist anhand der Entstehung und des Anspruch dieses Werks zu erläutern. Ursprünglich handelte es sich um eine vorbildhafte Anthologie zur Schulung der lateinischen Sprachkompetenz – „manchen Studierenden zur Aufmunterung (...) sich einer Sprache, die so viel Vortheil versprach, gründlich bekannt zu machen." (Hess 1790: 91) Diese Zielsetzung ist besonders an einigen der kürzeren ‚Adagia' (ein lateinischer Begriff für Sinnspruch oder Redewendung) in der ersten Ausgabe von 1500 zu erkennen: Sie beschränkte sich auf philologische Anmerkungen, auf Angaben zur Überlieferung und knappe Erläuterungen. Mit jeder neuen Auflage dieser Kollektaneen, die in der letzten Ausgabe auf eine Zahl von 3260 anwuchs, trat der Anspruch deutlicher zutage, der Mit- und Nachwelt den Schatz klassischen Denkens zu übermitteln. Der gelehrte Sammler und Kommentator verstand sich im Grunde als Vertreter eines christlich geprägten Bildungsbegriffs, der sich erst in der kritischen Anwendung auf zeitgenössische Verhältnisse erfüllt.[5] Aus diesem Selbstverständnis ergeben sich Folgen für den Gehalt sowie für die Schreibweise. Ein Autor, der sich anschickt, „die Verhältnisse seiner Zeit an den Normen antiker *humanitas* zu messen" (Welzig in Erasmus 1995: XXX), läuft leicht Gefahr, seine idealen Maßstäbe mechanisch gegen die Wirklichkeit auszuspielen. Erasmus verfügt indes über ein reiches Repertoire an literarischen Strategien, um antike Vorstellungen differenziert auf

4 Auch Welzig gebraucht den Begriff „Essay" in seiner Einleitung (Erasmus 1995: XX). – In der ersten deutschen Erasmus-Monographie von Hess finden wir (für längere Kommentare) den Ausdruck „lehrreiche und pertinente Digreßionen", womit schon ein auffälliger essayistischer Zug bezeichnet ist (1790: 111). Die Bezeichnung „Aufsatz" fällt später und in einem anderen Zusammenhang. Diese Abschweifungen bringt Erasmus selbst in einem Brief an Budé (entschuldigend) zur Sprache, um indirekt darauf hinzuweisen, dass es sich bei den „Gemmen" (den „Adagia") keineswegs nur um Kleinigkeiten handle, sondern durchaus um modellhafte Texte (vgl. Gail im Vorwort zu Erasmus 1983: 9).

5 „Erasmus", so Huizinga in seiner vielzitierten Monographie, „brachte den klassischen Geist (soweit sich dieser in der Seele eines Christen des sechzehnten Jahrhunderts spiegeln konnte) unter die Menschen" (1958: 39). Diese Wirksamkeit ist natürlich auf einen relativ engen Kreis von Gebildeten beschränkt. Zur christlich geprägten „humanitas" bei Erasmus siehe Pfeiffer (1931).

zeitgenössische Verhältnisse beziehen zu können. Der essayistische Misch-Charakter seiner Prosa erweist sich gerade in dieser Hinsicht als ein relativierendes Moment. Trotz des argumentativen Anspruchs der *Adagia* sind literarische Züge nicht zu verkennen.[6] Dazu gehört zunächst das Spiel mit dem ‚Autor-Ich', das an einigen Textbeispielen erörtert werden soll; dann werden sich Beobachtungen zur Topik der ‚Weltbühne' anschließen.

Der Autor bezeichnet seine Bemühungen um eine zeitgemäße Erneuerung des Altertums als „Herculei labores" (Herkulische Mühen). In seiner Auslegung dieses berühmten Adagiums betont Erasmus neben den Anstrengungen, die bei der Beschaffung, Übertragung und Auswertung alter Manuskripte zu leisten sind, jedoch das ideelle Motiv: „Ich bin aber überzeugt, daß man, um das literarische Leben zu erneuern, die *Gesinnung eines Herkules* haben muß, d.h. man darf sich um keinen Preis von der Sorge um den öffentlichen Nutzen abbringen oder darin müde machen lassen" (Erasmus 1983: 160f.) Solche Unermüdlichkeit ist völlig angebracht, wenn mehrere ‚Ungeheuer' zugleich besiegt werden müssen, und an Gegnern hat es Erasmus in der Tat nie gefehlt (vgl. Hess 1790). Hier ist eine deutliche Selbststilisierung zu beobachten: Der Autor entwirft ein heroisches Selbstbild im Zeichen eines höheren Auftrags. Indes bringt der Gelehrte auch das ‚Vergnügen' zur Sprache, das ihm die Arbeit erleichtert. Er findet es in „angenehmen Exkursen, bei denen man sich von der Ermüdung erholen und die schöpferischen Kräfte beleben kann" (Erasmus 1983: 137). Es ist kaum überraschend, dass er den „Exkurs" als Entfaltungsmöglichkeit „geistiger Beweglichkeit" apostrophiert – ein Kennzeichen der essayistischen Schreibweise. „Schöpferische Einfälle" und „geistige Gewandtheit" (ebd.: 135) sind aus dem Selbstverständnis der Humanisten in der Tat nicht wegzudenken. Man darf nur nicht an entgrenzten Subjektivismus der Geniezeit oder gar der Romantik denken, sondern an den Gebrauch der „menschlichen Kunstfertigkeit" als einer Voraussetzung für „göttliche Hilfe und Gnade" (Pfeiffer 1931: 15). Dennoch ist es verständlich, dass diese Subjektivität weniger zu logischen Traktaten neigt als zu denjenigen offenen Formen, wie sie Erasmus bevorzugt – neben dem Kommentar (von Adagia) etwa der Brief, die (fiktive) Rede oder die (menippeische) Satire.

---

6 Auf rhetorische Strategien kann hier nicht näher eingegangen werden. Zu den Strategien der „Tarnung polemischer Kühnheiten" siehe Gail im Vorwort zu Erasmus (1983: 12f.).

So sehr das ‚Ich', das uns in diesen Texten entgegentritt, als eine autobiographische Größe zu verstehen ist, so wenig ist daran zu zweifeln, dass das Pronomen der ersten Person Singular mit programmatischer Bedeutung aufgeladen ist. Es erinnert an die Mission, die der kämpferische Autor zu erfüllen gedenkt. In dem berühmten Adagium *Festina lente* (Eile mit Weile) schildert Erasmus seine Beziehungen zu den beiden Druckhäusern Aldus Manutius (Venedig) und Froben (Basel), in denen verschiedene Ausgaben seiner *Collectanea* veröffentlich wurden. Der Autor rühmt dabei den italienischen Drucker, der die erste Fassung der *Adagia* von 1500 besorgt hat: „Aldus hat unter dem Motto ‚Eile mit Weile' nicht weniger Geld als Ruhm erworben, beides übrigens verdientermaßen" (Erasmus 1995: 505). Der Delphin, der sich um den Anker windet, wird zum Symbol einer humanistischen Haltung: „Man könnte also mit gewisser Berechtigung die ungestümen physischen Triebe als Delphin, die mäßigende Vernunft als Anker betrachten" (ebd.: 501). Diese Programmatik hat eine zeitkritische Spitze; sie richtet sich nicht gegen den Drucker Froben, wohl aber gegen einen Mangel an „geistiger Aufgeschlossenheit" diesseits der Alpen (ebd.). Erasmus betritt in diesem Adagium die Arena publizistischer Auseinandersetzungen.

Er brandmarkt in aller Deutlichkeit die herrschenden Missstände in der Druckerstadt Venedig: eilig besorgte „heillos verderbte Ausgaben von antiken Autoren" (ebd.: 491ff.); die Unsitte, Raubdrucke und wertlose oder gar schädliche Schriften herauszubringen; nachlässige und ungebildete Drucker. Der skeptische Unterton dieser Philippika, ein späterer Einschub von 1526, beruht auf zunehmenden Zweifeln an den Möglichkeiten des Buchdrucks, ja sogar am „Nutzen der Bildung" überhaupt (Welzig in Erasmus 1995: 491ff.). Dennoch ist unbestreitbar, dass das neue Medium für Erasmus die Möglichkeit schneller Repliken und Kommentare zum Zeitgeschehen brachte: „Nachdem Erasmus einmal Zentrum und Autorität geworden war, erlaubte ihm die Druckerkunst, alles, was vor seinen Geist trat, sofort vor der Welt auszusprechen" (Huizinga 1958: 60).[7] Die Werke, die in schneller Folge publiziert und meist kurz nach Erscheinen in mehrere Sprachen übersetzt wurden, führten zum stetigen Austausch mit der europäischen Bildungselite.

---

7 Zur täglichen Praxis in einer Offizin von Manutius vgl. Welzig (in Erasmus 1995: XVII). Während Aldus druckt, bereitete Erasmus schon die nächsten Manuskripte vor. Ob diese Arbeit bereits „etwas Journalistisches an sich hat" (ebd.), sei dahingestellt.

Erasmus hat diese öffentliche Rolle, die für humanistische Gelehrte keineswegs unüblich war, mit Hilfe von Topoi der traditionellen Rhetorik reflektiert. In einem Brief vom 10. Januar 1518 heißt es: „Und während ich so zurückgezogen lebe, befinde ich mich wie kein anderer auf der Bühne der Welt" (zit. n. Euringer 2000: 48). Zwar gebe die „Böswilligkeit mancher Zuschauer" zu Selbstzweifeln Anlass, doch ein Rückzug sei undenkbar: „Jetzt, wo ich dieses Podium einmal betreten habe, muß das Stück über die Bühne gehen und die Lösung des Knotens ist schon greifbar nahe" (ebd.).[8] Die Weltmetapher zeugt zunächst vom Selbstbewusstsein eines Autors, der weiß, dass seine Bücher in aller Munde sind und hoffen darf, dass das Stück, in dem er agiert, einen guten Ausgang haben wird. Die christliche Mission steht wiederum im Hintergrund: „Ich stehe jetzt beim fünften Akt der Komödie des Lebens, möchte ich ihn so spielen, daß Christus, unser einziger Kampfrichter, sein Ja dazu sagt" (Brief vom 5.3.1518 an William Warham, Lord-Kanzler von England in Erasmus 1986: 186). Der Humanist tritt auf dieser Weltbühne gleichsam als ‚miles christianus' auf, wenn auch mit dem Vorbehalt des Satirikers, der das Missverhältnis zwischen Ideal und Wirklichkeit mit komödiantischen Mitteln zu verarbeiten sucht.[9] Wie sehr sich Erasmus dabei als Schauspieler versteht und sein Autor-Ich im Dienste seiner öffentlichen Rolle einsetzt, wurde bereits angedeutet.

Darüber hinaus enthält der Topos der ‚Weltbühne' auch ein Moment der Unmittelbarkeit und der Mündlichkeit, das Erasmus womöglich an der verinnerlichten, ‚imaginären' Öffentlichkeit der neuen Lesekultur vermisst hat. Zumindest beklagt er in seinen Briefen die Unsichtbarkeit der Leser, die ihm übel wollen (vgl. 29.9.1516 an Reuchlin in ebd.: 162); umgekehrt sehnt er die physische Nähe seiner Gesinnungsfreunde herbei (vgl. 24.1.1515 an Pirckheimer in ebd.: 116).

---

8 Euringer (2000: 48) hebt in seiner anregenden Studie Erasmus' Optimismus hervor: „Auch wenn der Mensch mit der Erbsünde und dem Schein der Welt zu ringen hat, auch wenn er den Schicksalsschlägen der Lebensbühne ausgeliefert ist, so ist doch in ihm ein Abbild Gottes enthalten." – Zur Tradition der Schauspielmetaphorik in Antike und Renaissance vgl. Curtius (1948: 148ff.).

9 Das Welttheater erscheint mehrfach als Komödie. Als „Komödienspiel" werden etwa die Kriegszurüstungen des Papstes und der Fürsten bezeichnet (am 5.3.1518 an William Warham in Erasmus 1986: 186).

Auch andere Indizien sprechen dafür, dass die ideale Form der Kommunikation für Erasmus das persönliche Gespräch gewesen sein dürfte. Die vielversprechenden Möglichkeiten, die ihm der Buchdruck eröffnet, haben ihn jedoch veranlasst, den mündlichen Dialog ins Literarische zu transformieren – etwa in Gestalt seiner *Colloquia familiaria* (1518). Auf diese Weise wird der Ideenfluss in eine lebendige Form gekleidet; zugleich kann so die Anonymität einer sich rasch ausbreitenden Schriftkultur kompensiert werden.

Erasmus benutzt die Theatermetaphorik indes nicht nur zur Selbstreflexion von Autorschaft, sondern auch als Darstellungsmodus. Sie verhilft ihm zu variablen Distanzen gegenüber seinen Gegenständen – sei es als Nahbetrachtung innerhalb des Bühnengeschehens oder durch den fernen Blick eines Zuschauers. Beide Varianten lassen sich an dem großen Adagium *Dulce bellum inexpertis* erläutern.[10] Jede Art der Kriegsführung wird in dieser Schrift als animalisch und jedes Christen unwürdig angeprangert. In der ersten deutschen Übersetzung („Eyn gemeyn sprüchwort/Der krieg ist lustig dem vnerfarnen"), 1519 in Basel gedruckt und „durch Vlrich Varnbüler geteutscht", steht Folgendes zu lesen:[11]

> Hastu nit ettwan einen lewen mit einem lewen sehen streitten [?] was gebisses / was prellens und heulens / was grißgramens / was graußam / wie ein reissen und beyssen [!] Es erschrickt einer der dannocht am sychern zusicht (Erasmus 1519: B iii/r).

Indem Erasmus das Geschehen in Nahaufnahme darstellt, versucht er dem Leser zur Selbstdistanzierung zu verhelfen. Dieses Erschrecken über die Bestialität des Menschen führt zu einem ersten, emotionalen Befremden, aber noch lange nicht zur Ablehnung des Kriegs aus Vernunftgründen. Der Natur selbst muss das Wort erteilt werden, damit der Leser der Monstrosität eines solchen „spectackel" gewahr werden kann:

> auch das die natur solch jr gemächt selbst erkennē würde / vnd wer sy fragte / ob sy sich nit billich mit den worten verwundernd sagē würde [:] Was newen spectackel sich ich da / welche hell hatt vns das vnnatürlich merwunder

10 Welzig nennt den Text „die eindrucksvollste Antikriegsschrift des Erasmus" (in Erasmus 1995: XXI). Nicht umsonst wurde der Humanist in neuerer Zeit häufig als Pazifist in Anspruch genommen – zuerst von amerikanischen Intellektuellen des 19. Jahrhunderts (Emerson), später von deutschen Autoren (Stefan Zweig).

11 Die Schreibweise des Originals wurde übernommen. Nur alte Umlaute, das Fraktur-s sowie Schlusszeichen sind dem heutigen Schriftsatz angepasst (in eckiger Klammer).

> herfürbracht ? (...) Ich erken nichts an dem menschē / den ich gemacht hab. W[e]lcher b[ö]ßer geist hat mir mein werck also verderbt [?] Welche vnhold hat das menschlich gem[ü]t außtriben / vñ in ein vihisch verzaubert [?] Welche Circe hat die angeporne form verkert [?] (ebd.: B iii/iiii).

Aufgrund einer geheimnisvollen Verzauberung erkennt die Natur ihre eigenen Geschöpfe nicht wieder. Der Blick von außen soll höchste Irritation seitens des Lesers auslösen. Die Theatermetaphorik – die Rede ist von einem „trübselig spyl" (Trauerspiel) – geht dabei nahtlos in den Topos der ‚verkehrten Welt' über, der dem satirischen Genre seit jeher nahe steht.[12] Erasmus setzt diesen distanzierten Blick auf die Weltbühne auch andernorts ein, beispielsweise in seinem *Encomium morae* (Lob der Torheit). Dieses Verfahren produziert Totalität; es geht auch in diesem Adagium um *den Menschen*. Am Ende wird sogar die Option einer Besserung angedeutet: eine Befreiung von der inneren Verblendung, suggeriert durch den Blick des Menschen auf sich selbst aus nächster Nähe:

> Ich hiesse sich die vnseligen in ein spiegel sehen / aber was künnen die augen sehen / so der verstandt nit darbei ist [ß] Aber sich dich selbst an / kāstu anders / du w[ü]tender krieger / ob du dich yendert wider z[u] vernunfft erholen m[ö]gst (ebd.: B iiii/l).

Erasmus setzt offenbar auf die Überlegenheit der Selbst-Bespiegelung (gegenüber der bloßen Beobachtung fremden Verhaltens). Bei alledem zweifelt er nicht an der Wirksamkeit einer menschlichen Vernunft, die als universelles Vermögen vorausgesetzt wird. Dieses rationalistische Programm ist die Grundlage für die Legitimationsfragen, die Erasmus in den *Adagia* immer wieder an seine Zeit richtet: Die ausgedehnten Kommentare zu Sprichwörtern sind das Bewegungsfeld für eine praktische Vernunft, die nach (ethischen oder politischen) Entscheidungen für Streifragen der Gegenwart sucht. Dabei dienen gerade die essayistischen Elemente dieser Texte – ihre lockere Fügung und die Beweglichkeit ihrer Perspektiven – der Einübung in eine Denkweise, die sich von dogmatischen Setzungen zugunsten neuer und anwendbarer Prinzipien zu befreien sucht.

---

12 Auch dieser Topos geht auf die Literatur der Antike zurück; in der deutschen Literatur begegnet er etwa in Grimmelshausens *Simplicius Simplicissismus* sowie in der satirischen Kurzprosa des 17. und 18. Jahrhunderts. – Der christliche Humanist ist indes davon überzeugt, ‚richtige' und ‚falsche' Welt eindeutig trennen zu können. Dies zeigt etwa das Pamphlet *Querela Pacis* (1517), wo ebenfalls mit diesem Topos gearbeitet wird.

3 Michel de Montaigne: *Essais*

Montaignes essayistisches Gesamtwerk scheint sich von der geistigen Welt des Erasmus deutlich ab zu setzen. An die Stelle des Glaubens an die universelle Vernunft tritt die ‚Pyrrhonische' Skepsis nach dem spätantiken Philosophen Sextus Empiricus (2. Jh. n. Chr.). Montaigne bekennt sich zu dem wichtigsten Grundsatz dieser Schule: „Noch nie haben zwei Menschen die gleiche Sache gleich beurteilt, und es ist völlig unmöglich zwei übereinstimmende Meinungen zu finden" (Montaigne 1998: 538). Dieses Prinzip ist nicht etwa die Bedingung für Seelenruhe, so wie bei den Pyrrhonikern, sondern für eine unstete Ruhelosigkeit der Reflexion: „Diese fortwährende Bewegung des Geistes ist völlig unregelmäßig und kennt weder Leitlinie noch Ziel: Von sich aus erhitzen, zeugen und beerben die Gedanken einer den anderen" (ebd.). Dabei wird das Denkvermögen, wie in dem Text *Über die Erfahrung*, mit drastischen Bildern beschrieben: Der Mensch dreht sich im Kreis und spinnt „sich wie unsre Seidenraupe ein, verwickelt sich im eignen Werk und geht darin zugrunde – *gleich der Maus im Pechfaß*" (ebd.: 539). Diese Vernunftkritik wird Friedrich Nietzsche, natürlich mit anderen Akzenten, wieder aufgreifen. Bei Montaigne geht sie mit kulturrelativistischen Ideen einher, wonach jedem Volk seine eigene Denkweise zugebilligt werden soll (*Über die Menschenfresser*).

Diese mehrschichtige Skepsis führt zu einer konsequenten Rückwendung auf das Ich. Die Vorrede „An den Leser" verspricht eine rückhaltlose Selbstdarstellung: „ich stelle mich als den dar, der ich bin" (ebd.: 5). Bereits an dieser Stelle spricht der Autor eine grundlegende Paradoxie aus: „Ich selber, Leser, bin der Gegenstand meines Buchs: Es gibt keinen vernünftigen Grund, daß du deine Muße auf einen so unbedeutenden, so nichtigen Gegenstand verwendest" (ebd.). Was der Öffentlichkeit übergeben wird, ist nur „meinen Angehörigen und Freunden zum persönlichen Gebrauch gewidmet" (ebd.). Das ist kein bloßer Bescheidenheitstopos, sondern er verweist auf eine grundlegende Spannung, durch die Montaignes Unternehmen der Selbsterforschung gekennzeichnet ist. Sie speist sich aus zwei Quellen: aus dem unbedingten Anspruch auf Unverwechselbarkeit des Ich, das heißt auf Individualität, und aus der Absicht, verallgemeinerbare Aussagen über die menschliche Natur zu treffen. In dem Text *Über das Bereuen* finden wir dazu eine Reihe von aufschlussreichen Aussagen:

> Die anderen bilden den Menschen, ich bilde ihn ab; und ich stelle hier einen einzelnen vor, der recht mangelhaft gebildet ist und den ich, wenn ich ihn neu zu formen hätte, gewiß weitgehend anders machen würde. Doch nun ist er halt so (ebd.: 398).

Montaigne verzichtet auf jede pädagogische Absicht; dennoch ist er auf ‚den Menschen' aus – nicht im normativen, sondern im deskriptiven Sinn: „Ich lehre nicht, ich berichte" (ebd.: 399). Wie aber kann dieses ‚Menschenbild' angesichts der Abkehr von jedem Universalismus begründet werden? Montaignes Antwort liegt in einer Art experimenteller Anthropologie, die sich der Fremd- und Selbstbeobachtung bedient, um zu Ad-hoc-Aussagen über den Menschen fortzuschreiten. Daraus erklärt sich die Vielzahl der Anläufe, mit denen über Tugend und Laster, Sterblichkeit, Sittlichkeit und Freiheit räsoniert wird, ohne dass eindeutige Ergebnisse, geschweige denn ein System zustande kämen. Diese Möglichkeit ist prinzipiell ausgeschlossen, und zwar in zweierlei Hinsicht: Zum einen ist die „Welt (...) nichts als ein ewiges Auf und Ab. Alles darin wankt und schwankt ohne Unterlaß (ebd.)". Das ist der gegenständliche Aspekt von Montaignes Skepsis. Der subjektive Aspekt betrifft das Selbstverständnis des Autors: „Ich schildere nicht das Sein; ich schildere das Unterwegssein" (ebd.: 398). Diese lässige Feststellung kann als Verabschiedung jeder dogmatischen Ontologie gelesen werden. Die Folge ist eine Denk- und Schreibweise, die sich jede Festlegung verbietet: „Könnte meine Seele jemals Fuß fassen, würde ich nicht *Versuche* mit mir machen, sondern mich entscheiden. Doch sie ist ständig in der Lehre und Erprobung" (ebd.: 399). Damit klingt das Vokabular an, das eine literarische Gattung begründen sollte: „Versuch" bzw. „Erprobung".[13] Daraus ergibt sich schließlich der Stil, der Montaignes Œuvre prägt: jene Verbindung aus Argumentation und Assoziation, Begriff und Bild, die den integrativen Charakter des Essays ausmacht. Er ist das Vehikel für eine permanente Erforschung der menschlichen Natur, die das Allgemeine sucht (in argumentativer Form) und am Beispielfall des eigenen Ich erkundet (in literarischer

[13] Im Original erscheint allerdings nicht das Substantiv „Essai" (und das poetologische Moment kommt eher indirekt zur Sprache): „Si mon ame pouvoit prendre pied, je ne m'essaierois pas, je me resoudrois; elle est toujours en apprentissage et en espreuve" (Montaigne 1962: 782). – Stiletts Ausdruck „Unterwegssein" ist eine schöne Entsprechung für „le passage".

Form). Damit wäre das anthropologische Projekt Montaignes, das per se zu keinem Abschluss gelangen kann, zumindest in groben Zügen umschrieben.

Was die Stellung des Autors in seiner Zeit betrifft, so ist wiederum die Bühnenmetaphorik aufschlussreich, die in den *Essais* häufig und an zentralen Stellen Verwendung findet – vor allem im Zusammenhang mit der Sein-Schein-Problematik.[14] Montaigne tritt zuallererst als schonungsloser Kritiker des Scheins auf. Das gesellschaftliche Leben ist für ihn ein „allgemeine[s] Gaukelspiel", geprägt von Eitelkeit und Scheinheiligkeit. Weiter heißt es in *Über das Bereuen*, jeder sei in der Lage, „auf der Schaubühne den Ehrenmann zu spielen; aber inwendig, in seiner Brust, wo alles erlaubt ist, weil alles verborgen bleibt, Disziplin zu wahren – darauf kommt es an" (ebd.: 400). Montaigne nimmt eine strikte Trennung vor zwischen privater und öffentlicher Sphäre. Nur „in der Höhle des Ich" ist der Mensch *ganz Mensch* (Friedrich 1949: 309); nur aus diesem Refugium heraus vermag er sich dem sozialen Rollenspiel zu stellen und es zu seinem Vorteil zu nutzen. Nachweislich plädiert Montaigne, besonders im dritten Buch der *Essais*, für eine *äußerliche* Anpassung an gesellschaftliche Konventionen – auch mit der Begründung, dass nur dadurch das Funktionieren des politischen Machtspiels gesichert sei. Wir hätten es demnach mit einem neuen Machiavelli zu tun, der eine Philosophie des Status quo, sprich: des Machterhalts vertritt – zugeschnitten und verkleinert auf das Format des Privatmanns (vgl. Lacouture 1998: 172f.).

Es wäre jedoch ein Missverständnis, würde man Montaigne nur in der Rolle eines Zuschauers sehen, der die Welt mit zynischen Kommentaren bedenkt. Sein Amt als Parlamentsrat von Bordeaux legte er nicht nieder, um sich völlig aus der Politik zurückzuziehen und sich – in der Abgeschiedenheit seines berühmten Schlossturms – ganz der Selbstbetrachtung zu widmen. Angemessener ist Lacoutures Ausdruck „Eremit auf der Lauer". Im Verlauf der nahezu zwei Jahrzehnte, in denen die *Essais* entstanden sind, übernahm der Autor wiederholt hochrangige staatspolitische Missionen; zwischen der Niederschrift des zweiten und dritten Buches lagen zwei Amtszeiten als Bürgermeister (vgl. Lacouture 1998: 141f.). Der vorläufige Rückzug aus der Politik war vor allem ein Versuch, die zum Handeln not-

[14] Vgl. dazu Euringer (1999: 142), der mehr als 150 Belegstellen für Theater- und Schauspielmetaphern zählt. In seinen Deutungen folgt er weitgehend den Überlegungen von Starobinski (1989).

wendige innere Ruhe wiederzuerlangen (vgl. Starobinski 1989: 400). Eine innere Teilhabe am Zeitgeschehen ist den *Essais* jedoch sehr häufig abzulesen. Das schreibende Ich wird unwillentlich zum Chronisten: Kurz nach Beginn der literarischen Arbeit brach der Terror der Bartholomäusnacht (1572) über Frankreich herein; die blutige Verfolgung der Hugenotten musste Montaigne während der Belagerung der benachbarten Stadt Castillon miterleben. Im dritten Buch der *Essais* reagiert er auf diese Ereignisse mit einer großen, persönlichen Klage über den Krieg (vor allem in *Über die Physiognomie*). In diesem Zusammenhang entwickelt der Philosoph eine ethische Haltung, die sich aus zwei verschiedenen, aber keineswegs unverträglichen Elementen zusammensetzt: Stoizismus in Verbindung mit menschlichem Mitgefühl (vgl. ebd.: 377). Unter dieser Voraussetzung erhält die folgende Passage einen ganz speziellen, appellativen Sinn:

> Welch Monstrum von Krieg! Die andren wüten gegen einen äußeren Feind, dieser gegen sich selbst: Sein eignes Gift zerfrißt und zersetzt ihn. Er ist von so bösartiger und zerstörerischer Natur, dass er sich vor lauter Wut Glied für Glied ausreißt, bis er mit allem übrigen zerfetzt am Boden liegt – wir sehen, wie er viel häufiger in sich selbst zusammenbricht als aus Mangel an Hilfsmitteln oder durch feindliche Macht (ebd.: 525).

Montaigne bedient sich, ähnlich wie Erasmus, einer geschickten Blickführung des Lesers. Immer wieder wird das sinnlose Treiben auf der Weltbühne aus der Totale geschildert: „Richten wir den Blick einmal zur Erde: auf die armen Leute, die wir allerorts schuften sehn [sic!], den Kopf über die Arbeit gebeugt“ (Montaigne 1998: 525). In diesem Fall ist der Betrachter aufgerufen zu bemerken, dass diese Armen die wahren Vertreter von „Beständigkeit und Ausdauer“ (ebd.) sind, ohne jemals von den Grundsätzen der Philosophen gehört zu haben. Dieses Ethos wird getragen von der Abgeklärtheit des Beobachters. Für seinen „Erkenntnisdrang“, so Montaigne, sei es

> eine gewisse Befriedigung, daß ich nun das denkwürdige Schauspiel des Sterbens unseres Staates mit eigenen Augen beobachten kann, seine Symptome und Begleitumstände. Und da ich es nicht aufzuhalten vermag, bin ich dankbar, daß es mir vergönnt ist, ihm wenigstens beizuwohnen und daraus zu lernen. Schon in den schattenhaften Darstellungen des Theaters suchen wir begierig zu erkennen, welch tragische Spiele das Schicksal mit den Menschen treibt (ebd.: 528).

Das ist keineswegs die Genugtuung desjenigen, der sich auf eine sichere Warte zurückzieht, um „auf das geringste Risiko des zu setzen, Distanz durch Lust zu belohnen" (Blumenberg 1988: 20). Ein solches Urteil verkennt nicht nur die anthropologische Neugier dieses Bekenntnisses, sondern auch die geistige Widerstandskraft, die der Philosoph im Turm aufzubieten bereit ist. Das soll nun, in aller Kürze, begründet werden.

Der Turm von Schloss Montaigne ist offenbar ein symbolischer Ort: Er steht zunächst für den Willen zur Autonomie: „Hier also bin ich ganz zu Hause, hier suche ich ganz mein eigener Herr zu sein (...). Überall sonst bin ich Herr nur dem Namen nach, in Wirklichkeit redet mir jeder dazwischen" (*Über dreierlei Umgang*; Montaigne 1998: 413). Der Anspruch, „Herr" im eigenen Haus zu sein, ist nicht zu verwechseln mit der Kontrollmacht des Ich (im Sinne Freuds). Eher ist es der Name für einen authentischen Umgang mit sich selbst, ohne Einflussnahme und Zwang von außen. Allerdings ist auch dieser innere Ort der Freiheit zu erkämpfen, und zwar durch jene konstante Selbstbeobachtung und -erforschung, von der bereits die Rede war. Welche Bedeutung diese Ich-Bezogenheit für den politischen Gehalt der *Essais* hat, lässt sich bezeichnenderweise wieder an einer Theatermetapher ablesen: ‚Selbstinszenierung'. In dem Text *Über das Nützliche und das Rechte* geht es um eine Relation, in der ein Individuum gleichzeitig als Regisseur und als Zuschauer fungiert. Die Selbstreflexivität des Ich wird durch den Kontext erhellt. Der Autor sucht sich dem (gedanklich antizipierten) Vorwurf der ‚Selbstinszenierung' durch die raffinierte Erwiderung zu entziehen, dass ein permanenter, heimlicher Beobachter seiner Person „keinerlei Regel zu bieten habe, nach der man mein natürliches Auftreten imitieren könnte (...) und eine derart gleichbleibende, unbeirrbare Offenheit und Zwanglosigkeit vorzutäuschen vermöchte" (ebd.: 394). Dahinter steht zum einen die Einsicht, dass Authentizität nicht durch „Regeln" herzustellen oder zu beurteilen ist. Es gilt lediglich die Anweisung: Überprüfe dich selbst in ständiger Selbstdistanzierung. Starobinski (1989: 40) formuliert es so: „Man muß sich selbst sein eigenes Theater werden." Die Begriffe „Offenheit und Zwanglosigkeit" offenbaren außerdem den programmatischen, wenn nicht sogar politischen Kern dieser ‚Selbstinszenierung'.[15] Sie enthalten einen ve-

15 Auch im französischen Original ist der politische Unterton herauszuhören, hier vielleicht eher aus dem ersten Glied: „apparence de liberté et de licence" (Montaigne 1962: 773).

ritablen Ansatz zur Kritik an der Unfreiheit und gewalttätigen Unterdrückung von Andersdenkenden – an einem Geschehen, dem Montaigne von seiner Tribüne aus unweigerlich zusehen muss. So erhärtet sich die Vermutung, dass der Solipsismus, den der Autor zur Schau stellt, auch als eine Zelle des Widerstands zu deuten ist.

4 Essayistische Zeitkritik bei Erasmus und Montaigne

Was die philosophischen Grundideen betrifft, erscheinen Erasmus und Montaigne auf den ersten Blick als Antipoden. Die Differenzen zwischen dem christlichen Humanisten und dem weltlichen Skeptiker sind nicht zu leugnen. Indes suchen beide Autoren in einer kritischen Übergangszeit nach neuen geistigen Orientierungen, wenn auch mit unterschiedlichen Mitteln. Man könnte den Unterschied auf folgende Formel bringen: Erasmus führt einen Legitimationsdiskurs nach Maßgabe einer „renascentia evangelii et litterarum“ (Erasmus 1983: 7), während Montaigne seine Leitgedanken aus der Selbstreflexivität des Ich abzuleiten sucht („liberté“). Verbindend ist in erster Linie die Abkehr von den dogmatischen Lehrgebäuden der Scholastik. Erasmus wird, als entschiedener Kritiker der römischen Kirche, oft zu den Wegbereitern der Reformation gerechnet; Montaigne, ein radikaler Feind aller Bigotterie, zielt eher auf philosophische Traditionen. Die Zeitkritik dieser Publizistik steht in jedem Fall im Zeichen einer Vernunft, die neue, unterschiedlich hohe Ansprüche auf Ungebundenheit und Selbsttätigkeit macht.

Diesem selbstgestellten Auftrag entspricht eine neue Schreibweise, die allenthalben an der „Auflockerung der lateinischen Humanistenprosa“ zu beobachten ist – auch bei Autoren wie Valla oder Poliziano (Friedrich 1949: 433). In der freieren Prosa Montaignes ist dieser Prozess bereits weit fortgeschritten. Die literarischen und argumentativen Verfahrensweisen wären in eingehenderen Studien zu vergleichen. Beide Autoren verfügen über eine Kunst der Perspektive, die mit wechselnden Distanzen arbeitet. So soll etwa der ‚Himmelsblick‘ auf den Krieg bei beiden Autoren zur Verfremdung, aber auch zur Parteinahme des Lesers führen. Weiterhin wurde die Vorliebe für Theatermetaphern als ein Mittel der Selbstreflexion sowie der Zeitkritik näher betrachtet. Wenn Erasmus von der Welt als einer „Bühne“ spricht, so meint er die gelehrte Öffentlichkeit, in der er eine leitende Rolle spielen konnte. „Und während ich so zurückgezogen lebe, befinde ich mich wie kein anderer auf der Bühne der Welt" (Brief vom 10.1.1518 zit. n. Euringer 2000: 48). Darüber hinaus erscheint ihm auch das politische Geschehen als ein Schauspiel, und zwar als ein „trübselig spyl". Im Hinblick auf solche negative Zeitgenossenschaft ist Montaigne dem Älteren am ähnlichsten: Von seiner Tribüne aus kann er nicht umhin, das „denkwürdige Schauspiel des Sterbens unseres Staates mit eigenen Augen [zu] beobachten" (Montaigne 1998: 528) Der essayistische Text ist für ihn, genauso wie für Erasmus, eine Möglichkeit, dieses Trauerspiel genau zu betrachten und kritisch zu kommentieren. Der Topos der Weltbühne bezeichnet den gemeinsamen Anspruch auf Totalität, den beide Autoren nur bedingt einlösen können. Montaignes Skepsis ist nicht zuletzt das Anzeichen einer Krise, der die Systeme des Wissens zu Beginn der Neuzeit unterworfen sind. Dieses Krisenbewusstsein ist auch bei Erasmus erkennbar.[16]

Abschließend sei ein Blick auf die Verwendung von Zitaten gewagt, die in den *Adagia* und den *Essais* eine enorme Rolle spielen.[17] Auch hier stechen Unterschiede ins Auge: Erasmus stellt ein Sprichwort oder eine Sentenz voran, um es bzw. sie dann zu kommentieren. Dies entspricht ganz seiner Hochschätzung der antiken Geisteswelt, der er zu neuem Leben verhelfen will; erst bei der aktualisierenden Anwendung kommt seine eigene intellektuelle Tätigkeit ins Spiel. Bei Montaigne scheint es sich genau umgekehrt zu verhalten: Wir begegnen einem reflektierenden, sich absolut setzenden Ich, das nach Bedarf und ohne große Rücksicht auf logischen Zusammenhang zitiert. Dabei sind Konvergenzen zu beobachten. Die Arbeitsweise betreffend lesen sich Montaignes (frühe) Niederschriften „wie ausgearbeitete und nach moralischen Kategorien angeordnete Exzerpte seiner Lieblingsautoren" (Burke 2001: 224). Antike Autoren haben auch für ihn

[16] Burke (2001: 213ff.) betont die kompensatorische Funktion der „Kollektaneenbücher" bei der Wissensvergrößerung. Die alphabetische Ordnung, die Erasmus für die Ausgabe der *Adagia* von 1500 wählte und später aufgab, indiziere die „moderne Fragmentierung des Wissens." – Wie unorthodox die ‚Essais' wirkten, zeigt sich in ablehnenden Bemerkungen zeitgenössischer Leser: „lacking in methodical argument, scholastic rigour, and linear development" –lautete der Vorwurf an den Essayisten (Marchi 1994: 25f.).

[17] Montaigne verbindet mit dem Namen Erasmus, dessen Schriften er zweifellos kannte, vor allem „Sinn- und Denksprüche" (1998: 401). Der Einfluss der *Adagia* auf die *Essais* wird meist als hoch eingeschätzt. Burke (1985: 21) vermutet, Erasmus werde in den *Essais* nur deshalb so selten erwähnt, „weil die Kirche Erasmus mit Luther gleichsetzte".

eine beträchtliche Leitfunktion, was mit dem Umstand harmoniert, dass die Wände und Balken von Montaignes Bibliothek mit einer Auswahl von fünfzig Sentenzen ausgestattet waren.

Die autoritative Geltung von Zitaten wird während der Ausarbeitung der *Essais* durch ein Ich herabgestimmt, das ‚Herr' im Haus seiner Texte sein möchte. Gerade dadurch kann dieses Ich exemplarische Geltung beanspruchen: als Vorreiter autonomen Denkens. Analog dazu haftet der Auswahl – und manchen Kommentaren – der *Adagia* bei Erasmus eine gewisse Willkür an, wobei die normative Kraft mancher Sprichwörter in den „Digreßionen" (Hess 1790) unterzugehen droht. Insgesamt stehen die Versuche beider Autoren um ein neues und lebensnahes praktisches Wissen eher in komplementärem Verhältnis zueinander: Während Erasmus dem Urteilsvermögen der Vernunft ein philologisches, an der Sprache geschultes Übungsfeld zu eröffnen sucht, scheint Montaigne den gesamten Bildungsschatz aus seinen Zusammenhängen zu entlassen, um sie der Subjektivität seines Ich zu überantworten: „homo sum et nihil humanum mihi alienum puto."[18]

Literatur

Adorno, Theodor W. (1974): Der Essay als Form. In: ders.: Noten zur Literatur. Frankfurt/Main: Suhrkamp

Blumenberg, Hans (1988): Schiffbruch mit Zuschauer. Paradigmen einer Daseinsmetapher. Frankfurt/Main: Suhrkamp

Burke, Peter (1985): Montaigne. Hamburg: Junius

Burke, Peter (2001): Papier und Marktgeschrei. Die Geburt der Wissensgesellschaft. Berlin: Wagenbach

Curtius, Ernst Robert (1948): Europäische Literatur und lateinisches Mittelalter. Bern, München: Francke

18 Dieses Terenz-Zitat auf dem Balken über Montaignes Pult beinhaltet nach Lacouture (1998: 159f.) „das ganze Denken und Verhalten eines Mannes, der für Toleranz eintrat, die Folter anklagte, Vorurteile über ‚die Wilden' verspottete, sich allen Kulturen öffnete". Starobinski (1989: 437) stellt eher das Buch mit seinem kritischen Anspruch auf Autonomie in den Vordergrund. Die Montaigne-Deutung dürfte wohl weiterhin ein offenes Projekt bleiben.

Erasmus von Rotterdam (1519): Dulce bellum inexperto. Eyn gemeyn sprüchwort / Der krieg ist lustig dem vnerfarnen / durch den allergelertesten Erasmũ von Roterodam̃ erstlich zu latein garkünstlich außgelegt. Vñ yetzo durch her Vlrichẽ von Varnbüler geteutscht. Basel: Andreas Cartandus

Erasmus von Rotterdam (1983): Adagia. Lateinisch – Deutsch. Auswahl, Übersetzung und Anmerkungen von Anton J. Gail. Stuttgart: Reclam

Erasmus von Rotterdam (1986): Briefe. Verdeutscht und herausgegeben von Walther Köhler. Darmstadt: Wissenschaftliche Buchgesellschaft Bremen: Schünemann

Erasmus von Rotterdam (1995): Adagiorum Chiliades (Adagia selecta). In: Werner Welzig (Hg.): Ausgewählte Schriften: Band 7. Darmstadt: Wissenschaftliche Buchgesellschaft

Euringer, Martin (2000): Zuschauer des Welttheaters. Lebensrolle, Theatermetapher und gelingendes Selbst in der Frühen Neuzeit. Darmstadt: Wissenschaftliche Buchgesellschaft

Friedrich, Hugo (1949): Montaigne. Bern: Francke

Hess, Salomon (1790): Erasmus von Rotterdam nach seinem Leben und Schriften. Zürich: Ziegler und Söhner

Huizinga, Johan (1958): Europäischer Humanismus: Erasmus. Reinbek bei Hamburg: Rowohlt

Lacouture, Jean (1998): Michel de Montaigne. Ein Leben zwischen Politik und Philosophie. Frankfurt/Main, New York: Campus

Mann Phillips, Margaret (1964): The Adages of Erasmus. Cambridge University Press

Marchi, Dudley M. (1994): Montaigne among the Moderns. Providence: Berghahn Books

Montaigne, Michel de (1962): Œuvres complètes. Paris: Gallimard

Montaigne, Michel de (1998): Essais. Frankfurt/Main: Eichborn

Neymeyr, Barbara (2000): Utopie und Experiment. Zur Konzeption des Essays bei Musil und Adorno. In: Euphorion, Jg. 94, H. 1: 79-111

Pfeiffer, Rudolf (1931): Humanitas Erasmiana. Berlin: Teubner

Potgieter, J. D. C. (1987): Essay: Ein „Misch"-Genre? In: Wirkendes Wort, Jg. 37, H. 3: 193-205

Rohner, Ludwig (1966): Der deutsche Essay. Materialien zur Geschichte und Ästhetik einer iterarischen Gattung. Neuwied, Berlin: Luchterhand

Rosenberg, Göran (2001): Essay und Journalismus. In: Lettre, H. 52: 4-5

Schärf, Christian (1999): Geschichte des Essays. Von Montaigne bis Adorno. Göttingen: Vandenhoeck & Ruprecht

Schon, Peter M. (1954): Vorformen des Essays in Antike und Humanismus. Ein Beitrag zur Entstehungsgeschichte der „Essais“ von Montaigne. Wiesbaden: Franz Steiner

Starobinski, Jean (1989): Montaigne. Denken und Existenz. Frankfurt/Main: Fischer

Michael Meyer

Defoes „Faktionen" und die Entstehung der bürgerlichen Öffentlichkeit

1 Kredit: Finanzierung und Glaubwürdigkeit der Presse im kulturellen Kontext

Defoe gilt heute als Vater des Journalismus und Vater des Romans in England im frühen 18. Jahrhundert (vgl. Earle 1976: 3; Escott 1911: 51ff.). In dieser Darstellung geht es nicht darum, die bekannte These zu wiederholen, dass Defoes fiktionale Konstruktionen von Personen und Geschichten in journalistischen Texten als Vorformen seiner realistischen Fiktionen gelten (vgl. Novak 2001: 512; Ehrismann 1991: 8f.), sondern Absicht ist es, anhand exemplarischer Texte Defoes die Probleme und Funktionen des Zusammenspiels zwischen Fakten und Fiktionen für die Glaubwürdigkeit bei der Meinungsbildung der entstehenden bürgerlichen Öffentlichkeit zu analysieren.

In *Strukturwandel der Öffentlichkeit* lokalisiert Jürgen Habermas (1962) im England des 18. Jahrhunderts die früheste Entstehung einer bürgerlichen Öffentlichkeit als zentrales Moment des Wandels von der absolutistischen Staatsräson zur demokratischen Gesellschaft. Die bürgerliche Öffentlichkeit bildete und artikulierte sich in Kaffeehäusern und in der Presse, in denen Informationen zirkulierten und Meinungen öffentlich diskutiert wurden. Die Öffentlichkeit zwischen den staatlichen Institutionen und der Privatsphäre bildete eine Instanz kritischer Vernunft, der das Parlament und die Regierung gegenüber verantwortlich zu sein hatten. Habermas überging dabei im Rahmen seiner weiträumigen historischen Darstellung Probleme, die für die Wirkung literarischer Erzeugnisse im weitesten Sinne um 1700 von großer Bedeutung waren und die heute wieder überraschend aktuell erscheinen: die unsichere Abgrenzung von Fakten und Fiktionen wie die Frage der Autorität nicht nur in den Medien, sondern auch in der Wissenschaft, der Politik und der Wirtschaft. Um zu klären, welche Rolle Defoes „Faktionen“, die Verknüpfung faktischer und fiktionaler Textelemente, für die Leser und deren Meinungsbildung spielen, muss der kulturelle Kontext näher erläutert werden.

Habermas führt in erster Linie politische Reformen, wirtschaftliche Entwicklungen und rechtliche Veränderungen als Bedingungen für den Aufschwung der Presse an, die für unsere Zwecke weiterer Ergänzung bedürfen. Laut Habermas (1962: 82) begann die „Parlamentarisierung der Staatsgewalt“ mit der konstitutionellen Monarchie ab der Glorious Revolution von 1689 und der Regierung durch ein Kabinett ab 1695 (vgl. ebd.: 77f.). Die politische Macht verschob sich zugunsten des Parlamentes, in dem sich später „die politisch fungierende Öffentlichkeit selbst als Staatsorgan etabliert“ (ebd.: 78). Man müsste ergänzen, dass durch den *Triennial Act* 1694, der Wahlen im Dreijahresturnus vorsah, die öffentliche Meinung für politische Repräsentanten im Parlament wichtiger wurde, weil sie zu einem fast permanenten Wahlkampf um Stimmen gezwungen waren, der die Produktion politischer Literatur rasant anwachsen ließ (vgl. Downie 1979: 1). Wirtschaftlich kam zu dem alten Konflikt zwischen Landbesitzern und Handelsbürgertum (Kommerz- und Finanzkapital) die Auseinandersetzung mit einer neuen Interessengruppe, dem Gewerbe- und Industriekapital (vgl. Habermas 1962: 76f.). Die jeweils im Parlament schwächere Fraktion, so Habermas, war auf die Presse zur politischen Meinungsäußerung angewiesen, insbesondere das protestantische Handelsbürgertum, das teilweise nicht im Parlament vertreten war (vgl. ebd.: 82). Als weiteren Punkt führt Habermas die Aufhebung der Vorzensur von Publikationen im Jahre 1695 an (vgl. ebd.: 78). Bis ins späte 17. Jahrhundert galt die Freiheit der Presse als gefährlich für das Gemeinwesen und den Herrscher (vgl. ebd.: 78). Aber es gab auch nach dem Fall der Vorzensur Gesetze über Verleumdung, staatsfeindliche Hetze und Blasphemie zur Kontrolle von Presseerzeugnissen, deren weite Verbreitung zudem kurzfristig durch die Zeitungssteuer ab 1712 eingeschränkt wurde (vgl. Davis 1983: 100; Habermas 1962: 78). Habermas bemerkt, dass am Anfang des 18. Jahrhunderts die

Regierung die Presse kontrollierte und nicht die Opposition (vgl. 1962: 78f.), weshalb die Presse auch noch nicht die vierte Macht im Staate bilden konnte. Allerdings ist die genaue Rolle der Regierung bei der Entwicklung der Presse und insbesondere die eines ihrer führenden Politiker, Robert Harley, umstritten. Nach Habermas machte Harley „den ‚Parteigeist‘ in Wahrheit erst zum ‚public spirit‘“ (ebd.: 78). Downie (1979: 195) zufolge ersetzte Harley die Vorzensur durch direkte politische Einflussnahme auf Presseerzeugnisse zu Anfang des 18. Jahrhunderts. Dann schreibt Downie aber Harley das Verdienst zu, über die Einführung der Zeitungssteuer statt der Zensur die Pressefreiheit gerettet zu haben, eine fragwürdige Alternative und Schlussfolgerung. Dagegen gelang es laut Habermas (1962: 79) erst der Opposition der Tories unter Bolingbroke, im *Craftsman* von 1726 bis 1735 die Presse zum kritischen Organ der Regierung zu erheben.

Statt die Presse im ersten Viertel des 18. Jahrhunderts jedoch als bloßes Übergangsstadium auf dem Weg zum Forum der bürgerlichen Öffentlichkeit als vierter Macht im Staate zu streifen (vgl. ebd.: 79, 86), gilt ihr hier besonderes Interesse, weil gerade hier zentrale Probleme der *Presse als wirtschaftliches Unternehmen und politische Macht* in den Vordergrund rücken: Kredit im weitesten Sinne der Finanzierung und der Glaubwürdigkeit der Presse im Zusammenhang mit der Unterscheidung von Fakten und Fiktionen.

‚Credit‘ ist nicht nur ein Schlüsselbegriff für den verschuldeten Bankrotteur Defoe, sondern für die britische Gesellschaft, Politik, Wirtschaft, den Finanzmarkt, die Wissenschaft und die Literatur im frühen 18. Jahrhundert (vgl. Caruthers 1996). In Gesellschaft und Politik bedeutete ‚credit‘ guter Ruf und Ehre, Vertrauens- und Glaubwürdigkeit, die wiederum Einfluss und Macht sicherten. Für den Politiker Harley wie für seinen Agenten Defoe war die Konstruktion und Sicherung der Glaubwürdigkeit von zentraler Bedeutung, um Vertrauen zu gewinnen, zuverlässige Informationen zu erhalten und politisches Handeln zu steuern. In der Wirtschaft und im Finanzmarkt ging die Bedeutung des Kredits weit über die einfache Definition hinaus, nach der Kredit den Glauben an und das Vertrauen in den Käufer oder Schuldner bezeichnet, dass er willens und fähig ist, die geschuldete Summe in Zukunft zurückzuzahlen. Neben der erheblichen privatwirtschaftlichen Funktion wegen der unzureichenden Geldmenge (vgl. Colley 1992: 66f.) erhielt Kredit in der finanziellen Revolution am Ende des 17. Jahrhunderts eine bisher ungekannte Relevanz: Die neue Staatsfinanzierung über Kredite stärkte nicht nur die politische Macht der Regierung, sondern machte diese auch vom öffentlichen Vertrauen der Kreditgeber in den Staat und die Bank von England (gegr. 1694) abhängig, bei der Staatsanleihen aufgelegt wurden, und anfällig für Manipulationen durch Spekulanten. Schließlich musste die Regierung Rücksicht auf die Steuerzahler und Wähler nehmen, die für die Rückzahlung der Kredite letztlich aufkommen mussten. Daher entstand ein komplexes Netzwerk von Abhängigkeiten und Verpflichtungen, Risiken und Vertrauen, mit dem das Interesse an politischer Stabilität und Verlässlichkeit gestärkt wurde (vgl. ebd.). Es entwickelte sich eine große und sehr kontroverse öffentliche Diskussion über die ökonomischen, politischen und moralisch-rechtlichen Aspekte des Kreditwesens im 18. Jahrhundert. Das Risiko des Ausfalls oder Missbrauchs des Kredits sorgte für Unsicherheit: „a new amorality was perceived as being part and parcel of the credit economy“ (Hoppit 1990: 316). Die wachsende Nachfrage nach finanziellem Kredit erforderte die häufige Demonstration von Ehrlichkeit und Glaubwürdigkeit (vgl. ebd.).

Glaubwürdigkeit war nicht nur ein zentrales Problem wirtschaftlichen Handelns, sondern auch des Wissens und der Erkenntnis. John Locke unterscheidet demonstrierbare und wahrscheinliche Wahrheiten im *Essay Concerning Human Understanding* (vgl. O'Brien 1996: 603): Demonstrierbare Wahrheit erhalten wir durch Sinneswahrnehmung, aber den weitaus größeren Teil wahrscheinlicher Wahrheit erfahren wir über andere, da sie aus praktischen oder prinzipiellen Gründen jenseits eigener sinnlicher Wahrnehmung liegt (vgl. ebd.: 604; Locke 1690: 4.14.1). Wir glauben dem „Man of credit“ (Locke 1690: 4.15.1) wegen seiner bewiesenen oder angenommenen Aufrichtigkeit und Autorität, der mit *konsistenten* Argumenten oder Beweisen seine Behauptungen glaubhaft versichern kann, die den Effekt von Wahrheit beim Publikum bewirken. Da wir nur sehr eingeschränkt über sicheres Wissen verfügen, bleibt uns meistens lediglich „the twilight, as I may so say, of *Probability*“ (ebd.: 4.14.2), weshalb unser Urteilsvermögen für eine gründliche Meinungsbildung gefordert ist: Der Glaube an die Wahrscheinlichkeit einer Behauptung hängt ab von ihrer Übereinstimmung mit eigenen Erfahrungen und Kenntnissen, den Aussagen anderer, deren Zahl, Integrität, Sachkenntnis, Absicht, weiterhin von der Konsistenz und den Umständen des Berichts, und schließlich vom Verhältnis zu gegenteiligen Behauptungen (vgl. ebd.: 4.16.4). Allerdings beklagt Locke auch, dass häufig ein unzulässiger Grund für den Glauben an die Wahrscheinlichkeit einer Schilderung genannt wird: die Meinung der anderen (vgl. ebd.: 4.16.6). Weil wir gezwungen sind, mehr zu glauben als wissen zu können, fordert Locke, sich sorgfältig zu informieren und nicht den scheinbaren, durch Dauer und Gewohnheit verfestigten Gewissheiten zu trauen (vgl. ebd.: 4.16.4). Was bedeuten Lockes Erkenntnisse für die Presse und ihre Wirkung? Da der Leser die Wahrheit der meisten Informationen nicht selbst überprüfen kann, muss die Presse sehr großen Wert auf die Vermittlung der Glaubwürdigkeit ihrer Journalisten, Nachrichten und Meinungen legen. Deswegen soll in erster Linie die explizite Diskussion der Wahrhaftigkeit und Wahrheit sowie die implizite Vermittlung der Wahrscheinlichkeit durch die Form der Texte analysiert werden.

Lockes Darlegung des Problems der Wahrheitserkenntnis wird zusätzlich durch die Überlagerung bzw. die noch unsichere Ausdifferenzierung faktischer und fiktionaler Texte kompliziert. Wenn nach heutigem Verständnis schöne Literatur aktuelles Wissen transportierte und konkrete gesellschaftliche Probleme diskutierte, arbeiteten umgekehrt referenzielle Texte mit literarischen Elementen und Erfundenem. Simon Schaffer (vgl. 1989: 30) beschreibt Defoes Unterscheidung zwischen realem Kredit in Form von sichtbaren Waren eines zuverlässigem Schuldners und faulem Kredit nicht existierender Waren von Spekulanten. Während der Spekulant nur eine leere Luftblase verkauft, die schön schillert, aber unter Verlust des Einsatzes platzt, kann ein Autor schön(geistig)e, referenziell ‚leere‘ Geschichten verkaufen, von denen der Leser dennoch profitiert, wenn sie hilfreiche Wahrheiten oder Orientierungen bieten. Defoe zufolge, wie Schaffer richtig erkennt, stützt die moralische Wahrheit die Glaubwürdigkeit der Texte ebenso wie die Faktentreue (vgl. ebd.: 23). Defoe war allerdings äußerst „flexibel“ bei der Rechtfertigung von zweifelhaften Aussagen, denn der Zweck heiligt die Mittel (Novak 2001: 235): „a Lye Does Not Consist in the Indirect Positioning of words, but in the Design by False Speaking, to Deciev and Injure my Neighbour“ (Defoe 1955: 42). Die Kehrseite der Überlagerung von Belletristik und Sachtexten war für die Literatur weniger problematisch als für die Presse. Literatur konnte durch die Vermittlung nützlichen Wissens gewinnen, aber der Journalismus setzte sich durch die Verwendung literarischer Mittel der Gefahr der Unglaubwürdigkeit aus. Für beide Texterzeugnisse galt, dass sie besonders um *Glaubwürdigkeit* ringen mussten, um informative, meinungsbildende oder erbauende Funktionen zu erfüllen.

Während moralische Integrität und Glaubwürdigkeit finanziellen Kredit bedingten, unterminierte paradoxerweise finanzieller Kredit die Glaubwürdigkeit der Presse nach den Vorstellungen der schreibenden Elite des frühen 18. Jahrhunderts. Wenn Habermas die Entstehung der literarischen Öffentlichkeit einerseits als Beschreibung einer historischen Phase, andererseits als ideale Normvorstellung freien Diskurses in der demokratischen Gesellschaft versteht, in der die Überzeugungskraft des besseren Argumentes siegt (vgl. Chandler 1996: 113f.), ignoriert er, dass unter Zeitgenossen im ersten Viertel des 18. Jahrhunderts die Presse einen überaus schlechten Ruf genoss und kaum als Forum der wahren Information und freien Meinungsäußerung galt, sondern als korrupte Stätte der Lüge und Manipulation durch ‚hack writers' (hack: Mietpferd). Der Fall des Druckers Samuel Keimer, der seine Glaubwürdigkeit aufs Spiel setzte, indem er falsche Nachrichten im Auftrag seiner Gläubiger druckte, um dadurch seine Kredite bei diesen abzuzahlen, bestätigte das Vorurteil gegenüber den Lohnschreibern (vgl. Novak 2001: 501f.). Die literarischen Schriftsteller, die Schreiben als Berufung verstanden, diskreditierten die Berufsschriftsteller, die für die Presse arbeiteten: Gegen Habermas' Vorstellung einer egalitären Teilhabe am öffentlichen Diskurs steht die Verachtung der elitären Autoren, die Schreiben gegen Geld als Prostitution und Berufsschriftsteller als Huren verunglimpften (vgl. Chandler 1996: 118).

2 Die entlarvende Fiktion des Faktischen im Pamphlet

Kredit im weitesten Sinne bildete das zentrale Problem für den Kaufmann und Schriftsteller Daniel Defoe. Gewagte Geschäfte und riskante Schriften brachten ihn immer wieder ins Gefängnis und ruinierten seinen ‚Kredit' als Geschäftsmann und Journalist. Der Autor versuchte, wie in der Zeit üblich, sich durch Anonymität oder fingierte Namen eventueller strafrechtlicher Nachstellungen zu entziehen, doch gab gerade dies Anlass zu Spekulationen und verstärkten Nachforschungen bei umstrittenen Texten. Defoe konnte auch kein Interesse daran haben, dass seine mangelnde Kreditwürdigkeit nach wirtschaftlichen Fehlschlägen seine Autorität als Journalist in Frage stellte. Außerdem zwang die Anonymität des Verfassers diesen dazu, seine Glaubwürdigkeit möglichst vollständig im Text zu etablieren.

Die Frage, ob und wie Defoe in diesem Kontext Glaubwürdigkeit etablierte und überzeugende Versionen der Wirklichkeit entwarf, wird chronologisch an drei Beispielen behandelt: einem Pamphlet als Fiktion des Faktischen mit dem Ziel der Entlarvung *‚unglaublicher‘ Wirklichkeit*, seiner Zeitschrift *Review* als Konstruktion einer *glaubwürdigen Wirklichkeit* mit dem Ziel der Überzeugung und Meinungsbildung, und Robinson Crusoe als *‚faktischer‘ Fiktion* mit quasi-historischem Anspruch und moralisch-didaktischer Zielsetzung.

Im Jahre 1702 verfasste Defoe eines seiner berühmtesten Pamphlete, *The Shortest Way with the Dissenters or Proposals for the Establishment of the Church* (Kurzer Prozess mit den Nonkonformisten), um der weiteren Beschneidung der Rechte der Puritaner, die bis dato durch ein formelles Bekenntnis zum anglikanischen Glauben öffentliche Ämter erhalten konnten, entgegenzuwirken. Das Pamphlet, ein Essay oder eine Abhandlung, nimmt in der Regel polemisch zu gegenwärtigen Themen Stellung und bewegt sich zwischen referenzieller und literarischer Form, insbesondere in Verbindung mit der Satire, die mit didaktischer Absicht Unzulänglichkeiten und Verfehlungen aufs Korn nimmt, wobei der Satiriker oder Sprecher die Regeln und Normen gegenüber den Kritisierten vertritt. Defoe wählte jedoch als Sprecher nicht einen der diskriminierten Nonkonformisten, sondern einen konservativen Anglikaner, der die Puritaner nach allen Regeln der Kunst abkanzelt. Der Sprecher präsentiert sich als Stimme der Gerechtigkeit und Vernunft, der in weiser Voraussicht ‚gründliche‘ Lösungen für Probleme entwirft, die angeblich der national-religiösen Einheit eines anglikanischen Englands von Seiten der Puritaner drohen. Er spricht Leser von beiden Seiten an, indem er unter ‚Wir‘ die angeblich unterdrückten Anglikaner fasst, und die Dissenter direkt mit ‚Ihr‘ anklagt. Seine Verschwörungstheorie bezieht ihre Rechtfertigung aus einer konsequent einseitigen Interpretation der Geschichte, in der die staatsfeindlichen Nonkonformisten verantwortlich sind für die Enthauptung des gesalbten Charles I. im Jahr 1649, den folgenden Bürgerkrieg, die Absetzung des legitimen James II. 1688 und die Berufung Wilhelm von Oraniens 1689 als bloßem Instrument ihrer Interessenpolitik, mit der es nun unter Queen Anne ein Ende haben muss (vgl. Defoe 1702: 116ff.). Er spricht den Dissentern ab, ein legitimer Teil der Nation zu sein (vgl. ebd.: 122) und enthumanisiert seine Gegner, die er als Krankheit, Gift und Schlangenbrut beschimpft, um deren radikale Bekämpfung als ethische Notwendigkeit anzupreisen, die nicht durch Gegenargumente entkräftet werden kann (vgl. Novak 2001: 175).

Paula R. Backscheider führt etliche zeitgenössische Stimmen an, die das Pamphlet als radikale Kampfansage an die Puritaner lasen, weil es die gleiche Sprache wie aggressive Anglikaner verwendet und nur den Ton verschärft (vgl. 1989: 96ff.). James Sutherland argumentiert, dass Defoe diese Rede überzeugend präsentierte, da er sich absolut mit der Figur des fanatischen Anglikaners identifizierte, dessen Position daher unzweideutig und glaubwürdig erscheint (vgl. 1987: 47f.). Dagegen behauptet Lennard J. Davis, dass das Pamphlet durch und durch zweideutig ist und seinen eigenen Standpunkt unterminiert, ohne dies genau zu belegen: „it denies its own authenticity" (1983: 167). Er rekonstruiert die Doppeldeutigkeit des Pamphlets aus der Festnahme Defoes wegen der angeblich unabweisbaren Subversivität des Textes (vgl. ebd.). Das Literarische des Pamphlets wurde aber meines Erachtens zunächst nicht erkannt, denn es wurde als politischer ‚Journalismus', also gerade nicht als doppeldeutig und satirisch, verstanden. Die juristische Anklage schien von der parodistischen Funktion abzusehen und verurteilte das Pamphlet als Aufruf gegen religiöse Toleranz, den Frieden im Staat und die Vereinigung von England und Schottland (vgl. Backscheider 1989: 103f.).

Defoe verteidigte sein Werk mit dem Argument, er habe lediglich eine Satire geschrieben, die sich gegen den Sprecher selbst richtet, der den Puritanern Fanatismus vorwirft, aber sich selbst als Fanatiker entlarvt (vgl. Novak 2001: 175ff.). Wenn Novak ebenso argumentiert, dass Defoe mit einer *reductio ad absurdum* die Argumente des Anglikaners, Dissenter zu verbannen und ihre Führer zu hängen, kritisiert (vgl. ebd.: 174), überschätzt er die Konsistenz von Fanatikern und die kritische

Skepsis des Publikums, denn die ‚Wirklichkeit‘ der Meinung eines Fanatikers trägt selbst ‚unglaubliche‘ Züge. Gerade die durchgängig radikale Perspektive eines einzigen Sprechers im Pamphlet lässt leicht übersehen, dass dieser nicht die Norm des (impliziten) Autors vertritt, sondern selbst zur Zielscheibe des Spotts werden soll. Das Buch, so Defoe, habe seine Absicht erreicht, indem er einen Parteigänger der anglikanischen High Tories in ihrer Sprache zu ihnen reden ließe, um diese dazu zu bewegen, sich zu ihren Ansichten zu bekennen und selbst bloßzustellen (vgl. ebd.: 173; Defoe 1702: 251f.). Allerdings schürte er unter den Puritanern auch Angst vor Verfolgung und zog sich die Wut beider Seiten zu, als bekannt wurde, dass er sie an der Nase herumgeführt hatte. Ironischerweise hatte Defoes literarische Imagination einen *Effekt von Wirklichkeit* erzielt, der ihm zum Verhängnis wurde. Das Gericht versuchte, die Wirksamkeit seiner Schrift zu unterminieren, indem sie die Glaubwürdigkeit des Autors demontierte. Das Verbrennen des Pamphlets durch den Henker, eine hohe Geldstrafe und Gefängnis auf unbestimmte Zeit war noch nicht alles: In der Urteilsbegründung wurde Defoe Geistesschwäche und ein schlechter Ruf unterstellt (vgl. Backscheider 1989: 104) und er wurde dazu verurteilt, drei Mal am Pranger zu stehen, um ihn öffentlich zu diskreditieren und das Urteil im nachhinein zu legitimieren. Sieben Jahre Schreibverbot sind ein weiterer Ausdruck der Furcht vor der Feder Defoes, deren Fähigkeit er gleich unter Beweis stellte, indem er schnell ein Schmähgedicht auf den Pranger und seine Richter schrieb, das von einem Helfer verkauft wurde, während er selbst am Pranger stand. In diesem weist er die Anschuldigungen von sich und präsentiert sich als ehrlicher, integerer Autor und Opfer einer korrupten Staatsmacht (vgl. Novak 2001: 190ff.; Defoe 1703: 137ff.). So macht ein Krisenmanager aus einer schlechten Situation ein gutes PR-Ereignis.

3 Die anschauliche und selbstreflexive Faktion der Wirklichkeit in der Zeitschrift

Die rechtliche Zerstörung seiner Glaubwürdigkeit als Autor hatte wiederum fatale Folgen für seinen Kredit als Geschäftsmann, denn während seines Gefängnisaufenthaltes ging seine Ziegelfabrik bankrott, wodurch er paradoxerweise indirekt genötigt war, als Journalist zu arbeiten, der eigentlich auf Glaubwürdigkeit angewiesen war. Defoe kam 1704 wahrscheinlich auf Grund der Intervention von Robert Harley frei – dem Staatssekretär und späteren Schatzkanzler, der das Potenzial Defoes als Publizist für staatliche Propaganda erkannte. Man könnte sagen, dass Defoe auf Kredit begnadigt wurde, den er mit Wohlverhalten abzahlen musste. Harley schlug bereits 1702 anlässlich der anstehenden Wahlen vor, die öffentliche Meinung durch die Presse zu beeinflussen: „it will be of great service to have some discreet writer of the government's side, if it were only to state facts right, for the generality err for want of knowledge, being imposed upon by the stories of ill-designing men" (Downie 1979: 58). Daraus spricht Skepsis gegenüber dem existierenden Journalismus und zugleich die Überzeugung seiner Wichtigkeit für politische Entscheidungen. Die Regierung hatte seit 1702 mit der damals größten Zeitung, der angeblich überparteilichen *London Gazette*, ein offizielles Organ (vgl. ebd.: 1), um ‚Fakten' ‚richtig' darzustellen.

Es fällt schwer zu glauben, dass Harley nicht den Unterschied zwischen Wissen und Meinen kannte, den Locke so überzeugend erläuterte, und nur an Fakten dachte, als er sich Defoe als Geheimagenten und Journalisten verpflichtete, der doch ausgerechnet wegen der Fingierung des Faktischen im Gefängnis saß. Novak bemerkt lakonisch: Defoe und Harley waren sich bewusst, dass „newspaper reports and pamphlets could be manipulated to achieve control of information" (Novak 2001: 197). Als Geheimagent sorgte Defoe für Informationen über die öffentliche Meinung und als Journalist für deren ‚Bildung' durch die *Review*. Die Briefe Defoes und seine Diskussionen von Leserkommentaren lassen vermuten, dass Defoe einen ständigen Balanceakt zwischen seinen Auftraggebern, seinen eigenen Ansichten und seinen Lesern halten musste. Inwieweit er die Meinung der Öffentlichkeit manipulieren konnte, ist aus prinzipiellen Gründen fraglich, denn der Einfluss der Presse hängt wohl weniger vom Gelesenen selbst ab als vom Leser, dessen Vorwissen, Interpretation und Verwendung der Informationen (vgl. Turner 1994: 202f.). Letztlich hat wahrscheinlich auch Defoes spektakuläres Pamphlet *The Shortest Way with the Dissenters* eher Meinungen verhärtet als verändert, abgesehen von der Meinung der Öffentlichkeit über ihn selbst.

Die *Review* erschien von 1704 bis 1713 anonym als politischer Essay in Form und Funktion eines Leitartikels zunächst einmal, dann dreimal pro Woche mit einer durchschnittlichen Auflage von knapp 500 bis unter 1000 Exemplaren, hatte aber wesentlich mehr Leser durch die Auslage in Kaffeehäusern (vgl. Downie 1979: 6ff.). Die wenigen Werbeanzeigen und der Verkauf dürften bei weitem nicht die Herstellungs- und Vertriebskosten gedeckt haben, weshalb Regierungsgelder Defoes Bezahlung sicherten (vgl. ebd.: 12), wobei zwischen der Entlohnung seiner Tätigkeit als Agent und als Journalist nicht zu unterscheiden ist. Gleich im Titel und der einleitenden Präsentation der Zielsetzungen seiner Zeitschrift setzt sich Defoe deutlich von anderen Blättern ab, denn seine *Review*, so der Untertitel, sei „Purg'd from the Errors and Partiality of *News-Writers* and *Petty-Statesmen*, of all Sides“ (*Review* 19.2.1704: 1.1.1). Als Programm formuliert er:

> For the Body of this Paper, we shall endeavour to fill it with Truth of Fact, and not improper Reflections; the Stories we tell you shall be True, and our Observations, as near as we can, shall be just, and both shall Study the Readers Profit and Diversion (ebd.: 1.1.6).

Defoe definiert den Nutzen des Lesers genauer:

> Men are easily capable to Judge, what, and why Things are done, and will begin to see before them in the World, whereas all the Observations or Reflections I ever yet met with, serve but to Amuse Mankind, Byass our Judgments to Parties, and make us Partial to our selves (ebd.: 1.1.3).

Er suggeriert damit, die Öffentlichkeit in die Lage zu versetzen, mit Hilfe der Informationen und Argumente seiner Zeitschrift eine fundierte Meinung bilden zu können. Im Prinzip nimmt Defoe hier eine Aufgabe der Presse als Ziel vorweg, die Fox erst 1792 als Voraussetzung formuliert, wenn die öffentliche Meinung zum Maßstab politischen Handelns werden soll: „I ought to give the public the means of forming an opinion“ (Fox zit. n. Habermas 1962: 86). In seinen Vorworten zum ersten Heft und zum ersten Band der *Review* von 1704 grenzt Defoe ausführlich seine Zeitschrift gegen die Nachrichtenpresse ab und hebt gleichermaßen seine eigene Glaubwürdigkeit und die seiner Texte hervor, wenn er folgende Unterscheidungskriterien einander gegenüberstellt, die an Lockes Abgrenzung von Wissen und Meinen erinnern: Wissen – Unwissen, Wahrheit – Unwahrheit, Urteil – Vorurteil, Konsistenz – Widersprüche,

Genauigkeit – Ungenauigkeit, Sicherheit – Unsicherheit, Überparteilichkeit – Parteilichkeit, Aufrichtigkeit – Unaufrichtigkeit (vgl. *Review* 19.2.1704: 1ff.). Mr. Review präsentiert sich gewissermaßen im Gewande von Lockes „Man of Credit". Indem er sagt, dass er keinen Profit von der journalistischen Arbeit erwartet, erhebt sich Defoe über die Riege der Lohnschreiber, denn er verfasst Zeitgeschichte, die über die Registrierung täglicher Ereignisse der Nachrichtenpresse hinausgeht (vgl. *Review* 19.2.1704: 1.1.4). Mit dem Verweis auf die öffentliche Strafe und seinen Initialen D. F. spielt Defoe aber auch auf seine (seiner Meinung nach ungerechte) Verurteilung zum Pranger an und hoffte damit vielleicht, Sympathie bei aufmerksamen Lesern zu wecken, die seine Pamphlete begrüßten, ging aber auch das Risiko ein, dass kritische Leser, die er empört hatte, Misstrauen schöpften.

Wenngleich Defoe programmatisch eine klare Unterscheidung zwischen Wahrheit und Lüge trifft und einen hehren Anspruch bezüglich seiner Glaubwürdigkeit aufstellt, muss er selbst eingestehen, dass die Wirklichkeit anders aussieht. In der *Review* vom 19.7.1712 stellt Defoe fest, ohne sich selbst dabei auszuschließen, dass die Erfindung oder Fälschung von Nachrichten gängige Praxis im Zeitungswesen sei, weshalb man statt „*What News?*" besser „what is the *LIE* Courant *for the Day*?" (*Review* 19.7.1712: 8.207.829) fragt, wobei er auf die erste englische Tageszeitung, den *Daily Courant*, anspielt. Selbst wenn erfundene Nachrichten nur kurzfristig Bestand hätten, so Defoe, reiche es aus, um dem politischen Gegner durch üble Gerüchte nachhaltig zu schaden, da trotz Dementis immer etwas an dessen Person hängen bleibe, oder um durch Börsenmanipulationen Kursschwankungen zu schnellen Gewinnen zu nutzen (vgl. ebd.: 8.207.830ff.). In solchen Fällen, so Defoe an anderer Stelle, bedeute Reden Handeln, denn es werde tatsächlicher Schaden angerichtet (vgl. Defoe 1720: 76). Die Diskrepanz zwischen Anspruch und Wirklichkeit bedingte einen permanenten Kleinkrieg um die Glaubwürdigkeit der Presse, in dem Defoe und seine Konkurrenten ihre eigene Autorität behaupteten und die der anderen diskreditierten, indem sie sich gegenseitig vorwarfen, sich wie Huren an Interessengruppen zu verkaufen, und zweifelhafte Berichte anderer Blätter anprangerten (vgl. Novak 2001: 285; *Review* 19.2.1704: 1.1.4ff.; *Review* 26.7.1712: 8.210). Es wundert nicht, dass der Journalist Defoe als Bankrotteur attackiert wurde, der, da er seine Kredite nicht bezahlte, auch keinen Verstand haben könne und daher nicht glaubwürdig sei. Defoe argumentiert zwar, dass die alten Kredite nichts mit den gegenwärtigen Argumenten zu tun hätten. Doch weit davon entfernt, den Zusammenhang zwischen finanziellem Kredit und journalistischer Glaubwürdigkeit zu leugnen, verteidigt sich der Autor Defoe mit dem Argument, dass ihm als Geschäftsmann zur Zeit erhebliche Gelder anvertraut sind, er aber im Gegensatz zu seinem Kritiker sein Geld durch Geschäfte und nicht durch Schreiben verdient, wodurch er impliziert, als Journalist unabhängig zu sein (*Review* 5.1.1712: 8.123.495f.). Ironischerweise bestätigt er an anderer Stelle das prinzipielle Misstrauen in die Glaubwürdigkeit des guten Rufes, denn der „is a thing so Nice, so full of Counterfeits, so doub'd over with false Varnish, so much worn by Hypocrites (...) we have so much Difficulty to know, whether it be the true kind or no“ (*Review* 12.1.1706: 3.6.21). Wenn die Glaubwürdigkeit aber so schwierig zu prüfen ist, weil sie so heikel und trügerisch ist, und sich Heuchler damit einen falschen Anschein geben, dann wird der Leser auch zur Wachsamkeit und Kritik gegenüber der Presse aufgerufen, deren Wirkung gerade auf ihrem „credit“ bei den Lesern beruht.

Defoe schreibt in erster Linie über politische und wirtschaftliche Themen. Er kommentiert Wahlen in England, begründet die notwendige Steuerlast, um die französische Hegemonie in den spanischen Erbfolgekriegen einzudämmen und ein Gleichgewicht der Mächte herzustellen, und erläutert lang und breit die Vorteile der Vereinigung Schottlands und Englands zu Großbritannien gegen innenpolitische Widerstände. Defoe erfindet immer wieder Personen, Dialoge und Szenen in seinen Essays, die Fakten und Fiktionen verknüpfen. Defoe beschreibt beispielsweise Wahlen auf dem Lande, in denen Gentlemen, die sonst nichts für ihre Wähler tun, mit Geld auf Stimmenfang gehen und dabei selbst von Wählern übervorteilt werden, die die Situation zur Begleichung alter und neuer Rechnungen nutzen. Ein Viehzüchter und ein Bauer mockieren sich über einen Kandidaten, der eine Frau küsste und ihr Geld zusteckte, um die Stimme ihres Mannes zu kaufen. Defoe schildert im Detail, wie ein aristokratischer Kandidat zwischen lärmenden Wählern sitzt, deren Stimmen er mit Alkohol kaufen möchte, aber deswegen genötigt wird, mit ihnen aus einem Humpen zu trinken und es ertragen muss, dass die Betrunkenen ihm Bier über den Rock gießen, ins Gesicht rülpsen und ihn schließlich samt seinem Stuhl umreißen. Doch die Wähler lassen sich von beiden Kandidaten bezahlen. Defoe fährt fort: „I could carry this Scene on to the most sordid monstrous Excesses, to which I have been too much an Eye-Witness" (*Review* 8.6.1708: 5.31.124). Defoe beansprucht also Wahrheit auf Grund eigener Erfahrung und schildert die Szenen im Präsens und Dialoge im Dialekt, um unmittelbare Gegenwart wie Authentizität zu suggerieren, die aber in ihrer Präzision und Zuspitzung fiktionale Züge tragen, weil sie kaum genau so wahrgenommen oder erinnert sein könnten. Dennoch behauptet er, dass die Wirklichkeit seine Beschreibung noch übertraf. Die Faktion dient dazu, den Anschein der Mimesis zu verstärken, denn sie vermittelt den Eindruck unmittelbar beobachteter und vom Leser nachvollziehbarer Wirklichkeit, wobei sich Detailrealismus und satirische Überzeichnung die Waage halten.

Defoe thematisiert wohl am häufigsten, wie es sich für einen Bankrotteur gehört, die Rolle des Geldes und des Kredits für Konsum, Handel und Staat. Erstens *definiert* Defoe Kredit funktional als Geldersatz, der akzeptiert und gewährt wird, wenn das Vertrauen in die Ehre und pünktliche Zahlungsfähigkeit des Schuldners bisher bewiesen und weiterhin gerechtfertigt erscheint (vgl. *Review* 3.1.1706: 3.2.8). Zweitens *leugnet er jede Möglichkeit, das Wesen des Kredits erfassen zu können.* Er preist überschwenglich Kredit als das Herz des Handels und der Macht Englands, das die wundersame Kraft hat, aus Nichts etwas machen (*Review* 14.6.1709: 6.31.122f.), eine Analogie zur göttlichen Schöpfung, der *creatio ex nihilo*. Als „substantial Non-Entity", ein Wesen „without matter, a substance without form" (ebd.), erhält Kredit metaphysische Qualitäten, die sich jeder genauen und tieferen Analyse entziehen (vgl. O'Brien 1996: 612f.). Somit steht im Zentrum gesellschaftlicher, wirtschaftlicher und politischer Macht etwas, das nichts ist, und nur durch Zuschreibungen Bedeutung gewinnt. Daher *erfindet* Defoe drittens die *Lady Credit*, um die Bedeutung und das Wirken des Kredits *bildlich zu umschreiben*. Allerdings ist die Funktion der Fiktion wie die des Kredits selbst an Glaubwürdigkeit gebunden (vgl. Gernalzik 2000: 6f.), weshalb die Methode des Kredits, aus nichts etwas zu machen, und das Problem, keine feste Bedeutung und sichere Wahrheit bieten zu können, von der erläuternden Fiktion nur wiederholt, nicht aber erklärt werden können.

Die Lady Credit ist, anders als die Beschreibung der Wahl, eindeutig als fiktionale Allegorie erkennbar und beansprucht daher keine wörtliche oder mimetische, sondern bildliche oder symbolische Wahrheit.

Lady Credit ist eine sehr mächtige, aber zurückhaltende Herrin. Defoe berichtet ihre wechselvolle Karriere in der Geschichte des englischen Wirtschafts- und Finanzwesens: Ihr Wohl ist eng mit dem Englands und seiner Bürger verknüpft (vgl. Backscheider 1981: 100; *Review* 14.6.-16.6.1709: 6.31f.). Während sich die angeschlagene Lady Credit unter König Wilhelm zunächst gut erholt, wird sie bald von Aktienhändlern und Spekulanten verführt und geschändet (vgl. *Review* 14.6.1709: 6.31.124). Unter Queen Anne allerdings taucht sie wieder als Engel auf, deren Ehre und Jungfräulichkeit erneut vor Spekulanten angesichts einer vermeintlich drohenden Invasion der Franzosen geschützt werden müssen (vgl. *Review* 16.6.1709: 6.32.126f.). Defoe ruft dazu auf, die Bonität der Staatskredite zu sichern, indem Spekulanten das Handwerk gelegt wird. Sherman interpretiert zu Recht die Inkonsistenz in der Erzählung, die der Lady Credit nach einer Vergewaltigung wieder die Jungfräulichkeit andichtet, als Problem des Journalisten Defoe, nach dem Verlust seiner Kreditfähigkeit wieder Glaubwürdigkeit zu erlangen (vgl. 1995: 188f.). Defoe betont aber auch, dass Glaubwürdigkeit oder ihr Verlust nicht unbedingt mit der Wirklichkeit in Einklang steht: Lady Credit „makes honest Women Whores, and Whores honest Women (...) if she forsakes the honestest Woman in the World, no body will touch her (...) and a whole Life of Virtue won't repair the Injury she does, where she falls off“ (*Review* 14.6.1709: 6.31.123). Übertragen auf Defoe bedeutet dies, dass seine Kredit- und Glaubwürdigkeit – seiner Meinung nach zu Unrecht – bezweifelt wurde, und er es trotz aller Qualitäten und Rechtfertigungsversuche schwer hatte, diese wieder herzustellen. Nach Sherman dekonstruiert sich die Erzählung selbst, da die Bedeutung der Lady Credit von der Bewertung durch den ebenso volatilen Erzähler Defoe abhängt und der Leser den zugrundeliegenden Wert der Lady Credit nicht erfassen kann (vgl. 1995: 191): „this woman's narrative literalizes the tendency of paper credit to elude stable valuation“ (ebd.: 190). Wenn Sherman aber behauptet, dass Defoe weder anstrebt, zu lügen, noch, die Wahrheit zu erzählen (vgl. ebd.: 196) bzw. seine Geschichten „neither obvious lie nor verified truth“ (ebd.: 192) sein können, liegt sie nicht ganz richtig, denn Defoe verteidigt oft genug seine Wahrhaftigkeit gegen Kritiker und weiß sehr wohl zwischen einer Lüge, die nicht verifiziert werden kann, und einer Allegorie, die nicht faktisch verifiziert werden soll, zu unterscheiden. Außerdem ignoriert sie die Funktion der *Review*, eher der Meinungsbildung als der Information durch bloße Nachrichten zu dienen, und Meinungen sind, wie wir von Locke wissen, nicht durch sinnliche Wahrnehmung prüfbar. Fiktionalisierung funktioniert also auf unterschiedliche Weise in der *Review*: Sie verstärkt den Anschein der Präsentation einer unmittelbaren Wirklichkeit wie im Falle konkreter Wahlen, oder macht ein abstraktes Phänomen über die Allegorie als Wahrheit der Kunst sinnlich fassbar (vgl. Backscheider 1981: 100).

Nachdem Defoe wegen weiterer ironischer Pamphlete, die wiederum als politisch subversiv missverstanden wurden, erneut ins Gefängnis musste, gab er die *Review* mit dem letzten Heft vom 6. Juni 1713 auf. Wenn man die *Review* vielleicht noch als Kompromiss zwischen Auftraggebern, Lesern und Defoes eigener Meinung verstehen kann, schien Defoe mit dem Ende der *Review* erst richtig zum publizistischen Werkzeug oder, wie West formuliert, zum „Man Friday“ Harleys (1997: 100) geworden zu sein, denn Defoe schrieb fortan unter mehreren Identitäten für gegensätzliche Parteien in verschiedensten Zeitungen und Zeitschriften. Es ging ihm dabei darum, nicht nur Regierungspropaganda zu verbreiten, sondern auch die gegnerische Presse zu unterwandern, wodurch er seinen Ruf als Journalist vollends ruinierte (vgl. Novak 2001: 491ff., 502ff.; Backscheider 1989: 349f.; Davis 1983: 17ff.). Ein findiger Leser schrieb in einem Brief an das *Read's Weekly Journal* vom 1. November 1718, dass Defoe hinter der *White-Hall Evening Post* steckt, denn der Stil und die Artikel zeigten seine Kunst, eine Geschichte zu erfinden und sie der Welt als Wahrheit aufzuschwindeln: „the little Art he is truly Master of, of forging a Story and imposing it on the World for Truth“ (zit. n. Novak 2001: 503). Genau dies kennzeichnet treffend den Romanschriftsteller Defoe.

4 Das Spiel mit der Faktizität der Fiktion im Roman

Komplementär zur Fiktion des Faktischen in journalistischen Texten spielt Defoe mit der Faktizität der Fiktion in seinem ersten Roman *Robinson Crusoe* (1719), dessen gesamter Titel folgendermaßen lautet:

> The Life and Strange Surprising Adventures of Robinson Crusoe, of York, Mariner: Who lived Eight and Twenty Years all alone in an uninhabited Island on the Coast of America, near the Mouth of the Great River of Oroonoque; Having been cast on Shore by Shipwreck, wherein all the Men perished but himself. With an Account how he was at last as strangely deliver'd by Pyrates. Written by Himself.

Der Titel hebt das Ungewöhnliche hervor, das unglaublich zu sein scheint, aber durch relativ genaue Zeit- und Raumangaben in der eigenen und exotischen Wirklichkeit durch denjenigen, der alles selbst durchlebt hat, glaubhaft versichert wird. Im Vorwort begründet der anonyme Herausgeber, warum es diese Lebensgeschichte wert ist, gedruckt und natürlich gekauft zu werden, weil hier das Wundersame unterhaltsam, glaubwürdig und nützlich zugleich ist: Die abwechslungsreichen Ereignisse würden in aller gebotenen Bescheidenheit und Ernsthaftigkeit vom Erzähler als Wirken der Vorhersehung verstanden und dienten der religiösen Erbauung der Leser. Der Herausgeber kann zwar nicht die Wahrheit der Lebensgeschichte verifizieren, kann aber auch nichts finden, was dagegen spräche: „The editor believes the thing to be a just history of fact; neither is there any appearance of fiction in it“ (Defoe 1719: viii). Wie dem auch sei, der Herausgeber betont den Unterhaltungswert und Nutzen der Geschichte. Der fingierte Erzähler Robinson unterstützt zunächst seinen realen Herausgeber im Vorwort zu den wenige Monate später veröffentlichten *Farther Adventures of Robinson Crusoe*: „All the Endeavours of envious People to reproach it with being a Romance, to search it for Errors in Geography, Inconsistency in the Relation, and Contradictions in Fact, have proved abortive, and as impotent as malicious“ (ebd.: viii-ix). Der fiktionale Robinson tritt aus seiner Geschichte heraus und verteidigt ihre Wahrheit und die seines Herausgebers. Nachdem er jedoch die romanzenhafte Imagination von sich gewiesen hat, schränkt Robinson die frühere Behauptung der faktischen Geschichte ein, denn „all the Part that may be call'd Invention, or Parable in the Story“ (ebd.: ix), sei wegen des religiösen Nutzens legitim. Ein weiterer Schwenk macht jedoch die Konzession wieder fragwürdig, denn Robinson wehrt sich gegen Raubdrucke, die die moralischen Reflexionen weglassen, und „pretend, that the Author has supply'd the Story out of his Invention" (ebd.: ix), womit er impliziert, dass die Geschichte doch nicht erfunden ist. Was lässt den Roman glaubwürdig erscheinen?

Hier kann nicht die gesamte Debatte über den Realismus dieses Romans nachgezeichnet, sondern nur auf einige Stimmen für und wider die Wahrscheinlichkeit eingegangen werden. Defoe imitiert Genres wie ‚authentische' Reiseberichte mit einer empirischen Fülle von Informationen und zumindest subjektiv wahre geistliche Autobiographien, deren religiöses Deutungsschema der gezeigten Wirklichkeit der Reiseliteratur aber auch nicht fremd war (vgl. Kalb 1983: 412ff.). Vickers argumentiert, dass Robinsons Berichte seiner Erfahrungen in einfacher Sprache voller stilistischer Unsicherheiten und Wiederholungen sind, weil sie detailliert und quasi-wissenschaftlich die Prozesse seiner Beobachtungen, Experimente und Schlussfolgerungen nachvollziehen und den Leser so am Versuch und Irrtum seiner Inselexistenz teilhaben lassen (vgl. Vickers 1996: 130; James 1972: 52f.). Backscheider lobt die subjektive Glaubwürdigkeit durch die grob chronologische, aber strukturell unsaubere Erzählweise der ersten Person und die Perspektive des Augenzeugen, die die prägnante Erfahrung eines komplexen, aber gewöhnlichen „realistic psychological being" (Backscheider 1985: 50) und das „consciousness of the immediate, the physial experience joined inextricably to the feelings the experience awakened" bieten (ebd.: 42). Die Einsicht in das Walten Gottes über die genaue Beobachtung natürlicher Ereignisse stand für damalige Leser nicht im Widerspruch zur Glaubwürdigkeit des Werkes (vgl. Vickers 1996: 114), sondern bindet die moralische Erbauung an die Vermittlung ‚realistischer' Erfahrung.

Charles Gildon bezieht bereits 1719 mit der Satire *The Life and Strange Surprizing Adventures of Mr. D... De F..., of London, Hosier* satirisch Stellung gegen den Wahrheitsanspruch des Romans und seines Verfassers, wobei er Defoes ‚Kredit' bezweifelt und zentrale Argumente späterer Kritiker vorformuliert. Seine Satire arbeitet aber auch mit dem Mittel der Faktion, denn er fingiert Defoe, der Robinson und Friday erklärt, dass sie so inkonsistente Charaktere sind, weil sie seiner eigenen Phantasie entstammen und „the true Allegoric Image" (Gildon 1719: x) seiner selbst sind. Der ‚erfundene‘ Defoe entlarvt seine eigene Unglaubwürdigkeit, indem er andeutet, dass er sich als Geschäftsmann des großen Kredits, der ihm gegeben wurde, unwürdig erwies, da seine wirtschaftlichen Projekte fehlschlugen, und er als Journalist seine Glaubwürdigkeit verlor, weil er wegen des ironischen Pamphlets an den Pranger gestellt wurde und gegen Geld für gegnerische Parteien schrieb (vgl. ebd.: xff.). Paradoxerweise erkennt hier Gildon Inkonsistenz als Wirklichkeit seines ‚faktionalen‘ Defoe an, die Defoe und seine Fiktion unglaubwürdig macht: In der Wirklichkeit ist mehr möglich als wahrscheinlich, aber Inkonsistenz unterminiert die Glaubwürdigkeit von Robinson Crusoe (vgl. ebd.: 1, 29). Friday beschwert sich bei seinem Autor/Vater Defoe darüber, dass er in einem Monat recht gut Englisch lernt, aber zwölf Jahre später immer noch nicht besser spricht, und Robinson, dass er den katholischen Glauben gutheißt, aber dennoch ein guter Protestant ist (vgl. ebd.: viiif.). Neben der Inkonsistenz der Charaktere kritisiert Gildon die Inkohärenz des Textes, der deswegen keine sinnvolle Moral lehre, weil Robinson gegen den Willen seines (Gott-)Vaters verstößt, als er auszieht, um zur See zu fahren und reich zu werden, er aber, nachdem er mit Stürmen und Schiffbrüchen bestraft wurde, für seine Sünde reichlich belohnt wird (vgl. Foster 1992: 183; Gildon 1719: xvi, 4ff.). Schließlich kann Gildon nicht erkennen, dass das (unerfüllte) Ziel der Erbauung das Buch rechtfertigt und Fiktion in Wahrheit verwandelt (vgl. 1719: 33). Während Defoe es aus guten Gründen vorzog, Gildons Argument der mangelnden Kreditwürdigkeit nicht noch einmal widerlegen zu wollen, schlägt Robinson in den *Serious Reflexions during the Life and Surprising Adventures of Robinson Crusoe* (1720) zurück, um die Glaubwürdigkeit seiner Geschichte und ihren moralischen Nutzen zu verteidigen:

> I, Robinson Crusoe, (...) do hereby declare their objection is an invention scandalous in design, and false in fact; and do affirm that the story, though allegorical is also historical; and that it is the beautiful representation of a life of unexampled misfortunes (...) designed at first, as it is now farther applied, to the most serious uses possible (ix).

Robinson schlägt die Kritiker mit ihren eigenen Waffen, indem er ihre Einwände als boshafte und unwahre Erfindungen abtut, doch verwirrt er den Wahrheitsanspruch durch die Behauptung, dass seine Erzählung gleichzeitig Allegorie und wahre Geschichte ist. Wenn Robinson behauptet, seine Geschichte sei faktisch wahr (vgl. ebd.: x), ist dagegen im Rahmen der Fiktion nichts einzuwenden, so lange man nicht die Existenz Robinsons selbst hinterfragt. Wenn er aber seine eigene Geschichte gleichzeitig als historisch wahr und auch als Allegorie der Lebensgeschichte eines wirklichen Menschen bezeichnet, verdreht er Gildons Argument, der Robinson als Allegorie auf und von Defoe interpretierte. Robinson fährt fort, dass sein Zwangsaufenthalt auf der Insel eine Allegorie auf die wirkliche Gefangenschaft eines Menschen sei, hinter dem man Defoe vermutete, „as it is to represent anything that really exists by that which exists not“ (ebd.: xii). „Crusoe is at once true and false; he is a fiction with a true existence and a true story with a fictional structure (...) the distinction between fact and fiction is deliberately unclear“ (Davis 1983: 157).

Warum treibt Defoe dieses Verwirrspiel? Eine – wie zu erwarten, ambivalente – Antwort findet sich im Unterkapitel „Of Talking Falsely“ von Robinsons Reflexionen. Hier stellt er die Romanze auf die gleiche Stufe wie eine erlogene Geschichte, die lediglich der Unterhaltung diene (vgl. Defoe 1720: 103). Selbst Berichten von Augenzeugen, so Robinson, könne man nicht trauen, da sie sich mit wiederholtem Erzählen immer weiter von den Fakten entfernen, weshalb man immer prüfen müsse, ob die Ereignisse wahrscheinlich oder zumindest möglich gewesen sein könnten (vgl. ebd.: 98). Die erfundene Erzählung bezeichnet Robinson als ein äußerst skandalöses Verbrechen, nur um auf der nächsten Seite zu vermerken, dass ein allseits bekannter Lügner nicht mehr lügen kann, weil ihm niemand mehr glaubt, und er deshalb niemanden mehr täuschen kann, und falls doch, ist es gleichermaßen der Fehler des Lügners wie desjenigen, der ihm glaubt (vgl. ebd.: 99ff.). Von dem Spiel mit der Wahrheit, das Lüge und Romanze treiben, grenzt Robinson aber sein Wahrheitsspiel ab, das sich in Art und Funktion an die in England am meisten gelesenen und respektierten christlichen Schriften anlehnt:

> The selling or writing a parable, or an allusive allegoric history, is quite a different case, and is always distinguished from this other jesting with truth, that it is designed and effectually turned for instructive and upright ends, and has its moral justly applied. Such are the historical parables in the Holy Scripture, such,The Pilgrim's Progress‘, and such, in a word, the adventures of your fugitive friend, ‚Robinson Crusoe‘ (ebd.: 101).

Während eine erfundene Geschichte wie eine Romanze angeblich *nur* der Unterhaltung dient und damit einer Lüge gleicht, beabsichtigt die Erfindung einer quasi-historischen allegorischen Erzählung die Unterweisung moralischer Wahrheiten. Diesem Ziel dienen insbesondere die „Serious Reflexions“, die daher einen wesentlichen Teil der Gesamtstruktur von *Robinson Crusoe* bilden (vgl. Suerbaum 2000: 29). Die Faktizität der Fiktion dient also komplementär zur Fiktionalisierung des Faktischen dazu, ‚wahre‘ moralische, wirtschaftliche und politische Ansichten zu verkaufen. Diese Funktion rechtfertigte die Belletristik bei einem streng protestantischen Publikum, das reine Unterhaltungsliteratur als Sünde verdammte, und sicherte so ihren Absatz. Die expliziten, selbstreflexiven Diskussionen der Wahrhaftigkeit der Verfasser und der Wahrheit der Texte relativieren allerdings den hohen Grad an Anschaulichkeit dieser ‚Faktionen‘ und können produktive Unsicherheit beim Leser hervorrufen, welche seine kritische Aufmerksamkeit auf die Formen und Funktion der Geschichten und Argumente richtet.

Die Frühphase der Entstehung der bürgerlichen Öffentlichkeit zeigt in verschärfter Form zentrale Probleme literarischer Formen im Journalismus und journalistischer Formen in der Literatur im Zusammenhang mit der Etablierung des ‚credit‘. Entgegen gängiger Meinung kann auch heute Journalismus nicht sauber von (belletristischer) Literatur abgegrenzt werden, weil die Presse sich vieler Genres mit variablen Anteilen an Referenz und Fiktion bedient, wie an Hand der Beispiele der Satire, der Allegorie und ausgerechnet besonders plastischer Wirklichkeitsdarstellungen von Defoe deutlich wurde. Defoe war Geschäftsmann und Spieler, der sein Spiel mit dem Zwielicht der Wahrscheinlichkeit immer im Blick auf seine Auftraggeber und den Markt der Leser trieb und im Zweifelsfall eine gute Erfindung über die faktische Wahrheit stellte, weshalb er ein gutes ‚schlechtes‘ Beispiel für Problemfelder des Journalismus abgibt: So fordert die *Press Complaints Commission* zwar, zwischen Fakten, Mutmaßungen und Kommentar zu trennen, muss jedoch erkennen, dass dies in der Praxis häufig nicht eingehalten wird (vgl. Wilson 1996: 47f.). Defoe setzte bewusst zweifelhafte Praktiken ein, die heute noch zu durchaus üblichen – wenn auch verpönten – Methoden gehören: „The little deceits are to add credence ... ‚Don’t let the facts get in the way of a good story‘“ (ebd.: 156f.). Die besondere Schwierigkeit der Presse am

Anfang des 18. Jahrhunderts, ‚credit' zu etablieren, lenkt die Aufmerksamkeit gerade auf ökonomische Bedingungen der Presse und Probleme ihrer Glaubwürdigkeit angesichts der Notwendigkeit, Produkte zu finanzieren und zu verkaufen, auf die möglichen Interessenskonflikte zwischen Eigentümern bzw. Herausgebern, Parteien, über die berichtet wird, der Berufsethik der Journalisten und den Lesern. Escott (vgl. 1911: 78) liegt falsch, wenn er enthusiastisch Defoes *Review* bereits als vierte Macht bezeichnet, die die Regierung wachsam überpüft und der die Massen mehr vertrauten als ihren Repräsentanten im Parlament. Gerade das Gegenteil ist richtig, denn die häufige Thematisierung des schlechten Rufes der Presse und der Glaubwürdigkeit ihrer ‚Faktionen' trug wahrscheinlich weniger zur Manipulation der Leser als zur Erziehung von gesunder Skepsis bei, weshalb die frühe Entstehung der bürgerlichen Öffentlichkeit in doppelter Perspektive zu sehen ist, die bis heute nichts von ihrer Relevanz verloren hat: Der Leser, der an die Presse als Kritik der politischen Macht glaubt, hat nur die Hälfte verstanden, wenn er nicht zur Kritik an der Glaubwürdigkeit der Presse fähig ist.

Literatur

Backscheider, Paula R. (1981): Defoe's Lady Credit. In: The Henry E. Huntington Library Quarterly, Jg. 44, H. 2: 89-100

Backscheider, Paula R. (1985): Defoe and the Geography of the Mind. In: Jack M. Armistead (Hg.): The First English Novelists. Essays in Understanding. Knoxville: University of Tennessee Press: 41-66

Backscheider, Paula R. (1989): Daniel Defoe. His Life. Baltimore: JohnsHopkins University Press

Caruthers, Bruce G. (1996): City of Capital. Politics and Markets in the English Financial Revolution. Princeton, N.J.: Princeton University Press

Chandler, Eric V. (1996): The Public Sphere and Eighteenth-Century Anxieties about Cultural Production in England. In: C. W. Spinks/John Deely (Hg.): Semiotics 1995. Proceedings of 20th Annual Meeting of Semiotic Society of America, 19-22 Oct. 1995. New York: Peter Lang: 111-119

Colley, Linda (1992): Britons. Forging the Nation 1707-1837. New Haven, London: Yale University Press

Davis, Lennard J. (1983): Factual Fictions. The Origins of the English Novel. New York, Guildford, Surrey: Columbia University Press

Defoe, Daniel (1702): The Shortest Way With the Dissenters or Proposals for the Establishment of the Church. In: ders.: The Shortest Way With the Dissenters And Other Pamphlets. Neuauflage 1927, Nachdruck 1974. London, Beccles, Colchester: William Clowes & Sons: 113-134

Defoe, Daniel (1703): A Hymn to the Pillory. In: ders.: The Shortest Way With the Dissenters And Other Pamphlets. Neuauflage 1927. Nachdruck 1974. London, Beccles, Colchester: William Clowes & Sons: 135-151

Defoe, Daniel (1719): The Life and Strange Surprising Adventures of Robinson Crusoe, of York, Mariner: Who lived Eight and Twenty Years all alone in an un-inhabited Island on the Coast of America, near the Mouth of the Great River of Oroonoque; Having been cast on Shore by Shipwreck, wherein all the Men perished but himself. With an Account how he was at last as strangely deliver'd by Pyrates. Written by Himself. 3 Bände. Neuauflage 1927, Nachdruck 1974. London, Beccles, Colchester: William Clowes & Sons

Defoe, Daniel (1720): Serious Reflexions during the Life and Surprising Adventures of Robinson Crusoe. In: George A. Aitken (Hg.): Romances and Narratives by Daniel Defoe in Sixteen Volumes. Band 3. Neuauflage 1895, Nachdruck 1974. New York: AMS Press

Defoe, Daniel (1938): Defoe's Review. Reproduced from the Original Editions, with an Introduction and Bibliographical Notes by Arthur Wellesley Secord. 22 Bände. New York: Columbia University Press

Defoe, Daniel (1955): The Letters of Daniel Defoe. Oxford: Clarendon Press

Downie, J. A. (1979): Robert Harley and the Press. Propaganda and Public Opinion in the Age of Swift and Defoe. Cambridge u. a.: Cambridge University Press

Earle, Peter (1976): The World of Defoe. London: Weidenfeld and Nicolson

Ehrismann, Dieter (1991): The Ambidextrous Defoe. A Study of His Journalism and Fiction. Dissertation Universität Zürich. Private Publikation

Escott, Thomas H. S. (1911): Masters of English Journalism. A Study of Personal Forces. Nachdruck 1970. Folcroft: Folcroft Library Editions

Foster, James O. (1992) *Robinson Crusoe* and the Uses of the Imagination. In: Journal of English and Germanic Philology, Jg. 91, H. 2: 179-202

Gernalzik, Nadja (2000): Kredit und Kultur. Ökonomie- und Geldbegriff bei Jacques Derrida und in der amerikanischen Literaturtheorie der Postmoderne. Heidelberg: Winter

Gildon, Charles (1719): The Life and Strange Surprizing Adventures of Mr. D..... De F..., of London, Hosier. In: Paul Dottin (Hg.): Robinson Crusoe Examin'd and Criticis'd. Neuauflage 1923, Nachdruck 1974. Folcroft: Folcroft Library Editions

Habermas, Jürgen (1962): Strukturwandel der Öffentlichkeit. Untersuchungen zu einer Kategorie der bürgerlichen Gesellschaft. 10. Aufl. 1979. Darmstadt und Neuwied: Luchterhand

Hoppit, Julian (1990): Attitudes to Credit in Britain, 1680-1790. In: The Historical Journal, Jg. 33, H. 2: 305-322

James, Antony E. (1972): Defoe's Narrative Artistry. Naming and Describing in: *Robinson Crusoe*. In: Costerus Essays in English and American Language and Literature: 51-73

Kalb, Gertrud (1983): Travel Literature Reinterpreted: *Robinson Crusoe* und die religiöse Thematik der Reiseliteratur. In: Anglia – Zeitschrift für englische Philologie, Band 101, H. 3-4: 407-420

Locke, John (1690): An Essay Concerning Human Understanding. Herausgegeben von Peter Harold Nidditch. Neuauflage 1975, Nachdruck 1979. Oxford: Oxford University Press

Novak, Maximilian E. (2001): Daniel Defoe. Master of Fictions. His Life and Ideas. Oxford: Oxford University Press

O'Brien, John F. (1996): The Character of Credit. Defoe's ‚Lady Credit', *The Fortunate Mistress*, and the Resources of Inconstancy in Early Eighteenth-Century Britain. In: English Literary History, Jg. 63, H. 3: 603-631

Payne, William L. (1948): Index to Defoe's Review. New York: Columbia University Press

Schaffer, Simon (1989): Defoe's Natural Philosophy and the Worlds of Credit. In: John Christie/Sally Shuttleworth (Hg.): Nature Transfigured. Science and Literature, 1700-1900. Manchester, New York: Manchester University Press: 13-44

Sherman, Sandra (1995): Lady Credit No Lady; or, The Case of Defoe's ‚Coy Mistress‘, Truly Stat'd. In: Texas Studies in Literature and Language, Jg. 37, H. 2: 185-214

Suerbaum, Ulrich (2000): Retreat from Narrative. Daniel Defoe's Serious Reflexions of Robinson Crusoe. In: Bernhard Reitz/Eckart Voigts-Virchow (Hg.): Lineages of the Novel. Essays in Honour of Raimund Borgmeier, Trier: WVT: 23-32

Sutherland, James (1987): The Relation of Defoe's Fiction to His Nonfictional Writings. In: Harold Bloom (Hg.): Daniel Defoe. Modern Critical Views. New York, New Haven, Philadelphia: Chelsea House Publ.: 45-56

Turner, John (1994): Powerful Information. Reporting national and local government. In: Richard Keeble (Hg.): The Newspapers Handbook. London and New York: Routledge: 202-230

Vickers, Ilse (1996): Defoe and New Sciences. Cambridge: Cambridge University Press

West, Richard (1997): The Life and Strange Surprising Adventures of Daniel Defoe. London: HarperCollins

Wilson, John (1996): Understanding Journalism. A Guide to Issues. London, New York: Routledge

Claude D. Conter

Kommunikationsgeschichte als Literaturgeschichte

Robert Eduard Prutz' *Geschichte des deutschen Journalismus* (1845) als Vorläufer einer historischen Kommunikationswissenschaft

1 Das ungewöhnliche Forschungsprojekt von Prutz

In seiner ersten wissenschaftlichen Arbeit aus dem Jahr 1841 betont der Schriftsteller (vgl. Bergmann 1997), Literaturwissenschaftler und Publizist (vgl. Spilker 1937) Robert Eduard Prutz die Notwendigkeit, eine Geschichte des deutschen Journalismus zu schreiben. Es heißt dort fordernd und anregend – bezeichnenderweise in einer Fußnote:

> Eine vollständige Geschichte des deutschen Journalismus von Thomasius an ist nun aber eine ebenso mühselige und die Kräfte eines Einzelnen fast übersteigende, als nach gerade unentbehrlich gewordene Arbeit: gerade in dem Treiben der Tagesschriften, in der Kritik, den Neigungen und Abneigungen der Zeit, liegt gleichsam das feine Nervengeflecht der Literatur in offener Thätigkeit vor uns; sie sind die Gradmesser der öffentlichen Bildung, die Quellen, aus denen wir das literarische, das ästhetische Bewußtsein der Zeit erkennen und das eigentliche Werden und Weben der Literatur selbst begreifen. Und diese reichen Schachte der Erkenntniß liegen nun verschüttet und verschlossen, wir kennen kaum die Titel jener Journale und auch diese sind uns, der ungeheuren Mehrzahl nach, leere Namen und nichts weiter. Welche Frucht dagegen und welche lebendige Einsicht in die Entwicklung des deutschen Geistes dürfte die Literaturgeschichte sich versprechen, wenn diese Schachte geöffnet, diese hohlen Schemen unter der Hand des Geschichtsschreibers zu lebendigen und beredten Gestalten würden! (Prutz 1841: 354)

Diese Anmerkung des zu dem Zeitpunkt noch auf eine akademische Karriere hoffenden Schützlings von Georg Gottfried Gervinus und Arnold Ruge enthält in nuce Prutz' Vorstellung sowohl von den Aufgaben und Leistungen des Journalismus als auch von dessen gesellschaftlicher Funktion. Gleichzeitig beauftragt Prutz die zeitgenössische Literaturgeschichtsschreibung mit einer kommunikationshistorischen Aufgabe, deren Ergebnisse für das Verhältnis der Literatur zur Politik im Allgemeinen und der Tagespresse im Besonderen und für die Herstellung einer öffentlichen Meinung aufschlussreich sind.

Prutz betont die Motive und die Notwendigkeit einer solchen Geschichte des deutschen Journalismus, die zu schreiben eine mühselige Arbeit sei, wie er nicht müde wird zu betonen. Die dem Journalismus zugeordneten Aufgaben hängen eng mit seiner Literaturvorstellung zusammen und mit der Leistung von Literatur im Bildungsprozess der öffentlichen Meinung. Denn er teilt die linkshegelianische Vorstellung, dass die Literatur im Sinne eines erweiterten Textbegriffes Ausdruck der geschichtsphilosophischen Bewegung hin zu einem sich äußernden Bewusstsein der Freiheit ist (vgl. Lahme 1977: 98ff.). In diesem Sinne bedient Prutz die Metapher vom „Schacht", in der die Texte Kenntnisse vergangener Zeiten enthalten und deshalb als historisches und mentalitätsgeschichtliches Archiv der Erinnerung zu lesen sind. Von seinem Verständnis der Tageszeitungen her entwickelt er auch seine Vorstellung einer akademischen Beschäftigung mit der Presse. Seine historische Betrachtungsweise mündet in einen Systematisierungsversuch einer Kommunikationsgeschichte, die heute unter wissenschaftssoziologischen Gesichtspunkten interessant ist.

Es ist ungewöhnlich, wenn der junge, 25-jährige Akademiker, der klassische Philologie in Berlin, Breslau und Halle studiert hat und der vergeblich mit der schon eingangs erwähnten und dem Literaturhistoriker Gervinus gewidmeten Schrift über den *Göttinger Dichterbund* sich zu habilitieren versucht, ein so ehrgeiziges Projekt von bis dato unbekannten Dimensionen schreiben möchte. Sein obsessiver Wunsch, Professor zu werden und nach seinen *Vorlesungen über die deutsche Geschichte des Theaters* (1847) eine weitere akademische Arbeit vorzulegen, in der Hoffnung, ein Ruf könne an ihn ergehen, kann ihn kaum hinreichend zu diesem ersten historischen, enzyklopädisch anmutenden Abriss über den deutschen Journalismus motiviert haben. Denn wer lohnte ihm eine solche Arbeit, die sich scheinbar mit ästhetisch uninteressanten Texten beschäftigt, die nicht Gegenstand der akademischen Fächer sind? Und wer würdigte die Arbeit, von dessen Entstehungsgeschichte Prutz später sagen wird, dass er beim Schreiben der „unglückseligen Geschichte des deutschen Journalismus (...) sowohl [s]einen Kopf, wie namentlich [s]ein Sitzfleisch bei weitem überschätzt habe“ (vgl. Spilker 1937: 60). Erschwerend kommt hinzu, dass er auf nur wenige Vorarbeiten zurückgreifen kann und der Zugang zu den Quellen und den Bibliotheken mühsam bis unmöglich ist, weil noch ein Prozess gegen ihn in Berlin läuft und ihm der Zutritt zur Königlichen Bibliothek in Berlin verwehrt wird. Überspitzt, aber in der Sache nicht falsch, spöttelt er im Hinblick auf den journalistischen Wissenschaftsstand seiner Zeit:

> (W)ir besitzen zahlreiche und interessante Sammlungen von alten Trinkgefäßen, alten Schuhen und ähnlichen Dingen, nach einer einigermaßen vollständigen und systematischen Sammlung der wichtigen Zeitungen und Journale jedoch sieht man sich in ganz Deutschland vergeblich um (Prutz 1854: 2).

Immer wieder muss Prutz seinem Verleger mitteilen, dass die 1841 begonnene Arbeit nicht in absehbarer Zeit abgeschlossen werden könne: Die Materialfülle zwinge ihn zur Erkenntnis, dass eine Geschichte des deutschen Journalismus nur von einer Forschergruppe geschrieben werden könne. Zu diesem Ergebnis war bereits 50 Jahre zuvor ein anderer Zeitungsforscher, Joachim von Schwarzkopf (1795), gekommen. Prutz beendet sein Großprojekt nicht. Aber er veröffentlicht den ersten Band seiner Geschichte des deutschen Journalismus, die auf 422 Seiten lediglich ein Drittel seines geplanten Projektes enthält. Die Motive für dieses Publikationsprojekt, das für die akademische Welt offensichtlich ein Fragment ist, sind nicht biografischer Art, sondern lassen sich von der Leistung der Literatur und des Journalismus im gesellschaftspolitischen Prozess begründen, die Prutz dem Publizierten, Öffentlichen zutraut. Denn er hat die Bedeutung der Zeitungen zu seiner Zeit vor Augen. Er meint, dass sie eine wesentliche Rolle bei der Herstellung einer bürgerlichen öffentlichen Meinung im politischen Prozess der Demokratisierung spielen.

2 Prutz' Funktionsbestimmung des Journalismus

Vier Funktionen lassen sich in der *Geschichte des deutschen Journalismus* hervorheben. Journalismus ist demzufolge

1. ein Speicher von Informationen,
2. ein Spiegel der öffentlichen Meinung oder ein „Gradmesser der öffentlichen Bildung";
3. in einer demokratischen Funktion wichtig, weil er Vertrauen schafft als Voraussetzung öffentlicher Meinung und übernimmt folgerichtig
4. eine gesellschaftliche und politische Orientierungsfunktion.

Der Journalismus ist ein Informationsspeicher, ein Archiv, das Auskunft gibt über die Ereignisse zu bestimmten Zeiten. Weil Prutz aber Geschichte als dynamischen, komplexen Prozess versteht und deshalb den Historiografen seiner Zeit auch vorwirft, Geschichte als Machtdispositiv zu vermitteln, nobilitiert er den Journalismus gegenüber den historischen Schriften dadurch, dass sie nicht Fakten, sondern einen Diskurs vor Augen führen. Nicht einzelne Ereignisse allein, sondern auch die Kommentare und Bewertungen und die unterschiedlichen Sichtweisen werden offen gelegt. Insofern stellt sich der Linkshegelianer Prutz das Archiv nicht statisch vor, sondern begreift es als Ausdruck von Diskursformationen:

> Der Journalismus überhaupt, in seinen vielfachen Verzweigungen und der ergänzenden Mannigfaltigkeit seiner Organe, stellt sich als das Selbstgespräch dar, welches die Zeit über sich selbst führt. Er ist die tägliche Selbstkritik, welcher die Zeit ihren eigenen Inhalt unterwirft; das Tagebuch gleichsam, in welches sie ihre laufende Geschichte in unmittelbaren, augenblicklichen Notizen einträgt (Prutz 1845: 7).

So wie das Tagebuch ein autoreflexives Medium ist, sind die Zeitungen eine Selbstauskunft der Zeit, ein Spiegel der Ordnungsformationen und gesellschaftlicher Positionen.

Unter den Bedingungen reglementierter Publizität erkennt Prutz in der historischen Entstehung und Entwicklung des Journalismus eine zunehmende Entfaltung der öffentlichen Meinung. Weil der Journalismus die kommunikative Funktion eines Selbstgespräches hat und ein Speicher all dessen ist, was innerhalb einer bestimmten zeitlichen Episode über eben diese Zeit ausgesagt wird, macht er eine Stimmenvielfalt offenkundig. Diese spiegelt und speichert die Diskussionen und die öffentliche Meinung, zugleich stellt sie ein Abbild der Ordnung des Diskurses dar:

> So weht auch aus den aufgedeckten Schachten des Journalismus uns jenes wundersame Lüftchen an, das die eigentliche Lebenslust jeder historischen That, der lebendige Athem jedes bedeutenden Ereignisses ist – jene Luft, ohne deren reinigenden Hauch der Horizont des Geschichtsschreibers ewig bewölkt bleibt, und die doch in unserer eigenen Gegenwart von so vielen so leicht verkannt wird: die öffentliche Meinung vergangener Jahrhunderte, die hier (und hier allein) ihre wandelbare Erscheinung befestigt hat. Längstvergangene Zustände, Ereignisse und Begebenheiten, deren Kenntniß uns bis dahin nur dogmatisch überliefert wurde, werden uns hier, in dramatischer Mannigfaltigkeit, noch einmal unmittelbar lebendig. Wir werden zu Mitlebenden längst entschwundener Geschlechter (ebd.: 7f.).

Der Journalismus ist also ein historischer und kultureller Speicher, ein Aufbewahrungsort der Erinnerung, ohne eine Chronik zu sein, denn Prutz ist sich genau bewusst, dass das, was in der Zeitung steht, nicht historisches Ereignis sein muss. Es ist ein Zeugnis der öffentlichen Meinung, in der das veröffentlichte Wort nicht identisch sein muss mit einem historischen Fakt. Die Zeitungen sind unter diskursanalytischen Gesichtspunkten und von seiner Warte vor allem der Spiegel der *ausgesprochenen* öffentlichen Meinung, also der sich durchsetzenden, mächtigen Meinung. Deshalb ist der Journalismus der „Wortführer der Zeit und ihrer Stimmungen“ (ebd.: 17); er ist das Ergebnis von Selektions- und Verdrängungsprozessen. Dass Prutz dabei vor allem die Zensurpraxis Preußens vor Augen hat, schärft seinen Blick für die historischen Entstehungsbedingungen des Journalismus seit der frühen Neuzeit. Der Zusammenhang von Journalismus und öffentlicher Meinung besitzt in den 40er Jahren einen zentralen Stellenwert, insofern als der politischen Tagespresse eine große Bedeutung in den politischen Debatten zukommt. So betont der Journalist Hermann Marggraff, über den Prutz einen Nachruf geschrieben hat (vgl. Prutz 1864), dass die Journale zwar nicht Leiter, aber zumindest Träger der öffentlichen Meinungen sind. Auch für Prutz sind Öffentlichkeit und öffentliche Meinung Bedingung und Konsequenz von Publizität. Und sein geistiger Mentor, der wirkungsmächtige Publizist Arnold Ruge, stützt diese in liberalen und demokratischen Kreisen populäre Vorstellung, wenn er die Presse definiert als den „öffentlichen Ausdruck des Gesammtdenkens und was das Wahre sein soll, das wirklich Allgemeine, die explicirte und sich selbst durchsichtige menschliche Gattung, das ist die Presse reell“ (Ruge 1998: 60).

Journalismus schafft Vertrauen, denn er ist das bürgerliche Mittel, Öffentlichkeit herzustellen: Die Journalliteratur hilft, die

> unermeßliche Lücke zwischen den Regierenden und den Regierten auszufüllen und ein Band des Vertrauens und des gegenseitigen Verständnisses zwischen den Einen und den Anderen zu knüpfen. Ja nicht bloß das Signal zum Fortschritt soll sie geben, sondern auch diesen selbst erwartet man von ihr. Die Blätter sollen unmittelbar zu Früchten werden (Prutz 1845: 16).

Der Journalismus erhält eine gesellschaftliche Funktion im Prozess der politischen Willensbildung und wird interpretiert als Mittel der Kontrolle politischer Macht. Er ist ein demokratisches Instrument, insofern er Vertrauen herstellt (vgl. Rühl 1999). Demokratisch ist Prutz’ Vorstellung vom Journalismus auch, weil er in der Publizität die prinzipielle Zugänglichkeit für alle erkennt:

> Die Welt soll Jedem, darum muß sie Allen – sie soll Allen, darum muß sie Jedem gehören. Das ist das vornehmste Princip, es ist die Wesenheit und natürliche Eigenschaft aller Entwicklung, die Nativität gleichsam, die unvermeidliche, die von Uranfang allen Rechten und allem Besitzthum gestellt ist, dem materiellen nicht minder als dem geistigen (Prutz 1845: 83f.).

Prutz hat die Vision, dass das geistige Besitztum allgemein verfügbar gemacht werden kann und der Journalismus das Mittel ist, um diesem demokratischen Prinzip zum Erfolg zu verhelfen. Er ist nämlich „durch und durch ein democratisches Institut, ebenso wie die Buchdruckerkunst, die Eisenbahnen und überhaupt alle weltbewegenden, Epoche machenden Erfindungen, welche dem menschlichen Geist jemals gelungen sind“ (ebd.: 84). Ohne den Journalismus können die Völker die Geschichte nicht erfahren, vor allem deren Gesetzmäßigkeit muss ihnen entgehen. Universalistisch ist auch Prutz’ Verständnis von Öffentlichkeit, die für ihn letztlich die Weltöffentlichkeit darstellt:

> Alle Völker Europa’s, was sag ich? die Völker der Erde, von Pol zu Pol, alle vereinigt in eine einzige Familie, einen einzigen großen Leib, dessen entferntestes Glied, dessen kleinsten Nerv du nicht berühren kannst, ohne daß die leiseste Berührung, die geringste Veränderung in demselben

> Moment, in sympathetischem Fluge, den gesammten Leib durchzuckt. Wo ist eine Entfernung so groß, daß die Zeitungen sie nicht überwunden hätten? (...) Politisch, wie literarisch, ist die Physiognomie der Welt durch die Zeitungen völlig verändert und neu gebildet worden. Das stolze Vorrecht der Kenntnis, das die Regierenden ehemals behaupteten, ist auf ewig zerstört; es giebt kein Geheimnis der Kabinette, keine verborgene Weisheit der Diplomaten mehr, dieselben Räthsel der Geschichte, der Statistik, der Diplomatie, an denen ehemals selbst unsre Gelehrtesten mit ehrfürchtiger Scheu herumknusperten, werden tagtäglich in unsern Journalen zur Kenntnis einer ganzen Welt gebracht (ebd.: 86).

Die Herstellung von Öffentlichkeit ist also ein demokratisches Mittel, das die Wissenskluft verringert und damit Elitenbildung verhindert. Mit Prutz' Setzung von Journalismus, dem „Öffentlichkeit und Allgemeinheit" (ebd.: 90) wesenseigen sei, betont er den wirkungsgeschichtlichen Aspekt.

Daraus schließt Prutz, dass der Journalismus im Allgemeinen eine gesellschaftliche und der politische Journalismus im Besonderen eine Orientierungsfunktion hat. Die Zeitungen tragen durch Herstellung öffentlicher Meinung zu politischen Veränderungen bei. Sie gestalten den politischen Alltag. „Weil die Zeitungen von der Zeit wissen, so sind sie auch ihr Gewissen geworden; sie berichten nicht bloß, sondern sie richten" (ebd.: 86). Und die Macht der Zeitungen ist „die Macht des ausgesprochenen öffentlichen Bewußtseins" (ebd.). Ruge wiederum pointiert diesen Gedanken des Journalismus als Vorbereitung der politischen Aktion: „Durch die Presse wird öffentlich gedacht. Das öffentliche Denken ist das wahrhaft realisirte, das objective Denken. (...) Die Öffentlichkeit des Denkens ist der Terrorismus der Vernunft" (Ruge 1998: 66). Das heißt, dass die Journale zu politischen Vernunftmitteln der gesellschaftlichen Aktion werden. Sie übernehmen auch eine richterliche Aufgabe, wie der öffentlich ausgetragene Ehrenstreit zwischen Wilhelm Zimmermann und dem hessischen Stabsarzt von Siebold zeigt. In der Auseinandersetzung um berufliche Rufschädigung spricht Zimmermann die „Oeffentlichkeit als letzte Instanz" an, damit das „Forum des ganzen rechts- und ehrfühlenden Publikums" (1845: VII) entscheide über die Rechtmäßigkeit seiner Beschwerde. Auch Prutz spricht von einem „Ministerium der öffentlichen Meinung", und er appelliert „an den größten unbestechlichen Gerichtshof der Welt: an das Urteil des Publikums" (in Spilker 1937: 87). Er greift im Kontext von Presse und Öffentlichkeit oft auf republikanische Metaphernbildungen zurück. Den literarischen Journalismus bezeichnet er beispielsweise als „die einzig wahre Republik des Publikums und der öffentlichen Meinung" (Prutz 1845: 256).

Robert Eduard Prutz misst der Presse also eine immense Bedeutung bei, indem er die Funktionen der Information, der Orientierung, Seismograf der öffentlichen Meinung zu sein und im demokratischen Prozess Vertrauen herzustellen, für sie beansprucht. Wenn Prutz nun konstatiert, dass die Geschichte des deutschen Journalismus und seiner Entstehung bis dato vernachlässigt worden ist, dann ist das für ihn ein Hinweis, dass die gesellschaftspolitische Funktion ungenügend erkannt worden ist. Seine Arbeit ist deshalb auch eine Geschichte der öffentlichen Meinung und ein Stationenweg von der Bewusstwerdung der Freiheit.

3 Wieso schreibt ein Literaturhistoriker eine *Geschichte des deutschen Journalismus*?

Der ausgewiesene Literaturhistoriker Prutz, der sich der neuen Schule von Gervinus anschließt, berührt zweifellos eine Textgattung, deren Bedeutung in der ersten Hälfte des 19. Jahrhunderts mit dem Börneschen Konzept der Zeitschriftstellerei, der Literaturauffassung des Jungen Deutschland und des Vormärz nobilitiert wird, die aber in den zeitgenössischen Literaturgeschichten von Georg G. Gervinus, Wilhelm Scherer oder Heinrich Laube unberücksichtigt bleibt. Prutz fordert deshalb zu Beginn der 40er Jahre einen Paradigmenwechsel in der Literaturgeschichtsschreibung, der Königsdisziplin der älteren Germanistik. Der von Arnold Ruge und Theodor Echtermeyer in den akademischen Betrieb eingeführte Linkshegelianer schult seine Vorstellung von Literaturgeschichtsschreibung an der Vorstellung einer Philosophie der Tat, das heißt, das geschriebene Wort ist bereits als politische Tat zu verstehen und die Geschichte ist die Fortschrittsgeschichte des Geistes (vgl. Pepperle 1978: 109ff.). Die Kenntnis der Vergangenheit ist zur Erklärung der Gegenwart notwendig; die Konsequenzen linkshegelianischen Denkens für die Literaturgeschichtsschreibung sind allerdings sehr konkret:

> Ziel- und Augenpunkt der gegenwärtigen Literaturgeschichte zielt nicht auf die Vergangenheit und deren ästhetische Verherrlichung: sondern auf die Gegenwart, die sich über sich selbst aufklären, zu neuen Schöpfun-

> gen, ja zu neuen Thaten anregen und damit die höchste Aufgabe lösen will, welche aller Wissenschaft gestellt ist: diese nämlich, lebendig zu werden durch die That (Prutz 1845: 5).

Erst nach der Emanzipation der Literaturgeschichte von der „Obervormundschaft der Ästhetik“ (ebd.: 11) rücken die Journale in den Blickpunkt der Wissenschaften. Der Journalismus wird dann zum literaturgeschichtlichen Thema, wenn die Literatur nicht Schönheit, sondern politische Tat anstrebt: „Erst in der Literaturgeschichte, als Geschichte, findet auch das historische Moment des Journalismus seinen Platz“ (ebd.). Diese Historisierung und Entästhetisierung der Literaturgeschichte widerspricht „der superiören Verachtung, welche unsere Gelehrten gegen den Journalismus empfinden oder doch zu empfinden vorgeben“ (ebd.). Diese Gelehrten degradieren ihn zu einer „eigene[n] literarische[n] Proletarierkaste, eine[r] eigene[n] Gattung literarischer Eintagsfliegen“ (Prutz 1854: 2).[1]

Literatur ist für Prutz aber nicht mehr die Gesamtheit ästhetischer Gebilde und fiktionaler Texte, sondern er öffnet den Textbegriff: Mit linkshegelianischer und vormärzlich-radikaler Verve spottet er über das „Gesalbadere unsrer sogenannten Ästhetiker“ (Prutz 1841: 285) oder über die „banausischen Kategorien des Gefallens und des Nichtgefallens“ (Prutz 1857: 247). Er ist einer der ersten, der sich mit dem Massenphänomen der Unterhaltungsliteratur systematisch befasst (vgl. Lah-

---

[1] Wie eng die Literaturvorstellung mit der literatur- und kommunikationsgeschichtlichen Kanonisierung zusammenhängt, wird am Bild des Journalisten im 19. Jahrhundert und an einzelnen Schriftstellern deutlich. Robert Eduard Prutz ist auch in diesem Fall ein Exempel dafür, wie die literarische Bewertung die Wirkungsgeschichte beeinflusst hat. Dabei gehört Prutz zu einem gängigen historischen Schriftstellertypus, der zwischen 1820 und 1850 Journalismus und Schriftstellertum verbunden hat. Karl Gutzkow, Heinrich Laube, Gustav Freytag sind ebenso zu nennen wie der damals bekannte Schicksalsdramatiker und wirkungsmächtige Publizist Adolph Müllner. Fast alle noch heute bekannten Autoren sind Journalisten gewesen, auch wenn die publizistische Tätigkeit häufiger verschwiegen wird. Das ist der Fall bei Friedrich Hebbel, Karl Immermann, Friedrich Auerbach, Willibald Alexis und Wilhelm Hauff. Bei anderen wie Heinrich Heine und Ludwig Börne gehört die publizistische Tätigkeit zum genuinen Literaturverständnis der so genannten Zeitschriftstellerei. Häufiger jedoch ist die parallele publizistische und schriftstellerische Tätigkeit einer der Gründe für eine unterstellte Mittelmäßigkeit, die dazu führt, daß sowohl die Kommunikationswissenschaft als auch die Literaturwissenschaft diese Autoren übergehen. Dazu gehören Heinrich Zschokke und Robert Eduard Prutz.

me 1977: 199ff.; Langenbucher 1968), er reflektiert das Verhältnis von Literatur und Mode, von Literatur und Ökonomie, und er schlägt, zumindest in den 40er Jahren, eine Bresche für eine politische Lyrik und versucht sie auch zu begründen (vgl. Tschopp 2001). Er nobilitiert den Stellenwert von Tagebüchern, Briefen, Kritiken u. ä. als heuristisches Mittel zur Erklärung von Literatur und Journalismus und berücksichtigt damit solche Quellen, die Langenbucher als notwendige Grundlage für die Geschichtsschreibung der gesellschaftlichen Kommunikation hervorhebt (vgl. Langenbucher 1987: 17f.).

Prutz betrachtet nicht mehr nur einen Einzeltext, sondern begreift Literatur als System. Deshalb erkennt er auch die journalistischen Texte als Literatur an. Und die Geschichte des Journalismus gehört folgerichtig in den „ganzen Umkreis literarhistorischer Arbeiten" (Prutz 1845: 12). Es ist für ihn eine Selbstverständlichkeit, auf Grund einer identischen Funktionszuweisung Journalismus und Literatur systemisch gleichzusetzen. Denn jeder Text ist für ihn ein Medium des historischen Bewusstseins, das heißt im journalistischen *und* belletristischen Text wird auf gleiche Art der Zeitgeist ablesbar. Die Geschichte, und nicht die Ästhetik, ist die Aussage der Literatur. Weil die Literatur Vehikel sein soll, das Bewusstsein der Freiheit und einen freien Staat zu propagieren, kehrt Prutz den Schönheitsbegriff in einen politisch-praktischen um: „Journale und Zeitungen sind (jetzt) die wahren Modeschönheiten der Literatur" (Prutz 1854: 2).

Natürlich weiß er den Unterschied zu machen zwischen einem Drama und einer Streitschrift, zwischen einem Sonett und einer Rezension, aber immer unter dem linkshegelianischen Gesichtspunkt der Publizität als Bedingung des wirkenden Wortes verschmelzen Belletristik und Journalismus zu einem einzigen Literaturbegriff. Die Kenntnis der Ästhetik wird bei Prutz nicht zum Mittel der Beurteilung, sondern höchstens noch zur unentbehrlichen Vorschule. Die Ästhetik ist für ihn nicht Ziel, sondern propädeutische Hilfswissenschaft der Literaturgeschichte (vgl. Lahme 1977: 113). Daraus entsteht aber auch eine Nivellierung von Journalismus und Literatur. Prutz geht noch einen Schritt weiter, wenn er in einer wirkungsgeschichtlich orientierten Literaturgeschichtsschreibung die Literaturkritik gleichwertig aufnimmt:

> Man wird es, hoffen wir, mit der Zeit als etwas sich von selbst Verstehendes, eine Grundbedingung literaturgeschichtlicher Darstellung betrachten, jedesmal bei der Schilderung eines bedeutendes Buches auch die Stimme der gleichzeitigen Journalistik darüber zu vergleichen und die Aufnahme zu schildern, die dasselbe bei der Kritik der Zeitgenossen gefunden hat (Prutz 1862: II 38f.).

Journalismus und Literatur rücken infolge der Emanzipation vom ästhetischen Zugriff auf den Gegenstand zusammen. Konsequent parallelisiert Prutz die Geschichte des deutschen Journalismus mit der der Literatur. Kirchner wirft ihm vor, diese Gliederung sei literaturhistorisch dominiert (vgl. 1962: I, X). Dies ist jedoch beabsichtigt, da Prutz den Journalismus als Bestandteil der Literatur betrachtet. Er überträgt seine geschichtsphilosophischen Vorstellungen auf die Entwicklung der Literatur:

> Die Frage daher, nach welchem Princip die Geschichte unsres Journalismus einzutheilen und anzuordnen ist, schließt vielmehr die andere in sich, welche Stadien unsre Entwicklung überhaupt durchgemacht hat und welche Gruppen im Allgemeinen die Geschichte unsrer Bildung sich zusammenstellt (Prutz 1845: 61).

Der Journalismus erhalte seinen Inhalt erst von den Zuständen, die er widerspiegelt. Dass sein Vorgehen dabei schematisch ist, indem er Umbrüche, Kairos-Momente, Beginn und Höhepunkt von Entwicklungsphasen sowohl für die journalistische als auch die belletristische Entwicklung in Anspruch nimmt, stört ihn kaum. Er ist sich des Schematismus bewusst und räumt ein, dass die Zäsuren auch prokrustisch sind. Es gibt nach Prutz drei Entwicklungsstufen in der Literatur- und in der Journalismusgeschichte.[2]

---

2 Die Einteilungen sind linkshegelianische Vereinfachungen, um geistesgeschichtliche Klarheit zu schaffen. Prutz hat in seinen Arbeiten zur Pressegeschichte diese Einteilung nicht immer befolgt. Dieser Überblick basiert auf den Schriften *Geschichte des deutschen Journalismus* (1845) und *Der deutsche Journalismus* (1854). In mehr als 20 weiteren Artikeln, die noch einer genaueren Studie harren, hat sich Prutz mit Zeitungen, Zensur und Journalismus beschäftigt. Die dritte Entwicklungsstufe ist für ihn noch nicht abgeschlossen. Erst mit der Entstehung des Nationalstaates mit einer Verfassung würde diese Epoche beendet sein. Welche Aufgabe dann dem Journalismus und der Literatur zukäme, ist nicht deutlich geklärt.

Tab. 1: Literatur- und Journalismusgeschichte

<table>
<tr><th>Entwicklungsstufe</th><th>Literaturgeschichte</th><th>Journalismusgeschichte</th></tr>
<tr><td rowspan="4">1. Stufe:
Epoche der religiösen Freiheit
Kennzeichen:
Abstrakt-religiös
Dauer:
Reformation bis Ende des 17. Jahrhunderts</td><td colspan="2">Theoretisch-gelehrter Journalismus</td></tr>
<tr><td rowspan="3">1. Reformation</td><td>Flugschriften</td></tr>
<tr><td>Acta Eruditorum</td></tr>
<tr><td>Monatsgespräche von Thomasius</td></tr>
<tr><td rowspan="4">2. Stufe:
Epoche der ästhetischen Freiheit
Kennzeichen:
Ideell-ästhetisch
Dauer:
Pietismus bis zur Französischen Revolution</td><td colspan="2">Belletristisch-kritischer Journalismus</td></tr>
<tr><td>Klopstock</td><td>Moralische Wochenschriften</td></tr>
<tr><td>Lessing</td><td>Deutscher Merkur, Allgemeine deutsche Bibliothek</td></tr>
<tr><td>Goethe</td><td>Thalia</td></tr>
<tr><td rowspan="4">3. Stufe:
Epoche der Staatlichen Freiheit
Kennzeichen:
Praktisch-politisch
Beginn:
Französische Revolution</td><td colspan="2">Philosophisch-politischer Journalismus</td></tr>
<tr><td>Schiller, Fichte</td><td>Hallische Allgemeine Literaturzeitung</td></tr>
<tr><td>Hegel</td><td>Hallische Jahrbücher</td></tr>
<tr><td>Geschichte</td><td></td></tr>
</table>

Mit der Reformation setzt Prutz erst den Anfang des historischen Prozesses an, weil er mit ihr den Beginn der Subjektivität verbindet. Die Autonomie des Geistes ist für ihn das Prinzip der Geschichte seit der Neuzeit. Das Reformationszeitalter von der Mitte des 16. Jahrhunderts bis zum Beginn des 18. Jahrhunderts ist das abstrakte, religiöse oder theoretische Jahrhundert, weil die Freiheit auf dem religiösen Gebiet erzwungen wird (vgl. Pepperle 1978: 123f.). In ihm entsteht der deutsche Journalismus, genauer der theologisch-gelehrte Journalismus, welcher die Wissenschaften in Repertorien und Verzeichnissen zentralisiert. Die *Acta Erudi-*

torum (1682) sind kennzeichnend in dieser ersten Phase des Journalismus, in der die Kritik lediglich zufällig ist. Erst mit Thomasius versammelt der Journalismus die Nachrichten im Hinblick auf ein bestimmtes Prinzip: das Prinzip der Aufklärung.

Es folgt dann die zweite Phase im ästhetischen Jahrhundert, das Prutz mit dem Pietismus ansetzt und das den Zeitraum des 18. Jahrhunderts umfasst. In der Literatur macht er den Übergang vom theologischen ins ästhetische Zeitalter, vom theoretischen Bewusstsein der Freiheit zu ihrer praktischen Verwirklichung in der Kunst an Klopstocks *Messias* fest,

> ein Werk also, dessen religiöse, ja theologische Abstammung durchaus Niemand verkennen noch bezweifeln kann, welche es für die Geschichte unsrer Bildung jederzeit behalten wird, keinem anderen Umstande verdankt, als diesem, daß in ihm der allgemeine Übergang jener Zeit, der Übergang vom religiösen ins ästhetische Bewußtsein, seinen ganz besonders prägnanten, wir möchten sagen, kanonischen Ausdruck gefunden hat. Die Messiade ist ein Product ebenso sehr der religiösen Andacht als des poetischen Talents; der Poet fühlt sich in ihr ausschließlich als Christ und wiederum der Christ manifestiert sich als Poet (Prutz 1845: 67).

Die Poesie bemeistert sich der Religion als ihres Stoffes. Lessing wird dann zur treibenden Kraft in diesem Jahrhundert, weil er die Autonomie der Kunst zum Signum des ästhetischen Zeitalters macht. Goethe ist die Energie des ästhetischen Jahrhunderts und sein Höhepunkt zugleich. Diesem Jahrhundert entspricht der belletristisch-kritische Journalismus ab 1720 mit dem Erscheinen der Moralischen Wochenschriften. Die journalistische Literaturform ist für Prutz typisch bürgerlich, weil sich aus ihr kritisch-räsonnierende und poetisch-produktive Journale entwickeln. Ein Merkmal des belletristisch-kritischen Journalismus ist die Literaturkritik. Die *Allgemeine deutsche Bibliothek* ist die „Mutter jener Literaturzeitungen“ (Prutz 1854: 42). Außerdem wird die Offenheit der Journale als charakteristisch angesehen, denn jeder dürfe ohne Weiteres an der Literatur teilnehmen:

> Wie es keine Laien in der Philosophie mehr geben sollte, so auch keine Laien mehr in der Kunst; auch hier sollte das empirische Belieben ohne Weiteres berechtigt und befähigt sein; wer dachte, war auch Philosoph, wer Verse machte, Poet (ebd.: 54).

Die dritte Entwicklungsphase ist die des politischen, praktischen oder konkreten Jahrhunderts, das am Ende des 18. Jahrhunderts einsetzt. Das ästhetische Bewusstsein darf seiner Meinung nach nicht nur ideell bleiben, sondern muss in die unmittelbare Praxis des Daseins überführt werden. Seiner Meinung nach ist der ‚freie Staat' die Verwirklichung des Praktischen:

> Er fortan wird das Ziel dieses neuen Zeitabschnittes wie die freie Religion die Aufgabe der ersten, die freie Kunst die Aufgabe der mittleren Epoche war. Wie in dieser das religiöse Bewußtsein überwunden und abgelöst worden vom ästhetischen, so jetzt das ästhetische Bewußtsein vom politischen; wie vorher die abstracte Persönlichkeit der religiösen Sphäre sich mit dem Inhalte der Kunst zu erfüllen und dadurch zum schönen Subject sich zu erweitern hatte, so muß jetzt das schöne Subject den Inhalt der Geschichte in sich aufnehmen und sich dadurch zum politisch berechtigten, zum freien Bürger eines freien Staats erweitern. Nicht mehr also die Entwicklung der Schönheit, sondern der Freiheit, des Rechts, der praktischen Sittlichkeit ist das bewegende Interesse dieser neuen Zeit (Prutz 1845: 69).

Der Poet steht dann im Dienste des Vaterlandes und der Freiheit, obgleich sich Prutz mehrfach gegen jede Möglichkeit einer direkten Einflussnahme eines Staates auf die Literatur gewehrt hat (vgl. Spilker 1937: 112). Wenn also nicht mehr die Schönheit, sondern die Freiheit, das Recht und die praktische Sittlichkeit im Mittelpunkt stehen, dann wird deutlich, dass der Journalismus als Mittel, diese Ziele zu erreichen, eine enorme Aufwertung erfährt. Dieses politische Zeitalter wird eingeleitet durch die Französische Revolution. Die Philosophie und Literatur führen ‚mit zwingender Gewalt' zur Politik. In der Literatur sei die Entwicklung im Werk Schillers offenbar. Denn Schiller leiste den Übergang von der Idee der Kunst zur Idee der Freiheit. Hegel ist das Lessingsche Pendant des neuen Jahrhunderts, also die treibende Kraft. Einen Goethe als Vollender des politischen Jahrhunderts kann es aber nicht mehr geben:

> Der Inhalt dieser Epoche ist zu reich, zu allumfassend, als daß ein einzelner Mensch, und sei es der höchstgestellte, der von den Göttern geliebteste, ihn so rein erschöpfen und zur Darstellung bringen könnte, wie Goethe den Inhalt seiner Zeit. Darum nicht eine einzelne Persönlichkeit, ein Buch, ein System, sondern der Abschluß dieser Epoche wird eine That der Völker sein und eine frei Schöpfung der Geschichte (Prutz 1845: 72).

Der philosophisch-politische Journalismus von der Französischen Revolution bis zur Julirevolution ist das Pendant zur Literatur des politischen

Zeitalters. Wenn aber eine „freie Schöpfung der Geschichte“ die Zielvorgabe des politischen Zeitalters ist, dann wird die Literatur nur noch zu einem „Hauptbeförderungsmittel nationaler Wohlfahrt und Bildung, ein unentbehrlicher, unzerbrechlicher Baustein der Freiheit“ (Prutz 1854: 103), und zu einem „Institut politischer Bewußtseinsbildung“ (Lahme 1977: 141). Der freie Staat ist aber auch die Verwirklichung der Pressefreiheit. Und die teleologisch angelegte *Geschichte des deutschen Journalismus* ist somit auch der Versuch, die Notwendigkeit der Pressefreiheit nachzuweisen und Signale in der Vergangenheit für Prutzens Gegenwart fruchtbar zu machen (vgl. Prutz 1845: 20). Die Zensurbestimmungen und Pressereglementierungen von der Zeit Ludwigs des Frommen bis zur Gegenwart erwähnt er als Negativfolie für seine liberalen Forderungen nach Pressefreiheit.

4 Wie die vorakademische Journalismusforschung die historische Identität des Faches hervorhebt

In Prutz' Modell der Journalismusgeschichte wird sein Verständnis als Literaturhistoriker deutlich. Die schematische Parallelität von Literatur- und Journalismusgeschichte zeigt, dass er Journalismusgeschichte als Literaturgeschichte versteht. Unter wissenschaftssoziologischen Prämissen heißt das, dass es bereits vor einer akademischen Institutionalisierung des Faches Kommunikationswissenschaften/Publizistik/Zeitungskunde eine Beschäftigung mit dem Journalismus und der öffentlichen Meinung gegeben hat, die teilweise an den Universitäten, teilweise in Akademien und teilweise in gelehrten Zeitschriften stattgefunden hat (vgl. Storz 1931; Jaeger 1926: 1ff.). Es gibt seit dem 17. Jahrhundert eine wissenschaftliche Publizistik an den Universitäten. Die Zeitung ist seitdem Unterrichtsgegenstand, und zu Beginn des 18. Jahrhunderts entstehen Zeitungslehrbücher. Die vorakademische Kommunikationswissenschaft hat in den Fächern Recht, Nationalökonomie und Philologie Berücksichtigung gefunden. Die Schrift von Prutz zeigt nun, wie eng die vorakademische Journalismusforschung mit der Philologie in Verbindung steht. Die Emergenz der Kommunikationsgeschichte aus der Philologie hat aber bereits vor Prutz eingesetzt: Dazu gehören die Zeitungskollegs, von denen wir seit 1700 wissen. Es handelt sich um Vorlesungen im ersten Sinne des Wortes: Ein Professor, zum Beispiel für Geographie, Geschichte, Ökonomie oder Literatur, liest aus der Zeitung vor, diskutiert den Gebrauchswert der Informationen für wissenschaftliche Arbeiten, und – bestenfalls – ergründet das Wesen der Zeitungen. Das am besten überlieferte Beispiel ist das Zeitungskolleg von Johann von Ludewig in Halle. In gelehrten Schriften werden seit 1676 der Nutzen und der Missbrauch von Zeitungen diskutiert. Für die Diskussion jahrzehntelang maßgebend sind die Schriften von Christian Weise und Kaspar Stieler (vgl. Conter 1999).

Der „Pressehistoriker" Prutz (Langenbucher 1968: 118) hat die vorakademische Forschung selbstverständlich gekannt. Insofern ist sein Werk als eine wissenschaftliche Abhandlung der Kommunikationswissenschaften zu betrachten. Im Eingangskapitel verweist er auf den Zeitungsstreit in der Frühaufklärung über den Nutzen und die Nachteile der Zeitungen. „Das Charakteristische dieser Periode ist dies, daß die gedachten Schriften sämmtlich, näher oder ferner, von der literarischen Industrie ausgehen" (Prutz 1845: 34). In der zweiten Periode des gelehrten Journalismus begnügen sich die Gelehrten mit bibliografischen Werken und Kompendien, in denen Primärtexte reflektiert werden. Prutz bezeichnet diesen Journalismus von Christian Juncker, Daniel Georg Morhof oder Bernhard Gotthelf Struve als gelehrt:

> Man suchte nämlich eigene Journale zu gründen, die keinen anderen Zweck hatten, als laufende Auszüge und Beurtheilungen der übrigen, gleichzeitigen Journale zu bringen: Journale also, die man gewissermaßen die Journale der zweiten Potenz nennen könnte; indem sie dasjenige, was der Journalismus den Büchern im Allgemeinen leiten sollte: Auszüge, Beurtheilungen, Übersichten, wiederum ihrerseits an dem Journalismus selbst zu vollziehen suchten (ebd.: 42).

Mit dem massenhaften Aufkommen der Zeitungen und der Moralischen Wochenschriften bemerkt Prutz einen Rückgang der historischen Schriften. Erst mit der zunehmenden Politisierung der Literatur habe auch die Journalismusforschung wieder eingesetzt. Joachim von Schwarzkopf gilt Prutz als Vorzeigegelehrter der Pressegeschichte. Schließlich erscheinen im 19. Jahrhundert weitere Schriften über die Aufgaben des Journalismus oder Analysen zu vereinzelten Zeitungen. Hervorgehoben werden Heinrich Albert Oppermanns Schrift *Die Göttinger Gelehrten Anzeigen während einer hundertjährigen Wirksamkeit* (1844) sowie die Beiträge zur periodischen Presse von Franz Dingelstedt und Eduard Beurmann (1838). Alle diese Autoren verstehen ihre Studien zur Geschichte des Journalismus wie Prutz als Beitrag für die Literaturgeschichtsschreibung. Prutz beschreibt also eine Entwicklung der vorakademischen Journalistik von Ahasver Fritsch bis zu seiner Zeit, auch wenn er die meisten vor ihm geschriebenen Abhandlungen kaum würdigt. Vor allem aus „Pflicht der Pietät, welche dem Nachfolgenden gegen seine Vorgänger selbst da zukommt, wo er im Ganzen wenig Förderung durch sie erhalten hat", gibt Prutz als Erster einen Überblick, in dem er aber nicht auf die zentralen Texte von Johann Peter von Ludewig (1700), Paul Jakob Marperger (1726), Martin Schmeitzel (1746), Johann Georg Hamann (1755) und August Ludwig von Schlözer (1777) eingeht. In seinem Forschungsbericht beschäftigt er sich dann mit allgemeinen und besonderen Werken. Und damit umschreibt er eine Einteilung, die für die Weiterentwicklung der Disziplinen Philologie und Kommunikationswissenschaft maßgeblich ist. Die allgemeinen Werke sind Literaturgeschichten, die auch auf die journalistischen Darbietungsformen eingehen. Die speziellen oder besonderen Schriften sind die, die sich ausschließlich mit dem Gegenstand der Zeitungen beschäftigen. Prutz beobachtet, dass

> die Geschichte unsers Journalismus ihre bedeutendste Rolle in unsern ältesten Literaturgeschichten spielt. Dagegen je näher unsrer Gegenwart, je flüchtiger wird die Aufmerksamkeit, je kärglicher der Raum, welchen man diesem Gegenstande widmet; bis endlich aus unsern neuen und neuesten Literaturgeschichten auch die bloße Erwähnung des Journalismus beinahe völlig verschwunden ist (Prutz 1845: 25).

Damit konstatiert er ein zurückgehendes Interesse am Gegenstand Journalismus in der Literaturgeschichte der ersten Hälfte des 19. Jahrhunderts. Das hängt mit der Ausdifferenzierung der älteren Germanistik und mit dem sich verändernden Literaturbegriff zusammen. Prutz verteidigt den erweiterten Literaturbegriff, weshalb er sich auch mit journalistischen Texten beschäftigt. In den Literaturgeschichten, die im 19. Jahrhundert entstehen, wird das ästhetische Argument immer gewichtiger, so dass die am Geschmack der Romantik und der Klassik, also der Kunstperiode, orientierten Literaturgeschichten den Begriff immer enger fassen. Mit der Veränderung des Literaturbegriffs ändert sich auch die Aufgabe der Philologie. Prutz beobachtet einen Verdrängungsprozess journalistischer Themen vom philologischen Erkenntnisinteresse. Er versucht dieser Tendenz entgegenzuarbeiten, denn die Philologie ist für ihn jene Wissenschaft, die im politischen Zeitalter Fragen der öffentlichen Meinung beantworten kann, weil die Publizität ein Gegenstand ist, der der Philologie eigen ist.

Insofern ist Prutz ein Gewährsmann sowohl der Literatur- als auch der Kommunikationswissenschaft. Für die Literaturwissenschaft insofern, als er einen erweiterten Literaturbegriff vertritt, der es erlaubt, Literatur als System unabhängig vom ästhetischen Charakter der Texte zu betrachten. Für die Kommunikationswissenschaften ist Prutz deshalb von Bedeutung, weil er eine erste systematische Arbeit über die Geschichte des deutschen Journalismus vorlegt und gleichzeitig eine vorakademische Beschäftigung aufzeigt. Ludwig Salomon hebt ihn deshalb hervor, Prutz sei „der erste, der die wirkliche Bedeutung des Zeitungswesens erkannte" (Salomon 1900: I, IV). Mit Prutz wird deutlich, dass die Kommunikationswissenschaft als Fach eine historische Identität besitzt, die erst in den 90er Jahren wirklich ins Bewusstsein gerückt ist (vgl. Blöbaum 1994: 26ff.).

Die Auseinandersetzung mit dieser historischen Identität ist aus zwei Gründen notwendig. Zum einen ermöglicht erst der historische Blick ein hinreichendes Verständnis von prozessualen Abläufen und der Herausbildung eines journalistischen Systems. So erlaubt die Betrachtung der Geschichte des deutschen Journalismus Prutz, den Zusammenhang von Journalen und politischen Umbrüchen zu erkennen. Er konstatiert einen Rückgang der Zeitungsdichte nach dem Sturm der Revolution von 1848 und dem Wegfall der Zensur (vgl. Prutz 1854: 6f.).

Er versucht, aus seinen Beobachtungen eine Gesetzmäßigkeit der Presseentwicklung herzustellen, indem er einen regelmäßigen Zyklus von publizistischer Depression und Inflation unterstellt; er beobachtet Krisen im deutschen Journalismus in der Art, dass „jedesmal unter denselben gleichartigen Verhältnissen" (ebd.: 9) die Produktion der Journalistik eingegrenzt wird. Es gibt demnach Phasen der journalistischen Überflutung und des Stillstandes. Solche Phasen sind die der Reinigung des Inhalts:

> Es ist eine regelmäßige Fluth und Ebbe, Ausdehnung und Zusammenziehung; immer in gewissen Zeiträumen fallen die Blätter vom Baume unserer Journalistik ab, seine Productionskraft erlischt dem Anscheine nach,

> in der That aber sammelt sie sich nur zu einem neuen, fruchtbaren Triebe, der ihn dann auch in kurzer Zeit wiederum mit neuem, frischem Grün umkleidet (ebd.: 10).

Prutz beobachtet nun, dass solche ‚Katastrophen‘ in historischen Momenten stattfinden, in denen „ein neues Princip zum Durchbruch kommt, eine neue höhere Phase sich eröffnet“ (ebd.).

Ein zweiter Grund für eine historische Kommunikationsforschung mit der Aufgabe einer Identitätsbeschreibung des Faches ergibt sich aus bildungspolitischen Zwängen. Damit das Fach Kommunikationswissenschaft/Publizistik/Zeitungskunde die rituellen Legitimationskämpfe über Gesellschaftsrelevanz und der Nützlichkeit bzw. Brauchbarkeit schadloser bestehen kann (vgl. Alphons-Silbermann-Debatte; Rühl 1997), scheint es notwendig, die historische Identität stärker zu betonen. So jung das Fach auch sein mag, so alt ist die Reflexion über Publizität als ein wesentliches Merkmal von Kommunikation. Eine vorakademische Journalistik soll nicht verleugnet werden. Ihre Geschichte bleibt noch zu schreiben. Die Anfänge sind gemacht. Die Arbeiten von Manfred Rühl, Bernd Blöbaum, Elger Blum, Holger Böning und der Sammelband *Auf der Suche nach Identität* (Szyszka 1997) belegen das wissenschaftliche Interesse einer Kommunikationsgeschichte. Jene Forscher, die sich heute vorrangig damit beschäftigen, haben oft eine germanistische Sozialisation und verbinden Literatur- und Journalismusgeschichte.

Unter wissenschaftssoziologischen Gesichtspunkten ist festzuhalten, dass der enge Literaturbegriff in der Germanistik, trotz der Erweiterung des Literaturbegriffs durch die Sozialgeschichte in den 70er Jahren, dazu geführt hat, dass zahlreiche Wissenschaftler mit einer germanistischen Sozialisation und mit einem besonderen Interesse für die mediengeschichtlichen Fragestellungen in das Fach Kommunikationswissenschaft gewechselt sind. Der Mitherausgeber des Jahrbuches für Kommunikationsgeschichte, Holger Böning, hat Germanistik in Bremen studiert, ebenso Johannes Weber. Von Haus aus sind Germanisten (in Auswahl, mit Angabe der Studienorte): Jörg Jochen Berns (Frankfurt am Main, Freiburg und Marburg), Jürgen Wilke (Marburg, Münster), Wolfgang Langenbucher (Stuttgart, München), Bernd Sösemann (Göttingen). Kommunikationshistorische Fragestellungen sind eng verknüpft mit der germanistischen Fachherkunft. Insofern ist die Wiederentdeckung der Anfänge der Kommunikationsgeschichte ein später Nachhall auf die

Emergenz der Kommunikationswissenschaft aus der Philologie. Gleichzeitig werden die Berührungspunkte nicht nur von Journalismus und Literatur, wie sie Prutz hervorgehoben hat, sondern auch von Kommunikations- und Literaturwissenschaft erkennbar, die ebenfalls im wissenschaftlichen Werk von Prutz ihren Niederschlag gefunden haben.

Obgleich die kommunikationsgeschichtliche Perspektive somit eine zunehmende Würdigung findet, steht eine systematische Geschichte des Faches noch aus. Allerdings ermöglicht erst diese es, die Identität der Kommunikationswissenschaft zu beschreiben. Sowohl ihre historische Genese seit dem 17. Jahrhundert als auch die Emergenz des jungen Faches aus anderen akademischen Disziplinen konturieren das Profil der Kommunikationswissenschaft. Eine Fachgeschichte kann den disziplinären Integrationsprozess verdeutlichen und gleichzeitig das besondere Erkenntnisinteresse des Faches darlegen. Denn trotz der gelegentlichen Nähe zwischen den Disziplinen, etwa Germanistik und Kommunikationswissenschaft auf der Grundlage eines erweiterten Literaturbegriffs oder gemeinsamer Fragestellungen, markiert eine Fachgeschichte die Fachspezifika und deren Nutzen. Es gibt zwar einen gemeinsamen Gegenstand für die Literatur- und Kommunikationswissenschaft, aber die unterschiedlichen Perspektiven befördern ein sich ergänzendes Wissen. So ist die Literaturwissenschaft auf die Erkenntnisse der historischen Kommunikationswissenschaft angewiesen, um das historische Verständnis von Literatur, zu dem kommunikative Prozesse gehören, zu gewährleisten. Die Literaturgeschichten mit ihren Schwerpunkten auf der belletristischen Produktion bedürfen der Ergänzung durch das Wissen um die publizistische Produktion, die für das Literaturverständnis der Autoren oder bestimmter Literaturbewegungen notwendig ist. Andererseits berühren sich die Interessen der Kommunikations- mit denen der Literaturgeschichte, wenn zum Beispiel erkennbar ist, dass der Diskurs um die Zeitungen hauptsächlich von Schriftstellern getragen wurde. Robert Eduard Prutz' publizistisches, belletristisches und wissenschaftliches Schaffen hat in einer solchen Fachgeschichte einen sicheren Platz, weil er Literatur- als Kommunikationsgeschichte versteht.

Literatur

Bergmann, Edda (1997): Ich darf das Beste, das ich kann, nicht tun. Robert Eduard Prutz (1816-1872) zwischen Literatur und Politik. Würzburg: Ergon

Blöbaum, Bernd (1994): Journalismus als soziales System. Geschichte, Ausdifferenzierung und Verselbständigung. Opladen: Westdeutscher Verlag

Conter, Claude D. (1999): Zu Besuch bei Kaspar Stieler. „Zeitungs Lust und Nutz" – ein Beitrag zur Historischen Kommunikationsforschung. In: Publizistik, Jg. 44, H. 1: 75-93

Jaeger, Karl (1926): Von der Zeitungskunde zur publizistischen Wissenschaft. Jena: Gustav Fischer

Kirchner, Joachim (1962): Das deutsche Zeitschriftenwesen. 2 Bände. Wiesbaden: Harrassowitz

Lahme, Reinhard (1977): Zur literarischen Praxis bürgerlicher Emanzipationsbestrebungen: Robert Eduard Prutz. Ein Kapitel aus den Anfängen der akademischen Literaturwissenschaft im 19. Jahrhundert. Erlangen: Palme & Enke

Langenbucher, Wolfgang R. (1968): Robert Prutz als Theoretiker und Historiker der Unterhaltungsliteratur. Eine wissenschaftsgeschichtliche Erinnerung. In: Heinz Otto Burger (Hg.): Studien zur Trivialliteratur. Frankfurt/Main: Vittorio Klostermann: 117-135

Langenbucher, Wolfgang R. (1987): Von der Pressegeschichte zur Kommunikationsgeschichte – ein Sammelreferat. In: Manfred Bobrowsky/Wolfgang Duchkowitsch/Hannes Haas (Hg.): Medien- und Kommunikationsgeschichte. Ein Textbuch zur Einführung. Wien: Braumüller: 16-22

Pepperle, Ingrid (1987): Junghegelianische Geschichtsphilosophie und Kunsttheorie. Berlin: Aufbau-Verlag

Prutz, Robert (1841): Der Göttinger Dichterbund. Zur Geschichte der deutschen Literatur. Leipzig: Otto Wigand

Prutz, Robert (1845): Geschichte des deutschen Journalismus. Zum ersten Male vollständig aus den Quellen gearbeitet. Erster Teil. Hannover: Verlag von Kius Als Faksimiledruck 1971. Göttingen: Vandenhoeck & Ruprecht

Prutz, Robert (1854): Der deutsche Journalismus, seine Vergangenheit, seine Wirksamkeit und Aufgabe für die Gegenwart. In: Ders.: Neue Schriften. Zur deutschen Literatur- und Kulturgeschichte. Band 1. Halle: Schwetschke'scher Verlag: 1-103

Prutz, Robert (1857): Ludwig Holberg. Sein Leben und seine Schriften. Stuttgart und Augsburg: Cotta

Prutz, Robert (1862) Menschen und Bücher. Biographische Beiträge zur deutschen Literatur- und Sittengeschichte des achtzehnten Jahrhunderts. Leipzig: o. V.

Prutz, Robert (1864): Hermann Marggraff. In: Deutsches Museum, I: 337-352

Rühl, Manfred (1997): Alphons Silbermanns Gespür für den Schnee von gestern. In: Publizistik, Jg. 42, H. 2: 157-164

Rühl, Manfred (1999): Prutz als Anwalt des demokratischen Journalismus. In: Ders.: Publizieren. Eine Sinngeschichte der öffentlichen Kommunikation. Opladen: Westdeutscher Verlag: 162-169

Ruge, Arnold (1998): Die Presse und die Freiheit. In: Hans-Martin Sass (Hg.): Arnold Ruge. Werke und Briefe. Band 7: Zensur, Revolution 1848, Patriotismus. (Erstauflage 1848) Aalen: Scientia: 57-80

Salomon, Ludwig (1900): Geschichte des deutschen Zeitungswesens. Von den ersten Anfängen bis zur Wiederaufrichtung des deutschen Reiches. Band I: Das 16., 17. und 18. Jahrhundert. Oldenburg und Leipzig: Schulze'sche Hof-Buchhandlung. Neudruck 1973. Aalen: Scientia Verlag

Spilker, Werner (1937): Robert Prutz als Zeitungswissenschaftler. Leipzig: Noske

Storz, Werner (1931): Die Anfänge der Zeitungskunde. Die deutsche Literatur des 17. und 18. Jahrhunderts über die gedruckten, periodischen Zeitungen. Halle: Klinz

Tschopp, Silvia Serena (2001): Von den Aporien politischen Dichtens im Vormärz: Robert Eduard Prutz. In: Etudes Germaniques, Jg. 56, H. 1: 39-67

Szyszka, Peter (1997) (Hg): Auf der Suche nach Identität. PR-Geschichte als Theoriebaustein. Berlin: Vistas

Zimmermann, Wilhelm (1845): Die Oeffentlichkeit als letzte Instanz in einem Ehrenstreite. Vollständige Darstellung der Streitsache zwischen Dr. med. Wilhelm Zimmermann und dem Gr. Hess. Stabsarzt Dr. von Siebold. Darmstadt: Ernst Kern

Gunter Reus

Ironie als Widerstand

Heinrich Heines frühe Feuilletons *Briefe aus Berlin* und ihre Bedeutung für den modernen Journalismus

1 Höchst verdächtig: Die Vermählung von Poesie und Politik

Kurz nach dem Ersten Weltkrieg greift Victor Auburtin im *Berliner Tageblatt* eine Begebenheit aus dem Reichstag auf. Dort hatte Walther Rathenau, der Minister für Wiederaufbau, eine wohlgeformte Rede gehalten, woraufhin ein Abgeordneter der Rechten das Wort ‚Feuilleton' in den Saal rief. Es war als Schimpfwort gemeint. Das Feuilleton, schreibt der Feuilletonist Auburtin in seinem Kommentar, sei den Deutschen eben höchst verdächtig. Der Begriff stehe für die Fähigkeit, „eine ernste Sache unterhaltend und in guten Formen darzustellen"; genau das aber habe „ein strebsamer Schriftsteller und Politiker" unter allen Umständen zu vermeiden (Auburtin 1970: 371f.).

Es ist wohl wahr: Wichtiges elegant und leicht zu vermitteln ist nicht die stärkste Eigenschaft der Deutschen. Wenn Professoren einem Studenten bescheinigen, er habe seine Examensarbeit ‚feuilletonistisch' geschrieben, dann bedeutet das nichts Gutes. Ein solcher Kandidat gilt als leichtgewichtig und flatterhaft. So verwundert es nicht, dass sich in Kommunikationswissenschaft und Journalistik nur wenige Forscher mit dem Feuilleton auseinandersetzen. Und selbst unter denjenigen, die in erster Linie für die ‚guten Formen' zuständig sind, den Dichtern also, gilt das Feuilleton als halbseiden. Zwar haben sich viele daran versucht. Aber mutig und anmutig zugleich, tagespoetisch und tagespolitisch konnten und wollten auf Dauer nur wenige schreiben.

Heinrich Heine, der vielleicht modernste deutsche Publizist des 19. Jahrhunderts, konnte und wollte es. Prompt war er als Feuilletonist verdächtig. Am schärfsten fiel die Polemik von Karl Kraus in seinem 1910 veröffentlichten Essay *Heine und die Folgen* aus. Kraus wandte sich gegen die „Verquickung des Geistigen mit dem Informatorischen" bei Heine (1986: 41). Das Vermengen von Kunst und Leben, von poetischem und journalistischem Anspruch erschien ihm als Grundübel. Heine habe, meint Kraus, eine Tagesschriftstellerei des Ornaments und der Substanzlosigkeit begründet.

Diese Attacke lässt sich vor dem Hintergrund des Wiener Journalismus um 1900 erklären, der Kraus umgab und den er als flach und gefällig empfand. Vielleicht war Kraus Heinrich Heine auch einfach zu ähnlich und deshalb beseelt vom „Verwandtenhass" (Walther Victor, zit. n. Knobloch 1962: 182). ‚Heine und die Folgen' – hier ging es jedenfalls wieder einmal ums Grundsätzliche. So fundamentalistisch wie Kraus bezweifelte auch die Literaturwissenschaft lange, dass Heines Journalismus als ‚Literatur' gelten könne.

Inzwischen sind die Zweifel ausgeräumt. Die Salonfähigkeit der Publizistik ist in der Literaturwissenschaft heute unumstritten, und Heines Journalismus gilt als Gewinn für die Belletristik (vgl. Miller 1982; Preisendanz 1968). Dass – umgekehrt – Heines erzählerischer Ehrgeiz auch ein Gewinn für den Journalismus war, ist in der Journalistik keineswegs Gemeingut. Um *diesen* Gewinn geht es im Folgenden. Es geht um die Vermählung von Poesie und Politik, um die Poesie des ironischen Zweifels und um die Tugend der Skepsis bei Heine. Es geht um Subjektivität und die Mündigkeit des Einzelnen in seinen Feuilletons. In all dem ist dieser Autor überaus zeitgemäß, und mit ihm das Genre. Mit Heinrich Heine wird das Feuilleton die schlagfertige, zum Widerspruch bereite Braut der modernen Reportage.

2 Goldfisch und Chamäleon: Was ist ein Feuilleton?

Der Name ‚Feuilleton' geht zurück auf den Zeitungsteil, der sich nach 1800, von Frankreich kommend, in der deutschen Presse etabliert. Am Ursprung dieses neuen Ressorts steht nicht nur journalistisches, sondern auch wirtschaftliches Kalkül. Die schönen Künste sind aus der höfischen

Exklusivität herausgetreten; in den Konzertsälen und Schauspielhäusern repräsentiert das städtische Bürgertum die neue Öffentlichkeit. Sein Geschmack entscheidet zunehmend über Erfolg und Misserfolg. Parallel dazu schwindet der Glaube an die Gesetzmäßigkeit der Kunst und die wissenschaftliche Objektivität der Kunstkritik: Die Romantik entdeckt das bürgerliche Subjekt als schöpferische wie als urteilende Instanz.

Dies alles geschieht in einer Zeit, in der die Presse als Selbstverständigungsorgan des Bürgertums üppig aufblüht. Schon Ende des 18. Jahrhunderts existieren in Deutschland schätzungsweise 250 Zeitungen mit einer großen Leserschaft. 1845 sind es bereits 1000, nur fünf Jahre später gar 1500 Blätter. Sie alle wollen verkauft sein. Das neue Ressort mit seinen subjektiv geprägten Kunst- und Gesellschaftsberichten ‚unter dem Strich' hilft dabei kräftig mit, zumal die politische Berichterstattung durch die Zensur eingeschränkt ist. Mit dem Feuilleton aber können sich Verleger profilieren. Als die *Vossische Zeitung* 1802 eine Aufführung von Schillers *Don Carlos* besprach, zerpflückte der Rezensent die Leistung der Schauspieler. Diese Art von subjektiver Darstellungskritik war für die Berliner Leser neu, und das amüsierte Gespräch darüber ging bald durch die ganze Stadt. Nun reagierte der Verleger der *Berlinischen Nachrichten*, warb den Theaterkritiker vom Konkurrenzblatt ab und stellte ihn selbst als Redakteur für „Theater, Kunst, Wissenschaft und sonstige interessante Ereignisse" ein (Stegert 1998: 163).

Subjektivität, Personalisierung, Popularisierung, Massenpresse – das steht also am Beginn des Ressorts Feuilleton. Und es steht am Beginn einer neuen, selbstbewussten und erfolgreichen Art des Schreibens. Diese Schreibart und dann auch ganze Textformen, die von ihr geprägt sind, nehmen im 19. Jahrhundert den Namen des Ressorts an: Die ‚Feuilletons' sind geboren.

Immer wieder hat man versucht, ihre Eigenheiten exakt zu definieren oder sie auch nur metaphorisch auf den Punkt zu bringen. Stimmungsbilder, Bilderbögen, Schaufenster, Tautropfen, Luftballons – so und so ähnlich haben ihre Liebhaber diese Textformen charakterisiert (vgl. Bender 1965: 236). Der zu Beginn erwähnte Victor Auburtin gab 1922 einer Sammlung mit Feuilletons den Titel *Ein Glas mit Goldfischen* und schrieb im Vorwort: „*Goldfische* aber heißt es aus drei Gründen: Erstens, weil diese Artikel klein sind, zweitens, weil sie golden sind, drittens, weil sie schwänzeln" (Auburtin 1995: 77). Das ist hübsch, es schimmert und glänzt eben, das Feuilleton. Aber es gleitet doch jedem aus der Hand, der es festhalten, begrifflich packen und präzise bestimmen will. Man hat es auch ‚Chamäleon' genannt (vgl. Bender 1965: 236), denn typisch ist zweifellos seine stets neu und anders wirkende Erscheinung.

Heinz Knobloch, über Jahrzehnte hinweg Feuilletonist der Ostberliner *Wochenpost*, hat bemerkt, im Feuilleton vereinigten sich ‚Prosagedicht' und ‚Zeitungsaufsatz'. Das weist zurück auf Karl Kraus, fließt bei Knobloch aber positiv zusammen: „Das Etwas-Mitteilen des Journalisten mischt sich mit dem Sich-Mitteilen des Dichters" (1973: 457). Auch Knobloch weiß keine exakte Definition, deutet jedoch (was nützlicher ist) auf zwei Pole, zwei Textfunktionen hin, zwischen denen sich das Feuilleton bewegt. Wer von Feuilletons spricht, meint demnach *zum einen* Texte, die in der Konvention des Journalismus auf Ereignisse mit Nachrichtenwert reagieren.

Diese Ereignisse finden unabhängig vom berichtenden Subjekt statt, doch formt der Berichterstatter Referat und Stellungnahme betont subjektiv und ungewöhnlich. Stilelemente sind zum Beispiel das semantische Komprimieren der Begriffe, das Verfremden und Fiktionalisieren, die Parodie oder die formale Angleichung von Darstellung und Dargestelltem (‚Ikonisieren'). Auch Ironie und Satire, das Spiel mit Bildern, Assoziationen und Kontrasten prägen den Stil (vgl. Stegert 1998: 225ff.). Eine mit solchen und ähnlichen Mitteln geformte Theaterkritik kann also zum ‚Feuilleton' werden. Feuilletons blieben aber schon im 19. Jahrhundert nicht auf das Ressort mit diesem Namen beschränkt. Die besondere Form vermag sich über jeden journalistischen Inhalt zu legen: Die Gerichtsreportage kann zum Gerichtsfeuilleton und der Kommentar zum politischen Feuilleton werden. In jedem Fall formt und überformt das Feuilleton am ersten Pol ein aktuelles, äußeres Geschehen.

Mit seinen Sprachmitteln kann das Feuilleton *zum anderen* auch ein Geschehen gestalten, das sich mehr im Subjekt als in der Außenwelt zuträgt. Der Feuilletonist sucht sich dann, zum Beispiel als Flaneur des Alltags, sein Ereignis abseits der großen Nachrichtenfaktoren. Er schafft seinen Erzählanlass selbst. Er schafft ein Ereignis, das es ohne seine Wahrnehmung gar nicht gäbe. Kleine, scheinbar unbedeutende Alltagsdetails werden symbolisch interpretiert und philosophisch überhöht. Auf diese Weise teilt der Feuilletonist auch von sich selbst etwas mit. Die Formen, die diesem zweiten Pol zustreben, tragen deutlichere Kennzeichen des Literarischen. Gleichwohl haben auch sie durch ihren Alltagsbezug eine Tradition im Journalismus begründet. Sie werden oft mit der Bezeichnung ‚Genre Feuilleton' zusammengefasst.

An beiden Polen, dem eher journalistischen wie dem eher erzählerischen, will das Feuilleton durch Eleganz und Individualität für sich einnehmen. An beiden Polen schlägt ihm aber auch das gleiche Misstrauen entgegen: Was sich da kristallisiere, sei eben nur Feuilleton, Plauderei, plustere sich wichtigtuerisch auf und stelle die Form über die Aussage, den Effekt über die Substanz. Brecht spottet 1925: „Einige schreiben gegen den Regen / Andere bekämpfen den Mondwechsel. / Wenn ihr Feuilleton hübsch ist / Werden sie berühmt" (zit. n. Auburtin 1970: 391).

In der Tat finden sich in der Feuilleton-Geschichte auf Schritt und Tritt bloße Koketterien, Nichtigkeiten, Geschwätz. Doch so leicht ist das ‚Chamäleon' nicht zu erledigen – schon im nächsten Moment erhebt es wieder sein Haupt, zeigt sich ganz anders, als seine Kritiker behaupten, und „züngelt zur Großen Politik" (Bender 1965: 241). Immer wieder erweist sich das Feuilleton auch als Gefäß geistreicher Gesellschaftskritik und subversiven Spotts. ‚Unter dem Strich' geboren, aufgewachsen und journalistisch darum für weniger voll genommen, spricht es mitunter Wahrheiten aus, die an anderer Stelle in den Zeitungen niemand auszusprechen wagt. Der Berliner Pressehistoriker Bernd Sösemann nennt das Feuilleton deshalb sogar „Fortsetzung der Politik mit anderen Mitteln" (Sösemann 2000: 45).

3 Die fehlenden Früchte der Freiheit: Heine und das Feuilleton

Für Heinrich Heines Feuilletons gilt das unbedingt. Ästhetischer Anspruch und politisches Denken sind bei ihm untrennbar verbunden (vgl. Haas 1999: 202f.). So nutzt er in der Novelle ‚Florentinische Nächte' die eingestreute Kritik eines Paganini-Konzertes in Hamburg dazu, um mit der Bourgeoisie im Konzertsaal abzurechnen, dem „ganzen Olymp von Bankiers und sonstigen Millionären, [den] Götter[n] des Kaffees und des

Zuckers, nebst deren dicken Ehegöttinnen“ (Heine 1981, Band 1: 577). Ein Feuilleton vom Karneval in Paris in der Artikelsammlung „Lutetia“ liest sich wie eine politische Allegorie, so als tanze das Volk Frankreichs bereits auf dem Vulkan der Revolution (Heine 1981, Band 9: 392ff.; vgl. auch Miller 1982: 138). Auch in den Reisebildern verschmilzt das lyrische ‚Sich-Mitteilen‘ mit der politischen Zeitbetrachtung des Journalisten. So nimmt Heine in der *Harzreise* den Besuch in einem Bergwerk zum Anlass, über den Untertanengeist der Deutschen zu räsonieren – kein tanzendes Volk ist dies, sondern „der alte, verständige, treue Hund“ (Heine 1981, Bd. 3: 118). Und in der *Reise von München nach Genua* schlägt er aus der Begegnung mit einer Obstverkäuferin in Trient ein feuilletonistisches Kabinettstückchen. Darin funkeln die Anspielungen auf Deutschlands Kälte und die fehlenden Früchte der Freiheit:

> ‚Ach liebe Frau!‘ sagte ich ihr, ‚in unserem Lande ist es sehr frostig und feucht, unser Sommer ist nur ein grün angestrichener Winter, sogar die Sonne muß bei uns eine Jacke von Flanell tragen, wenn sie sich nicht erkälten will (...). Von den Mandeln haben wir bloß die geschwollenen. Kurz, uns fehlt alles edle Obst, und wir haben nichts als Stachelbeeren, Birnen, Haselnüsse, Zwetschen und dergleichen Pöbel (ebd.: 348).

Wenn von Heines erzählerischem Journalismus die Rede ist, dann gilt die Aufmerksamkeit meist jener Artikelserie, die er ab 1840 für die *Allgemeine Zeitung* in Augsburg schrieb und später unter dem Titel *Lutetia* als Buch veröffentlichte (vgl. Haas 1999: 197ff.; Remmel-Gortat 1991; Hansen 1988; Miller 1982: 100ff.) Schon 20 Jahre vor *Lutetia* sind Stil und Anliegen seines Feuilletons aber in einer weit weniger beachteten Artikelreihe voll ausgebildet. In den *Briefen aus Berlin* (1822) findet sich überdies eine Art Poetik des Feuilletonisten Heine.

4 „Nur andeuten, nicht ausmalen“: Das Paradigma der *Briefe aus Berlin*

Während seines Studiums in Berlin schreibt der 25-jährige Heine drei Korrespondenzberichte für den *Rheinisch-Westfälischen Anzeiger* in Hamm. Diese *Briefe aus Berlin* erscheinen dort zwischen dem 8. Februar und dem 19. Juli 1822 in der Beilage *Kunst- und Wissenschaftsblatt* in zehn Folgen. Berlin ist damals mit 200.000 Einwohnern eine relativ kleine, aber aufstrebende Metropole. Die Straßen sind breit, die Plätze weit, die Häuser neu und langgestreckt. Doch die junge Stadt hat ein Janusgesicht. Es herrscht der Geist der Reaktion. Der reformwillige Staatskanzler Hardenberg stirbt 1822; das Bürgertum scheitert mit seinem Streben nach einer Verfassung. Studenten und Professoren werden observiert, Presse und Verlage sind nach den ‚Karlsbader Beschlüssen' von 1819 der Zensur ausgeliefert. Überall wittert die Polizei Umsturzversuche von ‚Demagogen'. Im Sommer 1822 – Heine erwähnt es in den *Briefen* – verhaftet sie 70 polnische Studenten, die sich gegen Russlands Regierung verschworen haben sollen (vgl. Marcuse 1960: 49).

Andererseits entwickelt sich wie in allen europäischen Großstädten eine liberale Straßenkultur, die Standesgrenzen durchlässiger macht. Vor allem ist Berlin mit Universität, Theater- und Opernbühnen das geistige Zentrum Deutschlands. Das bürgerliche Milieu trifft sich in Kulturvereinen, literarischen Salons, auf Redouten, und es mausert sich auch im feudalen Preußen zur tonangebenden Instanz.

Heine, der aus der Göttinger Provinz nach Berlin gekommen ist, taucht tief hinein in dieses neue, andere Milieu. Und will gleich etwas Neues, Anderes. *Briefe* als Korrespondenzberichte sind nicht neu, und Berichte aus Berlin schon gar nicht. Theaterreferate drucken die Zeitungen in Hülle und Fülle (vgl. Heine 1973: 383f.). Neu aber ist jener Stil, zu dem sich Heine gleich zu Beginn des ersten Briefes bekennt:

> Was soll ich *nicht* schreiben? d. h., was weiß das Publikum schon längst, was ist demselben ganz gleichgültig, und was darf es nicht wissen? Und dann ist die Aufgabe: Vielerlei zu schreiben, so wenig als möglich vom Theater und solchen Gegenständen, die in der Abendzeitung, im Morgenblatte, im Wiener Konversationsblatte usw. die gewöhnlichen Hebel der Korrespondenz sind, und dort ihre ausführliche und systematische Darstellung finden. (...) Nur verlangen Sie von mir keine Systematie; das ist der Würgengel aller Korrespondenz. (...) Assoziation der Ideen soll immer vorwalten. (...) Nur andeuten, nicht ausmalen (Heine 1981, Band 3: 9f.).

Heine weist hier unmissverständlich auf die Behinderung des Schreibens durch die Zensur hin. Zugleich formuliert er mit seinem feuilletonistischen Programm eine Kampfansage an die Zensur: Nur andeuten (folglich: zwischen den Zeilen schreiben); nicht ausweichen auf den ‚systematischen', aber politisch unverfänglichen Theaterbericht wie so viele andere; keine gewöhnliche Korrespondenz; stattdessen Assoziation der Ideen, Gedankenspiel, eigene Erzählung. Der Feuilletonist als Flaneur. Genau so, als assoziative Rundwanderungen, sind die Texte geordnet. Sie sind Erkundungsgänge in Politik und Geistesleben, in Architektur, Straßenleben und Gastronomie, Bälle, Cafés, Opernpremieren oder literarische Neuerscheinungen.

Im ersten Brief nimmt Heine den Rundgang ganz wörtlich: Er geht mit dem Leser, den er direkt anspricht, durch die Stadt. Schon nach ein paar Schritten macht er ihn mit dem wichtigsten Stilmittel des Feuilletonisten bekannt: „Wir stehen auf der Langen Brücke. Sie wundern sich: ‚die ist aber nicht sehr lang?‘ Es ist Ironie, mein Lieber“ (ebd.: 10). Heine zielt auf die Ironie der Verhältnisse, die ‚uneigentlich‘ sind, also offiziell anders benannt werden (müssen), als sie eigentlich zu benennen wären. Mit dieser Anspielung auf den politisch-gesellschaftlichen Schein gibt der Autor zugleich die Lesart für sein Verfahren vor, mit dem er eben diese Verhältnisse in Frage stellt: „Es ist Ironie, mein Lieber.“

Der ironische Fremdenführer bemerkt noch, dass der Pferdeschwanz am Reiterstandbild des Großen Kurfürsten „nicht so bedeutend dick“ (ebd.: 11) ist wie der an der Statue des Kurfürsten Johann Wilhelm in Düsseldorf. Dann schaut er auf die Königstraße mit ihren Warenauslagen, schwärmt als Lustmensch von der Konditorei Josty und parodiert dabei rasch ein paar Zeilen aus Schillers *Glocke*, um schließlich zum Lustgarten am Schloss zu gelangen. Aus dem hat der Soldatenkönig 100 Jahre zuvor einen Exerzierplatz für Soldaten gemacht. Wieder zielt Heine mit seiner Feuilleton-Technik der Komprimierung ins Zentrum preußischen Selbstbewusstseins: „‚Wo ist aber der Garten?‘ fragen Sie. Ach Gott! merken Sie denn nicht, das ist wieder die Ironie“ (ebd.).

Lange haben Heine-Leser und -Forscher solche Andeutungen nicht erkannt und in den *Briefen aus Berlin* (neben der Form) die politische Substanz vermisst (vgl. Hermand 1969: 288ff.; Marcuse 1960: 51ff.). Doch die Briefe haben beides. Heine benennt mit damals ungewöhnlicher Offenheit eine Vielzahl politisch-gesellschaftlicher Ereignisse und Erscheinungsformen. Über dieses faktisch Greifbare, über eine Fülle namentlich genannter Zeitgenossen wirft er das Netz seiner Anekdoten und Persiflagen, seiner fiktiven Figuren und Dialoge, seine Technik der Kontrastierung – und versetzt diesem Preußen vor den Augen der Zensur Nadelstiche, die leicht als Hochverrat verstanden werden konnten (vgl. Hermand 1969: 293). Vor dem Berliner Dom spottet er über die „Dompfaffen", vor der Börse gegen jene, die dort „schachern": „O Gott, welche Gesichter! Habsucht in jeder Muskel" (Heine 1981, Band 3: 12). Am Lustgarten bewundert er, sehr zum Wohlgefallen der Zensur, „schöne, kräftige, rüstige, lebenslustige" Offiziere. Aber dann lässt er „hier und da (...) ein aufgeblasenes, dumm-stolzes Aristokratengesicht aus der Menge hervorglotzen" (ebd.). Heine preist, zum Schein, die allgemeine Wehrpflicht in Preußen. Aber dann deutet er vielsagend auf einen Bauern unter den exerzierenden Soldaten: „Er schultert, präsentiert und – schweigt" (ebd.: 13). Er nimmt sich die Professoren der Universität und die Deutschtümelei der Burschenschaften vor. Vor dem Schloss wagt er sich sogar an den König heran:

> Unser König wohnt hier. Einfach und bürgerlich. Hut ab! da fährt der König selbst vorbei. (...) Das Haupt bedeckt eine gewöhnliche Offiziersmütze, und die Glieder umhüllt ein grauer Regenmantel. Aber das Auge des Eingeweiheten sieht den Purpur unter diesem Mantel und das Diadem unter dieser Mütze (ebd.: 13f.).

Der Ironiker lobt die Bescheidenheit der Majestät („Hut ab!") – und entlarvt zugleich die getarnte Macht: 1820 war es in Berlin zu Unruhen gekommen, weil sich Bürger weigerten, vor dem König den Hut abzunehmen (vgl. Hermand 1969: 297).

Freilich ist Heine Epikureer und Feuilletonist genug, um auf seinem Rundgang nicht die schönen Damen der Großstadt zur vergessen („Ich werde poetisch!") (vgl. Heine 1981, Band 3: 16), nicht den Putz, die Eitelkeit, die Gerüche der Spaziergänger und nicht die Genüsse der Gastronomie. So lässt er sich am Ende mit der Droschke ins Café Royal bringen. Dort mokiert er sich noch einmal über illustre und weniger illustre Gäste und könnte nun am Ende seines Briefes sein: „Aber was kümmern mich alle diese Herren, ich habe Hunger. Garçon, la charte!" (Ebd.: 20)

Doch mit diesem Ruf nach der Karte, die (so geschrieben) in Wahrheit eine Charta (Verfassung) ist, kommt der Korrespondent nicht zur Ruhe. Seine Redaktion will noch „Neuigkeiten, armselige Stadtneuigkeiten" (ebd.: 20). Offenbar hatten ihn die Verleger des *Rheinisch-Westfälischen Anzeigers* aufgefordert, all die Hof- und Theatermeldungen, Verbrechensnotizen, Personalien, all den Hauptstadt-Tratsch mitzuliefern, den die Konkurrenz auch brachte. Heine entledigt sich dieser Chronistenpflicht ebenso lustlos wie raffiniert. Er führt eine fiktive Figur ein, den Kammermusikus, der das Gewünschte herunterleiert – nicht ohne „Verbotenes und Unerwünschtes“ (Höhn 1987: 142) einzuschmuggeln. Im folgenden Ausschnitt ist das der Hinweis auf die Zensur, auf die offiziell ja niemand hinweisen durfte:

> Der Tänzer Antonin war hier, verlangte 100 Louisdor für jeden Abend, welche ihm aber nicht bewilligt wurden. Adam Müller, der Politiker, war ebenfalls hier; auch der Tragödienverfertiger Houwald. Madame Woltmann ist wahrscheinlich noch hier; sie schreibt Memoiren. (...) Wach ist mit einem Altarblatt beschäftigt, das unser König der Siegeskirche in Moskau schenken wird. Die Stich ist längst aus den Wochen und wird morgen wieder in Romeo und Julie auftreten. (...) *Vom Brockhausischen Konversationsblatte werden hier noch dann und wann Blätter konfisziert* [Hervorhebung von mir, G.R.]. Von Görres neuester Schrift: ‚In Sachen der Rheinlande usw.‘ spricht man gar nichts; man hat fast keine Notiz davon genommen. Der Junge, der seine Mutter mit dem Hammer totgeschlagen hat, war wahnsinnig (Heine 1981, Band 3: 21f.).

Im zweiten Brief variiert Heine das Verfahren des Rundgangs: Nicht durch Straßen und in Cafés führt er nun die Leser, sondern begleitet sie durch die Kulturszene der Hauptstadt. Er erzählt vom Triumph Carl Maria von Webers mit dem *Freischütz* und karikiert zugleich in genialen Strichen, wie dessen Lied vom *Jungfernkranz* – ein Medien-Hit avant la lettre – überall in der Stadt nachgesungen wird. Er gibt den Hofkomponisten Spontini (und mit ihm den Hof) dem Spott seiner Leser preis. Walter Scott, Goethe, Kleist, E.T.A. Hoffmann, Jean Paul – immer wieder thematisiert Heine literarische Moden und Hoffnungen wie auch das Treiben der Zensur. Der Beitrag mündet erneut in ein Nachrichten-Bulletin des erfundenen Kammermusikus.

Das gilt auch für den dritten Brief, in dem Heine, vom Einstieg abgesehen, nur vorhandene Motive aufgreift und weitertreibt. Zu Beginn jedoch blitzt ein neues Feuilleton-Licht auf. Ganz Berlin ist auf den Beinen, denn Prinzessin Alexandrine vermählt sich mit dem Großherzog von Mecklenburg-Schwerin. Auch Heine macht sich auf. Er beschreibt zunächst, ganz Reporter, den Betrieb in den Straßen, das Wagengerassel, die Pracht der Equipagen, die Kleider der Bedienten. Aber er will keine „ausführliche Beschreibung“ der Feiern selbst geben, wie sie schon in den anderen Blättern stand. Auch habe er davon wenig gesehen. „Da ich oft mehr den Geist als die Notiz referiere, so hat das so sehr viel nicht zu bedeuten. Ich hatte mich auch nicht genug vorbereitet, sehr viele Notizen einzusammeln“ (ebd.: 48).

Mehr den Geist als die Notiz – hier trennt sich der Feuilletonist vom Reporter. Heine gelangt erst gar nicht ins Schloss hinein. Er bleibt auf dem Schlosshof im Gedränge der Menschen, die all den Glanz bewundern, bewundert selbst aber lieber zwei hübsche Berlinerinnen – und gleitet aus der Reportage in die Fiktion. Der Kammermusikus erscheint ihm. Der, als Räsoneur niemand anderes als Heines Alter Ego, mokiert sich über Spießbürger und falsche ‚Freiheitshelden'. Plötzlich beschwört er Robespierre und Marat:

> der Mensch geriet jetzt in seine alten Revolutionsgeschichten, und schwatzte von nichts als Guillotinen, Laternen, Septembrisieren, bis mir, zu meinem Glück, seine lächerliche Pulverfurcht in den Sinn kam, und ich sagte ihm: ‚Wissen Sie auch, daß gleich im Lustgarten zwölf Kanonen losgeschossen werden?' Kaum hatte ich diese Worte ausgesprochen, und verschwunden war der Kammermusikus./Ich wischte mir den Angstschweiß aus dem Gesicht, als ich den Kerl vom Halse hatte, sah noch die letzten Aussteigenden, machte meinen schönen Nachbarinnen eine mit einem holden Lächeln akkompagnierte Verbeugung, und begab mich nach dem Lustgarten (ebd.: 51).

1822 konnte das Publikum des *Rheinisch-Westfälischen Anzeigers* diese Stelle nicht lesen; die Zensur hatte sie fast vollständig gestrichen (vgl. Heine 1973: 378).

5 Autonomie und Ironie: Heines Modernität

Worin besteht nun die emanzipatorische Kraft, die Modernität in Heines Verfahren? Heine macht Stadt und Boulevard zum journalistischen Gegenstand. Nicht als Erster und Einziger – Großstadtberichte sind seit Ende des 18. Jahrhunderts in Mode. Karoline de la Motte Fouqué schreibt 1821, kurz vor Heine, ebenfalls *Briefe aus Berlin*; Ludwig Börne veröffentlicht von 1830 an seine *Briefe aus Paris*. Was Heine indessen auszeichnet, ist seine Art, sich assoziativ treiben zu lassen, ohne von Konventionen getrieben zu werden. Wie ein moderner Mediennutzer stellt er sich seine Bilder der Stadt zusammen. Der Spaziergänger lässt sich gehen und gibt zugleich Richtung und Rhythmus vor. Er steuert und wählt aus – ein autonomes Subjekt. Heine nutzt diese Autonomie jedoch (anders als viele moderne Mediennutzer) nicht, um der politischen Situation auszuweichen. Im Gegenteil: Man kann die *Briefe aus Berlin* „als ein Widerstandsverfahren beschreiben, das gegen die Ansprüche einer fixierten, etablierten Ordnung gerichtet ist“ (Frank 1998: 36). Im Strom der Massenphänomene, aber fern jeder Anpassung an die Massen einerseits, die Organisatoren politischer Macht andererseits, entdeckt das Individuum sich als kritische Instanz. Das war im 19. Jahrhundert emanzipatorisch, und es scheint mir nach den Erfahrungen mit den Ideologien des 20. Jahrhunderts von neuem modern zu sein. Heines Grundhaltung der Ironie können wir heute als sehr gegenwärtig empfinden.

Ironie und Mehrdeutigkeit prägen die Kultur unserer Zeit (Werbung, Kunst, Jugendsprache) bis in die Sprache der Nachrichtenmedien (vgl. Todorow 1998). Längst ist deren und unser Glaube erschüttert, Wirklichkeit lasse sich objektiv und verbindlich abbilden. Im Zeitalter der PR-Strategen und der politisch inszenierten Realität wahrt die Ironie skeptische Distanz und ringt auf ihre Weise um Wahrheit. Diese Haltung demonstriert der Journalist Heinrich Heine. Er sucht und sammelt Fakten, aber er weiß, wie fragwürdig ihr Nachrichtenwert sein kann – nicht nur wegen der Zensur, sondern auch wegen der Konstruktion von Realität, die Objektivität nur vortäuscht. Deshalb ist das Aneinanderreihen von Schlagzeilen in den Briefen ein früher und selbstbewusster Akt der Journalismuskritik. „Ach Gott!“, klagt der Autor im zweiten Brief, „Was soll man endlich Notizen über Menschen schreiben, von denen man gar keine Notiz nehmen sollte?“ (Heine 1981, Band 3: 43)

Heinrich Heine war selbst ein ausgezeichneter Reporter. Aber er wusste um die Relativität des Sichtbaren. Als Feuilletonist setzte er eher auf das innere Auge als auf die Kamera. Er brauchte das Faktische der Nachricht, aber nicht, um es bloß zu übermitteln, sondern um mit seiner Hilfe zu assoziieren und zu räsonieren (vgl. Haas 1999: 198; Miller 1982: 127). Er brauchte den Reporter-Bräutigam im seriösen schwarzen Anzug. Aber in der Rolle der Feuilleton-Braut, die ihm besonders lag, flüsterte er ihm, flüstert er sich selbst und uns zu: „Es ist Ironie, mein Lieber.“

Literatur

Auburtin, Victor (1970): Sündenfälle. Feuilletons. München, Wien: Langen-Müller

Auburtin, Victor (1995): Pfauenfedern. Ein Glas mit Goldfischen. Miniaturen und Feuilletons aus der Nachkriegszeit. Berlin: Das Arsenal

Bender, Hans (1965) (Hg.): Klassiker des Feuilletons. Stuttgart: Reclam

Frank, Markus (1998): Wanderschau und ambulante Nachdenklichkeit. Elemente einer Poetik des Spaziergangs im Berlin-Feuilleton des frühen 20. Jahrhunderts. In: Peter Sprengel (Hg.): Berlin-Flaneure. Stadt-Lektüren in Roman und Feuilleton 1910-1930. Berlin: Weidler: 23-43

Haas, Hannes (1999): Empirischer Journalismus. Verfahren zur Erkundung gesellschaftlicher Wirklichkeit. Wien u.a.: Böhlau

Hansen, Volkmar (1988): Paris gespiegelt in Heines Augen. In: Conrad Wiedemann (Hg.): Rom – Paris – London. Erfahrung und Selbsterfahrung deutscher Schriftsteller und Künstler in den fremden Metropolen. Stuttgart: Metzler: 457-478

Heine, Heinrich (1973): Historisch-kritische Gesamtausgabe der Werke. Band 6: Briefe aus Berlin/Über Polen/Reisebilder I/II (Prosa). Hamburg: Hoffmann und Campe

Heine, Heinrich (1981): Sämtliche Schriften in zwölf Bänden. Frankfurt/Main u.a.: Ullstein

Hermand, Jost (1969): Heines „Briefe aus Berlin“. Politische Tendenz und feuilletonistische Form. In: Helmut Kreuzer (Hg.): Gestaltungsgeschichte und Gesellschaftsgeschichte. Literatur-, kunst- und musikwissenschaftliche Studien. Stuttgart: Metzler: 284-305

Höhn, Gerhard (1987): Heine-Handbuch. Zeit, Person, Werk. Stuttgart: Metzler

Knobloch, Heinz (1962): Vom Wesen des Feuilletons. Mit Studienmaterial Theorie und Praxis des Feuilletons. Halle: Verlag Sprache und Literatur

Knobloch, Heinz (1973) (Hg.): Allerlei Spielraum. Feuilletons aus 225 Jahren. Berlin: Der Morgen

Kraus, Karl (1986): Heine und die Folgen. Schriften zur Literatur. Stuttgart: Reclam

Marcuse, Ludwig (1960): Heinrich Heine in Selbstzeugnissen und Bilddokumenten. Reinbek: Rowohlt

Miller, Nikolaus (1982): Prolegomena zu einer Poetik der Dokumentarliteratur. München: Fink

Preisendanz, Wolfgang (1968): Der Funktionsübergang von Dichtung und Publizistik bei Heine. In: Hans Robert Jauß (Hg.): Die nicht mehr schönen Künste. Grenzphänomene des Ästhetischen. München: Fink: 343-374

Remmel-Gortat, Barbara (1991): Deutscher Journalismus im Vormärz. Die Pariser Berichterstattung der „Allgemeinen Zeitung" von 1840 bis 1843 und Heinrich Heines „Lutezia". Phil. Diss. Düsseldorf: o.V.

Sösemann, Bernd (2000): Politik im Feuilleton – Feuilleton in der Politik. Überlegungen zur kommunikationshistorischen Bedeutung literarischer Texte und zu ihrer medienwissenschaftlichen Interpretation. In: Kai Kauffmann/Erhard Schütz (Hg.): Die lange Geschichte der Kleinen Form. Beiträge zur Feuilletonforschung. Berlin: Weidler: 40-59

Stegert, Gernot (1998): Feuilleton für alle. Strategien im Kulturjournalismus der Presse. Tübingen: Niemeyer

Todorow, Almut (1998): Ironie in der Tagespresse. In: Publizistik, Jg. 43, H. 1: 55-75

Thorsten Unger

Erlebnisfähigkeit, unbefangene Zeugenschaft und literarischer Anspruch

Zum Reportagekonzept von Egon Erwin Kisch und seiner Durchführung in *Paradies Amerika*

1 Vorbemerkung

Die noch junge, aber schon bedeutende, von Willy Haas im Rowohlt Verlag herausgegebene Literaturzeitschrift *Die literarische Welt* veranstaltete im Frühjahr 1926 unter namhaften zeitgenössischen Autoren eine Rundfrage zum Thema „Reportage und Dichtung". Anlass waren die Diskussionen über den Begriff der Sachlichkeit, der neuerdings ähnlich wie in der bildenden Kunst auch in der Literatur als Etikett einer neuen Stilrichtung verwendet wurde. Ob wohl „die Dichtung, insbesondere die epische Kunstform, von der neuen Sachlichkeit der Reportage entscheidend beeinflußt werden" würde, dazu sollten sich die Autoren äußern. Es äußerten sich Max Brod, Alfred Döblin, Leonhard Frank, George Grosz, Max Hermann-Neisse, Hermann Kasack, Klabund, Hans Leip, Emil Ludwig, Heinrich Mann, Erich Mühsam, Hans José Rehfisch, Ernst Toller und Ernst Weiss, und entsprechend vielfältig fielen die Meinungen aus, die das Blatt in der Ausgabe vom 25. Juni 1926 veröffentlichte. „Ich hoffe und erwarte", poltert etwa Alfred Döblin, „daß die Journalisten nie auf die Dichtung entscheidenden Einfluß gewinnen werden." Auf „entscheidenden" legt Döblin hier die Betonung; das zeigt der nächste Satz, in dem er nämlich einräumt: „Allerdings fürchte ich, daß der Journalismus schon einen *gewissen* Einfluß auf die Dichtung ausübt." Am anderen Ende des Spektrums positioniert sich Klabund: „Die epische Kunstform ist *immer* von der Sachlichkeit der Reportage beeinflußt worden." Als Beleg greift Klabund auf Homer zurück und führt den „Schiffskatalog in der Ilias" an (Reportage und Dichtung 1926: 2f.).

Für die Romane der Neuen Sachlichkeit ist aus heutiger literaturwissenschaftlicher Perspektive der Befund selbst nicht mehr umstritten: Annäherungen an journalistische Formen der Reportage zählen zu den Stilmerkmalen dieser Literatur, die sich faktographisch operational versteht und sich um Entfiktionalisierung, Entpoetisierung und Entidealisierung bemüht (vgl. Becker 2000, Band 1: 154ff.). Sie greift politische und wirtschaftliche, soziale und kulturelle Gegenwartsthemen auf, die zeitgleich auch in den Printmedien diskutiert werden, gestaltet sie oft dokumentarisch mit klaren Zeit- und Ortsbezügen und auf der Basis einer Sachanalyse, die nicht selten eine gründliche Recherche erkennen lässt. Als ein schlichter Einfluss aber, den die Reportage auf die Literatur hätte, lässt sich diese Entwicklung nun nicht hinreichend verstehen. Zumindest ist ein Wechselverhältnis im Sinne einer wechselseitigen Annäherung von Literatur und Publizistik zu konstatieren. Denn im gleichen Zeitraum, in dem sich verstärkt reportagehafte Schreibweisen in Romanen finden, werden umgekehrt in Reportagen literarische Verfahren eingesetzt. Und für diese Tendenz steht vor allem der Prager, Berliner, Wiener und schließlich Exiljournalist Egon Erwin Kisch (1885-1948);[1] Kisch gilt als Meister der literarisch anspruchsvollen Reportage.

In diesem Beitrag wird zunächst eine durchaus umstrittene theoretische Position Kischs zum Thema Reporter und Reportage diskutiert. Zweitens wird Kischs Reportagepraxis vorgestellt; dazu werden Beispiele aus seinen Reisereportagen über die USA in dem Band *Paradies Amerika* herausgegriffen.

---

1 Für biografische Darstellungen vgl. Segel (1997; Einleitung zu einer englischsprachigen Kisch-Anthologie); Hofmann (1988; besonders ausführlich mit Fotos); Schlenstedt (1985; orthodoxe DDR-Perspektive).

2 Kischs Reportagekonzept im Vorwort zum *Rasenden Reporter*

Kisch hat sich verschiedentlich und durchaus mit unterschiedlichen Akzentsetzungen theoretisch zur Reportage geäußert. Dabei zeigt sich eine Entwicklung von einer eher objektivistischen Position zu einer stärker die gestaltende und politisch wertende Funktion des Reporters herausstellenden Position. Nach Karin Ceballos Betancur, die vorrangig Kischs Exiljournalismus untersucht, lassen sich drei Etappen in seinem Werk unterscheiden:

> 1918-1925: das Programm der Tendenzlosigkeit, 1926-1932: die Trennung zwischen politischem Pamphlet und literarischer Reportage wird aufgegeben, 1933 bis 1947: Resignation über die Brauchbarkeit des Reportagegenres (Ceballos Betancur 2000: 34; vgl. auch Geissler 1982: 17ff.; Siegel 1973).

Die folgenden Ausführungen beschränken sich auf Kischs frühere Position und werden aus dem Vorwort zu der 1925 erschienenen Reportagensammlung *Der rasende Reporter* referiert. Der am 1. Oktober 1924 geschriebene Text gilt als Programmschrift der Reportage der Neuen Sachlichkeit:

> Der Reporter hat keine Tendenz, hat nichts zu rechtfertigen und hat keinen Standpunkt. Er hat unbefangen Zeuge zu sein und unbefangene Zeugenschaft zu liefern, so verläßlich, wie sich eine Aussage geben läßt (...). Selbst der schlechte Reporter – der, der übertreibt oder unverläßlich ist – leistet werktätige Arbeit: denn er ist von den Tatsachen abhängig, er hat sich Kenntnis von ihnen zu verschaffen, durch Augenschein, durch ein Gespräch, durch eine Beobachtung, eine Auskunft (Kisch 1925: 659f.).

Mit diesen Worten wird der Reporter ausdrücklich auf Tendenzlosigkeit und Standpunktlosigkeit verpflichtet. ‚Unbefangene Zeugenschaft' soll durch Rückbindung an Tatsachen gewährleistet werden, die durch Recherche – Augenschein, Gespräch, Beobachtung, Auskunft – zu ermitteln sind. Damit korrespondiert der Anspruch auf Sachlichkeit in der Darstellung:

> Die Orte und Erscheinungen, die er beschreibt, die Versuche, die er anstellt, die Geschichte, deren Zeuge er ist, und die Quellen, die er aufsucht, müssen gar nicht so fern, gar nicht so selten und gar nicht so mühselig erreichbar sein, wenn er in einer Welt, die von der Lüge unermeß-

> lich überschwemmt ist, wenn er in einer Welt, die sich vergessen will und darum bloß auf Unwahrheit ausgeht, die Hingabe an sein Objekt hat. Nichts ist verblüffender als die einfache Wahrheit, nichts ist exotischer als unsere Umwelt, nichts ist phantasievoller als die Sachlichkeit.
>
> Und nichts Sensationelleres gibt es in der Welt als die Zeit, in der man lebt! (Ebd.: 660)

„Hingabe an sein Objekt" ist eine weitere Umschreibung für die Haltung des verlässlich recherchierenden, sachlich und tendenzlos schreibenden Reporters. Wahrheit sowie zeitliche und räumliche Gegenwärtigkeit des präsentierten Wirklichkeitsausschnitts sollen dabei der Wirkung des Aufsehenerregenden nicht nur nicht entgegenstehen. Die größten Sensationen fänden sich vielmehr gerade im Hier und Jetzt. Die Gegenwart ist sensationell; und gemeint ist damit bei Kisch – das zeigen die Reportagen in der Sammlung – die soziale Gegenwart. Zur Umschreibung ihrer sachlichen Präsentation wählt Kisch Metaphern aus dem Bereich der Fotografie: „Die nachstehenden Zeitaufnahmen", heißt es überleitend zu den Reportagen,

> sind nicht auf einmal gemacht worden. Subjekt und Objekt waren in verschiedensten Lebensaltern und in verschiedensten Stimmungen, als die Bilder entstanden, Stellung und Licht waren höchst ungleich. Trotzdem ist nichts zu retuschieren, da das Album heute vorgelegt wird (ebd.).

Als „Zeitaufnahmen" bezeichnet Kisch also seine Reportagen und erwähnt als Gestaltungsfaktoren aus der Fotografie die Perspektive oder Stellung der Kamera und Beleuchtung sowie die mögliche, aber unterlassene Retusche.

Diese Fotometaphorik kritisiert später Siegfried Kracauer. Man solle sich doch nicht der Illusion hingeben, dass sich die Wirklichkeit einer so verstandenen Reportage einer bloßen „Reproduktion des Beobachteten" ergebe. „Die Wirklichkeit ist eine Konstruktion", betont Kracauer vielmehr; sie liege einzig in dem Mosaik, das sich aus der erkenntnisgesteuerten Zusammenfügung von Einzelbeobachtungen ergebe (vgl. Kracauer 1930: 15f.). Schärfer als Kisch erörtert Kracauer damit die Reportage vor dem Hintergrund des in der Moderne virulenten Problems der Repräsentation von Wirklichkeit.[2]

---

[2] Vgl. dazu Niefanger (1999) und Makropoulos (1992).

Aber ganz ohne subjektive Komponente versteht auch Kisch die Reportage in diesem frühen Text nicht. Das zeigt die bislang ausgesparte Notiz zu den Voraussetzungen eines guten Reporters: „Der gute braucht Erlebnisfähigkeit zu seinem Gewerbe, das er liebt. Er würde auch erleben, wenn er nicht darüber berichten müßte. Aber er würde nicht schreiben, ohne zu erleben“ (Kisch 1925: 660). Über die Kategorie des Erlebnisses erhält die Idealreportage bei Kisch eine Art empathische Tiefe, die der bloßen fotografischen Momentaufnahme eines Sachverhaltes fehlt. Im Erlebnishaften tritt aber auch ihre subjektive Seite hervor, die in einem Spannungsverhältnis zur geforderten Tendenz- und Standpunktlosigkeit steht.

Wer wollte auch Tendenz- und Standpunktlosigkeit von einem Journalisten erwarten, der ab 1919 Mitglied der Kommunistischen Partei Österreichs und ab 1925 Mitglied der Kommunistischen Partei Deutschlands war? Die autorenbezogene Forschung sucht den Anspruch der Tendenzlosigkeit durch einen Rekurs auf Kischs Erfahrungen mit der Presse im Ersten Weltkrieg und in der Nachkriegszeit plausibel zu machen. Als ‚tendenziös‘ bezeichne Kisch einen Journalismus, der wie die Kriegsberichterstattung die ‚faktischen Verhältnisse‘ im Sinne der politisch oder wirtschaftlich Mächtigen verschleiere und verdunkle (vgl. Siegel 1973: 96f.). In der Tradition eines Tendenzjournalismus dieser Art stehe in der Zeit der Abfassung des Vorworts die republikfeindliche Berichterstattung in den Medien des deutschnationalen Hugenbergkonzerns, der 1924 zwei Drittel der deutschen Presse kontrollierte (vgl. Geissler 1982: 20f.).[3] Aber auch wenn das historische Gegenmodell zu Kischs Reportagekonzept damit treffend ausgemacht ist, bleibt seine Formulierung problematisch, weil schlicht unerfüllbar. Von den Zeitgenossen hat das Kurt Tucholsky in seiner Rezension klar auf den Punkt gebracht: „Das gibt es nicht. Es gibt keinen Menschen, der nicht einen Standpunkt hätte. Auch Kisch hat einen“ (Panter [Tucholsky] 1925:

---

3 Mit Rekurs auf Kischs Aufsatz *Wesen des Reporters* von 1918 sieht Geissler (1982: 21f.) außerdem den mangelnden Faktenbezug des darin von Kisch angegriffenen Typus eines Lyrikers und Feuilletonisten als Gegenbild, von dem der Anspruch auf Tendenz- und Standpunktlosigkeit abzugrenzen sei.

48).[4] Auch in der kaleidoskopartig angelegten Sammlung *Der rasende Reporter* lässt sich Kischs Standpunkt erkennen. Im größeren Teil der Reportagen, deren Themenspektrum von der Fauna des Meeresbodens bis zum Berliner Anatomischen Museum reicht, dominiert der Unterhaltungswert des aufsehenerregenden Details,[5] das der Reporter als „goutierender Flaneur" (Geissler 1982: 23) erlebt und miterleben lässt. In einigen Texten – etwa *Unter den Obdachlosen von Whitechapel* oder *Bei den Heizern des Riesendampfers* (vgl. Kisch 1925: 7ff., 115ff., 139ff.) – begibt sich ‚der rasende Reporter' aber bereits auf die Suche nach dem Standpunkt sozial benachteiligter Bevölkerungsgruppen.

3 Paradies Amerika

In den insgesamt 41 Reisereportagen der Sammlung *Paradies Amerika* ist dies eine durchgehend gesuchte Perspektive. Auch Kurt Tucholsky goutiert das jetzt in einer Besprechung:

> E. E. Kisch hat eine Eigentümlichkeit, die ich immer sehr bejaht habe: er sieht sich in fremden Ländern allemal die Gefängnisse an. Denn maßgebend für eine Kultur ist nicht ihre Spitzenleistung; maßgebend ist die unterste, die letzte Stufe, jene, die dort gerade noch möglich ist (Panter [Tucholsky] 1930: 77).

Den scharfen Kontrast zwischen Amerikas Spitzenleistungen und den Existenzbedingungen am unteren Rand des sozialen Spektrums, zwischen dem Reichtum der Fabrikbesitzer und Aktionäre und der Armut vieler Fabrikarbeiterfamilien und Obdachloser nutzt Kisch als ein durchgehendes Darstellungsprinzip für eine facettenreiche Kapitalismuskritik

---

4 Tucholsky ergänzt folgende prinzipielle Einschätzung: „Jeder Bericht, jeder noch so unpersönliche Bericht enthüllt immer zunächst den Schreiber, und in Tropennächten, Schiffskabinen, pariser Tandelmärkten und londoner Elendsquartieren, die man alle durch tausend Brillen sehen kann – auch wenn man keine aufhat –, schreibt man ja immer nur sich selbst" (Panter [Tucholsky] 1925: 49).

5 Vgl. zum Beispiel die Reportagen *Ein Spaziergang auf dem Meeresboden* und *Geheimkabinett des Anatomischen Museums* in Kisch (1925: 13ff. und 165ff.).

in seinem Reisebuch.[6] Mitunter zieht der Autor, der inzwischen auch dem 1928 gegründeten Bund proletarisch-revolutionärer Schriftsteller (BPRS) angehört, dabei aber verschiedene Register einer antiamerikanistischen Polemik. Erlebnisorientiert bleiben die Reisereportagen, auch der Gestus der gründlichen Tatsachenrecherche wird vielfach durch statistische Daten, konkrete Namen und die Angabe von Informationsquellen weiter beibehalten. Der sachliche Berichtston fällt aber häufig ausgefeilten vergleichenden und metaphorischen Konstruktionen zum Opfer.

Außerdem bedient sich Kisch in *Paradies Amerika* einer fiktiven Beobachterfigur: Er lässt den Reisenden Doktor Becker auftreten, von dessen Erlebnissen ein auktorialer Erzähler berichtet. In der Eingangsreportage *Der Doktor Becker vor den Pforten des Paradieses* (Kisch 1929: 7ff.) wird Doktor Becker als Deckname eines reisenden Autors eingeführt. Unter seinem richtigen Namen sei ihm ein amerikanisches Visum verweigert worden, weil er russische Sichtvermerke in seinem Pass trage und mit der „Behauptung, an Sacco und Vanzetti werde ein barbarischer Justizmord verübt" (ebd.: 9), an die Öffentlichkeit getreten sei. Die dadurch nahegelegte Identifikation Doktor Beckers mit dem Autor Kisch hat einen Teil der Forschung veranlasst, die geschilderten Umstände als Quelle für Kischs tatsächliche Amerikareise zu lesen; häufig heißt es, Kisch sei mit falschem Pass gereist (vgl. zum Beispiel Lewis 1990: 253; Markham 1986: 237; Prokosch 1985: 166). Tatsächlich gibt es jedoch dafür keine Belege. Mit Rückgriff auf FBI-Akten konnte vielmehr gezeigt werden, dass Kisch in den USA jedenfalls seinen richtigen Namen benutzt hat und wahrscheinlich mit seinem richtigen Pass eingereist ist (vgl. Segel 1997: 38f.; Djukic-Cocks 1994: 76, 174). So bleibt Doktor Becker durchgehend eine fiktive Figur. Häufig distanziert sich die Stimme des Reporters von ihr, indem ihre Naivität herausgestellt wird. Ihre Einführung erlaubt eine multiperspektivische Brechung in der Darstel-

[6] Auch Markham (1986: 241) stellt fest, Kisch zeige durchgehend Menschen aus der Arbeitswelt, „creating imagery of a negative paradise for working people throughout his book." Lewis (1990: 264ff.) gelangt zu der Einschätzung, Kisch habe in *Paradies Amerika* offen marxistische Ausführungen vermieden, um ein möglichst breites Publikum zu erreichen. – Natürlich bilden die Reisereportagen kein Lehrbuch des Marxismus, aber Themenauswahl, Perspektive und teils explizite, teils suggerierte Bewertung der recherchierten Fakten lassen ein sozialistisches Anliegen klar erkennen.

lung der recherchierten Wirklichkeitsausschnitte durch einen kontrastierenden Wechsel von Figuren- und Erzählerperspektive, erlaubt zusätzliche Ironisierungen und humoristische Akzentuierungen. Mit alledem ist Doktor Becker bereits ein Mittel der Literarisierung dieser Reportagen.

Kisch hielt sich von November 1928 bis April 1929 in Amerika auf.[7] Bereits vor seiner Rückkehr erschienen in deutschsprachigen Zeitungen die ersten Reportagen. Von Januar bis Mai 1929 brachte die Wochenzeitung *Das Tagebuch* insgesamt neun Texte unter dem Serientitel *Egon Erwin Kisch: Hinter der Freiheitsstatue*; weitere acht Reportagen erschienen zwischen Mai und November 1929 in der *Roten Fahne.* Auch *Die Welt am Abend*, die *Arbeiter Illustrierte-Zeitung*, die *Arbeiterstimme*, *Die Linkskurve*, das *Magazin für Alle*, *Die Neue Bücherschau*, *Die Weltbühne* und die *Wiener Allgemeine Zeitung* veröffentlichten einzelne Reportagen, bevor Kisch Ende November 1929 die Buchveröffentlichung im *Tagebuch* ankündigte.[8] Die Zusammenstellung zeigt, dass sich neben linken auch Zeitungen des liberalen Spektrums für die Texte interessierten. Die Mehrfachverwertung gehört aus pekuniären Gründen zum Spezifikum der Gattung ‚Reportage'. Kisch bearbeitete seine Texte aber je nach Publikationsort adressatenspezifisch, so dass die in den Zeitungen veröffentlichten Versionen häufig in mehreren Details von der Buchausgabe abweichen (vgl. zu einigen Beispielen Lewis 1990: 264; Schütz 1977: 56ff.).

Die folgende Analyse konzentriert sich auf zwei Beispiele: erstens auf Kischs Reportage über die Fließbandarbeit in den Ford-Werken (vgl. dazu auch Ott 1991: 218ff.; Schütz 1977: 51ff.) – dies ist besonders relevant vor dem Hintergrund, dass Henry Ford in der Weimarer Republik eine Symbolfigur für amerikanischen Kapitalismus und entschiedene Rationalisierung war, aber gleichzeitig auch für ein Sozialmodell stand, das einen Ausgleich der Klassengegensätze innerhalb des kapitalistischen Systems anstrebte – und zweitens auf einige Ausführungen zur Kaugummiproduktion in Amerika.

---

7 Der Beginn der Reise wird in der Forschung widersprüchlich datiert. Horowitz (1985: 69) sieht Kisch am 30. Oktober 1928 an Bord des Luxusschiffes ‚Olympic', laut Schlenstedt (1994: 301) ist er erst am 30. November 1928 in die USA gereist.

8 Vgl. (wenn auch mit etlichen Ungenauigkeiten im Detail) die bibliographische Übersicht bei Siegel (1973: 336f.).

In der Reportage *Bei Ford in Detroit* verzichtet Kisch auf die fiktive Beobachterfigur Doktor Becker. Was er hier schildert, wird aus der Perspektive eines teils beobachtenden und miterlebenden, teils journalistisch recherchierenden Reporters berichtet. Dieser wird jedoch nicht als ‚Ich' greifbar, sondern tritt, wenn überhaupt, dann nur unter dem unpersönlichen Pronomen ‚man' in Erscheinung („Man fragt, woher das kommt" Kisch 1929: 259). Das gleiche Pronomen signalisiert aber gelegentlich auch die Perspektive der Arbeiter in den Ford-Werken. „Etwa acht Minuten dauert es, ehe man drankommt" (ebd.), heißt es beispielsweise über die Ausgabe des Mittagessens in den Montagehallen. In Formulierungen dieser Art nähern sich die Perspektiven des Reporters und der Fabrikarbeiter einander an, was beim Einsatz der Beobachterfigur Doktor Becker nicht in gleicher Weise möglich gewesen wäre. So wird bereits über die Erzählperspektive der Eindruck vermittelt, dass für die Betrachtung der Ford-Werke der Blickwinkel der Arbeiter eingenommen wird.

Auch der Aufbau der Reportage zeigt das: Der Bericht folgt nicht der üblichen Reihenfolge einer Besichtigungstour durch die Anlage *Rouge Plant*, sondern beginnt mit verschiedenen Details der Arbeitsumstände in den Ford-Werken. In je einem Absatz erfahren die Leserinnen und Leser zunächst, dass auf dem gesamten fordschen Firmengelände ein striktes Rauchverbot einzuhalten ist, dass die Arbeiter ihr Mittagessen nicht in Kantinen einnehmen können, sondern in den Produktionshallen an Nahrungsmittelkarren kaufen und in fünfzehn bis zwanzig Minuten hinunterschlingen müssen, dass es zu wenig Aborte gibt, dass zahlreiche Arbeiter durch die Verlegung der Fabrik Anfahrtswege von mehr als zwei Stunden haben, dass in den Ford-Werken das so genannte *lay off* praktiziert wird, eine nicht legale strafweise Einzelaussperrung mit Lohneinbußen, dass erkrankte Arbeiter für spezielle Tätigkeiten eingesetzt werden, die sie teilweise im Krankenbett verrichten. Im Kontrast dazu schließt ein Teil dieser Absätze mit der stereotyp wiederholten Formel: ‚Mister Ford aber ist Nichtraucher'. Sie bringt bitter ironisch zum Ausdruck, dass Henry Ford selbst von all den Maßregelungen in seinem Betrieb keineswegs betroffen ist: „Denn Mister Ford ist nicht nur Nichtraucher und Nichtstammgast der Karren [die Lebensmittel in die Werkräume bringen; T.U.], sondern auch Nichtkleiderableger und Nichtbenutzer der Aborte in seinen Werkstätten“ (ebd.: 260). Auf diese Weise erscheint der Autofabrikant in Kischs Darstellung nicht als fürsorglicher Unternehmer, der mit seinem Engagement der Allgemeinheit dient – wie ihn die Leser seiner Autobiographie *Mein Leben und Werk* (1922) auch in Deutschland kennen und Befürworter des Fordismus schätzen –, sondern als ein in seinem Betrieb mit willkürlichen Maßnahmen am Rande der Legalität herrschender Despot.[9]

Nach dieser Einführung provoziert es von vornherein eine skeptische Lektüre, wenn Kisch die Beschreibung der Fließbandproduktion mit dem Aspekt ihrer außerordentlichen Sauberkeit und einem Naturvergleich eröffnet, der eine Art Industrieidylle evoziert:

> Die Maschinenanlagen, an denen Besucher vorbeigeführt werden, strotzen vor Reinheit. Es gibt wohl nirgends in der Welt eine blitzblankere Metallwarenfabrik. (...) Unter den Drehbänken der Motorenwerkstätte liegt kaum ein Häufchen Eisenfeile, und das laufende Band funkelt wie ein Alpenbach (ebd.: 263f.).

Als ein Alpenbach kann das Fließband nur den aus einer gewissen Distanz beobachtenden Besuchern erscheinen. Der Reporter aber erinnert sogleich daran, dass hier kein Naturschauspiel, sondern ein nicht ungefährlicher Arbeitsplatz besichtigt wird, und akzentuiert scharf kontrastierend die gar nicht idyllische Enge bei den Arbeitern:

> Hart an hart stehen die Arbeiter, so daß sie unter dem Arm des Nachbars nach dem heranrollenden Bestandteil greifen, knapp vor dem Gesicht des linken Nachbars die Behandlung des Stückes in Angriff nehmen, unmittelbar vor dem Gesicht des rechten Nachbars vollenden müssen.
>
> Buchstäblich haarscharf über den Köpfen, denn ihr Haar wird gestreift, rollt der Conveyor, an dem auf glitzernden Ketten verschiedene Dinge hängen, wie auf einem Christbaum die Gaben.
>
> Jeder hat nach der für ihn bestimmten Gabe zu haschen, sonst fährt sie unweigerlich von dannen, und das gäbe eine schöne Bescherung (ebd.: 264).

---

9 Ähnlich interpretiert Erhard Schütz (1977: 51) die Anlage der Fordreportage; sie sei „kompositorisch schon auf Destruktion des Bildes vom Genius Ford angelegt“.

Nachdem die Naturidylle durch den Blick auf die gefährliche Enge am Fließband konterkariert worden ist,[10] lässt der neue Vergleich des Zulieferungsbands mit einem Weihnachtsbaum (‚glitzernde Ketten', ‚Christbaum', ‚Gaben', ‚haschen', ‚Bescherung') gar nicht erst einen idyllischen Eindruck entstehen. Durch die angedeuteten Verletzungsgefahren kann der Arbeitsalltag kaum mit weihnachtlichen Gefühlen in Verbindung gebracht werden. Der Vergleich wirkt absurd und zynisch. Liest man diese Passage im Hinblick auf den Fordismus-Diskurs in der Weimarer Republik, wird damit zugleich signalisiert, dass im Grunde jede beschönigende uneigentliche Redeweise über die fordschen Fließbänder dem Arbeitsalltag der Beschäftigten unangemessen wäre.[11] Vielmehr wird die platzsparende Einrichtung der Fließbandarbeitsplätze von schlichten ökonomischen Erwägungen des Unternehmens geleitet, wie Kisch durch folgende Passage unterstreicht:

> Warum aber ist kein Platz? (...)
>
> Oh! Entfernung ist Zeitverlust.
>
> Und Zeit ist Arbeitslohn. Dies ist der Grund für das Gedränge, der Grund dafür, daß keine Bänke oder Tische fürs Mittagessen da sind (...), wenig Aborte und Waschräume, der Grund fürs Rauchverbot.
>
> Nicht eine Sekunde vom Arbeitslohn geht verloren, Tag und Nacht rollt das Band, an das Menschen geflochten sind (ebd.).

Klar erscheint das Fließband im letzten Satz als die Hauptsache im Produktionsprozess; die daran ‚angeflochtenen' Menschen werden demgegenüber zu dekorativen Beigaben, ähnlich unbelebt wie der Christbaumschmuck. Sie erscheinen auf diese Weise selbst als Teil des Produktionsbandes. Das zeigen ihre ganz mechanischen Verrichtungen.

---

10 Ana Djukic-Cocks (1994: 142) sieht die Funktion des Vergleichs mit dem Alpenbach in der Destruktion des Fordismus: „Die Diskrepanz zwischen dem in Deutschland propagierten Fordismus und der Wirklichkeit in den Ford-Werken ist so groß wie der Unterschied zwischen Alpenbach und Fließband. Die Fabrik ist ein komplexes motorenartiges Gebilde, das den Menschen Teilfunktionen zuweist oder sie ausstößt, falls sie nicht funktionieren."

11 Komplementär zu meiner Interpretation hält es Erhard Schütz (1977: 53) für die Funktion der Weihnachtsbaummetaphorik, um so deutlicher akut werden zu lassen, dass die Arbeiter die „Produkte nicht für sich verarbeiten, sondern in Fremdbestimmung".

> Ein Griff nach der Kette, Auflegen der Schraubenmutter, ein Griff nach der Kette, Einstecken der Schraube, ein Griff nach der Kette, zwei Hammerschläge, ein Griff nach der Kette, Ansetzen des autogenen Bohrers, Funken stieben, ein Griff nach der Kette, Befestigung der Bleilamelle, Paraffinpappe, eine Hülse, ein Bündel Kerzen, eine Kurbelwelle, und immer dazwischen ein Griff nach der Kette, ein Griff nach der Kette, Handbewegung und Ergebnis, Körperhaltung und Einsatz, Mensch und Maschine, immerfort gleich (ebd.: 264f.).

In dieser Aufzählung von winzigen Teilverrichtungen wird die Fließbandarbeit durch die sprachlich-stilistische Gestaltung als eintönig und monoton gekennzeichnet.[12] Sieben Mal wird das Syntagma „ein Griff nach der Kette" stereotyp wiederholt, zunächst alternierend mit den Benennungen der Verrichtungen, dann nach einer fünfgliedrigen Aufzählung von zu befestigenden Bauteilen zwei Mal intensivierend direkt nacheinander. Dabei bleibt der ganze Satz eine Reihung von Ellipsen; von den stiebenden Funken als einziger grammatischer Ausnahme abgesehen, werden alle Teilverrichtungen durch Substantivierungen benannt. Durch den Verzicht auf flektierte Verbformen müssen aber auch die Arbeiter nicht als die eigentlichen Subjekte der Tätigkeiten in Erscheinung treten. Die an das Produktionsband geflochtenen Menschen kommen auf diese Weise gar nicht als solche in den Blick, sondern lediglich als Funktionseinheiten, durch die sich je spezifische Verrichtungen im Produktionsprozess teilautomatisch im Rhythmus des Bandlaufs vollziehen. Die durch das Wiederholungsschema ebenfalls rhythmisierte Prosa unterstreicht stilistisch den stets gleichen Arbeitsrhythmus, in dem die einzelnen Tätigkeiten in mechanischen Bewegungsabläufen erledigt werden. Die Einstimmung auf den Bandrhythmus hebt der Schlusssatz noch einmal hervor: „Mensch und Maschine, immerfort gleich."

In der Beschreibung des letzten Bandabschnitts für die Fertigstellung der Automobile wird der Eindruck der automatischen Montage fortgeführt. Dabei greift Kisch die Flussmetaphorik vom Anfang der Passage auf:

---

12 Ulrich Ott (1991: 225) unterstreicht ebenfalls die bei Kisch herausgestellte „grauenvolle Monotonie der Industriearbeit." – Eine in vielen Details ähnliche und sehr wahrscheinlich an Kischs Reportage anknüpfende Beschreibung der Fließfertigung in den Ford-Werken findet sich in Ernst Tollers Reisebericht *Quer Durch*. Vgl. dazu Unger (1999: 194ff.).

> ‚Final Assembly Line', das letzte der laufenden Bänder, ist kein Bach mehr, sondern ein Strom, 268 Meter lang, mit vielen Nebenflüssen. Aus dem Bottich mit Emaillack taucht die Hinterachse empor und rollt heran, die Räder, schon bereift, münden, Kotflügel schwingen sich über sie, das Chassis kommt, dem Rahmen aufmontiert wird der Motor, Kühler spannen sich vor, die Lackierer spritzen Farbe auf, die Karosserie mit Ledersitzen und Fensterscheiben und Laternen stülpt sich als Ganzes übers Ganze, nur festzuschrauben ist sie noch (ebd.: 265).

Die Einzelteile fügen sich in der Schlussphase der Fertigung scheinbar von selbst zusammen. Waren Arbeiter am Fließband grammatisch ganz in den Hintergrund getreten, so scheinen demgegenüber die Bauteile der Autos in der Position der Subjekte zu aktivisch flektierten Verben geradezu belebt: Hinterachsen, Räder, Kotflügel, Kühler und Karosserien tauchen empor, rollen heran, münden, schwingen sich, spannen sich und stülpen sich. In Weiterführung der Flussmetaphorik lässt Kisch all diese selbständig gewordenen Einzelteile ohne Zutun der Arbeiter gleichsam als Nebenflüsse zusammenfließen. Dabei evoziert das Bild des Stroms im Verhältnis zum idyllischen Alpenbach eine Naturgewalt mit erheblich größerer Fließgeschwindigkeit, die durch den einzelnen Menschen kaum zu bändigen ist. Kisch schließt eine explizite Reflexion auf das Arbeitstempo an:

> Jetzt zeigt sich, daß das Fließband das Tempo der Arbeit bestimmt, nicht aber die Arbeit das Tempo des Bandes. Nur wenige Arbeiter bleiben an seinem Ufer stehen, viele fahren mit dem Stück weiter, sitzend auf Wägelchen von kaum dreißig Zentimeter Höhe, wie fußlose Bettler sie verwenden; hier auf dem Boden schleifen die Beine des Arbeiters, der seinem Stück nachjagen muß, um es abzudichten und es abzufeilen, es fahrend behandeln (ebd.: 265).

Neben der Ausführung bloßer Teilverrichtungen durch den immer gleichen Griff, der vom Arbeiter kaum mehr sinnhaft erlebt werden kann, ist die Abhängigkeit des Arbeitstempos von der vorgegebenen Geschwindigkeit der Maschine Kischs zweiter Kritikpunkt an der Fließfertigung bei Ford. Nach dieser Darstellung können sich die Arbeiter nicht in Ruhe der Fertigstellung ihres Werkstücks widmen; vielmehr wird eine hektische Atmosphäre am ‚Ufer' des Fließbands evoziert. Der Sinn der einzelnen Verrichtungen erschließt sich erst vom Endprodukt her. Damit aber kommt der einzelne Bandarbeiter an seiner Station gar nicht mehr in Kontakt. Bereits aus scheinbar belebten Teilen zusammengeschraubt, verselbständigen sich schließlich auch die fertigen Autos:

> Mehr und mehr nähert sich die Summe der Bestandteile dem Begriff Automobil. Und plötzlich schwingt sich ein Mann auf den Chauffeursitz, drückt auf die Hupe, Schrei eines Neugeborenen, und auf dem stark geneigten Band, das läuft, läuft schneller ein lebendes Wesen, reißt sich los von der rollenden Nabelschnur, läuft in eine Halle, die A-A heißt.
>
> (...) 550 Autos kommen hier täglich zur Welt. Händler und ihre Angestellten, die Autonummer in der Hand, warten, lassen Benzin einpumpen und fahren auf neugeborenen Wagen heimwärts (ebd.).

Diese Geburtsmetaphorik, die sich einem ausgeführten Gleichnis nähert (Schrei eines Neugeborenen, lebendes Wesen, Nabelschnur, A-A, neugeborene Wagen), hat der Forschung Probleme bereitet. Ihr eher verniedlichender Effekt wird in der Wirkung der Gesamtreportage für ambivalent gehalten, zuweilen für missglückt und kontraproduktiv (vgl. Ott 1991: 225; Schütz 1977: 54). Übersehen wird allerdings, dass die Geburtsmetaphorik bereits vor Kisch im Fordismus-Diskurs eingesetzt worden ist: Arthur Rundt schreibt in seiner Reportagensammlung Amerika ist anders ebenfalls über den letzten Bandabschnitt in den Ford-Werken, „die Henrys" – so würden die bei Ford hergestellten Autos genannt – „werden ja hier kontinuierlich geboren. Einer nach dem anderen, Tag und Nacht" (Rundt 1926: 57).[13]

Aber aufschlussreich ist es vor allem, den Vergleich für die Interpretation umzukehren: Auf der von Kisch gewählten Ebene wirkt es in der Tat konstruiert, wenn in Serie produzierte Autos als Neugeborene angesehen, Geräusche des Hupens, das Kreischen der Bremsen mit ersten Lebensäußerungen von Menschenkindern verglichen werden; die groteske Wirkung scheint sich hier zu verselbständigen. Der Vergleich erläutert aber nicht nur die Autoproduktion als Sachbereich nach dem

[13] In der gleichen Reportage (*Henrys letzte Kette*) setzt Rundt (1926: 58) übrigens auch Flussmetaphorik zur Beschreibung der Fließbandanlage ein. Über die Seitenketten, die Material zum Hauptband heranbringen, heißt es hier: „Der Ingenieur sagt, es sind die Fütterketten, die der Montagekette das Material zuführen. Aber ich nenne sie Nebenflüsse (...). Und wie wir in der Schule die Nebenflüsse manches großen Stroms als einen Vers gelernt haben, versuche ich auch diese hier mir als was Rhythmisches einzuprägen."

Modell von Geburten, sondern stellt implizit auch für die dem Bildbereich zugehörenden neugeborenen Kinder ein Verstehensmodell bereit: Sie erscheinen danach in Analogie zu in Serie produzierten Autos, Geburtskliniken ähneln modernen, nach den Methoden der Fordschen Fließfertigung produzierenden Autofabriken. Insofern wird durch Kischs Darstellung an dieser Stelle unterschwellig ein Bild des amerikanischen Menschen als Maschinenmensch eingespielt: Als Typus selbst in Serie produziert, wird er in der industriellen Massenproduktion eingesetzt und unter kommerziellen Gesichtspunkten verwertet.

Dass diese Interpretation nicht zu weit greift, lässt sich mit einer ganzen Reihe weiterer Stellen illustrieren, an denen Arbeitsabläufe am laufenden Band beschrieben werden. Durchweg akzentuiert Kisch dabei die Mechanik der Bewegungen, die Unterordnung unter das vorgegebene Tempo und die entsprechend große Eile. Die arbeitenden Menschen erscheinen in diesen Darstellungen ganz wie Maschinen als bloße Produktionsmittel. In der Ausübung ihrer Tätigkeit sind sie von Maschinen abhängig, in den Arbeitsergebnissen den Maschinen unterlegen.

Direkt mit Maschinen verglichen werden Arbeiterinnen in der Beschreibung der weitgehend automatisierten Kaugummiproduktion:

> In riesigen Fabrikhallen der American Chicle Company auf Long Island bekommt man nur wenig Menschen zu Gesicht, und nur in den Versandräumen und in den Sälen der Fehlerkontrolle funktioniert ein Heer von Frauen, die immer noch billiger sind als die billigste Maschine, in weißen Kitteln und mit weißen Hauben zu Hunderten am laufenden Band (Kisch 1929: 144).

Das Verbum „funktioniert" unterstreicht die Mechanik der Kontrolltätigkeit. Der Vergleich unter dem Aspekt der Kosten für das Unternehmen evoziert ironisch eine kritische Sicht auf industrielle Rationalisierung: Nur solange werden Menschen an ihren Arbeitsplätzen weiter funktionieren können, wie sie billiger sind als eine für die gleiche Verrichtung hergestellte Maschine. Je mehr Einzeltätigkeiten im Produktionsablauf durch Spezialmaschinen ersetzt werden, desto mechanischer wird in der industriellen Produktion auch die für Menschen verbleibende Arbeit. Das illustriert Kischs Schlusssatz in der Reportage über „die kaubaren Kügelchen, Würfelchen und Plätzchen" (ebd.: 146); sind sie fertig hergestellt, gelangen sie „schnurstracks in die Kartonierungs-, Expeditions- und Verladeräume, wo die Maschinen individuell und vielseitig arbeiten, die Menschen aber mechanisch und eintönig“ (ebd.). Aber auch im Dienstleistungssektor werden Fließbandtätigkeiten beschrieben, im Zentralpostamt von New York etwa oder zum Beispiel im Versandhaus Sears in Chicago. Über die Beschreibung realer Fließbänder hinaus wird Fließbandsemantik in *Paradies Amerika* sodann im übertragenen Sinne verwendet, so beispielsweise in einer Reportage mit dem Titel *Nächtliches Gericht* (ebd.: 147ff.) über die rasche Bearbeitung von Bagatellfällen in einem ‚Night Court‘ in New York.

Die Erledigung von Streitsachen gewissermaßen am Fließband wird hier zur Kritik am Rechtssystem der USA genutzt. Wenn der Fließbandtechnik in den bislang erwähnten Bereichen selbst in Kischs Darstellung durch ihre Effizienz immerhin ein bestechender Aspekt anhaftet, so ist das nicht mehr der Fall, wo ihr Einsatz als sachfremd und unangemessen geschildert wird. Fließbandarbeit wird auf diese Weise bei Kisch zum Paradigma für Arbeit in Amerika schlechthin.

Mit der Fließbandarbeit korrespondiert in Kischs Darstellung eine spezifische amerikanische Freizeitmentalität. Sie scheint durch das Bedürfnis gekennzeichnet, auch in der Freizeit stets irgendeiner arbeitsähnlichen Beschäftigung nachzugehen, und wird als ‚rasend geschäftiger Müßiggang‘ bezeichnet (vgl. ebd.: 143). Kischs Einlassungen geraten in diesem Kontext äußerst polemisch,[14] wenn er seine Position an einem für Amerika charakteristischen Konsumartikel exponiert: dem Kaugummi.

Anders als Henry Ford ist Egon Erwin Kisch Kettenraucher.[15] Damit mag es zusammenhängen, dass sich in *Paradies Amerika* der Doktor Becker und der erzählende Reporter leitmotivisch über Rauchverbote in Amerika mokieren. Dagegen steht – ebenfalls leitmotivisch – das Bild

---

14 Die im Folgenden zitierten Stellen können jedoch nicht einfach als reine Polemik beiseite gestellt werden, wozu Ulrich Ott (1991: 232f.) tendiert. Sie zeigen gerade in ihrer Polemik einiges über die Klischeegebundenheit von Kischs Auffassung von amerikanischen Mentalitäten.

15 So ist Kisch auf Fotos fast durchweg mit Zigarette oder Zigarre zu sehen (vgl. die Abbildungen bei Hofmann 1988). Dass aber die Zigarette auch zum Habitus des von Kisch verkörperten ‚rasenden Reporters’ gehört, zeigt vor allem die als Titelillustration zum *Rasenden Reporter* verwendete Karikatur von Umbehr (vgl. ebd.: 197).

des kaugummikauenden Amerikaners.[16] Schon bei der Ankunft in New York begrüßt eine Wrigley's Kaugummi-Leuchtreklame den Doktor Becker: „Kaugummi-Reklame grüßt elektrisch, bewegt und eindringlich: ‚Wrigley's here, Wrigley's there, Wrigley's everywhere'. Ebenso die ‚Statue der die Welt erleuchtenden Freiheit'" (ebd.: 15).

Erst nach der Kaugummireklame rückt die Freiheitsstatue ins Blickfeld, angeschlossen in einer knappen Ellipse durch das Vergleichspartikel „ebenso", mithin ebenso eindringlich grüßend, wenn auch wohl nicht elektrisch und bewegt. Hoch ironisch wird die Darstellung aber vor allem durch die Anführungsstriche, in die die Umschreibung der Statue gesetzt ist. Dadurch erscheint das nationale Wahrzeichen herabgestuft auf die Ebene des Werbeslogans der Firma Wrigley's; die Freiheitsstatue wird selbst zu einem Werbeslogan, der in Anführungsstrichen zitierbar ist. Zugleich wird dadurch das Kaugummi aufgewertet auf die Ebene eines nationalen Monuments. Wie die Freiheitsstatue erhält es die Funktion der nationalen Repräsentation. Das Kaugummi begrüßt den Schiffsreisenden zusammen mit der Freiheitsstatue. Fast hat es den Anschein, im Konsumartikel würde das Freiheitsversprechen eingelöst.

Passend zu dieser Eingangssequenz ist in der Reportage *Seine Majestät der Kaugummi* zu erfahren, die „Kaugummi-Erzeugung" sei „die nationalste Industrie von USA" (ebd.: 144). Diese Behauptung sucht Kisch durch zwei Gesichtspunkte plausibel zu machen. Der erste liegt in der Orientierung der amerikanischen Wirtschaft an der Seite des Angebots. Als neues und künstliches Produkt begann die Kaugummi-Industrie bei einer Nachfrage auf dem Niveau von null; nur durch geeignete Werbung für das Angebot konnte überhaupt Kaugummi verkauft werden. In Kischs ironischer Darstellung wird die Angebotsorientierung als Charakteristikum der amerikanischen Mentalität auf der Seite der Industriellen abgebucht.

---

16 Die Verbindung legt Kischs Text durch eine ziemlich unsinnige Mutmaßung selbst nahe: „Bei den besonders intimen Beziehungen, die zwischen Unternehmern und Behörden in Amerika bestehen, ist durchaus anzunehmen, daß die Rauchverbote in der Straßenbahn und in der Untergrundbahn (ja, ähnlich wie in Berlin ist sogar in einigen Kinos und Bibliotheken das Rauchen verboten!) von der Kaugummi-Industrie angeordnet wurden" (Kisch 1929: 143).

> Der Empfänger [einer Lieferung von ,Chicle'-Harz, des Kaugummirohstoffes; T.U.] – wohl jener Mr. Thomas Adams, den die Kaugummi-Industrie zum größten Wohltäter der Nation zu stempeln bestrebt ist – war Anhänger der amerikanisch-teleologischen Naturbetrachtung: nicht deshalb, kalkulierte der Yankee, wächst in China der Reis, weil ihn die Chinesen gerne essen, sondern weil in China der Reis wächst, ist er Nahrungsmittel der Chinesen (...). Also, schloß Mr. Thomas Adams messerscharf, also werden die Amerikaner mein ,Chicle'-Harz einfach aus dem Grunde fressen müssen, weil es da ist! Müssen! Wozu haben wir die Reklame (ebd.: 142).

Dem Erfinder des Kaugummis wird hier eine höhnische Gehässigkeit in den Mund gelegt („fressen"). Sein Kalkül aber ging auf. Kisch referiert einen Umsatz der Kaugummi-Industrie von 150 Millionen Dollar jährlich (vgl. ebd.: 144).

Den zweiten Gesichtspunkt, der Kaugummi zur nationalsten Industrie der USA avancieren lässt, sucht Kisch in der Mentalität der amerikanischen Konsumenten:

> Der Hauptgrund für den Erfolg lag im amerikanischen Volkscharakter, der zu rasend geschäftigem Müßiggang neigt. Immerfort wird etwas getan und nichts geschieht, fleißig ist man beschäftigt und nichts wird gearbeitet, große Bewegungen werden entfesselt, auf daß alles beim alten bleibe, die ,headline', die Riesenüberschrift aller Zeitungen, wird heute leidenschaftlich diskutiert, um morgen total vergessen zu sein. Der Mann in der Subway oder auf der Fähre spricht mit dem Freund von irgend etwas, liest dabei in der Zeitung irgend etwas anderes, denkt wahrscheinlich an irgend etwas drittes, es sei denn, daß er das Kreuzworträtsel löst, streckt dem Schuhputzer die Beine hin, und damit auch Zähne und Zunge auf ähnliche Weise vom Faulenzen abgehalten werden, kaut er Gummi.
>
> Im Automatenrestaurant verschlingen die New Yorker binnen fünf Minuten ihre Mahlzeit, um dann stundenlang die Wälder von Mexiko zu zerbeißen und zu zerlutschen (ebd.: 143f.).

Kisch behauptet hier eine permanente zivilisationsbeflissene Geschäftigkeit als ein wesentliches Kennzeichen der amerikanischen Mentalität. Die neuere Entwicklung der amerikanischen Sprache stellt für den in dieser Weise gezeichneten Menschentypus den Terminus *workaholic* bereit; er bezeichnet einen aus innerem Zwang heraus beständig arbeitenden Menschen.[17] Bei Kisch lässt die Rede von „geschäftigem Müßiggang" eher den Eindruck von Rastlosigkeit, Eile, Hektik, vor allem aber Mußelosigkeit entstehen. Nicht zur Kontemplation nutze der Amerikaner seine Freizeit, sondern er suche nach beständiger Beschäftigung, versuche sich selbst „vom Faulenzen" abzuhalten. Das Resultat ist mehr ein Gestus bedeutender Geschäftigkeit als wirkliche effektive Betätigung. Darauf verweist in Kischs Darstellung die mehrfache Verwendung der Figur des Paradoxons: „Immerfort wird etwas getan und nichts geschieht".[18] In ihrer Effektlosigkeit bleibt die Geschäftigkeit insofern eine bloße Kaschierung des Müßiggangs. Den Kaugummi erhebt Kisch geradezu zum Schlüsselsymbol für diesen Zusammenhang. Das Kauen unterstreiche den Gestus der Geschäftigkeit. Die zitierte Passage liest sich wie ein gehässiger Ausfall gegen amerikanische Mentalität. Erst der letzte Satz signalisiert mit der Metonymie („Wälder von Mexiko zu zerbeißen"), dass das Mittel der Übertreibung nicht nur auf höhnisches, sondern auch auf humoristisches Lachen zielt.

Von Tendenz- und Standpunktlosigkeit aber – das lässt sich aus den Analysen zusammenfassen – kann im Hinblick auf Kischs Amerikareportagen nicht mehr gesprochen werden; das Konzept hatte der Journalist schon in früheren Arbeiten überwunden. Vielmehr nutzt Kisch gezielt literarische Verfahrensweisen – Metaphern, Vergleiche, rhetorische Mittel wie intensivierende Wiederholungen oder das Paradoxon –, um ein entschieden kritisches Bild des amerikanischen Kapitalismus zu zeichnen. Passagenweise greift er dabei – wie etwa in seinen Ausführungen zur amerikanischen Mentalität – ins Register der gehässigen Polemik. Das alles ergibt weit mehr als eine bloße fotografische Abbildung der Wirklichkeit. Doch man kann sagen: zum Glück! Denn auch wer im Fazit nicht alle Einschätzungen des rasenden Reporters teilen möchte,

---

17 Merriam-Webster's Collegiate Dictionary (1999: 1363) definiert *workaholic* als „a compulsive worker" und gibt das Jahr 1968 für die erste belegte Verwendung des neuen Wortes an.

18 Ulrich Ott (1991: 233) sieht in den paradoxen Formulierungen, dass in Amerika trotz großer Bewegung und Beschäftigung nichts geschehe, einen Ausdruck für Kischs Befremdung darüber, dass die amerikanischen Arbeiter sich kaum für eine radikale Änderung der Verhältnisse im sozialistischen Sinne engagieren würden. Diese Interpretation ist zu eng.

findet in *Paradies Amerika* doch manchen immer noch aktuellen Gedankenanstoß, und das auf sehr unterhaltsame, kurzweilige und amüsante Weise.

Literatur

Becker, Sabina (2000): Neue Sachlichkeit. 2 Bände. Köln u.a.: Böhlau

Ceballos Betancur, Karin (2000): Egon Erwin Kisch in Mexiko. Die Reportage als Literaturform im Exil. Frankfurt/Main: Lang

Djukic-Cocks, Ana (1994): Das Amerikabild in den Reportagen von Egon Erwin Kisch. Ann Arbor, Mich.: University Microfilm International

Geissler, Rudolf (1982): Die Entwicklung der Reportage Egon Erwin Kischs in der Weimarer Republik. Köln: Pahl-Rugenstein

Hofmann, Fritz (1988): Egon Erwin Kisch. Der rasende Reporter. Biographie. Berlin [DDR]: Verlag Neues Leben

Horowitz, Michael (1985): Ein Leben für die Zeitung. Der rasende Reporter Egon Erwin Kisch. Wien: Verlag ORAC

Kisch, Egon Erwin (1925): Der rasende Reporter. In: ders.: Gesammelte Werke in Einzelausgaben. Band 5. Nachdruck 1972. Berlin, Weimar: Aufbau: 5-278, 659f.

Kisch, Egon Erwin (1929): Paradies Amerika. Nachdruck 1994. Berlin: Aufbau

Kracauer, Siegfried (1930): Die Angestellten. Aus dem neuesten Deutschland. Nachdruck 1971. Frankfurt/Main: Suhrkamp

Lewis, Ward B. (1990): „Egon Erwin Kisch beehrt sich darzubieten: ‚Paradies Amerika'". In: German Studies Review, H. 13: 253-268

Makropoulos, Michael (1992): Konstellation und Synthese. Kracauer, Lazarsfeld und die Konstruktion soziologischer Wirklichkeit um 1930. In: Jahrbuch für Soziologiegeschichte: 147-158

Markham, Sara (1986): Workers, Women, and Afro-Americans. Images of the United States in German Travel Literature, from 1923 to 1933. New York u.a.: Lang

Mayer Hammond, Theresa (1980): American Paradise. German Travel Literature from Duden to Kisch. Heidelberg: Winter

Merriam-Webster's Collegiate Dictionary (1999). 10th Edition. Springfield, Mass.: Merriam-Webster Incorporated

Niefanger, Dirk (1999): Gesellschaft als Text. Zum Verhältnis von Soziographie und Literatur bei Siegfried Kracauer. In: Deutsche Vierteljahresschrift für Literaturwissenschaft und Geistesgeschichte 73: 162-180

Ott, Ulrich (1991): Amerika ist anders. Studien zum Amerika-Bild in deutschen Reiseberichten des 20. Jahrhunderts. Frankfurt/Main u.a.: Lang

Panter, Peter [Kurt Tucholsky] (1930): Auf dem Nachttisch. In: Die Weltbühne, H. 13 vom 25. März. In: Kurt Tucholsky (1975): Gesammelte Werke in zehn Bänden. Band VIII. Reinbek bei Hamburg: Rowohlt: 76-84

Peter Panter [Kurt Tucholsky] (1925): Der rasende Reporter. In: Die Weltbühne, H. 7 vom 17. Februar. In: Kurt Tucholsky (1975): Gesammelte Werke in zehn Bänden. Band IV. Reinbek bei Hamburg: Rowohlt: 48f.

Prokosch, Erdmute (1985): Egon Erwin Kisch. Reporter einer rasenden Zeit. Bonn: Keil

Reportage und Dichtung/Eine Rundfrage (1926). In: Die literarische Welt, Jg. 2, H. 26 vom 25.6.1926: 2f.

Rundt, Arthur (1926): Amerika ist anders. Berlin: Volksverband der Bücherfreunde

Schlenstedt, Dieter (1985): Egon Erwin Kisch. Leben und Werk. Berlin: verlag das europäische buch

Schlenstedt, Dieter (1994): Nachwort. In: Egon Erwin Kisch: Paradies Amerika. Berlin: Aufbau: 301-307

Schütz, Erhard (1977): Kritik der literarischen Reportage. Reportagen und Reiseberichte aus der Weimarer Republik über die USA und die Sowjetunion. München: Fink

Segel, Harold B. (1997): Egon Erwin Kisch, The Raging Reporter. A Bio-Anthology. West Lafayette, Indiana: Purdue University Press

Siegel, Christian Ernst (1973): Egon Erwin Kisch. Reportage und politischer Journalismus. Bremen: Schünemann Universitätsverlag

Tucholsky, Kurt (1975): Gesammelte Werke in zehn Bänden. Reinbek: Rowohlt

Unger, Thorsten (1999): Fließbänder und Schlachthöfe. Fremdbilder von amerikanischer Erwerbsarbeit in Tollers ‚Quer Durch'. In: Stefan Neuhaus/Rolf Selbmann/Thorsten Unger (Hg.): Ernst Toller und die Weimarer Republik. Ein Autor im Spannungsfeld von Literatur und Politik. Würzburg: Königshausen & Neumann: 187-203

Benjamin Wagener

Inländische Perspektivierungen

Erich Kästner als Feuilletonist der *Neuen Zeitung*

> Warum rackere ich mich ab, statt, die feingliedrigen Händchen auf dem Rücken verschlungen, ‚im Walde so für mich hin' zu gehen? Weil es nötig ist, daß jemand den täglichen Kram erledigt, und weil es zuwenig Leute gibt, die es wollen und können. Davon, daß jetzt die Dichter dicke Kriegsromane schreiben, haben wir nichts. Die Bücher werden in zwei Jahren, falls dann Papier vorhanden ist, gedruckt und gelesen werden, und bis dahin – ach du lieber Himmel! – bis dahin kann der Globus samt Europa, in dessen Mitte bekanntlich Deutschland liegt, längst zerplatzt und zu Haschee geworden sein. Wer jetzt beiseite steht, statt zuzupacken, hat offensichtlich stärkere Nerven als ich. Wer jetzt an seine Gesammelten Werke denkt statt ans tägliche Pensum, soll es mit seinem Gewissen ausmachen. Wer jetzt Luftschlösser baut, statt Schutt wegzuräumen, gehört vom Schicksal übers Knie gelegt.
>
> Das gilt übrigens nicht nur für Schriftsteller.
>
> Erich Kästner (1998a: 82): *Der tägliche Kram*

1 Voraussetzungen

Der Schriftsteller und Publizist Erich Kästner übernahm im Oktober 1945, unmittelbar nach dem Ende des Zweiten Weltkriegs, die Leitung der Feuilletonredaktion der *Neuen Zeitung* in München. Die *Neue Zeitung* war eine „amerikanische Zeitung für die deutsche Bevölkerung", herausgegeben wurde sie von der amerikanischen Militärregierung. Erich Kästner leitete das Feuilleton bis April 1948, danach schrieb er noch bis 1953 vereinzelte Beiträge. Insgesamt veröffentlichte er 107 Artikel in der *Neuen Zeitung*. Was veranlasst einen Schriftsteller und Publizisten wie Erich Kästner, nach dem Zweiten Weltkrieg für eine Zeitung der amerikanischen Militärregierung zu arbeiten? Welche Gedanken will er in seinen Artikeln vorstellen? Welche besonderen Auffassungen vertrat der „Inländer" Erich Kästner, also ein Literat, der sich gegen die Emigration und für das Ausharren in Deutschland entschied, um, wie er es in seinem ersten Artikel für die *Neue Zeitung* ausdrückte, Deutschland den Puls zu fühlen? (Vgl. *Münchner Theaterbrief*, NZ 18.10.1945)[1]

Erich Kästner wollte nicht „die feingliedrigen Händchen auf dem Rücken verschlungen, ‚im Wald so für mich hin' (.) gehen" (1998a: 82), und versuchte stattdessen, durch journalistische Arbeit an der ethischen und moralischen Erziehung mitzuwirken und den Wiederaufbau in Deutschland zu unterstützen. Die Produkte dieser Arbeit, die Artikel in der *Neuen Zeitung*, sind in diesem Zusammenhang keine schlüssigen Antworten auf die drängenden Fragen der Nachkriegsjahre, sondern bestimmt von ihrer Unfertigkeit in einer von Orientierungslosigkeit geprägten Epoche. „Als aufmerksamer Zeitgenosse sah, hörte und schrieb er Vorläufiges, Unvollständiges, Widersprüchliches, denn seine Ansichten entwickelten sich in der Zeit und mit der Zeit" (Barnouw 1999b: 143). Die Erfahrungswelt und die Bedingungen, wie sie sich am Ende des Zweiten Weltkrieges in Deutschland darstellten, bilden den Hintergrund für die Texte. In einer

> ganz und gar außergewöhnlichen, heute weitgehend unvorstellbaren Situation des zeitweiligen totalen Nicht-Funktionierens hochkomplexer gesellschaftlicher Ordnungssysteme mit all ihren Institutionen macht Kästner 1945 seine Tagebuchaufzeichnungen und schreibt seine Aufsätze für die *Neue Zeitung* (ebd.: 144).

Erich Kästners Position als „Inländer" (vgl. Pross 1993: 117ff.) – also als eines Deutschen, der die Zeit des Dritten Reichs und des Zweiten Weltkriegs in Deutschland verbracht hat – schlug sich in fast allen Texten für die *Neue Zeitung* nieder.

---

[1] Vgl. Erich Kästner: Münchener Theaterbrief. In: *Die Neue Zeitung* vom 18.10.1945 (1. Jahrgang/Nummer 1). Feuilleton- und Kunstbeilage. Zitiert werden die Artikel von Erich Kästner in der *Neuen Zeitung* im Folgenden direkt im laufenden Text und nur mit der jeweiligen Überschrift sowie dem Datum der Ausgabe. Die vollständige bibliographische Angabe kann im Literaturverzeichnis eingesehen werden. Für die *Neue Zeitung* wird in der Zitatkennzeichnung das Kürzel „NZ" verwendet.

> Wenn aber in manchen Nachschlagsbüchern der deutschen Exilliteratur Kästner als Emigrant angeführt wird, so hat dies, obwohl falsch, dennoch seine Ordnung: In der Zeit von 1933 bis 1945 hatte er, der Mann zwischen den Stühlen, sich klar entschieden. Nicht er war emigriert, doch waren es seine Bücher – sie konnten damals nur in der Schweiz erscheinen. Erich Kästner war Deutschlands Exilschriftsteller honoris causa (Reich-Ranicki 1999: 39).

In dieser Bewertung wird der übliche Umgang der Literaturkritik mit dem Nachkriegswerk Kästners deutlich. Indem Marcel Reich-Ranicki Erich Kästner zu „Deutschlands Exilschriftsteller honoris causa" ernennt, wird die bewusste Entscheidung, nicht zu emigrieren, sondern in der Heimat zu bleiben und Deutschland den Puls zu fühlen (vgl. *Münchener Theaterbrief*, NZ 18.10.1945), ignoriert. Durch den Hinweis auf ethische Korrektheit wird Kästner in die Gruppe der Autoren eingereiht, die sich durch Emigration eindeutig von der Nazi-Herrschaft distanzierten. Der Entschluss als Zeuge auszuharren, und die damit verbundene Fähigkeit die Entwicklung nach Ende des Dritten Reiches aus einer „inländischen" Perspektive zu kommentieren, wurden nie als Leitaspekt der Kästnerschen Nachkriegspublizistik beachtet, obwohl doch Erich Kästners besondere schriftstellerische Leistung in der Nachkriegszeit gerade darin bestand,

> daß er anders und anderes sah als die Emigranten, und dabei oft klarer und nützlicher, weil er nicht von ‚den' sondern von ‚uns' Deutschen schrieb, also von einer mit vielen anderen in vielem geteilten Erfahrung der Nazi-Zeit (Barnouw 1999b: 146).

Nicht zuletzt diese besondere Perspektive ist es, die Kästners Texte in der *Neuen Zeitung* so außergewöhnlich und einzigartig macht. Die Frage, warum Kästner nicht wie die meisten seiner Gesinnungsgenossen im Frühjahr 1933 emigriert ist, ist ihm häufig gestellt worden. Kästner gab verschiedene Gründe an, warum er blieb. Neben seiner Heimatverbundenheit[2] führte er immer wieder die Funktion eines Schriftstellers als Beobachter und Chronist an.

---

[2] In dem Epigramm *Notwendige Antwort auf überflüssige Fragen* heißt es: „Ich bin ein Deutscher aus Dresden in Sachsen. / Mich läßt die Heimat nicht fort. / Ich bin wie ein Baum, der – in Deutschland gewachsen – / wenn's sein muß, in Deutschland verdorrt" (Kästner 1998b: 281).

> Ein Schriftsteller will und muß erleben, wie das Volk, zu dem er gehört, in schlimmen Zeiten sein Schicksal erträgt. Gerade dann ins Ausland zu gehen, rechtfertigt sich nur durch akute Lebensgefahr. Im übrigen ist es seine Berufspflicht, jedes Risiko zu laufen, wenn er dadurch Augenzeuge bleiben und eines Tages schriftlich Zeugnis ablegen kann (Kästner 1998a: 25).

Einer der Hauptgründe für Kästners Verbleiben lag jedoch in der außergewöhnlich tiefen Mutter-Sohn-Beziehung: Kästner wollte seine Mutter nicht in Deutschland zurücklassen (vgl. Schneyder 1982: 23). Eine Zeitlang hat er wohl auch an die Möglichkeit des Widerstandes gegen das NS-Regime geglaubt. Nach dem Krieg berichtete er, wie er 1933 versucht hatte, andere Intellektuelle von der Emigration abzuhalten:

> Ich aber fuhr nach Berlin zurück und bemühte mich in den folgenden Tagen und Wochen, weitere Gesinnungsgenossen von der Flucht ins Ausland abzuhalten. Ich beschwor sie zu bleiben. Es sei unsere Pflicht und Schuldigkeit, sagte ich, auf unsere Weise dem Regime die Stirn zu bieten. Der Sieg dieses Regimes und die schrecklichen Folgen eines solchen Sieges seien, sagte ich, natürlich nicht aufzuhalten, wenn die geistigen Vertreter der Fronde allesamt auf und davon gingen (Kästner 1998a: 99f.).

Der Bericht ist aus dem Rückblick verfasst. Im Anschluss an das Zitierte berichtete Kästner, dass er aus der Perspektive von 1947 froh war, dass niemand auf ihn gehört hatte.

> Hätten sie auf mich gehört, dann wären sie heute wahrscheinlich alle tot. Dann stünden sie, auch sie, in den Listen der Opfer des Faschismus. Mir wird, so oft ich daran denke, heiß und kalt. Wenn es mir damals gelungen wäre, auch nur einen einzigen zu überreden, den man dann gequält und totgeschlagen hätte? Ich trüge dafür die Schuld (ebd.: 100).

Kästner hatte „ein früheres Ende der Diktatur erwartet“ (Enderle 1999: 62). Seine Entscheidung in Deutschland zu bleiben, beruht scheinbar auf einer naive Beurteilung des NS-Regimes (vgl. Hanuschek 1999: 212).[3]

Am 18. Oktober 1945 erschien die erste Ausgabe der *Neuen Zeitung*. Von Anfang an betreute Erich Kästner den Kulturteil. Das Blatt hatte im Zeitraum von 1945 bis 1948 seinen größten Einfluss und war mit einer Auflage von bis zu zwei Millionen Exemplaren eines der bedeutendsten

---

3 Bei der Beurteilung von Kästners Verhalten kommt Neuhaus (1999) zu der Auffassung, dass Kästner alle ihm verbliebenen Möglichkeiten der Kritik ausgeschöpft hat.

Presseerzeugnisse der ersten Nachkriegsjahre. Das Layout war modern, der Umbruch sechsspaltig, und in den ersten Jahren meist im Block. Für viele Leser der unmittelbaren Nachkriegszeit bedeutete die *Neue Zeitung* ein Muster des informativen, weltoffenen Journalismus.

Das Feuilleton der *Neuen Zeitung* erschien als *Feuilleton- und Kunstbeilage* auf der mittleren Doppelseite des sechsseitigen Blattes. Es war nicht paginiert und befand sich so zwischen der zweiten und dritten Seite. Das fünfspaltige Layout setzte das Feuilleton vom politischen Teil ab. Der Kulturteil war am Anfang ohne Konkurrenz. „Keine der lizenzierten Zeitungen war in der Lage, das kostspielige Feuilleton so vielseitig und auf so hohem Niveau wie die *Neue Zeitung* zu gestalten" (Kim 1974: 103). Kästner leitete das Feuilleton von Oktober 1945 bis April 1948 (vgl. Hanuschek 1999: 323), danach gab er die Leitung der *Feuilleton- und Kunstbeilage* auf eigenen Wunsch ab, einzelne Beiträge lassen sich aber noch bis 1953 nachweisen. Fast alle Texte, bis auf einige wenige bereits veröffentlichte Beiträge wie Gedichte oder Kurzgeschichten, schrieb er extra für die *Neue Zeitung*. Elf seiner 107 Artikel erschienen nicht im Feuilleton, sondern im politischen Teil oder in Sonderbeilagen. Nur ein Teil der Artikel ist bisher in die Werkausgaben eingegangen.

2 Auseinandersetzung mit der Kollektivschuldthese

Erich Kästner setzte sich insbesondere in dem am 3. Dezember 1945 erschienenen Artikel *Die Schuld und die Schulden* mit dem von den Alliierten formulierten Vorwurf der Kollektivschuld auseinander. Er lehnt eine nicht differenzierende Kollektivschuld ab und führt aus, dass der Mensch politisch im Sinne von Verantwortung für die Taten der Staatsführer hafte, aber moralisch nicht für die Verbrechen schuldig sei, solange er sich nicht in irgendeiner Weise an ihnen beteilige:

> Wenn ich einen Bruder hätte, der jemanden beraubte, und man käme und sagte, ich sei schuld, so wäre das ungerecht. Wenn man aber sagte, ich solle, da der Dieb mein Bruder sei, mitarbeiten, daß der Bestohlene sein Gut oder dessen Gegenwert zurückerhalte, so würde ich ohne zu Zögern antworten: „Das will ich tun." Die Schuld müßte ich ablehnen. Die Schulden würde ich anerkennen (*Die Schuld und die Schulden*, NZ 3.12.1945).

In diesem Vergleich zeigt sich deutlich, dass Kästner zwischen geistigen Ideen als Grundlage einer moralischen Haltung und praktischer Ausübung der Ideen im Sinne von realem Verhalten unterscheidet. Die moralische Geisteshaltung steht über politischen Verfehlungen: Auch wenn die Deutschen die Verantwortung für die Taten des Hitler-Regimes übernehmen müssten, da sie es zugelassen hätten, dürfe man ihnen damit nicht die nationalsozialistischen Ideale unterstellen. Schuldig sei der Mensch nur, insofern er die eigentlichen Täter, die Tyrannen und Diktatoren, nicht bekämpft habe:

> Das ist zweifellos ein Fehler der Menschen. Ihr folgenschwerster Fehler. Ihre größte Schuld. Sie geben sich immer wieder dazu her, im Kriege Zeitgenossen zu töten, die sie nicht kennen und die ihnen nicht das geringste getan haben. Aber „ihre Verrückten", die sie kennen und die ihnen soviel antun, die schießen sie nicht tot (ebd.).

Nach Kästner wird das Töten also unter bestimmten politischen Umständen zum Gebot: Der Mensch wird moralisch schuldig, wenn er die Diktatoren eines verbrecherischen Regimes nicht beseitigt. Die moralische Schuld ist, so Kästner, in diesem Zusammenhang nicht in den Verbrechen des Tyrannen begründet, sondern in der Unterlassung des Tyrannenmordes.

In diesem größeren Zusammenhang der Kritik Kästners an einer undifferenzierten, einseitigen Pauschalverurteilung der Deutschen und ihrer Vergangenheit muss auch die Veröffentlichung seines Epigrammes *In memoriam memoriae* gesehen werden, das am 21. Oktober 1945 erschien, also kurz nach der Eröffnung der Nürnberger Kriegsverbrecherprozesse:

> Die Erinn'rung ist eine mysteriöse
> Macht und bildet die Menschen um.
> Wer das, was schön war, vergißt, wird böse.
> Wer das, was schlimm war, vergißt, wird dumm
> (*In memoriam memoriae*, NZ 21.10.1945).

Dieser Hinweis auf die „umbildende" Macht der Erinnerung stellt die Möglichkeit einer absoluten Lösung von einer absolut schlechten Vergangenheit in Frage. „Das ‚Schöne' der deutschen Vergangenheit konnte nicht total verdeckt werden durch das ‚Schlimme', das gesehen, eingestanden und erinnert sein wollte" (Barnouw 1999a: 489). Kästner befürwortete eine Auseinandersetzung mit dem Dritten Reich, die nicht die deutsche Vergangenheit als Ganzes kategorisch ablehnt, sondern vielmehr die guten Seiten der deutschen Kultur als Vorbilder zu nutzen sucht. Wer den positiven Beitrag vieler Deutschen zur Kulturgeschichte leugnet, setzt sich nach Auffassung Kästners selbst ins Unrecht.

Diese Perspektive macht auch die Heftigkeit des sarkastischen Angriffs Kästners auf den Schweizer Psychoanalytiker Carl Gustav Jung, einen Hauptverfechter der Kollektivschuldthese, verständlich: Da auch Kästner zu denen gehörte, die Jung nicht von den Verbrechern des Nationalsozialismus unterscheidet, da sie die Zeit des Dritten Reiches in Deutschland verbrachten (vgl. *Splitter und Balken*, NZ 8.2.1946), musste er den Vorwurf der Kollektivschuld auch auf sich beziehen. Verschärft wurde die Einstellung Kästners durch die leidvollen Erfahrungen, die er selbst während dieser Zeit zu ertragen hatte: Er empfand sich als Opfer eines verbrecherischen Regimes, dessen Ende man mit Sehnsucht erwartete.

Erich Kästner tritt für einen behutsamen Umgang mit der Schuldfrage ein, denn ein undifferenzierter Kollektivschuldvorwurf verhindert für ihn die deutsche Neuorientierung. Er übernimmt für sich und die deutsche Bevölkerung die politische Verantwortung für das Dritte Reich, lehnt aber eine moralische Schuld für die nationalsozialistischen Verbrechen ab. Er unterscheidet damit zwischen der inneren Einstellung und dem realen Verhalten von Menschen: Ein Großteil der Deutschen hat die Verbrechen des Dritten Reiches zwar nicht ausgeführt, aber doch auch nicht verhindert. Die Folgerung aus diesem Verhalten, dass die Deutschen die gleichen menschenverachtenden Überzeugungen wie die Verbrecher gehabt hätten und damit auch moralisch schuldig seien, ist für Erich Kästner unzulässig. Man darf, so Kästner, nicht vom Verhalten der Menschen auf ihre Gesinnung und moralische Haltung schließen, ohne die Umstände zu beachten, die es den Menschen erschweren oder unmöglich machen können, nach ihren eigentlichen moralischen Grundsätzen zu leben.

Diese Auffassung ist problematisch, da eine solche Haltung nicht von einer unbedingten Gültigkeit der geforderten ethischen und moralischen Grundsätze ausgeht, da sie das reale Verhalten des Menschen nicht ausschließlich nach diesen Grundsätzen beurteilt, sondern die Beurteilung abhängig macht von den Umständen und der jeweiligen Situation. Hier muss gefragt werden, wann die Umstände den Menschen so sehr in der Ausübung seiner Ideale einschränken, dass er diese Grundsätze vernachlässigen darf und sein Verhalten nicht mehr nach ihnen ausrichten muss. Ist in diesem Falle der politisch Verantwortliche weniger zur Rechenschaft zu ziehen als der moralisch Schuldige? Diese Haltung relativiert Kästner zwar durch seinen Verweis, dass alle Deutschen auch moralisch schuldig seien, da sie die Tyrannen – also die Verantwortlichen des Dritten Reiches, die die Verbrechen nach ihrer Ideologie ausgeführt haben – nicht beseitigt hätten, aber auch hier gibt Erich Kästner keinen eindeutigen Hinweis, ab wann die Pflicht zum Tyrannenmord besteht.

3 Gedanken zur nationalsozialistischen Vergangenheit

Am 22. November 1945 fährt Kästner als Sonderberichterstatter der *Neuen Zeitung* nach Nürnberg, um über die Kriegsverbrecher-Prozesse zu berichten. Der Artikel *Streiflichter aus Nürnberg* vom 23. November ist der erste einer Gruppe von Beiträgen, in denen Kästner sich mit der nationalsozialistischen Vergangenheit beschäftigt und zu grundsätzlichen Problemen im Umgang mit dem Dritten Reich Stellung bezieht.

Schon die Bezeichnung „Streiflichter“ verweist auf die Art des Artikels: Es geht hier für Kästner nicht um Berichterstattung über die Ereignisse des Prozesstages, sondern er schildert Impressionen rund um die Verhandlungen. In einer stark emotional gefärbten Passage wird das Hauptanliegen des Artikels deutlich:

> Aber die Menschen sind unheimliche Leute. Wer seine Schwiegermutter totschlägt, wird geköpft. Das ist ein uralter verständlicher Brauch. Wer aber Hunderttausende umbringt, erhält ein Denkmal. (...) Einen einzigen Menschen umbringen und hunderttausend Menschen umbringen ist also nicht dasselbe? Es ist also ruhmvoll? Nein, es ist nicht dasselbe. Es ist hunderttausendmal schrecklicher! (*Streiflichter aus Nürnberg*, NZ 23.11.1945)

Kästner unterscheidet nicht zwischen einem Mord aus persönlichen Motiven und dem Töten in Kriegen: Beides ist für ihn ein Verbrechen gegen die Menschenwürde. Seiner Ansicht nach ist es keinem Menschen erlaubt, einen anderen Menschen vom Leben zum Tode zu bringen. Jegliche politische Autorität, die dies fordert oder selbst vollzieht, verhält sich nicht nach humanen und aufgeklärten Grundsätzen, weswegen der Einzelne die Pflicht hat, sich der Autorität zu widersetzen.

Auffällig ist, dass Kästner an keiner Stelle zwischen Krieg und Kriegsverbrechen differenziert (vgl. Schneyder 1982: 141). Dies wird verständlich, wenn man seine pazifistische und antimilitaristische Haltung bedenkt: Nur wer den Krieg als ultima ratio, als letztes Mittel der Politik zulässt, kann bei einem solchen Prozess zwischen Krieg und Kriegsverbrechen unterscheiden. Kästner akzeptiert den Krieg nicht als Mittel der politischen Auseinandersetzung, vielmehr ist er der Auffassung, dass ein Staat, der einen Krieg beginnt, genauso wie ein einfacher Kriegsverbrecher gegen die grundlegenden Gebote der Humanität und der Menschenwürde verstößt. Diese antimilitaristische Haltung vertritt Kästner auch in vielen anderen Artikeln für die *Neue Zeitung*. Seine Plädoyers gegen den Krieg gründet er auf das Hauptargument, dass es in einem modernen Materialkrieg des zwanzigsten Jahrhunderts keine Gewinner mehr geben könne, da unter den Zerstörungen, die ein solcher Krieg zwangsläufig mit sich bringe, alle Beteiligten leiden müssen. In seinem am 23. Dezember 1946 erschienenen Beitrag *Wir lassen herzlich bitten* heißt es dazu:

> Konventionen können sterben. Einige von ihnen sind wieder einmal reif fürs Altersheim. Zum Beispiel der Glaube, es könne im Krieg, auch heutzutage, Gewinner geben. Es gibt nur noch Sieger und Besiegte, und beide zählen zu den Verlierern. Die Konvention vom Gewinnenkönnen gehört zum alten Eisen. Es wäre an der Zeit, den Krieg hinterdreinzuwerfen (*Wir lassen herzlich bitten*, NZ 23.12.1946).

Der Journalist Erich Kästner, der zwei Weltkriege erlebt und überlebt hat, versucht, die verheerenden Folgen der bislang größten militärischen Auseinandersetzungen mit literarischen Mitteln zu erfassen, um sie im Gedächtnis der Menschen zur stetigen Warnung zu verankern.

Den Artikel *Wert und Unwert des Menschen* hat Kästner unmittelbar geschrieben, nachdem er *Die Todesmühlen* gesehen hatte, die Filmaufnahmen aus den Konzentrationslagern im Augenblick ihrer Befreiung. Der Artikel ist ein Text, der assoziativ die Gedanken schildert, die Kästner während des Versuchs, eine Filmkritik zu schreiben, bewegen. Er thematisiert dabei die „Unfähigkeit“ (Leibinger-Kammüller 1988: 44) und „Sprachlosigkeit“ (Altmann 1989: 14) eines nach Worten Suchenden und versucht so, den „schrecklichen Widersinn und Sadismus der Konzentrationslager“ (Benson 1973: 95) eindringlich in das Bewusstsein der Leser zu bringen. Jeder der sechs Absätze des Artikels, die wie Filmsequenzen ineinander greifen, beginnt mit dem Satz „Es ist Nacht“; die Eindringlichkeit des Artikels wird durch die anaphorische Wiederholung dieser Metapher für das Böse verstärkt:

> Es ist Nacht. – Ich bringe es nicht fertig, über diesen unausdenkbaren, infernalischen Wahnsinn einen zusammenhängenden Artikel zu schreiben. Die Gedanken fliehen, so oft sie sich der Erinnerung an die Filmbilder nähern. Was in den Lagern geschah, ist so fürchterlich, daß man darüber nicht schweigen darf und nicht sprechen kann (*Wert und Unwert des Menschen*, NZ 4.2.1946).

Die Nacht ist Sinnbild für das Dunkle, für die negative Vergangenheit, ihre unverständlichen Auswüchse. Kästner schildert sarkastisch und eindringlich den Zynismus, mit dem die Faschisten den Wert eines Menschen verachteten. Das besondere Merkmal der Morde war ihr Vollzug nach ökonomisch-rationalen Methoden, der in eine totale Verdinglichung des Menschen mündete:

> Der Mensch ist, ich glaube, 1.87 RM wert. Falls Shakespeare klein und nicht sehr dick gewesen sein sollte, hätte er vielleicht nur 1.78 RM gekostet (...) Immerhin, es ist besser als gar nichts. Und so wurden in diesen Lagern die Opfer nicht nur ermordet, sondern auch bis zum letzten Gran und Gramm wirtschaftlich „erfaßt“. (...) Man taxiert, daß zwanzig Millionen Menschen umkamen. Aber sonst hat man wahrhaftig nichts umkommen lassen (...) 1.87 RM pro Person. Und die Kleider und Goldplomben und Ohrringe und Schuhe extra. Kleine Schuhe darunter. Sehr kleine Schuhe (ebd.).

Wert und Unwert des Menschen ist ein Plädoyer für den Respekt der Menschenwürde: Für Kästner zählt der ethische Wert des Menschen, der materielle ist wertlos, weil er den einzelnen zum Objekt degradiert. An keiner Stelle taucht der Hinweis auf, dass in den nationalsozialistischen Konzentrationslagern hauptsächlich Juden starben. Die Tatsache hat für Kästner keine primäre Bedeutung: Wertvoll ist für ihn jeder Mensch, gleichgültig welche Nationalität und Religion. Bei der folgenden Aufzählung der Grausamkeiten wird auf ironische Stilmittel verzichtet, „die Aneinanderreihung in knappen, prägnanten Sätzen und krassen Wörtern ist Aussage genug“ (Benson 1973: 95).

> Die Knochen wurden gemahlen und als Düngemittel in den Handel gebracht. Seife wurde gekocht. Das Haar der toten Frauen wurde in Säcke gestopft, verfrachtet und zu Geld gemacht. Die goldenen Plomben, Zahnkronen und -brücken wurden aus den Kiefern herausgebrochen und, eingeschmolzen, der Reichsbank zugeführt. (...) Die Ringe und Uhren wurden fässerweise gesammelt und versilbert. Die Kleider kamen in die Lumpenmühle. Die Schuhe wurden gestapelt und verkauft (*Wert und Unwert des Menschen*, NZ 4.2.1946).

Indem Erich Kästner den Wahnsinn des Terrors zeigt, plädiert er dafür, das Faktum des Massenmordes zu akzeptieren. Sarkastisch schildert er das Kalkül des Terrors: „Menschen, die man verbrennt und vergast, braucht man nicht mehr anzubinden. Man spart zwanzig Millionen Stricke. Das darf nicht unterschätzt werden" (ebd.). Kästner kann das Verschwinden der Menschlichkeit, die Entindividualisierung durch den Faschismus nicht begreifen und lässt die Leser an seinen Zweifeln teilnehmen. Es ist bezeichnend, dass Kästner diesen Artikel beschließt mit einer klaren Unterscheidung zwischen den Deutschen, die mitverantwortlich waren für die Verbrechen des Dritten Reiches, und den anderen, die sich gegen das Regime wehrten oder ohnmächtig zusehen mussten und dabei den Nationalsozialismus innerlich verabscheuten, aber keine realistischen Handlungsalternativen sahen. Kästner zitiert dazu den französischen Staatsmann Georges Benjamin Clémenceau:

> Clémenceau hat einmal gesagt, es würde nichts ausmachen, wenn es zwanzig Millionen Deutsche weniger gäbe. Hitler und Himmler haben das mißverstanden. Sie glaubten, zwanzig Millionen Europäer. Und sie haben es nicht nur gesagt! Nun, wir Deutsche werden gewiß nicht vergessen, wieviel Menschen man in diesen Lagern umgebracht hat. Und die übrige Welt sollte sich zuweilen daran erinnern, wieviel Deutsche darin umgebracht wurden (ebd.).

Diese Worte machen deutlich, wie viel Kästner daran gelegen ist, seinen Zeitgenossen bei einem psychologischen Wiederaufbau behilflich zu sein, denn der Hinweis auf Schuld, Verbrechen, Krieg und Zerstörung allein genügte nach seiner Ansicht nicht: „Was viele nötig brauchten, war Gerechtigkeit in der Schuldfrage, Hilfe auch bei einem psychologischen Wiederaufrichten" (Benson 1973: 96). Vorbedingung für einen geistigen Neuanfang war für Erich Kästner eine ernsthafte Auseinandersetzung mit dem Dritten Reich, weswegen er dafür kämpfte, dass die Ereignisse der vergangenen zwölf Jahre in der gesellschaftlichen Diskussion um die künftige Entwicklung präsent blieben, denn das, was

> war, darf im Interesse dessen, was werden soll, nicht einfach in den Schubkästen des Unterbewußtseins verbuddelt werden. Das sind Dienstmädchenmanieren, die sich auch in der Weltgeschichte ganz und gar nicht empfehlen (*Ist Gott oder Hitler größer?*, NZ 20.5.1946).

Insbesondere das Novemberpogrom in der Nacht zum 10. November 1938 wollte Erich Kästner im Gedächtnis der deutschen Bevölkerung verankert wissen. In *Unser Weihnachtsgeschenk* schildert er seine Erlebnisse während der Ausschreitungen gegen die jüdische Bevölkerung in Deutschland. Das Unbegreifliche war dabei der Verlust einer unabhängigen Rechtsgültigkeit und Rechtssicherheit:

> Die Regierung hatte ein gemeines Verbrechen angeordnet. Die Polizei hatte die kommandierten Verbrecher während der Tat geschützt. Sie hätte jeden braven Bürger, der die Ausführung des Verbrechens zu hindern gesucht hätte, festgenommen. (...) Ein Staat hatte es sich zur Aufgabe gemacht, das dem Menschen eingeborene Gewissen und Rechtsempfinden innerhalb der Landesgrenzen radikal auszurotten (*Unser Weihnachtsgeschenk*, NZ 24.12.1945).

Im zweiten Teil des Artikels geht Kästner auf die Methoden ein, wie man es schaffte, die Bevölkerung unter Druck zu setzen und die Macht durch subtilen Terror zu sichern: Die „Ratlosigkeit des Gewissens“ (ebd.) habe die Menschen seelisch zermürbt. Das Schicksalsgeschenk zum Weihnachtsfest 1945 sei die Tatsache gewesen, dass man wieder mit seinem Gewissen in Harmonie leben dürfe:

> Denn hier, auf dem Gebiete des Gewissens und Charakters, lag der furchtbarste, der unheimlichste Fluch jener zwölf Jahre. Die Männer an der Macht und ihre Partei erstrebten systematisch die größte, teuflischste Seelenverderbnis aller Zeiten. Das Gewissen vieler, die nicht besser oder schlechter waren als andere Menschen auf der Welt, wurde ratlos. Was war Schuld, was Unschuld? Was Recht, was Unrecht? Der untrüglich die rechte Richtung weisende Kompaß im Herzen des einzelnen wurde durch einen aus der Hölle heruntergestürzten riesigen Magnetstein irritiert und täglich mehr und mehr außer Kraft gesetzt. Man lebte immer weniger mit seinem Gewissen im Einklang. Viele wurden unsicher und schwach. Viele rannten, nur um dem Inferno in der eigenen Brust zu entfliehen, die alten Wahrheiten wie Beschwörungen hinausschreiend, ins Verderben und unter den Galgen. Die Ratlosigkeit des Gewissens, das war das Schlimmste. Die Ausweglosigkeit aus dem morastigen Labyrinth, in das

> der Staat ein Volk hineingetrieben hatte und an dessen Ausgängen die Henker standen. Wer es nicht erlebt hat, wer nicht verzweifelt in diesem Labyrinth herumgeirrt ist, der hat es zu leicht, den ersten Stein auf dieses Volk zu werfen (ebd.).

Mit Worten wie diesen sprach Erich Kästner Erfahrungen aus, die all die Menschen geteilt haben, die wie er ohnmächtig zusehen mussten, wie unter der nationalsozialistischen Herrschaft ethische Werte in ihr Gegenteil gewendet wurden. Ein Journalist, der die gleiche Situation wie seine Leser durchlebt hatte, wurde verstanden, weil er neben dem nötigen Hinweis auf Schuld und Verbrechen das erforderliche Verständnis für die Lebensbedingungen im Dritten Reich aufbringen konnte: Er hatte die „Ratlosigkeit des Gewissens“ am eigenen Leib gespürt. Von dieser, einer inländischen Perspektive aus konnte Erich Kästner „klarer und nützlicher“ (Barnouw 1999b: 146) argumentieren als andere, die im Ausland von schrecklichen Verbrechen erfahren hatten, jedoch nicht die Bedingungen kannten, unter denen die Verbrechen in Deutschland zugelassen wurden.

Wenn man bedenkt, dass die Reflexionen über die nationalsozialistische Vergangenheit im Oktober 1945 einsetzen, also in einer Zeit, die von Orientierungslosigkeit geprägt war und in der die gesellschaftlichen Ordnungssysteme noch weit davon entfernt waren, den Menschen wieder Halt zu geben, wird offensichtlich, welch spezifischen, unersetzlichen Beitrag Kästner zum Diskurs der Nachkriegszeit leistete, indem er versuchte, der nötigen Neuorientierung eine demokratische und freiheitliche Basis zu geben. Er klagte an, ohne zu richten, er verteidigte die deutsche Bevölkerung, die geblieben war und die Diktatur ertragen hatte, und stellte die Bedingungen und Methoden der Nationalsozialisten aus der Sicht eines von den Auswirkungen der Schreckensherrschaft Mitbetroffenen in aller Offenheit dar. Damit beantwortete Kästner die drängenden Fragen der unmittelbaren Vergangenheit zwar nicht mit letzter Gültigkeit, aber er vermochte es doch, mit seinen Orientierungsversuchen die gesellschaftliche Diskussion anzuregen. Durch seine Ansichten, die sich mit der Zeit und in der Zeit entwickelten und die durch das Medium der *Neuen Zeitung* eine breite Öffentlichkeit fanden, trug Erich Kästner dazu bei, dass die Notwendigkeit ersichtlich wurde, sich der dunklen Zeit des nationalsozialistischen Regimes mit Fragen zu nähern, um eine Grundlage für eine neue gesellschaftliche Zukunft zu finden.

4 Demokratie- und Politikverständnis

Als im Lande Gebliebener begann Erich Kästner sehr früh, die Politik der Besatzungsmächte kritisch zu betrachten, und er „war einer der ersten, der sich gegen die geplante Umerziehung des deutschen Volkes wandte, weil er Dekret und Zwang, gleichgültig von wem und gegen wen angewandt, als eine Verletzung der Humanität empfand" (Beutler 1967: 132). Er wehrte sich gegen die selbstverständliche Eindeutigkeit, mit der die amerikanischen Besatzer zwischen einer absolut bösen deutschen Vergangenheit und einer im amerikanischen Sinne positiven Zukunft unterschieden. „Kästner war prinzipiell interessiert an einem besseren Verständnis der Zusammenhänge zwischen vergangenen und zukünftigen Erfahrungen, nicht an ihrer absoluten Scheidung" (Barnouw 1999b: 149). Die Bestrebungen der Amerikaner gingen jedoch, zumindest bis zu Beginn des Kalten Krieges, in genau diese Richtung. Im Kontext dieser Haltung der Besatzungsmächte ist sein berühmtes Epigramm *Moral* zu sehen, das Kästner bereits in der zweiten Ausgabe der *Neuen Zeitung* veröffentlichte. In dem Zweizeiler vertrat Kästner eine pragmatische und gegen ideologische Prinzipien gerichtete Haltung:

> Es gibt nichts Gutes,
> außer man tut es! (*Moral*, NZ 21.10.1945)

In der ersten Zeile dieses Epigramms macht Kästner eine Feststellung über die Welt, die das Gute vollkommen negiert. Zwar wird in der zweiten Zeile auf eine Ausnahme von dieser generellen Feststellung verwiesen, diese kann jedoch „nicht erkannt und registriert werden (...), sie kann nur allenfalls vollzogen werden" (Sternberger 1987: 201). Denn das Gute gibt es nicht an sich, es muss durch motiviertes Handeln geschaffen werden. Damit wird auf die Vorstellung verwiesen, dass „das Gute nicht in Werten oder Regeln, nicht in Utopien und Normen festgelegt werden kann" (Ladenthin 1995: 41). Es gibt also keine generelle, übergeordnete, jedem Fall angemessene Lehre, sondern die Bedingungen müssen immer neu überprüft werden, um zu der jeweilig angemessenen Problemlösung zu kommen, indem man die der Situation angepasste Maßnahme in der Handlung manifestiert. Kästner fordert hier „eine Art von Vernunft, die sich einzig durch die Tat beweist" (Sternberger 1987: 202). Überträgt man diese Gedanken auf die Situation, in der das Epigramm veröffentlicht wurde, erhalten die Zeilen eine höchst politische Brisanz. Der Text stellt den von den Amerikanern propagierten, erwarteten einfachen Übergang in eine absolut gute, amerikanische Epoche in Frage: Die positive Entwicklung in der Zukunft war

> keinesfalls sicher, weil abhängig von einer großen Zahl von Handlungen in der Gegenwart, deren gegebene Komplexität und damit auch Widersprüchlichkeit zu verstehen Kästner für wichtiger hielt als ideologische Abgrenzungen (Barnouw 1999b: 151).

Durch die Erlebnisse im Dritten Reich war Erich Kästner sensibel geworden für Normen und Werte, die einer unabhängigen und objektiven Überprüfung nur auf den ersten Blick standhielten: Als Inländer, der die Auswüchse der totalitären Ideologie des Nationalsozialismus am eigenen Leib gespürt hatte, musste sich Kästner gegen eine Politik der Siegermächte zur Wehr setzen, die sich auf eine als absolut gesetzte Norm berief, ohne diese an den Bedingungen und komplexen Gegebenheiten der Nachkriegszeit zu überprüfen. Die Vorgehensweise der amerikanischen Militärregierung, wichtige Schlüsselstellungen nur nach dem Kriterium der moralischen Sauberkeit zu vergeben, war ein solcher Fall.[4]

Ein weiterer grundlegender Aspekt im Demokratie- und Politikverständnis Kästners ist die von ihm geforderte Verbindung von Politik und Bildung, von Macht und Moral. In dem satirischen Essay *Ist Politik eine Kunst?* konstatiert Kästner, dass das fehlende ethische Verantwortungsbewusstsein in der Politik unausweichlich zu Katastrophen führe. In einer Erläuterung der Politik durch die Kunst, bei der er die geforderte Bildung in der Politik mit dem Künstlerischen in der Kunst gleichsetzt, führt er aus, dass die Politik ein „außerordentlich aparter Kunstzweig, nämlich eine Kunst ohne die dazugehörigen Künstler und Kunstwerke" sei (*Ist Politik eine Kunst?*, NZ 21.12.1945). Würden Politiker ethisch verantwortungsbewusste Entscheidungen treffen, könnte sich die Entwicklung in eine positive Richtung wenden.

---

4 Im Aufsatz *Talent und Charakter* (NZ 28.10.1945) modifiziert Kästner das Postulat einer absolut politisch-moralischen Unbelastetheit im Sinne einer Unschuld unter den Bedingungen einer Situation, die nach außergewöhnlicher Kompetenz verlangt. Im Hinblick auf Angriffe Kästners gegen ehemalige Kulturgrößen des Dritten Reiches wie Riefenstahl und Harlan muss jedoch angemerkt werden, dass Kästner hier uneindeutig argumentiert: Welches Maß an politischer Kollaboration mit dem NS-Regime war noch zu akzeptieren?

> Wenn ein kleiner Kaufmann nur den hundertsten Teil jener Fehler und Irrtümer beginge, die sich die großen Männer der Geschichte im Altertum, im Mittelalter und, dem Vernehmen nach, auch noch in der neueren Zeit geleistet haben, käme er aus dem Bankrott und aus dem Gefängnis überhaupt nicht mehr heraus. Wenn die Bankiers ihren Klienten, die Ärzte ihren Patienten, die Gatten ihren Frauen, die Eltern ihren Kindern und die Lokomotivführer ihren Passagieren gegenüber „staatsmännisch" verführen, läge das Ende der Menschheit bereits seit einigen Jahrtausenden weit hinter uns (ebd.).

Indem Erich Kästner hier die Fehler und Irrtümer der Staatsmänner mit denen eines jeden Bürgers, der sein Handwerk von Grund auf gelernt hat, sei er nun Arzt, Lokomotivführer oder Kaufmann, gleichsetzt, führt er die Fehler der Politiker auf deren fehlende Ausbildung zu moralischen und ethisch verantwortlichen Staatsmännern zurück und geht gleichzeitig davon aus, dass die Entscheidungen des Einzelnen die gesellschaftliche Entwicklung bestimmen. Das grundsätzliche Problem der Politik sieht Kästner in der Tatsache, dass der Vorgang der demokratischen Legitimierung und die politischen Entscheidungsprozesse nicht nach moralischen und ethischen Kriterien vollzogen werden. Deswegen fordert er, das Individuum durch eine umfassende historische und politische Bildung zu einem mündigen und aufgeklärten Staatsbürger respektive Mandatsträger zu erziehen, damit das demokratische System stabilisiert werden kann. Diese Vorstellung, dass das Schicksal einer Gesellschaft maßgeblich durch das verantwortungsbewusste Handeln des Individuums bestimmt wird, von den Politikern auf der einen Seite und den Bürgern auf der anderen, vernachlässigt jedoch die Zwänge, die eine moderne Industriegesellschaft auf den Einzelnen ausübt.

5 Anmerkungen zum kulturellen Wiederaufbau

Der kulturelle Wiederaufbau Deutschlands war für Kästner von höchster Wichtigkeit, da er der Auffassung war, dass ein funktionierendes und auf geistiger Offenheit basierendes Kulturleben einer demokratischen Gesellschaft notwendige Impulse geben könnte. Unter anderem aus diesem Grund unterstützte Kästner die ersten kulturellen Aktivitäten, indem er sie als Themen für das Feuilleton der *Neuen Zeitung* aufgriff. Dabei lassen sich insbesondere zwei Schwerpunkte erkennen: Kästner verfolgte das Wiedererwachen des deutschen Theaterlebens und griff in die Diskussion ein, die um die Rückkehr der Emigranten entstanden war.Die Diskussion um die Rückkehr der in die Emigration geflohenen Künstler und Intellektuellen beherrschte in der Nachkriegszeit die Kulturberichterstattung vieler Zeitungen. Besonders die Ablehnung Thomas Manns, nach Deutschland zurückzukehren, löste eine lebhaft geführte Kontroverse aus, die Erich Kästner in seinem am 14. Januar 1946 erschienenen Artikel *Betrachtungen eines Unpolitischen*[5] aufgriff. Er kommentierte in dieser Polemik den Streit zwischen in Deutschland verbliebenen Literaten wie Walter von Molo, Frank Thieß und Arnold Bauer auf der einen Seite und dem Emigranten Mann auf der anderen Seite, der eine Rückkehr nach Deutschland für sich ausgeschlossen hatte.[6] In einer fiktiven Redesituation erläutert Kästner diesen Streit für „liebe Kinder" und nennt das ganze Problem ein „Mißverständnis" (*Betrachtungen eines Unpolitischen*, NZ 14.1.1946). Thomas Mann sei gar nicht derjenige, für den Deutschland ihn halte und weswegen man ihn rufe:

> Den Deutschen fehlt der große, der überlebensgroße Dichter oder Denker, der sich schützend, sammelnd und die Welt beschwörend hinstellt und die Arme ausstreckt wie ein zweiter lieber Gott. Thomas Mann ist kein lieber Gott, der erste nicht und auch nicht der zweite. Sondern er ist, wie gesagt, der bedeutendste und berühmteste unter den lebenden, deutschen Dichtern. Und es ist sehr bedauerlich, daß ihn andere weniger berühmte, trotzdem bedeutende Dichter solange gebeten und gebettelt haben, bis er böse wurde. Sie haben sich ein bißchen dumm benommen. Wenn ich jemanden um hundert Mark bitte, der nur zehn Mark einstecken hat, wenn ich ihn wieder bitte und weiterbitte, muß er mit der Zeit wütend werden (ebd.).

---

5 Der Titel ist ein ironischer Verweis auf die 1918 erschienene kulturpolitische Schrift Thomas Manns gleichen Titels.

6 Thomas Mann (1990a: 744) lehnte die Beweggründe von Schriftstellern, die während des Dritten Reiches in Deutschland geblieben waren, ab und wollte nicht „zum Bannerträger einer mir noch ganz schleierhaften neudeutschen geistigen Bewegung" werden. An anderer Stelle heißt es: „Es mag Aberglaube sein, aber in meinen Augen sind Bücher, die von 1933 bis 1945 in Deutschland überhaupt gedruckt werden konnten, weniger als wertlos und nicht gut in die Hand zu nehmen. Ein Geruch von Blut und Schande haftet ihnen an, sie sollten alle eingestampft werden" (Mann 1990b: 957).

Diese durch den fiktiven Rahmen deutlich gemachte Belehrung Kästners gleicht einem Versteckspiel und verrät die „emotionale Beteiligung". Kästner „bewunderte Thomas Mann und er scheint dessen Absage als persönliche Kränkung aufgefaßt zu haben" (Hanuschek 1999: 332). Auch in diesem Artikel wird deutlich, dass Erich Kästner sich zu den Opfern des Nationalsozialismus und zu den unterdrückten, verfolgten Literaten zählte und aus dieser Position die Diskussion um die Rückkehr der Emigranten wahrnahm. Dies erklärt das Ausmaß der Polemik gegenüber Thomas Mann und dessen Entscheidung, denn alle Vorwürfe, die Mann der „neudeutschen geistigen Bewegung" (Mann 1990a: 744) machte, musste Erich Kästner auch auf seine eigene Person beziehen. An seiner grundsätzlich positiven Einstellung den Emigranten gegenüber ändert das jedoch nichts, dies kann man selbst in dem Artikel *Betrachtungen eines Unpolitischen* erkennen, wenn auch ironisch verzerrt:

> Jene Deutschen, die den Hitler und den Krieg nicht gewollt hatten, die beides aber auch, trotz allem Bemühen und aller Pein, nicht hatten verhindern können, sahen sich hilfesuchend um. Denn jetzt brauchten sie wie nie zuvor Hilfe. Sie brauchten jemanden, der in der ganzen Welt berühmt und makellos und unverdächtig dastand. Jemanden, um den sich die anderen guten Deutschen, die weniger berühmt und in den zwölf Jahren daheimgeblieben waren, hätten scharen können wie um eine Fahne. Wie um einen Heerführer des Friedens und der Redlichkeit. Die guten anständigen, unberühmten, daheimgebliebenen Deutschen brauchten einen Kristallisationspunkt. Laßt euch von euren Eltern erklären, was das ist, ein Kristallisationspunkt. Ich will es ganz einfach sagen: Sie brauchten einen Mann (*Betrachtungen eines Unpolitischen*, NZ 14.1.1946).

Aufgrund des ironischen Charakters wurde dieser Artikel immer wieder als Beleg für die ablehnende Haltung Kästners gegenüber den Emigranten angeführt. Diese Auffassung ist jedoch falsch, denn Kästner versprach sich für den kulturellen Neuanfang viel von den Impulsen der in alle Welt verstreuten deutschen Künstler. Euphorisch beschwört Kästner in *Besuch aus Zürich* die gemeinsame Aufgabe des Wiederaufbaus:

> Die Gefallenen, die Erschlagenen, die Verbrannten und die sich selbst verzweifelt ein Ende setzten, sie können uns nicht mehr helfen. Aber viele der überlebenden Emigranten können es! Sie sind wie wir, die das Ende der Barbarei in Deutschland überdauerten, entschlossen, die restlichen Jahre unserer Existenz, unserer Talente und unseres Wesens an das eine, große, gemeinsame Ziel daranzusetzen: an den kulturellen Wiederaufbau unserer Heimat (*Besuch aus Zürich*, NZ 28.10.1945).

Kästners Ziel war die geistige Neuorientierung und der demokratische Wiederaufbau Deutschlands, dabei konnten und sollten alle emigrierten deutschen Künstler und Intellektuellen tatkräftig helfen.

Mit der Eröffnung der Theater verband Kästner ebenfalls große Erwartungen: Er hoffte, dass die Theater in einer kulturellen Vorreiterrolle zum Impulsgeber für alle anderen gesellschaftlichen Bereiche werden würden. Das erwachende Theaterleben setzt Erich Kästner aus diesem Grund immer in Beziehung zum Stadium des geistigen Wiederaufbaus. Die Rolle als gesellschaftlicher Impulsgeber thematisiert Kästner in seinem Artikel *Eurydike in Heidelberg*. Er wählt zu diesem Zweck einen Vergleich mit dem Radsport, das Theater habe die Rolle des Schrittmachers für den Wiederaufbau in Deutschland übernommen:

> Es [das Theater; B.W.] ist, ohne jede Absicht, zum Schrittmacher des Wiederaufbaus geworden. Es erfüllt die ihm zugefallene Aufgabe mit bewundernswerter Bravour. Und wenn die „Steher" hinter ihm – die anderen kulturellen, die wirtschaftlichen, sozialen und politischen Kräfte, die es schwerer haben – häufig ins Schwimmen geraten, so liegt das beileibe nicht immer an den Schrittmachern. Sondern oft erfüllt sich auch hier das wahre Wort, daß die Radfahrer schuld sind (*Eurydike in Heidelberg*, NZ 14.6.1946).

In diesem Sinne sind die deutschen Theater für Erich Kästner Seismografen der geistigen Neuorientierung, und die Spielpläne, die Aufführungen und die Publikumsreaktionen können als kulturelle Symptome der gesellschaftlichen Auffassungen interpretiert werden.

Insgesamt war Kästner der Meinung, dass ein funktionierendes und auf geistiger Offenheit gegründetes Kulturleben eine wesentliche Voraussetzung ist, um die angestrebte Neuorientierung auf freiheitlicher und demokratischer Basis zu realisieren. Der Neubeginn könne, so Kästner, jedoch nur mit Hilfe der aus Deutschland geflohenen Künstler und Intellektuellen in Gang gesetzt werden, da die Anzahl der in der Heimat gebliebenen unbescholtenen Kulturgrößen durch Krieg und Diktatur beträchtlich dezimiert worden sei. Deshalb umwarb Kästner die Geflohenen in vielen seiner Aufsätze, forderte sie zur Rückkehr auf und bat in Deutschland um Verständnis für die Probleme, die die Emigranten in der Fremde hatten. Das wichtigste Medium des kulturellen Wiederaufbaus war für Erich Kästner das Theater, dem die Funktion eines Impulsgebers für die demokratische Neuorientierung zugewiesen wurde. Diese Hoffnung muss jedoch in diesem Zusammenhang als realitätsfern bewertet werden. Eine solche Annahme vernachlässigt die Bedingungen, mit denen man in Deutschland umgehen musste. Ein Großteil der deutschen Bevölkerung hatte, zumindest in der unmittelbaren Nachkriegszeit, aufgrund der großen Not in vielen Regionen keine Möglichkeit, sich mit den kulturellen Angeboten der deutschen Theater ernsthaft auseinanderzusetzen.

6 Erziehung, Jugend und Kinder

In seinen Artikeln beschäftigt sich Kästner immer wieder mit der heranwachsenden Jugend. Er betont, wie wichtig es ist, dass sich die junge Generation früh genug eine eigene Meinung bildet und kritisch urteilen lernt. In diesem Kontext betrachtet Kästner die Situation der Jugend in der Nachkriegszeit eng verknüpft mit dem in Deutschland vermittelten Geschichtsbild und der damit verbundenen Erziehungsauffassung. Er fordert eine Wende in der Erziehungsphilosophie, um durch eine auf Ideale gegründete Bildung die Basis für eine demokratische Gesellschaft zu schaffen. In *Gedanken eines Kinderfreundes* setzt sich Kästner mit der deutschen Geschichtsschreibung auseinander. Ausgehend von dem Bild des Preußenkönigs Friedrich II. legt er dar, wie durch Erziehung und Geschichtsunterricht die Grundlagen für den deutschen Militarismus geschaffen wurden. Er führt die beiden Weltkriege nicht zuletzt auf die militaristisch geprägte Erziehung zurück, die aus der Jugend statt kritisch denkender Staatsbürger obrigkeitshörige Untertanen gemacht habe:

> Man hat uns in der Schule die falsche Tapferkeit gelehrt (...). Man hat uns die falschen Jahreszahlen eingetrichtert und abgefragt. Man hat uns die gefährliche Größe ausgemalt, und die echte Größe fiel unter das Katheder. Man hat die falschen Ideale ausposaunt, und die wahren hat man verschwiegen. Man hat uns Kriegsgeschichte für Weltgeschichte verkauft. (*Gedanken eines Kinderfreundes*, NZ 1.2.1946)

Grundsätzliche Gedanken zum Thema Erziehung macht sich Kästner in seinem Artikel *Die Klassiker stehen Pate* (NZ 21.10.46), worin er für ein Projekt „zur Errichtung ständiger Kindertheater“ wirbt. Seine Idee ist, dass es in jeder größeren deutschen Stadt ein Theater von Kindern für Kinder geben sollte:

> Sie [die Kinder; B.W.] würden spielen, zuschauen und sich in diesen grundverschiedenen Beschäftigungen abwechseln. Sie helfen beim Entwerfen und Malen der Bühnenbilder mit. Sie würden kritisieren und debattieren. Sie würden musizieren und Kinderopern spielen. Sie würden in Nebenräumen ihre selbstgemalten Bilder ausstellen. Sie würden sich selber gelegentlich kleine Stücke und Festspiele schreiben. Sie könnten in ihrem Theater alles tun, was mit ‚Kind und Kunst' zusammenhängt; und ein paar sehr geeignete, sehr gut bezahlte Fachleute hätten als gute Engel über den Wassern zu schweben (ebd.).

Kästner skizziert seine Auffassung von musischer Erziehung, bei der das Angebot von positiven Gegenentwürfen als Basis der Bildung verstanden wird:

> Die musische Erziehung hingegen ist etwas Großartiges. Es hat Sinn, das Militaristische im Kind auszumerzen, weil der moderne Krieg lasterhaft und wahnwitzig ist. Aber es wäre sinnlos, das Kind gegen den Militarismus zu erziehen. Man kann nicht gegen, sondern nur für etwas erziehen! Und die musische Erziehung hat wahrhaftig positive Ziele genug. Die ästhetische Heranbildung träte der Bildung des Körpers im Sport und des Verstandes in der Schule legitim an die Seite (ebd.).

Zentrale Anliegen von Kästners Erziehungsgedanken werden hier deutlich: Phantasie, Geschmack und Kritikfähigkeit sollen durch musische Bildung gefördert werden. Diese Pädagogik ist positiv ausgerichtet: Es ist nicht sinnvoll, nur zu verneinen, man muss für etwas erziehen und positive Entwürfe anbieten. Seine Rolle als Erzieher und Pädagoge thematisiert Kästner in dem Essay *Eine kleine Sonntagspredigt*. Er bezeichnet sich dort als Satiriker, dessen primäre Aufgabe keine künstlerische, sondern eine erzieherische sei:

> Der satirische Schriftsteller ist, wie gesagt, nur in den Mitteln eine Art Künstler. Hinsichtlich des Zwecks, den er verfolgt, ist er etwas ganz anderes. Er stellt die Dummheit, die Bosheit, die Trägheit und verwandte Eigenschaften an den Pranger. Er hält den Menschen einen Spiegel, meist einen Zerrspiegel, vor, um sie durch Anschauung zur Einsicht zu bringen. Er begreift schwer, daß man sich über ihn ärgert. Er will ja doch, daß man sich über sich ärgert! Er will, daß man sich schämt. Daß man gescheiter wird. Vernünftiger. Denn er glaubt, zumindest in seinen glücklicheren Stunden, Sokrates und alle folgenden Moralisten und Aufklärer könnten recht behalten: daß nämlich der Mensch durch Einsicht zu bessern sei (*Eine kleine Sonntagspredigt*, NZ 4.8.1947).

Dieses pädagogische Programm Kästners geht davon aus, dass der Mensch durch Erziehung beeinflussbar ist und dies die einzige Möglichkeit ist, die Gesellschaft grundlegend zu ändern. Das Ziel ist die „Erneuerung der Gesellschaft durch eine Erziehung zur Vernunft" (Beutler 1967: 129), welche der Satiriker durch die verzerrte Darstellung des gesellschaftlichen Fehlverhaltens einfordert. Dabei ist der Satiriker auch immer Idealist, da in seinem Herzen die „törichte, unsinnige Hoffnung" blüht, „daß die Menschen vielleicht doch ein wenig, ein ganz klein wenig besser werden könnten, wenn man sie oft genug beschimpft, bittet, beleidigt und auslacht" (*Eine kleine Sonntagspredigt*, NZ 4.8.1947).

7 Alltag im Nachkriegsdeutschland

> Das schmale Pensionszimmer, in dem ich augenblicklich kampiere, steckt schon am frühen Morgen voller Menschen. Alte Freunde und neue Bekannte teilen sich den Genuß, mir beim Waschen, bei der Zahnpflege und beim Rasieren zuzusehen. (...) Es ist angenehm kühl in dem Raum, weil es an Fensterscheiben mangelt, und wenn unten amerikanische Lastwagen vorüberdonnern, wird man den Eindruck nicht los, einer Unterhaltung zwischen aufgeregten Taubstummen beizuwohnen. Es soll Zimmer geben, in denen man den Straßenlärm besser hört als auf der Straße selber. Ich habe Glück gehabt. Ich habe so ein Zimmer gemietet (*Münchener Theaterbrief*, NZ 18.10.1945).

Mit diesen Worten beschreibt Erich Kästner in seinem ersten Artikel für die *Neue Zeitung* das Pensionszimmer, in dem er nach Kriegsende zuerst wohnte. In wenigen Sätzen schildert er die Stimmung und die Zustände in dem kleinen Raum und vermittelt so durch detailgetreue Beschreibung des Besonderen einen allgemeinen Eindruck von der Wohnungssituation und der Not im damaligen München. Diese Passage ist typisch für den Journalisten Erich Kästner, der sich in seinen Artikeln nicht nur mit den politischen und gesellschaftlichen Gegebenheiten auseinandersetzte, sondern immer auch sorgfältiger Beobachter und Chronist der Zeitumstände blieb und so die schwierigen Bedingungen in einer außergewöhnlichen Situation ohne Pathos schildern konnte. Seine Leser verstanden und honorierten diese „Orientierungsversuche" (Barnouw 1999b: 143), die sich in vielen Artikeln für die *Neue Zeitung* finden lassen.

In dem Feuilleton *Grenzpfähle und Grenzfälle*, das Erich Kästner über eine Theaterreise nach Konstanz geschrieben hat, findet man eine treffende Passage über die damalige Ernährungslage. Er schildert, wie er einen alten Bekannten zu einem Essen in ein Gasthaus einlud:

> Nun, die Gaststättenmarken, die man den Gästen aushändigte, trugen ihnen jedesmal eine Suppe ein und allerlei Spielarten der düsteren Gattung „Eintopf". Es gibt reinere Freuden. Ich machte mir den etwas rohen Scherz, einen alten Freund aus Zürich, den ich nach dreizehn Jahren wiedertraf, zu einem solchen Gastmahl einzuladen. Sein leidender Gesichtsausdruck während des Essens war ergreifend. (...) Er war nicht ganz frei von unedler Rachsucht und erzählte mir ausführlich, was er, wenige Stunden vorher, auf Schweizer Boden gegessen habe. Unter anderem war von einem „Cordon bleu" betitelten Fleischgericht die Rede. (...) Nach dieser kleinen kulinarischen Exkursion war meine Phantasie vergiftet und mein Magen verdorben. Die Erzählung war zu fetthaltig gewesen. Man verträgt nichts mehr (*Grenzpfähle und Grenzfälle*, NZ 10.6.1946).

Durch Schilderung eines sehr speziellen persönlichen Ereignisses und ohne ausführliche Erklärungen lässt Erich Kästner in seinen Lesern Bilder entstehen, die die Ernährungslage der Nachkriegszeit verständlich machen, da sie auf die Erfahrungen zurückgreifen, die in der damaligen Situation an der Tagesordnung waren. Die Pointe der ‚fetthaltigen Erzählung' verstärkt diesen Effekt.

Verstärkt werden die Passagen über den Alltag im Nachkriegsdeutschland durch anschauliche und oft phantasievolle Bilder. Für nebensächliche Aspekte findet Kästner Metaphern, die die Eindringlichkeit der Texte verstärken und den Abstand zum Leser verringern. In *Gleich und ungleich* beschreibt er den veränderten Regen, um das Ausmaß und den Aberwitz der Zerstörungen in den Städten aufzuzeigen:

> Der Regen, er ist auch nicht mehr der alte! Früher spielte er, hoch über den Straßen, mit virtuosem Anschlag auf der Klaviatur der Dächer seine graue Musik – heutzutage poltert und pladdert und schnattert er, trommelt in den Trümmern auf Blech, Eisen, Holz und Scherben wie ein Aushilfsmann am Schlagzeug (*Gleich und ungleich*, NZ 14.4.1947).

Die katastrophalen Zustände, die durch den harten Winter 1946/47 hervorgerufen worden waren, thematisiert Kästner in dem Artikel *Reisebilder aus Deutschland*. Die Situation der Menschen in den großen Städten Deutschlands gleiche der Situation eines angeschlagenen Boxers.

> Der vergangene Winter hat den Berlinern, die doch ganz gewiß nicht zimperlich sind, das Herz abgekauft. (...) Im März schließlich war die Bevölkerung schwer angeschlagen. Sie taumelte im Ring und zweifelte, ob sie über die letzte Runde käme. Als der Gong ertönte, als der Zweikampf gegen den Winter ohne Niederschlag verlaufen war, als die Sonne schien und die Sträucher zwischen den Ruinen grünten, ging ein Aufatmen durch die große Stadt, das schon eher einem Aufstöhnen und Aufschluchzen glich (*Reisebilder aus Deutschland*, NZ 12.5.1947).

Verbunden mit der Bemühung Kästners, die Zustände der Nachkriegszeit im ganzen Ausmaß zu erfassen und sie sowohl ohne moralische Verurteilungen als auch ohne Schönfärberei darzustellen, um den Wiederaufbau zu unterstützen, sind immer auch Appelle der Aufmunterung und Anteilnahme am Schicksal der Menschen. Erich Kästner kämpft mit seinen Artikeln gegen die drohende Passivität in der Bevölkerung und will Mut machen, die drängenden Probleme anzugehen. In seinem Artikel *Wir lassen herzlich bitten* schildert er die Probleme und die Not während der Weihnachtszeit. Das Fest und die Feierlichkeiten aufgrund von wirtschaftlichen Schwierigkeiten ausfallen zu lassen, ist nach Auffassung von Erich Kästner keine Alternative:

> Der Glaube an den Sinn der Feste und Feiern aber, an denen wir einander unsere Liebe bezeigen, gehört nicht zum toten Ballast. Man kann den anderen beschenken, selbst wenn man nichts besitzt. Man kann die Kinder fröhlich und ein wenig glücklich machen, auch wenn man, wie wir, tief im hausgemachten Unglück sitzt. Wir brächten's nicht zuwege? Das wäre ja gelacht. Zündet die letzte Kerze an. Schenkt euch was; wenn's nicht anders sein kann, einen Lampenschirm ohne Birne. Umarmt euch, und hofft auf Frieden. Weihnachten steht vor der Tür: Herein damit. Wir lassen herzlich bitten (*Wir lassen herzlich bitten*, NZ 23.12.1946).

Seine Ansicht ist eindeutig: Trotz der schlimmen Vergangenheit und der schwierigen Gegenwart muss und soll man zuversichtlich in die Zukunft sehen, nur so kann man die zukünftigen Probleme bewältigen. Die katastrophalen Verhältnisse sind die gleichen bei Journalist und Leser, das zeitweilige Zögern und die Zweifel an den richtigen Entscheidungen sind ebenso verständlich, die Folgerung – so die Hoffnung Kästners – sollte dann aber auch die gleiche sein bei Journalist und Leser: die beherzte und mutige Bewältigung der kommenden Aufgaben und Probleme. Einer der wichtigsten Texte in diesem Zusammenhang ist der am 30. September 1946 erschienene Artikel *...und dann fuhr ich nach Dresden.* Die

Heimatstadt Erich Kästners wurde in der Nacht vom 13. auf den 14. Februar 1945 von amerikanischen und britischen Fliegerverbänden bombardiert. Der Bereich totaler Zerstörung betrug zwölf Quadratkilometer und umfasste die historische Innenstadt. In dem Artikel schildert Erich Kästner das Wiedersehen mit der zerstörten Stadt seiner Jugend, die er im September 1945 erstmals nach dem Krieg wieder besuchte. Der Text ist Zeugnis für den Versuch Kästners, seine Gefühle, seinen Schock angesichts der unermesslichen Zerstörungen der Heimatstadt in Worte zu fassen. Er zeigt die „(...) Sprachlosigkeit des notorisch Gesprächigen gegenüber der unwiderruflichen Verwandlung, die in Bildern einer radikalen Reduzierung Zuflucht sucht“ (Barnouw 1999b: 151). Die außerordentliche Situation und die Emotionen beim Wiedersehen mit den Eltern, die Kästner zu diesem Zeitpunkt seit zwei Jahren nicht gesehen hat, waren seinen Lesern nur allzu gut bekannt. Die Eltern hätten es nicht ausgehalten, zu Hause auf ihren Sohn zu warten, und sie seien seit dem frühen Morgen am Bahnhof, um den Erwarteten vom Zug abzuholen:

> Ich sah die Eltern schon von weitem. Sie kamen die Straße, die den Bahndamm entlangführt, so müde daher, so enttäuscht, so klein und gebückt. Der letzte Zug, mit dem ich hätte eintreffen können, war vorüber. Wieder einmal hatten sie umsonst gewartet. (...) Da begann ich zu rufen. Zu winken. Zu rennen. Und plötzlich, nach einer Sekunde fast tödlichen Erstarrens, beginnen auch meine kleinen, müden, gebückten Eltern zu rufen, zu winken und zu rennen! (*...und dann fuhr ich nach Dresden*, NZ 30.9.46)

Kästner thematisiert die schockartige Wirkung, die die Verwüstungen auf ihn haben. Er besucht die Orte der Jugend, findet die Stätten seiner Erinnerung aber verwandelt und zerstört vor: Bei den Angriffen sei nicht nur das Dresden seiner Erinnerung zerstört worden, sondern auch ein Teil seines Lebens. Fassungslos registriert er die Folgen des Krieges:

> Ach, die Träume der Jugend! Im abgelassenen Teich wuchert das Unkraut. Die Schwäne sind wie die Träume verflogen. Sogar die einsame Bank im stillsten Parkwinkel, auf der man zu zweit saß und zu dem über den Wipfeln schwimmenden Monde hinauf sah, sogar die alte Bank liegt halbverschmort im wilden Gras. (...) Ich lief einen Tag lang kreuz und quer durch die Stadt, hinter meinen Erinnerungen her. Die Schule? Ausgebrannt (...) Das Seminar mit den grauen Internatsjahren? Eine leere Fassade (...) Die Dreikönigskirche, in der ich getauft und konfirmiert wurde? In deren Bäume die Stare im Herbst, von Übungsflügen er-

> schöpft, wie schrille, schwarze Wolken herabfielen? Der Turm steht wie ein Riesenbleistift im Leeren (...) Das Japanische Palais, in dessen Bibliotheksräumen ich als Doktorand büffelte? Zerstört (...) Die Frauenkirche, der alte Wunderbau, wo ich manchmal Motetten mitsang? Ein paar klägliche Mauerreste... Die Oper? Der Europäische Hof? Das Albertheater? Kreutzkamm mit den duftenden Weihnachtsstollen? Das Hotel Bellevue? Der Zwinger? Das Heimatmuseum? Und die anderen Erinnerungsstätten, die nur mir etwas bedeutet hätten? Vorbei. Vorbei (ebd.).

Kästner will und kann an dieser Stelle angesichts der unermesslichen Verwüstungen keine tiefere Einsicht formulieren oder Konsequenzen ziehen für zukünftige Entscheidungen. Er gibt seine persönlichsten Gefühle und seine Trauer preis, die ihn in diesem Moment bewegen:

> Freunde hatten gesagt: „Fahre nicht hin. Du erträgst es nicht." Ich habe mich genau geprüft. Ich habe den Schmerz kontrolliert. Er wächst nicht mit der Anzahl der Wunden. Er erreicht seine Grenzen früher. Was dann noch an Schmerz hinzukommen will, löst sich nicht mehr in Empfindung auf. Es ist, als fiele das Herz in eine tiefe Ohnmacht (ebd.).

Durch diese Sicht, die Anklagen und Beschuldigungen trotz des unermesslichen Leids für sinnlos hält, wird Erich Kästner zu einem Inländer, einem Deutschen, der den Krieg und das nationalsozialistische Regime ablehnte, aber keine Möglichkeit sah, die Entwicklung zu verhindern, und der nun im Anblick der Hinterlassenschaften der beiden verabscheuten Übel eine Ausgangsbasis und einen Ruhepunkt sucht, von dem er die Zukunft und die damit verbundenen Aufgaben und Anforderungen meistern kann. Primär scheint der Text die Zerstörung der Stadt und die damit einhergehende Trauer Kästners zu beschreiben. Das Element des Schocks und das Momentane der Erfahrung gehen aber bereits durch die Anzeichen eines Neuanfangs verloren. „Es ist die Vergangenheit auf eine Weise, die sich einer allmählichen zukünftigen Normalisierung nicht in den Weg stellen wird" (Barnouw 1999b: 151). Der Text ist bestimmt von einem unvermittelten Nebeneinander von Vergangenheit und Zukunft, denn neben der Verwüstung der Stadt wird genauso auf die „klingelnden Straßenbahnen" verwiesen, die durch den „Traum von Sodom und Gomorrha" fahren. Außerdem funktioniere in Dresden der Straßenbahnverkehr „nicht schlechter, sondern eher besser als anderswo" (*...und dann fuhr ich nach Dresden*, NZ 30.9.1946). Das Nebeneinander von Vergangenheit und Zukunft, der Schmerz über Verwüstungen, Tod und

Leid waren allgemeine Erfahrungen, und wenn „Kästner hier seiner privaten Trauer Ausdruck zu geben schien, so sprach er doch auch von seinen politischen Befürchtungen und Hoffnungen“ (Barnouw 1999b: 151). Er verweist auf die wahren Verhältnisse, die in Momenten der totalen Aussichtslosigkeit sichtbar werden, und er ermahnt die Überlebenden sowie sich selbst zur Einsicht in die Unwichtigkeit der meisten Dinge:

> Es gibt wichtige und unwichtige Dinge im Leben. Die meisten Dinge sind unwichtig. Bis tief ins Herz hinein reichen die für wahr und echt gehaltenen Phrasen. Gerade wir müßten heute wie nie vorher und wie kein anderes Volk die Wahrheit und die Lüge, den Wert und den Unfug unterscheiden können. Die zwei Feuer der Schuld und des Leids sollten alles, was unwesentlich in uns ist, zu Asche verbrannt haben. Dann wäre, was geschah, nicht ohne Sinn gewesen (*...und dann fuhr ich nach Dresden*, NZ 30.9.1946).

Kästner fordert, dass die Einsicht in die Wichtigkeit der wirklichen Werte wie Liebe, Freundschaft, Toleranz, Offenheit und gegenseitige Achtung in Zukunft wirksam werden und Einfluss auf das tägliche Leben sowie politische und gesellschaftliche Entwicklungen nehmen soll. Die Befürchtung, dass dieser Wunsch nicht im erhofften Maße in Erfüllung gehen könnte, wird implizit im direkten Anschluss formuliert. Dort heißt es: Wer nichts mehr auf der Welt besitzt, weiß am ehesten, was er wirklich braucht. Wem nichts mehr den Blick verstellt, der blickt weiter als die andern. Bis hinüber zu den Hauptsachen. So ist es. Ist es so?“ (Ebd.) Mit dem Gedanken, dass nur derjenige, der an keine materiellen Güter gebunden ist, die wahren Werte erkennt, spricht Erich Kästner die Gefahr an, dass die durch das Grauen des modernen Massenkrieges ermöglichte Erkenntnis der wirklichen Werte im Zuge einer allmählichen Normalisierung der Lebensumstände wieder verloren gehen könnte.

Die Aufsätze zum alltäglichen Leben der Nachkriegszeit sind Zeugnis für die besondere Perspektive Erich Kästners: Der Schriftsteller und Publizist, der während des Zweiten Weltkriegs und des Dritten Reiches in Deutschland ausgeharrt hatte, war ein sorgfältiger Beobachter und Chronist seiner Zeitumstände. Er konnte die schwierigen Bedingungen und Anforderungen des Alltags verstehen und in einzigartiger Weise beschreiben, da er Erfahrungen und Erlebnisse thematisierte, die er am eigenen Leib durchstehen musste. In lebhaften Bildern und anschaulichen Vergleichen erfasste Erich Kästner das Wesentliche, und seine Anteilnahme und Aufmunterungen gewannen durch den gleichartigen Erfahrungshorizont für seine Leser an Glaubwürdigkeit und Authentizität. In persönlich gehaltenen Reflexionen thematisierte Erich Kästner den eigenen Schmerz über die Vergangenheit und traf so die Gefühlslage der gesamten deutschen Bevölkerung: Indem er versucht, sich selbst Mut zuzusprechen und die Sprachlosigkeit über das Grauen zu überwinden, spricht er allen Deutschen in der gleichen Situation ebenfalls Mut zu. In seiner Trauer – beispielsweise über die Zerstörung Dresdens – suchte er als Inländer einen Ruhepunkt und eine Basis für einen Neuanfang. Diese Basis sah Erich Kästner in den Werten der Humanität und der Menschenwürde, die durch den absoluten Tiefpunkt, an dem man sich in Deutschland nach dem Krieg befand, erkennbar wurden. Der Augenblick der totalen Niedergeschlagenheit nach der Herrschaft eines verbrecherischen Regimes und nach einem grauenhaften Krieg – eben die beiden „Feuer der Schuld und des Leids“ (ebd.) – ermöglicht die Einsicht in das Wesentliche menschlichen Lebens und die damit verbundenen echten Werte. Sie symbolisieren für den Inländer Kästner die Hoffnung auf eine positive Zukunft.

8 Schlussbetrachtung

Die Feuilletons, die Kästner für die *Neue Zeitung* schrieb, sind Zeichen ihrer Zeit: In ihnen erfasste der Journalist Eindrücke und Stimmungen einer von Widersprüchlichkeit und Vorläufigkeit geprägten Epoche, und nicht zuletzt wegen dieser Beiträge gehört er für Rudolf Walter Leonhardt zu den Autoren, „die mit jedem Wort, das sie schreiben, Zeugnis ablegen. Sein ganzes Werk könnte gelesen werden als ein einziges großes deutsches Tagebuch“ (Leonhardt 1966: 8). Die Aufsätze, in denen sich Erich Kästner mit der nationalsozialistischen Vergangenheit auseinandersetzt, können als Buch über das Dritte Reich gelesen werden, das der Schriftsteller Kästner schreiben wollte, aber nie geschrieben hat.

Obwohl man Kästners Feuilletons als Zeugnisse ihrer Epoche verstehen muss und sie vor allem Gegebenheiten der Vergangenheit thematisieren, haben viele der Aufsätze zeitlosen Wert: Sie zielen nicht primär auf die Umstände der unmittelbaren Nachkriegszeit, sondern auf die Menschen und ihre Unvollkommenheit an sich. Der Idealist Kästner war

Realist genug, um zu wissen, dass menschliche Schwächen nicht an eine bestimmte Zeitperiode gebunden sind. In seiner Zeitkritik konnte er den sich schnell verändernden Verhältnissen in den ersten Nachkriegsjahren das Allgemeingültige abgewinnen. Dies lässt die Kästnerschen Aussagen auch außerhalb ihrer Zeit, deren Bedingungen für den heutigen Leser nicht immer vollständig nachvollziehbar sind, gültig bleiben.

Der Chronist Kästner vermag Einzelheiten festzuhalten, die die Historiographie nicht vermerken wird. Wer heute in Berlin einen Spaziergang vom Potsdamer Platz zum neuen Bundestag unternimmt, wird sich vielleicht an das berühmte Foto aus dem Geschichtsunterricht erinnern, das das ausgebombte Reichstagsgebäude zeigt. Welches Geschichtsbuch wird jedoch vermelden, wie der Berliner Tiergarten nur wenige Monate später ausgesehen hat – welches Werk der Geschichtswissenschaft wird die Schrebergärten, Gemüsebeete und Kartoffeläcker vor der Quadriga des Brandenburger Tors beschreiben? Mit Kästner kann die *Kartoffelernte im Berliner Tiergarten* besucht werden – im gleichnamigen Artikel, der am 14. Oktober 1946 in der *Neuen Zeitung* erschien.

> Wenn jemals jemand in künftigen Jahrhunderten noch Lust verspüren sollte, unser Zeitalter zu besichtigen – er müßte lange suchen, bis er irgendwo greifbarere Anhaltspunkte dafür fände als im Werk von Erich Kästner (Leonhardt 1959: 5).

In solchen Betrachtungen scheinbar nebensächlicher Kleinigkeiten drückt Erich Kästner in einfachen und klaren Worten, mit Anmut und oft in sehr humorvoller Weise maßgebliche Grundstimmungen der Nachkriegsjahre aus. Das darin enthaltene Element der Zeitkritik, das sich auf die menschlichen Schwächen im Allgemeinen bezog, konnte so beim Wiederaufbau hilfreich wirken und gibt den Kästnerschen Feuilletons auch über die Jahre des Aufbaus hinaus eine zeitlose Gültigkeit. Resigniert – und dennoch ermunternd – stellte Erich Kästner 1968 in einer Rede gegen den Vietnamkrieg fest:

> Aus der Hoffnung, man könne eines Tages, zum Beispiel heutzutage, über die Sünde und Schande von damals lächeln, ist nichts geworden. Die Zukunft hat wieder einmal nicht begonnen. Die Zukunft wurde wieder einmal vertagt. Sorgen Sie weiter dafür, daß sie auf der Tagesordnung bleibt! Der gesunde Menschenverstand ist nicht der Hanswurst der Politik. Die Humanität ist nicht der dumme August der Geschichte (Kästner 1969: 334).

Literatur

Verzeichnis der zitierten Artikel Erich Kästners in der *Neuen Zeitung*

Der offizielle Titel der *Neuen Zeitung* ist „Die Neue Zeitung. Eine amerikanische Zeitung für die deutsche Bevölkerung“. Sie wurde von 1945 bis 1953 von der amerikanischen Militärverwaltung herausgegeben. Die Artikel sind chronologisch geordnet, und sie erschienen, soweit nicht anders vermerkt, in der Feuilleton- und Kunstbeilage. Dieser Teil der *Neuen Zeitung* ist nicht paginiert.

Münchener Theaterbrief. 18.10.1945 (1. Jahrgang/Nummer 1)

In memoriam memoriae; Moral. 21.10.1945 (1. Jahrgang/Nummer 2)

Talent und Charakter. 28.10.1945 (1. Jahrgang/Nummer 4): 1-2

Besuch aus Zürich. 28.10.1945 (1. Jahrgang/Nummer 4)

Streiflichter aus Nürnberg. 23.11.1945 (1. Jahrgang/Nummer 11)

Die Schuld und die Schulden. 3.12.1945 (1. Jahrgang/Nummer 14)

Ist Politik eine Kunst? 21.12.1945 (1. Jahrgang/Nummer 19)

Unser Weihnachtsgeschenk. 24.12.1945 (1. Jahrgang/Nummer 20)

Betrachtungen eines Unpolitischen. 14.1.1946 (2. Jahrgang/Nummer 4)

Gedanken eines Kinderfreundes. 1.2.1946 (2. Jahrgang/Nummer 9)

Wert und Unwert des Menschen. 4.2.1946 (2. Jahrgang/Nummer 10)

Splitter und Balken. 8.2.1946 (2. Jahrgang/Nummer 11)

‚Ist Gott oder Hitler größer?‘ Ein Fragebogen aus dem Jahre 1938. 20.5.1946 (2. Jahrgang/Nummer 40)

Grenzpfähle und Grenzfälle. Eine Reise nach Konstanz. 10.6.1946 (2. Jahrgang/Nummer 46)

Eurydike in Heidelberg. 14.6.1946 (2. Jahrgang/Nummer 47)

...und dann fuhr ich nach Dresden. 30.9.1946 (2. Jahrgang/Nummer 78)

Kartoffelernte im Berliner Tiergarten. 14.10.1946 (2. Jahrgang/Nummer 82)

Die Klassiker stehen Pate. Ein Projekt zur Errichtung ständiger Kindertheater. 21.10.1946 (2. Jahrgang/Nummer 84)

Wir lassen herzlich bitten. 23.12.1946 (2. Jahrgang/Nummer 102-103)

Gleich und ungleich. 14.4.1947 (3. Jahrgang/Nummer 30)

Reisebilder aus Deutschland. 12.5.1947 (3. Jahrgang/Nummer 38)

Eine kleine Sonntagspredigt. Sinn und Wesen der Satire. 4.8.1947 (3. Jahrgang/Nummer 62)

Weitere Literatur

Altmann, Bärbel (1989): Erich Kästner zum 90. Geburtstag. In: Literatur in Bayern, Jg. 4, H. 15: 12-17

Barnouw, Dagmar (1999a): „In memoriam memoriae". Erich Kästners Erinnerung. In: Merkur. Deutsche Zeitschrift für Europäisches Denken, Jg. 53, H. 5: 486-490

Barnouw, Dagmar (1999b): Erich Kästner und die *Neue Zeitung*. Inländische Differenzierungen. In: Manfred Wegner (Hg.): „Die Zeit fährt Auto." Erich Kästner zum 100. Geburtstag. Berlin, München: Deutsches Historisches Museum und Münchener Stadtmuseum: 143-152

Benson, Renate (1973): Erich Kästner. Studien zu seinem Werk. Bonn: Bouvier

Beutler, Kurt (1967): Erich Kästner. Eine literaturpädagogische Untersuchung. Weinheim: Beltz

Enderle, Luiselotte (1999): Erich Kästner. Mit Selbstzeugnissen und Bilddokumenten. Reinbeck: Rowohlt

Hanuschek, Sven (1999): Keiner blickt dir hinter das Gesicht. Das Leben Erich Kästners. München: Hanser

Kästner, Erich (1969): Vermischte Beiträge III. München: Droemer Knaur

Kästner, Erich (1998a): Wir sind so frei. Kabarett, Chanson und kleine Prosa. Hg. v. Hermann Kurzke in Zusammenarbeit mit Lena Kurzke. München: Hanser

Kästner, Erich (1998b): Zeitgenossen, haufenweise. Gedichte. München: Hanser

Kim, Kyon-Kun (1974): Die *Neue Zeitung* im Dienste der Reeducation für die deutsche Bevölkerung 1945-1949. München, Phil. Diss.: o.V.

Ladenthin, Volker (1995): Erich Kästners Morallehre – eine wiedergefundene Miniatur. In: Matthias Flothow (Hg.): Erich Kästner. Ein Moralist aus Dresden. Leipzig: Evangelische Verlagsanstalt: 31-42

Leibinger-Kammüller, Nicola (1998): Aufbruch und Resignation. Erich Kästners Spätwerk 1945-1967. Zürich, Phil. Diss.: o.V.

Leonhardt, Rudolf Walter (1959): Der angriffs-traurige Lehrer-Dichter. Kleines Kolleg über einen Teil unserer Literatur, der in den großen Kollegs selten vorkommt. In: Die Zeit vom 20.2.1959: 5f.

Leonhardt, Rudolf Walter (1966): Vorwort. In: ders. (Hg.): Erich Kästner. Kästner für Erwachsene. Frankfurt/Main: S. Fischer: 5-9

Mann, Thomas (1990a): Deutsche Hörer! In: Thomas Mann: Gesammelte Werke in dreizehn Bänden. Band XIII: Nachträge. Frankfurt/Main: S. Fischer: 743-747

Mann, Thomas (1990b): Warum ich nicht nach Deutschland zurückgehe. In: Thomas Mann: Gesammelte Werke in dreizehn Bänden. Band XII: Reden und Aufsätze 4. Frankfurt/Main: S. Fischer, S. 953-962

Neuhaus, Stefan (1999): Erich Kästner und der Nationalsozialismus. Am Beispiel des bisher unbekannten Theaterstücks *Gestern, heute und morgen* (1936) und des Romans *Drei Männer im Schnee* (1934). In: Wirkendes Wort, Jg. 49, H. 3: 372-387

Pross, Harry (1993): Memoiren eines Inländers 1923-1993. München: Artemis & Winkler

Reich-Ranicki, Marcel (1999): Mein Leben. Stuttgart: Deutsche Verlags-Anstalt

Schneyder, Werner (1982): Erich Kästner. Ein brauchbarer Autor. München: Kindler

Sternberger, Dolf (1987): Die praktische Vernunft in einer Nuß. In: Marcel Reich-Ranicki (Hg.): Frankfurter Anthologie. Gedichte und Interpretationen. Band 7. Frankfurt/Main: Insel: 199-202

Hans J. Kleinsteuber

Medienthriller – Ein neues Genre ist entstanden

Deutsche und internationale Entwicklungen

1 Der Medienthriller

Erfolgreiche Journalisten[1] verpacken ihre Botschaft in eine Erzählung, bedenken sorgsam den Beginn des zu Berichtenden, übersetzen das zu Sagende in eine Abfolge von Szenen, in denen Zeit und Raum des Geschehens entwickelt werden und zentrale Figuren durch die Handlung führen. So werden die getrennt angelegten Erzählteile wieder miteinander verknüpft, zu einem Gesamtkunstwerk komponiert. Der Königsweg journalistischer Stilformen ist bekanntlich die Reportage, die ohne bedachte innere Dramaturgie fade und eintönig bliebe. Ebenso gilt, dass Medien Realitäten nicht einfach wiedergeben, sondern nach journalistischen Kriterien aufbereiten, also (re)konstruieren. So sehr ein Beitrag auch auf Fakten baut, er enthält immer auch fiktive Elemente, die ihm Bildhaftigkeit und Eindringlichkeit vermitteln, womit er erst für den Leser interessant wird. Dies alles ist nicht neu.

---

[1] Der Begriff des Journalisten beschreibt eine Gattung, nicht ein Geschlecht. In der Darstellung wird nicht noch speziell auf Journalistinnen verwiesen. Es wird deutlich, dass weibliche Autoren eine große und eigenständige Rolle im analysierten Genre spielen.

Hier geht es darum, dass Journalisten auch den umgekehrten Weg gehen, also mit Fiktionen beginnen und in sie Fakten verpacken – präziser, dass sie einen Roman schreiben, der erklärtermaßen Ausgeburt von Phantasie ist und sich auch dazu bekennt. Wer immer einen Roman mit glaubhaftem Inhalt schreibt, wird auch reale Bezüge herstellen, eigene, subjektive Erfahrungen einbringen müssen. Romanhafte Handlungen gewinnen dadurch an Authentizität, dass es sich zumindest so abgespielt haben könnte. Schreiben Journalisten Romane – und das taten sie schon immer reichlich –, dann knüpfen sie um der Glaubwürdigkeit willen (aber auch der Arbeitsökonomie folgend) sehr häufig an das eigene, langjährig gelebte und erfahrene Milieu an: Die Ereignisse spielen im vertrauten Medienumfeld. Ist eine unterhaltende oder auf Spannung abgestellte Handlung intendiert, so bietet sich an, dass der Held Journalist und/oder die Szenerie von Medien geprägt ist. Die schwedische Autorin Liza Marklund umschrieb es kürzlich so: Eine Journalistin erlebt halt mehr als eine Kindergärtnerin.

Damit sind die Ingredienzien zusammengetragen, aus denen das Genre besteht, das ich hier Medienthriller nenne: Journalisten schreiben spannende Romane, in denen ein Journalist die Heldenrolle übernimmt und/oder Medien einen hohen Stellenwert haben. Dabei darf der Begriff nicht eng gesehen werden, es kann sich um klassische Kriminalromane handeln, um spannungsgeladene Thriller oder ähnliche Formate, die auch satirische oder phantastische Elemente umfassen können.

In diesem Beitrag wird einführend kurz umrissen, was den Medienthriller auszeichnet und warum sein Volumen und seine Bedeutung so zugenommen haben, dass heute von einem eigenständigen Genre gesprochen werden kann. Ein kurzer Blick wird auf das Verhältnis von Fakt und Fiktion geworfen. Darauf wird ein Vergleichszenario mit den Referenzstaaten USA, Großbritannien und Deutschland entwickelt, schließlich werden einige weitere Romane aus anderen Kulturkreisen vorgestellt. Die dabei erkennbar werdenden transkulturellen Unterschiede umreißen im Ergebnis so etwas wie ‚Kulturen von Medienthrillern', in denen sich wiederum grundlegende Spezifika der nationalen journalistischen Professionalitäten erkennen lassen.

2 Fakt und Fiktion im (Medien-)Roman

Jede Unterscheidung zwischen Fakt und Fiktion verschwimmt, je intensiver man sich mit einem Text und seinen Inhalten auseinandersetzt. Dies gilt umso mehr, wenn Menschen, die fiktive Inhalte produzieren, dies nahe an ihrer Profession tun. Es liegt dann der Verdacht nahe, dass sie die Fiktion nutzen, um Fakten zu umschreiben, die sie ohne eine erzählende ‚Umkleidung' so nicht darstellen könnten, weil sie sich Sanktionen aussetzen würden. Diese Feststellung schließt nicht aus, dass auch aus schierer Lust am Fabulieren erzählt wird.

Unsterblich machte den berühmten Astronomen und Mathematiker Johannes Kepler (1571-1630) die Formulierung der drei nach ihm benannten Gesetze. Sie beschreiben die Wege der Planeten und erlauben ein Vermessen des Weltraums nach mathematischen Regeln, die noch heute gültig sind. Damit setzte Kepler Fakten in einer unruhigen Epoche, in der die Behauptung einer heliozentrischen Welt nicht gefahrlos war. Kepler, selbst Protestant, hatte zeitweise das Amt eines Hofmathematikus beim katholischen Kaiser inne, bis er in die Wirren des Dreißigjährigen Krieges geriet. Er war von Feinden umgeben, schrieb Horoskope zum Überleben, war der Zauberei bezichtigt worden und musste zusehen, wie seine Mutter als Hexe verfolgt wurde. Was Kepler nicht zuletzt schützte, war die Kompliziertheit seiner Gesetze – kaum jemand verstand sie und ihre revolutionären Konsequenzen.

Er sah sich aber auch in der Pflicht, für die neue Weltsicht zu werben. Und das wagte er in Form einer Fiktion, eines – wie wir heute sagen würden – Science Fiction-Romans. In seinem Skript zu *Somnium* (Traum) wird der Junge Durocatus aus dem seinerzeit legendären Island von einem Dämon zum Mond befördert. Von dort aus schildert uns der Astronom in lebendigen Worten, gleichwohl wissenschaftlich präzise, wie der Weltraum und die Erde (verschlüsselt zu Volva) auf den Betrachter wirken. Wer im Kopf die Vorstellung hegt, dass die Erde im Mittelpunkt stehe, wird diese Perspektive als ungeheure Provokation empfinden: Die Erde erscheint aus der Ferne klein und unbedeutend, sieht aus wie ein großer Mond. Darauf erspäht man dieses Europa, das sich doch als Mittelpunkt aller Zivilisation sieht und uns nun in seinen Umrisslinien als Mädchen in langem, weitem Kleid vorkommt, dessen Kopf sich in Spanien befindet und dessen Arme aus Italien und Großbritannien bestehen. Scheinbar unumstößlich feststehende Regeln sind aufgelöst, auf dem Mond herrscht ein ganz anderer Tag-Nacht-Turnus, aber die übrigen Gestirne stehen unverändert am Himmel.

Kepler trug sich jahrzehntelang mit diesem Projekt, das ihm als Medium zur Verbreitung und Popularisierung neuer astronomischer Entdeckungen dienen sollte. „Die Absicht meines *Somnium* ist, am Beispiel des Mondes für die Bewegung der Erde zu argumentieren und so dem allgemeinen Widerspruch bei den Menschen gegen diese Annahme entgegenzuwirken" (Kepler 1967: 36). Genau das war damals noch hochgefährlich. Erst Keplers Sohn Ludwig wagte nach dem Tod des Vaters die Publikation des *Somnium*. Vergessen wir nicht, dass die Entdeckung der ‚Revolution' der Erde um die Sonne zur Umwälzung aller Vorstellungen von der Welt führen musste. Dagegen verbündete sich die Borniertheit des ausklingenden Mittelalters in Form des erstarrten Katholizismus und eifersüchtiger Professoren-Kollegen. Auch Kepler musste noch inquisitorische Eiferer und kollegiale Neider fürchten, die Giordano Bruno auf den Scheiterhaufen und Galileo Galilei vor das Inquisitionstribunal brachten. Für Kepler blieb klar, dass die Tragweite der neugefundenen Wahrheit für die Menschen erst über ihre fiktionale Illustration nachvollziehbar sein würde. Allmählich setzte sich die Wahrheit durch.

Allgemeiner kann man vom Genre des Science-fiction-Romans (SF-Romanen) sagen, dass er von seinen vielfältigen Querbezügen zu Physik und Naturwissenschaften lebt. Viele Autoren von SF-Romanen arbeiteten und arbeiten selbst in beruflichen Feldern, in denen sie sich die notwendigen Kenntnisse aneigneten, um zukünftige Welten realistisch und glaubwürdig darstellen zu können und umgekehrt wurden sie intensiv von Wissenschaftlern gelesen, welche die spannenden Zukunftsentwürfe ebenso goutierten wie sie aus den Phantasien Anregungen für die reale Welt bezogen.

Der amerikanische Professor für Astro- und Plasmaphysik, zugleich Autor von SF-Romanen Gregory Benford unterstreicht diesen Sachverhalt, wenn er seinen Kollegen, den britischen Physiker und Autor Freeman Dyson zitiert, der das fruchtbare Wechselverhältnis wie folgt darstellt: „Schließlich ist Science-fiction nichts anderes als die Erkundung der Zukunft mit anderen Mitteln“ (Benford 2001: 43). Benford erzählt von den zahlreichen Wissenschaftlern, die nach Zukunftsromanen gieren, und Politikern, die sich von ihnen mitreißen lassen. Das höchst fragwürdige amerikanische Raketenabwehrprogramm ‚Star Wars‘ steht dafür – diese Verknüpfung von einer phantasierten Wunderwaffe und der amerikanischen Imagination von ewiger Sicherheit –, so wie es Präsident Ronald Reagan initiiert hatte und die Bush Administration nun fortzusetzen gedenkt (vgl. Franklin 1990). Für Benford gilt die britische Frankenstein-Autorin Mary Shelley als erste SF-Autorin und er stellt süffisant fest, dass ihre Schreckensvision vom zusammenmontierten Kunstmenschen eine Unzahl anderer Romanen überdauert habe. „Ihr Mann, der romantische Dichter Shelley, wog sich in dem Irrglauben, die Zukunft würde von seines gleichen gestaltet werden“ (Benford 2001: 43).

Halten wir fest, was diese Beispiele unterstreichen: Es geht für den, der Bewegung erzeugen will, nie allein um die Kenntnis neuer Fakten. Die Umwälzung des Denkens muss erleb- und erfahrbar gemacht werden, wozu sich die Erzählung am besten eignet, welche das Unerwartete oder Ungeheuerliche in menschlich dimensionierte Worte und Bilder umsetzt. Mehr noch, in der Fiktion kann vielfach gesagt werden, was als harte Sachdarstellung entweder auf Unglauben stößt oder Sanktionen auszulösen vermag (um das harte Wort Zensur zu vermeiden). Diese These wird der Darstellung zu Grunde gelegt werden.

3 Journalisten und die Professionalisierung des Kriminalromans

Was im SF-Genre längst stattgefunden hat, ergreift jetzt auch den Medienthriller: Der Roman und sein Thema werden vom Autor zurückerobert. Von den Anfängen des Kriminalromans an spielten Journalisten eine führende Rolle. Edgar Allan Poe gilt vielen Krimi-Historikern als erster echter Autor dieser neuen Gattung, er war im Hauptberuf Redakteur von *Graham's Magazine*, dessen Auflage er mit seiner ersten berühmten Kriminalgeschichte (*The Murders in the Rue Morgue*, 1841) in die Höhe schnellen ließ. Überhaupt waren frühe Krimi-Geschichten, wie etwa die über Sherlock Holmes und sein gigantisches Kombinationsvermögen, zumeist in Magazinen erschienen und folgten insoweit auch Regeln des Zeitschriftenjournalismus (insbesondere in Bezug auf Länge und Dramaturgie). Die beiden führenden europäischen Krimi-Autoren des 20. Jahrhunderts, Edgar Wallace und Georges Simeno, waren in ihrem Vorleben Journalisten; lediglich die führenden ‚Ladies of Crime', wie etwa Agatha Christie, kamen aus ganz anderen gesellschaftlichen Zusammenhängen.

Die klassische Detektivgeschichte stellte durchgängig einen Polizeikommissar oder einen Privatdetektiv in den Mittelpunkt, ermittelt wurde fast immer im Auftrag des Staates (mitunter eines zahlungskräftigen Betroffenen), der das Ziel verfolgte, mit der Ergreifung des Täters die bedrohte bürgerlichen Ordnung wiederherzustellen. Dabei sind zwei Strukturdefizite offensichtlich:

- Echte Polizisten und Detektive erweisen sich in der realen Welt als schreibfaul. Die großen Ermittler des Kriminalgenres sind allesamt von Autoren erdacht worden, die keinen wirklichen Bezug zum Gewerbe haben. Diese Beobachtung gilt in vieler Hinsicht bis heute, erinnert sei an die Heldenfiguren der bekannten deutschen TV-Serien in der *Tatort*-Tradition.
- Polizisten und Kommissare werden zu Helden in einem Roman-Genre, währenddessen ihre reale gesellschaftliche Anerkennung zurückgeht. Das öffentliche Ansehen der beamteten und verkrusteten Polizeiapparate und ihrer Repräsentanten ist eher gering, für manche Phantasien eignen sie sich eher wenig, zum Beispiel für die in modernen Romanen fast unvermeidlichen Sex-Szenen.

Tatsächlich haben wir wenig Grund, die Ermittlungsleistungen unserer Sicherheitsapparate zu loben: Journalisten wie Sabine Rückert werfen ihnen vor, dass sie Morde und andere Gewalttaten in großem Umfang übersehen oder ignorieren (vgl. Rückert 2000). Jede zweite Gewalttat bleibt nach ihrer Analyse in Deutschland derzeit unentdeckt. Mit der Enttäuschung über die Polizei setzte in Deutschland wie international eine Pluralisierung der Akteure im Krimi-Genre ein, neben die Kommissare und Detektive (ausnahmsweise eine clevere ältere Dame wie Miss Marple) traten neue, glaubwürdigere und attraktivere Helden-Figuren. Schriftstellernde Journalisten begannen vor etwa 20 Jahren damit, sich selbst in die Rolle des Ermittlers zu schreiben. Damit wurde eine neue Qualität von Authentizität erreicht, basierend auf der Vertrautheit mit der Profession des Helden. Dazu kommt, dass nach allgemeiner Vorstellung Journalisten ein abwechslungs- und ereignisreiches Leben führen oder dies zumindest fantasiert wird. Wer interessiert sich wirklich für das Privatleben eines Polizisten, währenddessen den Journalistenberuf zahlreiche Projektionen und Stereotypisierungen umranken?

So erscheint es nur nahe liegend, dass die zahlreichen Journalisten-Autoren den Detektiv von seiner Heldenrolle befreien und sich an seine Stelle setzen – ein international erkennbarer Trend. Damit geschieht aber auch etwas anderes: mit dem Transfer der Heldenrolle auf die eigene berufliche Sozialisation knüpfen Romanhandlungen an eigene Erfahrungen an, sie werden also realistischer. Damit gewann der Roman an Glaubwürdigkeit, wie es einst Dashiell Hammett im Krimigenre vorgeführt hatte, der mit seinen innovativen ‚hard-boiled detectives' dem Gewerbe ganz neue Impulse gegeben hatte; er selbst war vor seiner Schriftstellerkarriere als Privatdetektiv für Pinkerton unterwegs gewesen.

4 Der Medienthriller im vergleichenden Szenario

Nach Jahrzehnten eines Mauerblümchendaseins wird der Vergleich als wissenschaftliche Methode und Quelle verallgemeinerungsfähiger Aussagen hoffähig. Es ist offensichtlich, dass in dieser Welt unterschiedliche Kulturen bestehen, die nicht zusammenhanglos nebeneinander her existieren, sondern in einem steten Dialog mit- und zueinander stehen. Diese Situation erzeugt in immer neuer Form Dominanzen, Konkurrenzen und Synergien, die sich gemeinsam als transkulturelle Gemeinsamkeiten und Unterschiede darstellen lassen. Nach nichts anderem fragt der Vergleich, der immer vom eigenen Kultursystem ausgeht und seine Relation zu anderen Kulturen thematisiert. Hier werden die drei Staaten USA, Großbritannien und Deutschland zur Grundlage genommen, basierend auf der Einschätzung, dass die beiden Erstgenannten Großmächte im Bereich von Kriminalroman und Thriller darstellen, währen Deutschland lange Zeit Entwicklungsland war. Was Gemeinsamkeiten anbetrifft, so verfügen alle drei Staaten über hoch entwickelte und differenzierte Medienangebote, ein professionalisiertes Verständnis von journalistischer Tätigkeit, aber auch über ein Frustpotenzial unter Publizisten, groß genug, um jeweils eine beachtliche Subkultur von romanschreibenden Journalisten entstehen zu lassen.

Zugleich sind auch Unterschiede unübersehbar: Der moderne Krimi hatte seinen Ursprung wesentlich in den USA, wo er in einer differenzierten Medienlandschaft schnell sein Publikum fand. Mit den ersten Geschichten Edgar Allan Poes entstand nicht nur die typische Dramaturgie mit dem Kommissar als zentrale Ermittlerfigur, es spielten bereits erste Momente der Medienanalyse mit. Sein Kommissar, der Pariser Chevalier C. Auguste Dupin, löste einen Fall, indem er ausschließlich die Presseberichterstattung über den Mord auswertete, nach Hinweisen und Widersprüchen fahndete und schließlich den Täter zu identifizieren wusste. Dabei ging Dupin höchst quellenkritisch vor, er unterstellte Sensationalismus:

> We should bear in mind that, in general, it is the object of our newspapers rather to create a sensation – to make a point – than to further the cause of truth (Poe 1982: 392) Und er fährt fort: The print which merley falls in with ordinary opinion (...) earns for itself no credit with the mob. The mass of the people regard as profound only him who suggests pungent contradictions of the general idea. In ratiocination, not less than in literature, it is the epigram which is the most immediately and the most universally accepted. In both, it is of the lowest order of merit (ebd.).

Dies ist zugleich die bisher älteste Medienkritik, die in einer Kriminalgeschichte zu finden war, sie erschien 1842. In den USA gab es nie die Trennung zwischen hoher und populärer Kultur. Der Kriminalroman genoss unabhängig davon, ob er in gebundenen Büchern oder Groschenheften erschien, allgemeine Anerkennung. Der Markt ernährte eine beachtliche Autorengemeinde und eine sich zunehmend differenzierende Krimi-Landschaft. Ein Großteil der breiten Palette amerikanischer Krimi-Produktion wurde in Deutschland durch (anfänglich meist sehr schlechte) Übersetzungen und Hollywood-Streifen bekannt, es sei erinnert an den legendären Humphrey Bogart, die Verkörperung des für Amerika typischen ‚Private Eye'.

In Großbritannien stoßen wir gleichfalls auf eine reiche Tradition, deren berühmte Anfänge mit Namen wie dem Mediziner-Autor Sir Arthur Conan Doyle und seinem Sherlock Holmes verknüpft sind – Kurzgeschichten, mit denen Doyle erst seinen Durchbruch erzielte, nachdem sie vom Herausgeber des amerikanischen *Lippincott's Magazine* entdeckt und nachgedruckt worden waren. Weitere Höhepunkte stellen Autoren wie zum Beispiel Edgar Wallace (meistgelesener Krimi-Autor der Welt) und Agatha Christie dar. Musterbildend wirkte dabei das ganz klassische, an ein Puzzle erinnernde Strickmuster für Krimis, bei dem der Held zum Ende hin auf Grund logischer Schlüsse den Täter entlarvt. Auch nahezu alle modernen britischen Autoren, einschließlich derer von Medienthrillern, folgen diesem konventionellen *Whodunit*-Muster.

In Deutschland gab es bis 1970 kaum eigenständige Krimi-Traditionen. Der Markt wurde von billig produzierten Übersetzungen ausländischer, meist angelsächsischer Herkunft beherrscht. Vielen galt der Krimi als ‚Schmutz und Schund', der in die Kategorie Groschenliteratur fällt und vor allem im schmuddeligen Bahnhofsbuchhandel vertrieben wurde. An der Begründung einer seit etwa einer Generation immer lebendiger werdenden Krimi-Landschaft waren Journalisten konstitutiv beteiligt. Wegen des Fehlens einer national verankerten Tradition entwickelt sich der Markt innovativ und ideenreich. Heute finden wir neben nationalen Autoren auch eine ausgeprägte regionale Szene von Krimis. Diese Erfolgsgeschichte hätte ohne deutsche Journalisten nicht geschrieben werden können.

5 Medienthriller in den USA, Großbritannien und Deutschland

5.1 Der Medienthriller in den USA

Der amerikanische Medienthriller reflektiert die Verhältnisse in einem Land, in dem es kaum presserechtliche Bestimmungen gibt: Das berühmte ‚First Amendment' der Verfassung von 1789 dekretiert nicht nur die Freiheit der Presse, sondern verfügt auch, dass sie durch kein Gesetz eingeschränkt werden darf. Jenseits der allgemeinen Strafgesetze wird das, was journalistisch erlaubt ist, vor allem ethisch gesteuert. Ethikcodes von Journalistenorganisationen spielen eine große Rolle und Unterweisung in Ethik ist fester Bestandteil in den Curriculae der zahlreichen Journalistenschulen. In der Konsequenz diskutieren Journalisten untereinander, wo die Grenzen der Profession und damit ihres verantwortungsbewussten Handelns liegen. Viele Medienthriller sind darum in spannende Handlung verpackte selbstreflexive Erzählungen von den Höhen und Tiefen der Profession.

Eine weitere Komponente leitet sich aus der Verfassungssituation ab: Die Presse genießt als einziges Gewerbe spezifische Privilegien. Im Gegenzug wird aber auch von ihr erwartet, dass sie investigativ recherchiert und Missstände im Lande offen legt. An sie richtet sich die Erwartung, eine Art ‚Vierte Macht' im Staate darzustellen. Die daran anknüpfenden Hoffnungen und die Enttäuschung über eine ernüchternde Praxis prägen zahlreiche (Kriminal-) Romane.

Journalisten verkörpern in dem Land zumeist einen Grundoptimismus, müssen allerdings erleben, dass es im eigenen Alltag und dem des Landes schlimm aussehen kann. Instinktiv folgen sie ihrer Aufklärungspflicht und am Ende wird (wie im klassischen Krimi die bürgerliche) die freiheitliche Ordnung wieder hergestellt. Journalisten stehen sich aber auch selbst im Weg, sie verbindet in dem Land der ‚unbegrenzten Möglichkeiten' ein brennender Ehrgeiz und alle streben zumindest insgeheim nach der größten aller Trophäen, dem Pulitzer Preis. Sich diesen Traum zu erfüllen, dafür gehen Journalisten auch schon einmal krumme Wege. Aber genau hier setzt der ethische Impetus wieder ein: Wie weit darf ein Journalist gehen, um die Trophäe zu erringen?

Ein weiteres Moment zeichnet das Land aus. Das Schreiben von fiktiven Texten wird breit und kompetent unterrichtet. Kurse zu ‚Creative Writing' an Colleges und Universitäten sind meist Pflichtveranstaltungen, das Bildungssystem unterstützt das Selbermachen (auch eine Erklärung, warum die USA bei der Produktion von Populärkultur weltführend sind). Ebenso bieten schulische und universitäre Medien vielfältige Möglichkeiten für Schriftsteller und Journalisten, die eigenen Schreibfähigkeiten zu erproben und Erfahrungen zu sammeln. Wo in Deutschland vor allem literaturwissenschaftlich interpretiert wird, steht dort die Entwicklung einer marktnahen Kreativität im Vordergrund. In seiner autobiografischen Studie *On Writing* beschreibt Erfolgsautor Stephen King eindrucksvoll seinen Weg über frühen Journalismus zum angestrebten Schriftstellerberuf. Er begann mit dem Schreiben in einem Familienblättchen, übernahm die Funktionen des Editors seiner High School-Zeitung und qualifizierte sich am College weiter, bevor er von der Schriftstellerei leben konnte (vgl. King 2000). Viele Schriftsteller schauen auf frühe journalistische Erfahrungen zurück. So verwundert nicht, dass viele der ganz großen Bestseller-Autoren immer wieder einmal Medienthemen einflechten, so zum Beispiel John Irving oder Sidney Sheldon.

Die besonderen amerikanischen Verhältnisse unterstützen Schriftsteller-Karrieren. Dort bedeutet das Schreiben von Bestseller-Romanen für eine beachtliche Gruppe von Autoren lukrativen Broterwerb; amerikanische Weltverlage sorgen dafür, dass die Produkte im Lande und weltweit vermarktet werden, Film- und Fernsehrechte bringen zusätzliche Einnahmen. Dies bedeutet auch, dass zumindest die besonders erfolgreichen Autoren nicht mehr journalistisch arbeiten (müssen), mithin die frühere Erfahrung verblasst. Im Ergebnis wirken manche Medienromane seltsam blass, Medien wirken wie eine starre Disney-Kulisse, der Handlung geht die Unmittelbarkeit verloren.

Drei Beispiele

Die folgenden drei Rezensionen verweisen (1) mit Jan Burke und ihrem Geschöpf Irene Kelly auf eine typische Krimi-Serienheldin, (2) mit David Ignatius auf einen Thriller, in dem ein Auslandskorrespondent mit Geheimdiensten anbändelt und (3) mit Colin Harrison auf einen Autoren der ‚schwarzen' Postmoderne, in dem auch ein machtvoller Medienmogul auftritt.

Jan Burke: Goodnight Irene (1993)

Irene Kelly hatte ihre Zeitung, den *Las Pienas News Express*, im Streit mit dem unsäglichen Herausgeber verlassen. Dort hatte sie einst den ‚crime beat' betreut, ging also auf der Polizei- und Verbrechensroute Patrouille. Nun wird ihr engster Freund und Kollege bei der *News,* O'Connor, nach einem gemeinsamen gemütlichen Tanzabend in die Luft gesprengt. Aber das ist nur der Anfang eines wahren Schlachtfestes. Es wird in Irenes Wohnung scharf geschossen, O'Connors Sohn (und Irenes Schwager) wird bei lebendigem Leib begraben, andere hauchen ihr Leben vor dem Müllaster aus oder werden mit dem Bügeleisen zu Tode gefoltert. Gern würden die Berufskiller auch Irene ‚Good Night' sagen. Aber warum? Vielleicht hat die Blutorgie mit Themen zu tun, an denen O'Connor arbeitete, etwa dem unaufgeklärten Mord an einer jungen Frau, der schon über 35 Jahre zurückliegt oder vielleicht an seinem speziellen Interesse, das Parteispenden und Korruption gilt?

Das alles ist Grund genug für Irene, in die *News*-Redaktion des beschaulichen Städtchens südlich von Los Angeles zurückzukehren und dort weiterzumachen, wo der ermordete O'Connor unfreiwillig aufhören musste. Er erweist sich keineswegs als simpler Mensch und seine Aufzeichnungen sind voller Rätsel. Nur mit Mühe vermag Irene zum Beispiel dieses aus dem Redaktionscomputer zu lesen: „RCC-DA+MYR=0=" (96). Es erschließt sich wie folgt: RCC (= Rubber Chicken Circuit, also politisches Fundrising mit ‚Gummiadler') besteht aus DA (= District Attorney, Staatsanwalt) + MYR (= Mayor, Bürgermeister) und ist wie =0= (Rattengesicht, es stinkt).

Irene nervt ihre Vorgesetzten mit hohen ethischen Standards. Der Chefredakteur John Walker („Big Bad John") folgt dem „invasive-but-it-sells-papers" Prinzip (129). Er ist für seinen ruppigen Umgangston berüchtigt. Kelly veralbert ihn: „I understand they're taking up a collection in the newsroom – they want to pay your tuition for charm school" (224). Die Redakteure, von den Chefs unter Druck gesetzt, bemühen zur eigenen Abwehr die Ethik. Der Chefredakteur klagt über seine Mitarbeiterin: „You are so damned ethical, Irene. (...) You haven't been here forty-eight hours and you have got the news editor in his office, giving him ultimatums so you can work with a clean conscience" (111).

Angesichts des Kollegenmordes, aber auch weil der ermittelnde ‚homicide detective' Frank Harriman so ein interessanter Typ ist, macht sie Abstriche von ihren hohen Normen und ist bereit, ausnahmsweise die Polizei nicht als ‚adversary' zu sehen, sondern partnerschaftlich zu kooperieren. Dem netten Frank erklärt sie: „This isn't something I take lightly. I'm about to compromise the hell out of my jornalistic ethics. (...) The only way I'm going to be able to face myself in the mirror is by telling myself that this is beyond reporters versus cops" (40f.). Irene macht Kompromisse und findet schließlich den Routinemörder.

Dies ist der erste Titel einer ganzen Dynastie von Romanen über Irene, der inzwischen wohl bekanntesten Presse-Schnüfflerin in den USA. In der Kombination des sonnig-idyllischen Kalifornien mit Bergen von Leichen knüpft die Autorin Burke an die Tradition des lakonisch-brutalen ‚hard boiled'-Krimis an, wie ihn Dashiell Hammett einst begründet hatte und der mit dem ‚Private Eye' Humphrey Bogart weltbekannt wurde. Anders als diesem fehlt der Heldin allerdings die zynisch-anarchistische Grundhaltung, denn sie findet im System journalistischer Ethik den erforderlichen Halt. Es ist trotz der vielen Leichen sogar noch ein (Hollywood liegt um die Ecke von Las Pienas) romantisches Happy End vorgesehen. Dabei löst Autor Burke gleich noch das dramaturgische Problem jedes Medienthrillers: Wie kommt der Detektiv-Journalist an interne Ermittlungsergebnisse der Polizei heran? Irene findet ihren eigenen Weg, heiratet und lässt sich fortan abends von dem Bullen Harriman im Bett „Goodnight Irene" sagen.

David Ignatius: A Firing Offence (1997)

Der Reporter Eric Truell ist eine Erfindung von Autor David Ignatius, Assistant Managing Editor der *Washington Post.* Truell ist Auslandskorrespondent, zuletzt war er in Frankreich. Dort deckt er einen gigantischen Skandal auf, ein Minister stürzt darüber, aber seine Zeit ist vorbei, er hat sich zu viele Feinde gemacht. Im Washingtoner Büro seiner Zeitung macht er weiter Karriere. Aber es gibt auch ein Geheimnis, seine verborgenen Kontakte zum CIA, die ihm als Journalist besondere Informationszugänge eröffnen, aber auch seine Integrität gefährden. Zumal er einen hochgeachteten Kollegen hat, der sich auch auf dieses Spiel einließ und dafür auf einer schmalen Straße in Peking bitter bezahlen muss. Truell soll sich um diesen Fall kümmern.

Die Story entwickelt sich zum ausgemachten Thriller, bietet aber auch präzise Einblicke in die Arbeitsweise der Auslandskorrespondenten einer großen Zeitung. Und immer wieder werden am konkreten Beispiel ethische Fragen durchgespielt. Wie eng darf es der Journalist mit den Geheimdiensten treiben? Oder die verdeckte Aktion in China: Die Recherchen ergeben, dass der Kollege von einem Lastwagen überrollt wurde. Es war gezielter Mord. Truell will die Täter seines Freundes zur Strecke bringen, dazu benötigt er aber wieder den CIA. Ganz sicher will sein Arbeitgeber von diesen Heldenaktionen nichts wissen und der Titel unterstreicht, wie die Alleingänge ausgehen: ‚A Firing Offence', Truell wird fristlos gefeuert und endet in einer kleinen Provinzzeitung, endlich von den Fesseln der CIA befreit. Und immer wieder die Gewissensfragen. Am Rande seiner Aktionen weist er einem Senator, der Präsidentschaftskandidat ist, frühere Probleme mit Depressionen und Hospitalbehandlung nach. Das reicht, um ihn zum Verzicht zu zwingen. Aber war das gerechtfertigt?

> I knew that by the conventional standards of my profession I had done a good job, but that seemed beside the point. I had felt like a silent assassin, holding a bloody knife in my hand even as my colleagues gathered around to offer congratulations (146).

Das Buch ist so etwas wie eine Einführung in journalistische Ethik, geschrieben im Thriller-Stil.

Colin Harrison: Manhattan Nocturne (1997)

Dieser Thriller wird von einem Kritiker der Richtung ‚postmodern noir' zugerechnet. Was immer dies bedeuten mag, tatsächlich spielt fast alles im nächtlichen Manhattan und die Menschen zeigen ihre schwärzesten Seiten. Nokturne Akteure, dass sind die wunderschöne Caroline Crowley, die sich aus dem Nichts in die feine Gesellschaft empor schlief und der berühmte Filmemacher Simon, dessen Namen sie trägt. Aber ihr Gatte hauchte sein Leben unter ungeklärten Umständen in einem Abbruchhaus aus. Schließlich ist da der Medienmogul Hobbs, der natürlich auch etwas mit Caroline hatte – oder nicht konnte, was niemand wissen soll. (Hobbs kommt wie Murdoch aus Australien, kann aber nicht mit dem identisch sein, denn Hobbs kommuniziert an einer Stelle mit Murdoch – ein beliebter Trick, um Personen der Zeitgeschichte einzubeziehen und sich vor rechtlichen Konsequenzen zu schützen. Murdoch ist schließlich nicht impotent.) Und dann ist da die Ich-Hauptperson, Porter Wren, stadtbekannter Kolumnist einer Boulevardzeitung. Seine Spezialität sind alle Arten von Mord und deren Hintergründe. Etwa die Story vom prospektiven, dann aber abgewiesenen Ehegatten, der seine Exbraut symbolisch mitsamt Brautkleid – einem hundertjährigen Familienerbstück – umlegt. Porter beschreibt eingangs seinen Job.

> I sell mayhem, scandal, murder, and doom. Oh, Jesus I do, I sell tragedy, vengeance, chaos, and fate. I sell the sufferings of the poor and the vanities of the rich. Children falling from windows, subway trains afire, rapists fleeing the dark. I sell anger and redemption. I sell the muscled heroism of firemen and the wheezing greed of mob bosses. The stench of garbage, the rattle of gold. I sell black to white and white to black. To Democrats and Republicans and Libertarians and Muslims and transvestites and squatters to the Lower East Side. (...) I sell falsehood and what passes for truth and every gradation in between. I sell the newborn and the dead. I sell the wretched, magnificent city of New York to its people. I sell newspapers (1).

Typische Schlagzeilen lauten: „She died for love" oder „Baby was frozen solid". Er nennt dies „ratlike journalism" und niemals zuvor fand ich eine so eindrückliche Beschreibung der amerikanischen Yellow Press.

Besagter Journalist Wren ist beim Mogul und Arbeitgeber Hobbs zu einer dieser barocken New Yorker Super-Parties geladen. Dort baggert ihn die Traumfrau Caroline an und schleppt ihn sogleich auf ihr Traumbett. Natürlich hat sie Hintergedanken. Als keineswegs trauernde Witwe hätte sie gern Aufschluss über den rätselhaften Tod ihres Gatten Simon. Wren, der sofort seine ehelichen Pflichten vergisst, macht sich an die Recherche. Im Zentrum des Mysteriums steht eine riesige Videosammlung des Filmverrückten Simon, die größte Begehrlichkeit weckt. Auf einem mährt sich Mogul Hobbs über Sex aus, auf einem anderen wird ein Polizistenmord dokumentiert. Porter steht in höchsten Nöten mittendrin, Hobbs droht ihn zu feuern, das New York Police Department will ihn inhaftieren. Wren taucht in die Unterwelt der Obdachlosen ab, er betätigt sich als Ruinenhund, er fahndet im Altersheim und schaut pornografische Videos in einem Hospital. So taucht er durch die dunklen, abgedrehten Seiten der Riesenstadt New York. Und will doch nur Carolines kalkulierter Umarmung entgehen, um neben sich seine Kleinfamilie samt Medizinerfrau und zwei Kindern zu retten. In dieser Umgebung ist Zynismus das wichtigste Überlebensprinzip. Mogul Hobbs ist hinter dem Video her und bedroht seinen Kolumnisten höchstpersönlich.

> You are my employee. I can fire you and can fire your bosses all the way up the line. I can fire everyone in the newspaper. (...) I would hire someone else. I've got a number of very good people in London this minute who would love to work in New York. Talent is cheap, Mr. Wren, yours included. (...) I can throw a bone in the street and get a newspaper staff. I've done it in Melbourne, I've done it in London, and I could do it here (135).

Wird Wren seinen Kopf retten? Nun, auch er macht sich keine Illusionen. „But then we live in a time in which all horror has been commodified into entertainment. Eat dinner and watch the bomb fall, the fugitive hunted down on live television, the genuine murderer cackling genuinely" (29). Bestseller-Autor Harrison spielt genau mit diesem Grusel und unterhält uns blendend mit seinen mysteriösen und erotischen Geschichten in postmodernem Schwarz. Im anderen Leben ist der Autor Deputy Editor des seit einhundertfünfzig Jahren erscheinenden und eher biederen Eliteblatts *Harper's Magazine* – in New York natürlich.

5.2 Der Medienthriller in Großbritannien

Großbritannien ist die zweite große Nation des Kriminalromans, der hier in den meisten Fällen relativ festgefügten Mustern eines Plots folgt, mit einem Kommissar im Zentrum (oft mit Scotland Yard assoziiert), dem Mord als unerhörtem Ereignis, einer Reihe von Verdächtigen mit einem Tatmotiv und schließlich einer Auflösung des Rätsels. Dieses festgefügte Muster eines *Whodunit* durchzieht auch die Medienthriller, die insoweit konventionellen Mustern folgen. Von der analytischen Seite her drückt fast jeder Roman eine tiefe Besorgnis über den Zustand der Medien aus. Was mit der Realität korrespondiert: Kontrolliert werden sie von wenigen Medienmogulen – an ihrer Spitze der notorische Rupert Murdoch –, die ihre Zeitungen an enger Leine führen und ihnen eine Mischung aus kommerziellem Erfolg und politischer Einmischung abverlangen. Damit eng verbunden ist eine starke Stellung der Boulevardpresse, die für ihre Aggressivität und Respektlosigkeit berüchtigt ist, immer bereit, jenseits moralischer Schranken zu operieren und um des kurzfristigen Erfolgs willen Menschen zu bedrohen.

Das britische parlamentarische System schaut auf eine lange und ruhmvolle Geschichte zurück, nicht wenige sehen es durch Sensationsmache und Einmischung durch Medien gefährdet. Besonders häufig wird die Rolle der Medien vis-à-vis Politikern thematisiert, denen bewusst ist, dass ein wohlplatzierter öffentlicher Skandal ihre Karriere beenden kann. Es geschah oft genug in Großbritannien. Wie geht ein Journalist mit dieser Form von Macht um, zumal, wenn sie vom Medieneigner nur geliehen ist?

Journalisten leiden unter schwierigen Arbeitsbedingungen, sie stehen unter hartem Druck und empfinden sich zugleich als ohnmächtig. Dies wurde eindrucksvoll mit dem Ende der traditionsreichen Fleet Street, dem alten Presseviertel in London demonstriert, welches die Verleger im Kampf mit den einst starken Gewerkschaften verließen, um auf der grünen Wiese und gewerkschaftsfrei neue Produktionsstätten aufzuziehen. Angesichts dieser Erfahrungen wird in keinem Land die politische Ökonomie der Medien so schonungslos dargestellt wie in Großbritannien – und zwar in den britischen Medienthrillern.

Großbritannien ist in Europa das erste Land, in dem Pressefreiheit umfassend praktiziert wurde, nun wird deren Bedrohung zum Beispiel in den Kriminalromanen drastisch thematisiert.

Drei Beispiele

Zur Illustrierung folgen drei Rezensionen: (1) Patricia Hall erfand mit ihrer Heldin Laura eine klassische Serien-Figur, die hier im Umfeld der politischen Klasse recherchiert, (2) der heute weltbekannte Bestseller-Autor Ken Follett schrieb seinen ersten Roman, als er noch als unbedeutender Journalist in der Fleet Street sein Brot verdiente und (3) Nicholas Coleridge verfasste einen Thriller, ganz nah an der Richtung von Zeitschriften, bei denen er selbst eine leitende Funktion innehat.

Patricia Hall: Tödliche Wahl (1997)

Die Ex-Journalistin Patricia Hall erfand ihre Serienheldin Laura Ackroyd, Featureredakteurin bei dem unbedeutenden Provinzblättchen *Gazette* in der wirtschaftlich notleidenden Stadt Bradfield. Warum verlässt die hübsche, rothaarige Laura nicht die abgewirtschaftete Industrieregion in Richtung London und erleidet stattdessen die ständigen Gemeinheiten ihres Chefs? Laura hält zur Stadt ihrer Großmutter, die lebenslang bei der Labour Party aktiv war, zu der (wie viele Journalisten) auch Laura neigt. Es gibt Nachwahlen und der Labour-Kandidat ist Lauras ehemaliger Uni-Professor Richard Thurston.

Nun erweist sich das Städtchen keineswegs als friedvoll, ein unbekannter Mann wird im angrenzenden Moor erschlagen, ein konservativer Stadtrat verabschiedet sich via Suizid. Hat dies mit der unruhigen Schwulenszene an der Uni zu tun, die auf Outing von Promis aus ist? Gibt es Betroffene, die das zu verhindern suchen? Schließlich kommt auch ein schwuler Redaktionskollege von Laura unter die tödlichen Räder eines unbekannten Rächers. Wer war es? Da es sich um einen klassischen britischen *Whodunit*-Krimi handelt, erfahren wir die unerwartete Lösung des Puzzles erst auf den letzten Seiten.

Laura steht als Journalistin mittendrin und leidet. Ihr Chef kungelt mit den Konservativen und ihr Ex-Kollege und Ex-Lover, der Karrierist Vince Newsom, nistet sich bei ihr ein. Schließlich stiehlt er ihr gar die Nummer vom schwulen Parlamentskandidaten und publiziert sie in seiner Hauptstadtzeitung *Globe*. Das wäre eigentlich ihr Job gewesen und der Chef staucht sie zusammen:

> Wieso hat er eine Exklusivgeschichte über den verfluchten Kandidaten, den du angeblich für uns abdeckst? (...) Was hast du die letzten zwei Wochen getan, Mädel, um das zu verpassen? Es ist die größte Sache in Bradfield seit dem Kohleunglück von 1958 (171).

Der Erfolgsmacker Vince, inzwischen von Tisch und Bett gewiesen, verhöhnt Laura obendrein, weil sie Skrupel hatte, den sexuell abirrenden Politiker zu outen.

> Du blöde sentimentale Kuh. Du wirst dieses Spiel nicht lange mitmachen, weißt du, wenn du solche Skrupel hast. Du bist im falschen Gewerbe, Kleines. Du solltest eine verdammte Sozialarbeiterin sein, keine Reporterin. Du bist verdammt noch mal viel zu empfindlich (174f.).

Vince prahlt indes, er habe den Labour-Mann „gargekocht" und „darum geht es dem *Globe*, Süße" (258). Das „Charakterschwein" von eigenem Chef erklärt diesen Vince dann auch noch zum Shooting Star und trägt Laura schließlich auf,

> falls du diesen Halunken Newsom siehst, dann spendier im auf meine Kosten einen Drink. Es ist ein Knüller von einer Geschichte. Und falls der *Globe* so dumm ist und ihm keinen festen Job anbietet, sag ihm, er soll sich bei mir melden. Er kann zu uns zurückkommen für das doppelte Gehalt (172).

Ein harter Beruf, das weiß Laura nur zu gut. Jeder von Lauras Kollegen hat seinen Weg gefunden, mit dem Unerträglichen umzugehen. Der Fotograf Jim etwa, er

> war groß und wortkarg und ertrug die alltägliche Arbeit für die Zeitung nur deshalb, wie er freimütig eingestand, weil sie ihm die Gelegenheit bot, einmal in der Woche mit der Kamera hinter dem Tor von *Bradfield United* zu stehen. Falls Jim irgendeinen Traum hatte – und wenn Laura in das vertraute zerklüf-

> tete Gesicht blickte, schien ihr das unwahrscheinlich –, dann war es der, der *United* auf dem Weg ins englische Fußballfinale nach Wembley zu folgen, und von dort zu weiteren Siegen nach München, Rom oder Madrid (176).

Laura mag an ihrem Beruf leiden, aber im Suchen von blutigen Tätern ist sie große Klasse. Also recherchiert sie weiter.

Ken Follett: Paper Money (1996)

Dieser Roman entstand 1976 und ist so etwas wie ein Klassiker des modernen Medienthrillers. Der Autor Ken Follett hatte bereits als Zeitungsreporter gearbeitet, als er mit 27 Jahren in die Schriftstellerei ging und zum weltweit gelesenen Bestseller-Schreiber mutierte. Diesen Titel *Paper Money* schrieb er lange vor seiner Schriftstellerkarriere, allerdings unter Pseudonym. Er skizziert darin (in seinen eigenen Worten) „how crime, high finance, and journalism are corruptly interconnected" (Vorwort V). Tatsächlich wird eine Szenerie beschrieben, in der organisierte Kriminelle dabei sind, den verschlafenen Altkapitalisten der Londoner City den Besitz abzunehmen. An dem einen Tag, an dem die gesamte Handlung spielt, finden jede Menge verdächtige Dinge statt: der Selbstmordversuch eines Politikers, eine spektakuläre Übernahme eines Unternehmens, das gerade eine Öllizenz erhält, der brutale Überfall auf einen Geldtransport.

Es gibt nur einen, der daran arbeitet, die spektakulären Dinge miteinander zu verknüpfen. Er heißt Kevin Hart und ist Reporter bei der *Evening Post* und erhält als solcher recht mysteriöse Anrufe. Er fügt Eins und Eins zusammen und bietet seinem Chef die ganz große Story an. Wie es weitergeht? Selber lesen! Das Buch hat zwei große Verdienste. Zum einen beschreibt es die letzten Jahre der ruhmreichen Fleet Street, in der die Telefone noch schwarz waren und die Zeitung unten im Gebäude gedruckt wurde.

Seinerzeit gab es noch den Beruf des ‚Copytaker', der per Fernruf den Text vom Reporter diktiert bekommt und ihn in die Schreibmaschine hämmert. Ebenso gab es noch das legendäre ‚news desk', das sich durch das ganze Großraumbüro zog und eigentlich der Fließbandproduktion abgeschaut war. Der Nachrichtenchef stellte es so dar: „It's supposed to work like a production line. Usually it's more like a bun fight" (22). Zum anderen wird auch im Buch das Ende der Fleet Street, wie wir sie kannten, vorausgesagt. Allerdings in ganz anderer Richtung: Die organisierte Kriminalität übernimmt das Regiment und stellt sicher, dass sie nicht selbst zum Thema der Sensationsberichte wird. Tatsächlich war in der britischen Presse nie viel darüber zu lesen, weshalb das alles verschwand.

Auf den letzten Seiten lassen sich der Reporter und sein Chef im City Tennis Club voll laufen. Natürlich in einem der vielen Pubs um die Ecke von der Fleet Street, denn die gehörten damals dazu wie die Druckerschwärze. Der Chef strich ihm die Story und zeigt dennoch Mitgefühl: „You're probably thinking you made a mistake ever to join this profession" (284). Und er wiederspricht ihm nicht. Dann wird der News Editor nostalgisch: „At least, for you, there will be another story" (286). Stimmt, zumal es für ihn schon zu spät ist, Alkohol und Zigaretten haben ihr zerstörerisches Werk am Chefredakteur längst begonnen.

Nicholas Coleridge: Schlag-Zeilen (1998)

Außer dem Titel passt hier alles zum Medienthriller. Im Original geht es um „Freunde wie diese (...)." Und tatsächlich geht es um eine Welt voller Feinde, in der jeder des Menschen Wolf zu sein trachtet. Kit Preston ist so eine Art Herausgeber von drei Lifestyle-Zeitschriften und steht entsprechend ständig unter Druck.

Dies um so mehr, da man die Ausfälle einer reichen, aber frustrierten Gattin eines (natürlich deutschen) Industriellen zu drucken gedenkt, was diese mit allen Mitteln zu hintertreiben sucht. Der Anwaltsbrief ist von der schlimmsten Sorte.

> Die Worte, die mir als erstes aus dem Blatt entgegensprangen, waren ‚schamlose und vorsätzliche Falschdarstellung', ‚Beleidigung', ‚deutlicher Widerruf' und ‚wesentliche Schäden'. Es war eines jener juristischen Schreiben, die man kaum in einem Rutsch lesen kann, sondern bei dem nach jedem Absatz eine Pause mit einem Schnapsglas randvoll mir reinem Alkohol eingelegt werden muss. ‚Mein Gott', stöhnte ich, als ich fertig gelesen hatte. ‚Das ist der Dritte Weltkrieg' (205).

Aber Kit bleibt hart, denn er hat klare Vorstellungen vom Verhältnis seiner Journalisten zu besagter Dame.

> Sie haben von sich ein absolutes Bild entworfen, sehr ehrenhaft, respektiert, kultiviert, und in ihrem Umfeld widerspricht diesem Bild niemand. Nicht die Leute, die für sie arbeiten, nicht einmal ihre Freunde, Wenn jetzt so eine kleine Aufsteigerin kommt – für die halten sie einen nämlich –, die Blase zum Platzen bringt und schreibt, was ihr am Herzen liegt, drehen sie durch (31).

Weil der Ekel erregende Ehemann, besagter Plapper-Fregatte, das Interview nicht zu verhindern vermag, kauft er den ganzen Verlag und feuert den Verantwortlichen, also Kit. Der Verkäufer benötigte das Prestige-Instrument Zeitschrift nicht mehr und steigt in Parkhäuser und die Kosmetik ein, die er zuvor in seiner Hochglanz-Frauenzeitschrift angepriesen hatte. Die Einstellung der Verleger insgesamt bleibt berechenbar.

> Wenn die Auflage steigt, ist es gut. Wenn sie fällt, stellt er einen neuen Redakteur ein. Wenn sie weiter fällt, stellt er wieder einen ein. Und so weiter. Wenn nichts mehr geht, stellt er die Zeitschrift ein und schiebt die Schuld auf den Markt (219f.).

Und was geschieht jenseits der kapitalistischen Logik? Kit lässt nichts anbrennen, weshalb ihn seine Frau mitsamt süßem Töchterchen verließ. Stattdessen umgarnt er die Klasse-Redakteurin Anna Grant, die für ihre einfühlsamen Interviews bekannt ist. Sie schaffte es auch, dass ihr die Industriellengattin das Herz ausschüttete. Man vergnügt sich im Bett, kurz darauf wird Anna erdrosselt aufgefunden. Natürlich gerät Kit unter ernsthaften Verdacht. Nicht nur seine Neugierde als Liebhaber und Medienmensch treibt ihn, die Polizei sieht in ihm den Schuldigen. Die Recherche nach dem wahren Mörder wird zur Überlebensfrage, zumal dieser ihm nach dem Leben trachtet. Gefeuert, auf der Flucht vor Polizei und gedungenen Killern, muss er unter rachsüchtigen Industriellen, kriminellen Verlegern und Kollegen, die über Leichen gehen, den Täter suchen. Nur seine Ex-Sekretärin hält noch zu ihm – und wird gleich Annas Nachfolgerin. Erst auf den letzten Seiten vermag er das Rätsel zu lösen, gerade noch, bevor seine Familie liquidiert und er selbst namenlos verscharrt wird.

Im beschriebenen wölfischen Milieu geht es auch sonst übel zu. Trennung zwischen redaktionellem Inhalt und Werbung bei der Modezeitschrift *Couture*? Der

> monatliche Modegipfel war das Forum, bei dem die redaktionellen und wirtschaftlichen Anforderungen der Zeitschrift aufeinander abgestimmt wurden. Mit anderen Worten, die Moderedakteure gaben uns eine Vorschau der geplanten Modegeschichten, und der Chefredakteur und ich stellten sicher, dass kein wichtiger Werbekunde ausgelassen wurde (73).

Gelästert wird auch über die publizistischen Vorstellungen der Verlagsleute, die nur den Verkauf im Sinn haben (und sich hochtrabend zur ‚Industrie' erklären).

> Wären Vertriebschefs auch Redakteure, gäbe es insgesamt nur sechs Titelbildpersönlichkeiten im Wechsel. Außer an Weihnachten, wenn auf dem Umschlag ein schwerbeladener Weihnachtbaum prangt und sich Stechpalmenzweige um das Logo ranken. Alle Überschriften auf der Titelseite wären über Sex und Beziehungen und es gäbe kein grünes Logo und keinen blauen Hintergrund, weil die sich schwer verkaufen lassen. Und alle Models wären blond und würden lächeln und rote Jacken tragen und Claudia Schiffer heißen (15).

Woher Bestseller-Autor Coleridge seine Anregungen bezieht? Im realen Leben ist er wie Kit Chef einer Reihe von Lifestyle-Magazinen der Condé-Nast-Gruppe, darunter *Vogue*, *Tatler*, *House & Garden*. Da sollte er wissen, wie es in der Industrie abgeht.

5.3 Der Medienthriller in Deutschland

In Deutschland galten der Kriminalroman und der Thriller vielen Wächtern der Hochkultur lange Zeit als minderwertig. Im Ergebnis wurde der Markt, der ähnlich groß und lukrativ wie in den anderen Ländern war, vor allem von schlechten Übersetzungen und billigen Editionen internationaler Autoren beherrscht. Es gab sicherlich Ausnahmen, erinnert sei an den Journalisten Erich Kästner, der nicht nur Romane wie *Emil und die Detektive* schrieb, sondern auch Gemeinheiten über seine Profession zum besten gab. Als sich in seinem *Fabian* (1931) der Volontär über Falschmeldungen wundert, wird er vom Chef belehrt: „Merken Sie sich folgende Meldungen, deren Unwahrheit nicht oder erst nach Wochen festgestellt werden kann, sind wahr" (Kästner 1989: 30). Aber für den deutschen Krimi fehlte die notwendige Nachfrage und damit auch ein Anreiz für schriftstellernde Journalisten, sich in diesem Genre zu versuchen. Dabei gilt auch für Deutschland, dass Journalisten in großem Umfang Romane schrieben und dabei sich selbst thematisierten, aber eben kaum im klassischen Muster des Krimis oder Thrillers (vgl. Studnitz 1983).

Von niemandem wurde vorhergesehen, dass der deutsche Kriminalroman seit 1970 einen nahezu kometenhaften Aufstieg nehmen würde. 1970 kann als Zäsur genannt werden, weil seinerzeit die erste *Tatort*-Episode im Fernsehen lief, mit dem Kommissar Trimmel im Mittelpunkt, geschaffen von dem *Stern*-Gerichtsreporter und Krimi-Autor Friedhelm Werremeier. Auf die deutsche Erfolgsstory sei hier nur hingewiesen, ich habe sie an anderem Ort vertieft dargestellt (vgl. Kleinsteuber 2001). Dieser Kurswechsel hat mehrere Gründe. Den wenigen Verlagen, die einst gemeinsam den ‚alten', also importierten Markt für Krimis bedienten, ging der internationale Nachschub aus, sie zogen sich aus dem Geschäft zurück. Der heutige Krimi-Markt wird überwiegend von kleinen, oft nur regional bekannten Verlagen bedient. Weiterhin entdeckte in den vergangenen Jahrzehnten das öffentlich-rechtliche Fernsehen in Deutschland spielende Krimiserien als neuen Quotenhit, *Derrick* und Co. wurden sogar zu einem unerwarteten Exportschlager. Die Kommerziellen folgten, heute ist Deutschland eine Großmacht im Bereich des TV-Krimis.

In der Konsequenz gelang es deutschen Autoren internationales Niveau zu erreichen, sie wurden zunehmend akzeptiert und gelesen. Am Beginn dieser eindrucksvollen Bewegung standen viele schriftstellernde oder Drehbücher schreibende Journalisten; heute werden pro Jahr etwa 200 Kriminalromane im deutschsprachigen Raum verlegt, die Mehrzahl von ihnen stammt aus deutscher Feder und grob geschätzt ein Viertel der Autoren sind Journalisten (wobei jede weitere Präzisierung sinnlos ist, weil viele Autoren einen ganzen Strauß unterschiedlicher Tätigkeiten angeben und der Begriff Journalist nicht geschützt ist). Allerdings ist unverkennbar, dass unter den erfolgreichsten, in Serie erscheinenden Krimis besonders viele Journalisten zu finden sind. Eine weitere Besonderheit ist der starke, häufig folkloristische Bezug dieser Stories auf eine (reale oder fiktive) Stadt oder eine Region. Das allein verschafft ihnen in einer sich globalisierenden Welt gegenüber internationaler Literatur einen nicht einholbaren Vorsprung.

In der Regel können die Autoren nicht von den bescheidenen Honoraren für ihre Bücher leben, weshalb sie weiter im Beruf aktiv sind – was sicherlich dem Realitätsbezug der Handlung zugute kommt. Vielfach übernimmt das Romanschreiben eine Art Kompensationsfunktion für den Journalisten, fast durchgängig wird der eigene Beruf in düsteren Farben geschildert: Der Chefredakteur ist ein Ekel, die Kollegen mobben, der Eigentümer will nur Geld sehen, die eigene Arbeit ist von Routine und Abhängigkeit geprägt. Die Enttäuschung, dass die einst mit großen Mühen angestrebte Profession ihre Versprechungen nicht hält, durchdringt die meisten Bücher. Das Bedürfnis, einen eigenen Roman zu verfassen, um der Tretmühle zumindest kurzfristig zu entgehen, wird häufig thematisiert, dieser Traum dient der Bewältigung eines unspektakulären, ja bedrückenden Alltags.

Heute unterscheiden wir Serienautoren, die einen Helden aufbauen und diesen an einem (mehr oder minder) realen Ort agieren lassen, und Autoren, die Unikate schreiben, darunter nicht selten Abrechnungen nach vielen Jahren erfolgreicher Berufstätigkeit. Gabriella Wollenhaupt, WDR-Redakteurin in Dortmund, hat zum Beispiel die Figur der Lokalredakteurin Grappa erschaffen, die nun in einem Dutzend Romane in Bierstädt (das sehr an Dortmund erinnert) für Ordnung sorgt. Jacques Bernsdorf, der als erfolgreichster deutsche Krimi-Autor gilt, lässt in derselben Funktion Siggi Baumeister in der Eifel nach Tätern suchen, Christiane Grän schuf die Bonner Klatschkolumnistin Anna Marx. Episoden von Bernsdorf und Grän wurden erfolgreich für das Fernsehen adaptiert. Diese Autoren sind in ihrer Region prominent und können auf eine treue Leserschaft rechnen. Offensichtlich hat der Medienthriller inzwischen sein Nischendasein verlassen. Im Jahr 2001 lachte die Szene über die Posse, die sich um das Buch *Höllenfahrt* des SWF-Redakteurs Gunter Haug entspann, der sich auf ‚Schwabenkrimis' rund um seinen sperrigen Kommissar Hotte spezialisiert hatte. Im fünften Roman dieser Serie flucht Hotte respektlos über seinen Vorgesetzten: „Ach Scheiße, der Alte lässt mir ausrichten, dass ich nachher ein Fernsehteam vom Spätzlesender betreuen darf“ (Haug 2001: 71). Und es geht weiter:

> Nämlich dass der Alte seinen mehr oder minder hoffnungsvollen Nachwuchs durch eine seiner zahllosen Verbindungen (‚Connections‘ auf Neuschwäbisch) beim als schlafmützig geltenden Fernsehsender der Landeshauptstadt untergebracht hatte. Und so war das biedere Schwabenfernsehen zwischen Neckar und Nesenbach wenigstens in Sachen Polizeiaktionen meistens einigermaßen auf dem laufenden, besonders wenn es darum ging, die Leistungen der LPD (=Landespolizeidirektion) und vor allem ihres Chefs in rechte Licht zu rücken. Andererseits war eine solche Funk-Connection auch Gold wert, wenn mal grade einem Kollegen ein dicker Hund passiert war und Sohn Unterhauser nach langem Hin und Her und wichtigtuerischem Gehabe die Geschichte am Ende wieder tot recherchiert hatte, um den Senior aus der Schusslinie zu bugsieren (ebd.).

In der Intendanz des SWF las wohl jemand Krimis und Haug wurde fristlos gekündigt, da er, so der Vorwurf, seine Loyalitätspflichten gegenüber dem Sender in erheblichem Ausmaß verletzt habe. Nun wird das Arbeitsgericht entscheiden. Jenseits der Problematik, ob hier nicht die Freiheit des fiktiven Ausdrucks massiv beschnitten wird, unterstreicht der Vorgang, dass der Krimi mit Medienbezug (es ist kein Medienthriller in enger Definition) offensichtlich an Wirkungsmacht gewonnen hat. Es ist das erste Mal – soweit ich zu sehen vermag – dass die in diesem Genre übliche heftige Medien- und Sozialkritik zu harten Sanktionen führte. Genau genommen wird so bestätigt, dass die Stimmung von geistiger Enge, Opportunismus und Vetternwirtschaft, Boulevard und Kommerz, die immer wieder in diesen Romanen angeprangert wird, so fern der Medienrealität nicht sein kann.

Drei Beispiele

Die nachfolgenden Rezensionen beziehen sich (1) auf einen Roman der derzeit wohl produktivsten Autorin Gabriella Wollenhaupt, (2) einen satirischen Thriller des Autors Peter Johannes (Pseudonym), der mit seiner intelligenten

Medienkritik inzwischen zum Geschenktipp unter Kommunikationswissenschaftlern die Runde machte und (3) mit Francis Schiller ein Erstlingswerk aus der kommerziellen Fernsehszene, geprägt von der schnodderigen Sprache der Branche und den irrwitzigen Arbeitsbedingungen, die den Helden schließlich in den Amok treiben.

Gabriella Wollenhaupt: Grappa und das große Rennen (2000)

Nun schlägt die Bierstädter Lokalredakteurin Grappa schon zum elften Mal zu. In ihrem Städtchen ist Kommunalwahlkampf, also Haupteinsatzzeit für Journalisten. Meist bleibt es dennoch langweilig, denn so viel passiert nicht in der verschlafenen Gemeinde. Allerdings erweisen sich Bierstädts Politiker als ziemlich schräge Vögel, die nahezu alle etwas mit diesem Sado-Maso-Sexclub *Chez Justine* zu tun haben. So kommt Leben in die Lokalität, als der erste vielversprechende Politiker der SPD nackt und nur mit einer SM-Ledermaske dekoriert, vor dem Wahlplakat der CDU-Gegenkandidatin aufgefunden wird. Tot natürlich.

Das ist der Stoff, aus dem Grappas Recherche-Arbeit gewoben ist. Zumal es nicht bei der einen Leiche bleibt. Immer wieder die SM-Verkleidung und der Aufschrei der „Erneuerer", die niemand kennt. Polizei und Staatsanwaltschaft sind unfähig, vielleicht sogar Teil dieser Skandal-Szene. Also geht Serienstar Grappa im Alleingang an die Arbeit. Sie verbündet sich mit dem Kollegen Tom Piny von der Konkurrenzzeitung am Ort (na ja, angesichts der Pressekonzentration nicht sehr wahrscheinlich) und verschafft sich in dem Outfit einer Sklavin, die einen neuen Lord sucht, Zugang beim düsteren *Chez Justine.* Bevor sie öffentlich versteigert werden kann, gibt es einen Brandanschlag im Etablissement und Grappa muss ausgerechnet mit dem feuerstiftenden Täter ... Nein, alles wird nicht verraten. Aber zum Schluss sagt sie uns, wer es war.

Da erzählt uns die Journalistin Wollenhaupt aus dem SPD-monopolisierten Ruhrgebiet also ein großes Märchen über korrupte Politik, die sich mit verquerer Sexualität verbindet (wie man es unverbildet treibt, macht Grappa nebenher auch noch vor) und alles endet in apokalyptischer Reinigung. Immerhin überleben einige Lokalgrößen das kleine Massaker und die SPD schafft es schließlich doch noch, ihr Rathaus-Monopol zu verteidigen.

Dies ist kein Schlüsselroman, in dem eine politische Provinzposse verarbeitet wird. Der Roman bietet pures Thriller-Vergnügen, wie es sich nur eine im Hauptjob gelangweilte Redakteurin in ihren stillen Stunden ausdenken kann. Da geht ihr die Phantasie durch, wie bei James Bond und der hat schließlich auch sein Riesenpublikum – außer vielleicht im Ruhrgebiet, denn dort ist sein weiblicheres und klügeres Pendant aktiv. Ach, noch etwas: Warum schreiben Journalisten so gern Romane?

> Nur selten hatten die Informationen, die ich zusammentrug, die Chance, sich in mir zu entwickeln, eingeordnet und bewertet zu werden. Ich war eine Art Durchlauferhitzer, speicherte die Worte und Informationen ein und spuckte sie ziemlich unverdaut wieder aus (...) Bücher schreiben – das wäre was (...). Sich irgendwohin zurückziehen, meinetwegen auf eine Insel ohne Strom, und die Zeit vorbeiplätschern lassen, ab und zu ein paar geniale Gedanken aufs Papier bringen, die die Weltliteratur befruchten würden, dazwischen gut essen und trinken und ein paar schöne Männer um mich herum, die danach lechzten, mir auf die eine oder andere Weise dienlich zu sein (158).

Grappa bleibt freilich Realistin, der Labtop benötigt Strom, den es auf der Insel vermutlich ebenso wenig gibt wie die frischen Mandelhörnchen (ihr Hauptnahrungsmittel in der Redaktion) und den kühlen Wein. So bleibt auch Autorin Wollenhaupt weiterhin auf dem Boden ihres Dortmunder WDR-Lokalstudios und wir alle heben erfreut auf den Schwingen ihrer abgedrehten Phantasien ab.

Peter Johannes: Perlen für die Säue (1999)

Dies ist so ungefähr die härteste Abrechnung, die man sich im deutschen Boulevardjournalismus vorstellen kann. Und die gesamte Hamburger Edeljournaille wird gleich mit versenkt. Der Chefredakteur Wolfgang Wedel-Mayer vom Regenbogenblatt *Die Wichtige* ist ein ausgeprägtes Schwein, alle Mitarbeiter sind sich da einig und er selbst wohl auch, wenn er aus seinem schicken Büro an der Elbe in den trüben Tag hinausschaut und sich in der Scheibe gespiegelt sieht. Die Handlung beschränkt sich auf einen Tag, an dessen Ende Wedel-Mayer sein Leben ausgehaucht hat. Die Endredaktion für die kommende Nummer steht an und sie soll wieder Gosse pur enthalten. Ein PDS-Ministerpräsident wird bei Sexspielchen in der Badewanne bloßgestellt, einem todkranken Opernsänger wird die AIDS-Verseuchung seiner besten Freunde angelastet. Der Chef brüllt dabei herum, haut auch seine Günstlinge in die Pfanne, erpresst alte Freunde und Förderer, belästigt junge Mitarbeiterinnen.

Richtig lebendig wird die Szene erst, als der Chef mit gespaltenem Schädel aufgefunden wird. Verdächtig sind eigentlich alle, denen er den Tag zur Hölle machte und alle atmen auf – selbst seine Frau, die ihm erklärt, sie sei von einem anderen schwanger, und der Verleger, dem er lästig geworden ist. Pikanterweise hatte der Boss noch unmittelbar vor seinem Tod Sex im Büro, also weisen etliche Indizien in Richtung der geschundenen Redaktionsfrauen. Letztlich ist für Autor Johannes die Aufklärung des Mordes von geringem Interesse, wichtiger ist ihm, die Redaktion zum Slapstick-Zentrum zu erklären. Der neugebackene Chefredakteur, der noch in der Todesstunde des Vorgängers mit ersten Intrigen beginnt, wird seinerseits sogleich Opfer neuer Angriffe und verkriecht sich schließlich vor der bösen Welt unter seinem Schreibtisch. Dort findet ihn die „Zonenputze“ (die Raumpflegerin), die schon den letzten dort fand. So endet der Roman wie er begann: „Herrschaftszeiten!“ sagt die Alte und stützte die Hände in die Hüften. „Da liegt alle Woche ein neuer. Das ist ja wie im Krieg“ (369).

Wedel-Mayer, der „vulgäre Widerling“ (158), der „Avangardist der Gosse“ (148) gab in der Branche sogleich Anlass für Spekulationen. „Wer ist die Leiche?“ fragte der *Focus* und registrierte, dass allein 20 Exemplare des Romans bei der Berliner Boulevard-Zeitung *B. Z.* kursierten, wo der frühere *Bunte*-Chef und *Bild*-Chefreporter Franz Josef Wagner regierte. In der Redaktion hieß es darauf über den Roman: „Eindeutig ein Psychogramm Wagners – wir produzieren hier quasi täglich die Fortsetzung des Romans“ (Schneider 1999: 220). Der Autor Johannes sah es gegenüber dem *Focus* differenzierter, in seinem Wedel-Mayer steckten 30 Prozent Wagner, 20 Prozent Hans-Hermann Tiedje, dazu ex-*Stern*-Chef Werner Funk und weitere unbedeutende Chefredakteure. Im Jahr 2000 stürzte dann auch das „Boulevardgenie“ Wagner. Autor Johannes heißt eigentlich Gundolf S. Freyermuth und war viele Jahre so etwas wie eine Edelfeder für seriöse Hamburger Publikationen wie *Zeit*, *Stern* und *Spiegel*.

Francis Schiller: Nahkampf (2002)

Max Hausmann startete die Superkarriere in der New Economy zwischen Musikbusiness und Werbung, im zarten Alter von 26 jobbt er bereits als Redakteur beim Fernsehen. Dort arbeitet er für die Show *Happy End*, Reality TV, bei dem spektakuläre Unfälle nachgestellt und die Betroffenen eingeblendet werden. Der alternde Anchorman ist als „Häuptling Silberlocke“ bekannt, das Produkt gilt als „Tränendrüsen-Mitgefühl-Show“ (23). Wer so arbeitet, der hat immer Locationprobleme.

> Wir produzieren ein Magazin, bei dem die Opfer nicht unbedingt im Mittelpunkt stehen wollen. Guten Tag, wir kommen vom Fernsehen. Wir möchten ihren persönlichen Alptraum filmen. Bein gequetscht, Leber zerfetzt, Milz gerissen? (16)

Zudem herrscht in der Redaktion höchster Arbeitsdruck.

> Wenn du keine Geschichte bringst, gibt es Ärger. Eine Unmenge Material wird benötigt, um den Sender abzufüttern. Monat für Monat müssen zwölf Unfälle nachgestellt werden. Pro Redakteur bedeutet das zwei bis drei Schicksale. Wenn einer von uns ausfällt, müssen die anderen noch mehr schrubben (17).

Am schlimmsten ist aber Helga, weit über fünfzig und immer noch die Chefin vom Dienst:

> Die Hölle hat viele Gesichter. Eines davon ist dicklich, übel geschminkt und sitzt auf einem Rumpf, den die Ärzte gern als orthopädischen Ball verschreiben. Helga! Das Grauen trägt einen Namen (...) Früher Studentenrevolte und Flowerpower, heute BMW und Geranien auf dem Balkon (15).

Oder einfacher: „Fuck you, Helga, du fette Funz!“ (16)
Der Laden läuft nicht gut, die Quote sinkt und der Sender verordnet Kürzungen. Die ersten Entlassungen werden ausgesprochen. Auch Max muss das Schlimmste befürchten.

> Ich habe das Gefühl, dass du eine Spur zu überheblich bist. Die Art, wie du dich mir gegenüber benimmst, ist schnodderig und unhöflich. Wenn du ein Problem mit mir und meiner Position hast, dann sag es ruhig. Du musst hier nicht arbeiten, wenn du dich hier nicht wohl fühlst (45).

Mit diesen Worten kanzelt ihn Helga ab. Und wird deutlicher: „Dein Vertrag läuft in vier Wochen aus. Momentan sind deine Karten nicht die Besten. Wenn du nicht aufpasst, bist du der Nächste" (ebd.). Good Mobbing! Montag im Fernsehland" (11).

Max gilt als Spezialist für das Blutige in der Redaktion und trägt den respektvollen Beinamen, „Splatterman". Mit seinen Projekten geht derzeit allerdings so ziemlich alles daneben. Im Krankenhaus zugesagte Drehgenehmigungen werden zurückgezogen, die Rentnerin mit siebenstündiger Notoperation und über einhundert Blutkonserven stirbt außerplanmäßig. Wenigstens läuft das österreichische Projekt gut an. Dort stürzte Bauernsohn Alwin direkt in die rostige Mistgabel, die sein Bruder hält. Aufgespießt liegt der Junge am Boden, bis der Rettungswagen kommt. Alles wird gut, *Happy End* also. Als man mit dem Team anrückt, zickt der Arzt, „das totale Arschloch", und predigt Ethik. „Wie oft soll ich ihnen noch sagen, ich unterstütze keine Fernsehsendungen, die mit dem Leiden anderer Menschen Geschäfte machen" (93). Aus Frust, dass der Dreh ins Wasser fällt, versammelt man sich im Puff, trifft dort den Arzt wieder, macht mit ihm ein unfreiwilliges Filmchen und plötzlich kooperiert er. Dennoch, die Probleme brechen über Max zusammen. Seine Freundin ist an sich gut platziert, Tochter eines Fernsehgewaltigen, „einer dieser Siegertypen mit Dreitagebart und graumeliertem Haar, fünfundvierzig Jahre alt. Er fährt Porsche und spielt mit Gottschalk Golf" (13). Aber sie meckert nur, also versucht er es mit Ela aus der Redaktion, kotzt sie aber voll, dafür meldet sich die Ex, Trine aus Österreich. Bei all dem Stress bleibt Max nur die Flucht in eine Mischung aus Kokain und Alkohol und die steuert ihn endgültig in den Abgrund.

Max weiß: „Ich bin ein Monster" (33). Das Unheil braut sich über ihm unausweichlich zusammen, seine Karriere endet in einer wahren Apokalypse. Kurze Zeit, bevor alles vorbei ist, darf er ein letztes Mal entscheiden, was läuft. „Egal, wie ich aus dieser Nummer rauskomme, ich werde zu Lebzeiten nie mehr eine kleine Fernsehland-Nutte sein. Und heute bin ich König von Fernsehland" (137). Kidnapping und dann seine Forderungen: Moderatorin Simone muss im pinken Hasenkostüm auftreten.

> Sie ist eine vom Typ ‚Gummipuppe als Moderatorin', die in Ballermann-Manier auch noch aus verstümmelten Kinderleichen eine geile Sensation macht. Sie hat dieses selbstgefällige, immer gleiche Lächeln im Gesicht, bis in den Sarg wird das auf ihrem Gesicht zu sehen sein (133).

Sein Sender BML berichtet life vom Verbrechen, Werbeeinblendungen ausgenommen, und die Quote stimmt endlich einmal. Das Drama endet auf der Intensivstation, natürlich richtet BML davor ein kleines Studio ein. Drehgenehmigungen liegen bereits vor.

Man weiß wie alles enden wird, gleichwohl bleibt der Action-geladene Roman spannend bis zur letzen Seite. Es handelt sich um die präzise Analyse eines Fernsehsystems, das mit morbiden Sensationen und geilem Voyeurismus Geld verdient. Die Redaktionsabläufe und Produktionsbedingungen werden kompetent dargestellt. Autor Schiller wird es wissen, er war Werbetexter, bevor er in Köln Fernsehredakteur eines großen Senders wurde. *Nahkampf* ist sein erster Roman.

6 Die Transkulturalität des Medienthrillers

Der hier ausgebreitete Vergleich ruft nach Ausweitung. Das Phänomen Medienthriller findet sich in vielen weiteren Ländern und Sprachkreisen. Manche Autoren wurden weltbekannt, andere verlassen nie den lokalen Horizont. Es wird nicht schwer sein, jeweils in den Romanen die spezifischen Züge nationaler Journalistenkulturen und Medienszenarien wiederzufinden. Gerade weil nicht abstrakt analysiert, sondern am konkreten Fall der Alltag beschrieben wird, können Gemeinsamkeiten und Unterschiede prägnant herausgearbeitet werden. Der Medienthriller ist längst zum Weltphänomen geworden, hier sollen zur Illustrierung einige Beispiele vorgestellt werden.

Aus Schweden ist Liza Marklund zu nennen, die viele Jahre bei Presse und Fernsehen verbrachte, bevor sie mit *Olympisches Feuer* (2000) einen nationalen (700.000 verkaufte Exemplare in Schweden) und Weltbestseller (übersetzt in 21 Sprachen) landete, der inzwischen verfilmt wurde. Der schwedische ‚Shooting Star' schildert einen unmoralischen Sumpf in Politik und Medien, in dem allerdings bestimmte Mechanismen funktionieren, die ein Mindestmaß an Transparenz und damit Machtkontrolle sichern. Der Roman klingt deswegen auch wie eine Ode an das schwedische Institut des offenen Aktenzugangs. Das versuchen wir in Deutschland seit vielen Jahren durchzusetzen. Die rot-grüne Bundesregierung hat die Realisierung in den Koalitionsvertrag geschrieben, aber betroffene Bürokraten de montierten erfolgreich das Vorhaben. Dieser Roman gibt eine eindrucksvolle Demonstration, wie das Institut von Journalisten genutzt werden kann, die ihren Auftrag noch ernstnehmen, ‚Vierte Macht' zu sein.

Enzo Russo ist ein erfolgreicher Publizist und Drehbuchautor in Italien. In seinem Roman *Grüße aus Palermo* geht es um die verkrustete sizilianische Gesellschaft und die geheimen Drahtzieher der Mafia. In der Presselandschaft – bei Verlegern wie Journalisten – herrscht vor allem Feigheit vor den ganz Großen, weshalb sich die Probleme des Mezzogiorno auch nicht lösen. Dazu wird das spannungsvolle Verhältnis zwischen Schriftstellern und Journalisten thematisiert, wie es jeder Bücher schreibende Journalist unmittelbar zu verarbeiten hat.

Ganz anders ist der Tenor im Roman von Santiago Gamboa, der im Hauptberuf Korrespondent beim kolumbianischen *El Tiempo* ist. In diesem Schwellenland arbeitet seine vollcomputerisiert erstellte Zeitung für eine gleichermaßen archaische wie anarchische Gesellschaft, in der korrupte und gewalttätige Eliten untereinander konkurrieren und sich einmischende Journalisten mit Ermordung bedroht sind. Selten ist das bedrückende Verhältnis zwischen einer halbwegs freien Presse und rücksichtsloser Machtausübung so eindringlich dargestellt worden.

Einen einzigartigen Beitrag zur Theorie des Krimis leistet der brasilianische Journalist und Autor Paulo Rangel. Auch hier wird die latente Gewalttätigkeit der lateinamerikanischen Gesellschaft thematisiert, die unmittelbare

Auswirkung auf die Arbeit des Journalisten hat. Dazu tritt aber ein ganz anderes Motiv, die Unglaubwürdigkeit des klassischen Krimis in einem Land voller staatlicher Ungerechtigkeit; der Krimi kann nur dort glaubwürdig antreten, wo der Täter auch gefasst und bestraft wird. Andernfalls wird der Krimimalroman ermordet.

Liza Marklund: Studio 6 (2001)

Die Heldin Annika Bentzon steht noch am Beginn ihrer Karriere und hat die Chance, bei der nationalen Zeitung *Abendblatt* in Stockholm auszuhelfen. Am ‚heißen Draht' der Zeitung toben sich meist Witzbolde oder Verrückte aus. Aber diesmal stimmt die brisante Meldung: Ein totes Mädchen liegt hinter einem Grabstein auf dem jüdischen Friedhof innerhalb des Kronobergparks auf Kungsholmen. Die Reporterin findet sie dort, nackt und erdrosselt, das gibt gute Fotos, bevor die Polizei die Medienleute vertreibt.

Die junge Annika stürzt sich auf diesen Fall. Es geht um Gewalt gegen Frauen und überhaupt stinkt alles gegen den Wind. Die Ermordete arbeitete im Sexclub *Studio 6*, in dem in der Tatnacht der schwedische Außenhandelsminister mit deutschen Gewerkschaftern gefeiert haben soll. Dreist wie er ist, hat der Minister sogar die Quittungen für den teuren Abend zur Begleichung im Ministerium eingereicht. Das bringt Annika ans Licht, folglich wird er verhört und als Täter verdächtigt. Annika recherchiert nun sorgsam hinter den Beteiligten her und findet heraus, dass der Minister in jener Nacht ganz woanders gewesen sein muss. Der Politiker tritt angesichts der Verdächtigungen zurück. Annika fragt sich zu Recht, in was für Schweinereien der Minister verstrickt ist, wenn er all das auf sich nimmt. In der Tat präsentieren sich die biederen schwedischen Sozialdemokraten von einer ganz neuen Seite. Da Annika den Minister gegen Mordverdächtigungen in Schutz nimmt, gerät sie ins Schussfeld der Radionachrichtensendung *Studio 6* (was für ein Doppelsinn). Diese Kritik passt dem Zeitungschef nicht und Annikas Musterkarriere droht ein voreiliges Ende. Der Schluss des Romans berichtet von einem nicht gesühnten Mord, einem krisenmanagenden Firmenchef, einem anderswo gut untergebrachten Außenhandelsminister und seiner Pressesprecherin, die zu viel weiß und sich eine Blitzkarriere erpresst. Was lernen wir über schwedische Medien? Für den Chef des Abendblatts war naheliegend, „dass die Zeitung ständig auf der Grenze zum moralisch und ethisch nicht mehr Vertretbaren balancierte. Das musste bei einer solchen Zeitung so sein“ (229). Die Abendpresse lebt davon zu provozieren, darum wird sie auch des Öfteren angezeigt – bei typisch schwedischen Instanzen wie dem Ombudsmann der Presse, dem Presseverband oder gleich den Gerichten. Annika genießt immerhin Freiräume für ihre Recherche, bis Druck von draußen kommt, darauf erhält die andere Aushilfe ihren Auftrag. Der arbeitet übrigens mit einer feministischen Terroristinnengruppe zusammen, den Ninja Babies, und liefert mit deren Hilfe gestellte Sensationsfotos. Als das nicht mehr zieht, liefert er sie kaltblütig der Polizei aus – mit gezückter Kamera versteht sich. Die Medien stinken kaum weniger zum Himmel als die Politik.

Wunderschön liest sich der Roman in Bezug auf die schwedische Erfindung des Akteneinsichtsrechts, das seit 1766 praktiziert wird. Annika kommt in der verworrenen Politikergeschichte nicht weiter und geht zur Registratur des Ministeriums, um Auskunft zu fordern: „Ich wüsste gern etwas darüber, wie die Minister ihre Reisen handhaben (310f.)“. Als sie nicht gleich Antwort bekommt, wird sie deutlicher. „Es ist nicht meine Pflicht, mich auszuweisen. Sie haben nicht einmal das Recht, das zu verlangen. Dahingegen ist es ihre Pflicht, auf meine Fragen zu antworten“ (ebd.). Mit Annika lernen wir, was Freedom of Information praktisch bedeutet.

> Viele wussten immer noch nicht, dass das Öffentlichkeitsprinzip ein Teil der im Grundgesetz festgeschriebenen Pressefreiheit war. Alle Vorgänge sämtlicher Verwaltungen mussten sofort herausgegeben werden, wenn jemand darum bat und sie nicht der Geheimhaltung unterlagen (335).

Auf Deutschland übertragen heißt dies, man steht an der Pforte des Bundeskanzleramtes und fordert sofortige Einsicht in die Leuna-Akten. Schweden demonstriert, dass Politiker nicht besser sind als bei uns, aber es einfacher ist, ihnen auf die Finger zu schauen. Die immer noch tätige Journalistin und Erfolgsautorin Marklund machte in einem Interview deutlich, was sie am real praktizierten Journalismus störte und warum sie Schriftstellerin wurde:

> Als Chefreporterin war ich immer in der Schusslinie zwischen Wahrheit und Schnelligkeit, das kann einen auf Dauer fertigmachen. Die ständige Beschleunigung des Nachrichtengeschäfts ist sehr bedenklich (...) ich wollte nicht mehr Ressortleiterin sein und mir von allen ans Bein pinkeln lassen. So war es nämlich, denn als junge Frau passte ich nicht in die Norm der mittelalterlichen Herren aus der Führungsebene. Die sahen ihre Macht bedroht (2001a: 45).

Russo, Enzo: Grüße aus Palermo (1998)

Grüße aus Palermo sendet die attraktive, aber auch tiefgründige Tochter Constanza des Schriftstellers Ruggero Malfitano an den Mailänder Journalisten Giuliano Vergani. Malfitano galt als langjähriger Mafia-Kritiker und war dafür vor einem Jahr in seinem Auto in die Luft gesprengt worden. Vergani erhält einen Auftrag seiner Zeitung, über den vielfach Gepriesenen zu berichten und heftet sich an die Fersen derer, die seiner gedenken. Profi, der er ist, nimmt er Kontakt mit der Witwe auf, die aber weigert sich, auch nur ein Wort beizusteuern. Darauf wendet er sich an die Tochter, mit der ihn bald eine eigentümliche und untergründig erotische Beziehung verbindet. Die Gespräche mit ihr bringen ihn auf neue Quellen bezüglich Malfitanos, die er auch anzuzapfen vermag. Er trifft einen Schulfreund, der mit dem Schriftsteller jahrzehntelang im brieflichen Austausch gestanden hatte. Das alles interessiert Vergani, denn der hat nicht nur ein journalistisches Interesse am Thema, er möchte ein Buch über Malfitano schreiben, dessen Romane er alle gelesen und schätzen gelernt hat. Ach ja, das alte Motiv des Bücherschreibens.

> Jeder in seiner Berufssparte, ob Chefredakteur, stellvertretender Chefredakteur oder einfacher Reporter, hatte bereits irgendwann mit dem Gedanken gespielt, ein Buch über irgendein brandaktuelles Thema zu schreiben, zum Beispiel über das Aufflammen des Satanskults oder die usbekische Mafia. Aber das Buch eines anderen wurde stets nur süffisant belächelt, besonders wenn es sich um das Werk eines Kollegen handelte. Bei den Vorgesetzten dominierte die Verachtung, bei Gleichgestellten die berufliche Rivalität und bei den Untergebenen schlicht der Neid (8).

Deshalb behielt Buchheld Vergani sein Projekt für sich. Wie es weitergeht, wird nicht verraten. Der Roman lebt von der plötzlichen Wende, von unerwarteten Einsichten, die den Journalisten einen neuen Malfitano treffen lassen. Inhaltlich geht es nicht nur um eine Mordtat und deren Aufklärung (aber geschieht die wirklich?). Es geht dem Autor um Italien, die Unfähigkeit, Sizilien zu begreifen, die Rolle der Intellektuellen bei alledem. Und es geht um die Feigheit der Männer vor der Geschichte (und in der eigenen Redaktion).Liest man den Roman als Medienthriller, so findet sich genug Stoff. Russo selbst arbeitet als Publizist und Drehbuchautor. Den Journalismus beschreibt er als verkommen, in der Redaktion wird der Chefredakteur von den Eignern ausgetauscht, der Gefeuerte ist sogleich vergessen, der Neue wird umschmeichelt. Was der frischgebackene Boss nur begrenzt mitbekommt, denn der legt es darauf an, bei der Leitung auf lieb Kind zu machen. Wer mitdenkt und Widerworte gibt, kann froh sein, wenn er ins Archiv strafversetzt wird (vgl. 169). Der Alltag ist Zynismus. Ein Tipp, wie man des Schriftstellers trauernde Witwe zum Reden bringt: Drohe mit dem Verleger.

> Witwen berühmter Schriftsteller fürchten sich vor Verlegern. Sie können einfach nicht verstehen, weshalb sie nach dem Tod ihrer Männer immer noch Geld von ihnen bekommen, und haben dauernd Angst, die Quelle könnte versiegen, wenn sie sich ihnen widersetzen (9).

Vergani nimmt das Dilemma seines Berufs gelassen zur Kenntnis. Er hat klare Vorstellungen von seiner Aufgabe: „Ich bin Journalist (...) Ich bin neugierig und möchte die Neugierde anderer befriedigen“ (151). Und um den Avancen der schönen Constanza zu entgehen, behauptet er: „Keine Gefühle. Ich bin Reporter“ (169). Die zyklische Sensationsgier seiner Tageszeitung erklärt er wie folgt:

> Der Magen einer großen Tageszeitung produziert hektoliterweise Verdauungssäfte, ist somit imstande, Unmengen von Informationen in sich aufzunehmen, und am nächsten Tag ist er schon wieder so leer, dass er Nachschub braucht (108).

Alles in allem ein zugleich packender und tiefgründiger Roman, der reißerische Aufmachung nutzt, um dem Leser tiefere Ebenen zu erschließen.

Santiago Gamboa: Verlieren ist eine Frage der Methode (2000)

In Kolumbien sind im Jahr 2000 neun Journalisten ermordet worden, mehr als in jedem anderen Land der Welt. Am häufigsten wurden dort die Mitarbeiter des *El Tiempo* heimgesucht, der führenden investigativen Zeitung aus Bogotá. Einer der Redakteure, der bisher überlebt hat, ist Autor Santiago Gomboa. Der allerdings sitzt als sicherer Korrespondent in Rom und schreibt nebenher Thriller.

In *Verlieren ist eine Frage der Methode* streift Hauptperson Victor Silanpa als Polizeireporter für den *El Observador* durch die Millionenstadt. Der befreundete Polizeihauptmann Moya teilt ihm mit, dass man am Sisga-Stausee auf eine gepfählte Leiche gestoßen sei und niemand ein Motiv wisse. Silanpa nimmt sich des Falles an – übrigens im Roman mit freundlicher Duldung der Polizei, die um ihre Dummheit weiß und den komplizierten Fall gern abgibt. Der Hauptmann der Polizei wird sowieso gerade von einer Schlankheits- und Selbsterfahrungskur in Beschlag genommen. Der Journalist ermittelt wie ein Detektiv und bringt allmählich Licht in die Sache, in der alles beteiligt zu sein scheint, was in Kolumbien Macht und Einfluss genießt. Um den Tatort, ein höchst lukratives Seegrundstück, derzeit genutzt von unwissenden Nudisten, schlagen sich der korrupte Politiker, der Baulöwe, der beim Spiel völlig verschuldete Advokat und der brutale Mafioso. Mittendrin unser Redakteur, der auch nicht gerade ethisch sauber arbeitet, so geht ein Einbruch auf seine Kosten. Trotzdem behauptet Silanpa mit Recht: „Ich mache keine krummen Geschäfte, ich bin Journalist“ (248). Als der konfuse Fall aufgeklärt ist, sind mehrere Hauptfiguren tot, andere landen im Knast, nur der Baulöwe bleibt ungeschoren, weil er sich rechtzeitig den Hauptmann kauft.

Silanpa überlebt das Abenteuer, allerdings ist er seine Freundin los, weil er immer zu spät zu den Verabredungen kam. Überhaupt die Frauen: Dieser Roman ist in bester Latino-Tradition angefüllt mit gefährlichen Frauenpersonen. Geht es nicht um Frauen, geht es um den Tod, dem Silanpa mehrfach gerade noch entkommt. Frage des Mafia-Killers: „Soll man ihm einen Schrecken einjagen oder gleich zum Alteisen befördern?“ (135) Dafür ruiniert sich der Journalist schon selbst, Aspirin zum Frühstück, Schnaps den ganzen Tag und nächtens die Frauen, bei denen er vor der Rache der Mafia Zuflucht sucht. Dieses Journalistenleben ist noch anstrengender als das der europäischen Kollegen.

Ansonsten wird man sich von manchen Dritte Welt-Stereotypen lösen müssen. Die Redaktionen stehen voller Terminals, das Archiv arbeitet elektronisch und die Mitarbeiter kommen von der Journalistenschule. Aber das Leben mit den Kollegen bleibt wüst, zum Beispiel im Lokalressort.

> Die Redakteure hatten über den Besprechungstisch ein grünes Tuch gebreitet und spielten Würfeln, in Hemdsärmeln. Durch den Qualm blickte er zu ihnen, er sah die Plastikbecher, die Rumflasche, und die auf Taschentüchern aufgehäuften Erdnüsse (120).

Wer am Schicksal des Gepfählten interessiert ist und auch sonst starke Nerven hat, dem sei dieser Thriller ans Herz gelegt, in dem alle Niedrigkeiten dieser Welt vorkommen – nur der kolumbianische Drogenhandel nicht.

Paulo Rangel: Die Ermordung des Kriminalromans (1997)

Hauptfigur dieses klassischen Medienthrillers ist der Volontär Cotoxó, der nach seinem Journalistikstudium bei der Zeitung *Tribuna da Pátria* angetreten ist. Cotoxó wurde vom Journalisten Paulo Rangel als Serienfigur geschaffen und in Sao Paulo angesiedelt. Dort wurde er zum Kriminalreporter gekürt, der für Polizei und Verbrechen zuständig ist. Offensichtlich will sich jemand einen schlechten Scherz mit ihm erlauben, denn der Chef – „angefüllt mit Missgunst, Unterwürfigkeit, Selbstgefälligkeit, Macho-Gehabe und düsteren Gedanken" (14) – gibt ihm einen ungewöhnlichen Auftrag.

> Wir haben drei anonyme Anrufe und einen Fetzen Papier erhalten. Man hat uns davon in Kenntnis gesetzt, dass der Kriminalroman ermordet werden soll. Ich wünsche eine umfassende Reportage über das Verbrechen (13).

Bis Samstag sind zwölf Seiten zu füllen. Cotoxó besucht in der Redaktion den alten Indianer vom Stamme der Tupinambá, ein aufsässiger Kollege, den man auf die Reservebank für Urlaubsvertretungen verbannt hat. Auch er war einst gefeierter Kriminalreporter, fand aber offensichtlich zu häufig den Mörder, „als er die Drahtzieher entdeckt hatte und kurz davor stand, ihre Namen bekannt zu geben, hatte man ihm die Reportage kurzerhand entzogen und ihn durch einen Kollegen ersetzt, der weniger Biss besaß“ (20). Der gab ihm den entscheidenden Tipp: Recherchiere in der merkwürdigen Sache so, als sei es ein richtiger Mord.

Der Tupinambá sagt noch etwas über die Tragik des Krimis in Brasilien. „Die Brasilianer bevorzugen Kriminalgeschichten, die im Ausland spielen, dort, wo die Kriminellen auch gefasst werden“ (24). Der Indianer weiß wovon er spricht, denn auch er hat einen Krimi verfasst, aber niemand hatte sich dafür interessiert. Später begegnet Cotoxó einem Berufsschreiber von Krimis, der 30 verschiedene ausländische Pseudonyme nutzt, nur um die Ware verkaufen zu können. Kriminalliteratur, so doziert er, kann es nur geben, wo menschliche Freiheit blüht. Wo jedes Jahr mehr als Tausend Menschen von staatlichen Todesschwadronen ermordet werden, wo auf Polizeiwachen gefoltert wird, wo die Gefängnisse überfüllt sind, kann man unmöglich Kriminalgeschichten erzählen. In einem guten Krimi geht es „um das Intelligenzspiel zwischen dem Kriminellen, der seine Tat zu verbergen sucht, und dem Kriminalisten, der zum Schutze der Gesellschaft den Mörder stellen will“ (86). Ist dies nicht möglich, ist der Markt tot:

> Brasilianer, die nach Gerechtigkeit dürsten, kaufen sich tonnenweise Kriminalromane, die in ausländischen Städten spielen, dort, wo Verbrechen geahndet, Schuldige bestraft und verurteilt und Ungerechtigkeiten behoben werden (86).

Im Roman selbst wird der Krimi tatsächlich ermordet und – wen wundert es – ein realer Mord findet auch statt. Cotoxó kommt dem Rätsel auf die Spur, ist Augenzeuge des Mordes, er liefert die zwölf Seiten rechtzeitig ab und seine Pressechefs sind voll des Lobes angesichts der exklusiven Reportage. Übrigens auch, weil es gegen die Konkurrenz geht, die in die Affäre hineinfingert. Wie zu erwarten, begreift die brasilianische Polizei bis zuletzt nichts. Umso mehr gilt, dass nur der clevere Journalist Aufklärung bringen kann. Wer hat schon einmal darüber nachgedacht, dass der Krimi in einem von

Gewalt und Korruption geprägten Land unglaubwürdig wirkt? Was bei uns spannende Fiktion ist, beschreibt dort bedrückende Realität. So besehen, kann der Kriminalroman auch nur in Brasilien ermordet werden.

Diese Hinweise sollen reichen, um zu unterstreichen, dass es sich bei dem Medienthriller längst um ein globales Phänomen handelt. Präziser gesagt, es handelt sich um ein ausgesprochen lokales Produkt, das sich gleichermaßen global verbreitet – vor allem in seiner angloamerikanischen Variante –, aber auch einen starken lokalen Bezug beibehält, etwa dem Prinzip des Tatortes als Mittelpunkt folgend: ‚All murder business is local.' Der aufklärende Lokalreporter und der Regionalroman gehen hier eine interessante Symbiose ein.

7 Fazit

Die Deutschen, getragen von einem idealistisch-elitären Geschichts- und Wissenschaftsverständnis, zeichnen im Medienthriller ihren inneren Prozess einer tiefen Enttäuschung nach. Mit hohen Erwartungen treten sie in den Journalistenstand ein, erleben über die Jahre eine elendige Routine und reproduzieren diese Erfahrung romanhaft als Tragödie (oder Tragikomödie). Finden sie doch die Kraft einen Roman zu schreiben – und wohl nirgends ist der Stellenwert der Journalisten innerhalb der Thrillerschreiber-Gilde so hoch wie bei uns – , dann rächen sie sich an den verlorenen Illusionen. Der Journalisten-Held erscheint oft als der letzte Aufrechte in einer schmutzigen Umgebung und sucht in seinem Nahraum, soweit er diesen zu beeinflussen mag, für ein wenig mehr Gerechtigkeit zu sorgen. Die Medien insgesamt und seine ‚Marionetten', die Chefs, trifft härteste Kritik; oft gilt sie auch den eigenen einzelkämpferischen Kollegen. Gebrochen wird diese Fundamentalkritik über eine hohe – und für den Deutschen und den Krimi gleichermaßen untypischen – Dosis Satire bis hin zu einer Art Galgenhumor.

Wo die Deutschen frei heraus schreiben können, weil Krimi-Traditionen fehlen, knüpfen die britischen Autoren an eine lange und ruhmvolle Tradition an. Kein Land hat zur Entwicklung des Krimis mehr beigetragen – dies ist

Chance und Fessel gleichermaßen. Viele Medienthriller sind folglich eine Variante des *Whodunit*, des raffiniert verpuzzelten Rätsels um den Mörder. Damit wird eine spezifische Dramaturgie vorgegeben, der Journalist wird zu Sherlock Holmes oder Miss Marple. Das Mediensystem trifft harte Kritik, es befindet sich in der Hand einiger weniger ‚Mogule', die es als Investment betrachten und keine Hemmungen kennen, es für eigene politische und wirtschaftliche Zwecke einzusetzen. Journalisten fühlen sich ihnen in besonderer Weise ausgeliefert und müssen sich ständig neu mit ungeliebten Machtverhältnissen arrangieren. Wer es in diesem Milieu aushält, muss eisenhart sein oder ein unverbesserlicher Romantiker. Humor und Witz, bekannt gute Eigenschaften der britischen Inseln, kennt der klassische britische Krimi nur in Ansätzen. Eher klingt eine wehmütige Stimmung nach, Erinnerung an bessere Zeiten.

In amerikanischen Romanen ist der Journalist oft ein von brennendem Ehrgeiz durchdrungener Profi, der im beruflichen Alltag vieles riskiert, um an seine Story zu kommen. Wer investigativ recherchiert, der darf dem Gesprächspartner auch etwas vorgaukeln oder fremde Identitäten annehmen, schließlich geht es um höhere Ziele. Das korrespondiert mit der empirischen Kommunikatorforschung, der zufolge amerikanische Journalisten viel eher zu Grenzüberschreitungen neigen als deutsche. Letzte Begründungen für dieses Verhalten liefert die allgemeine Verderbtheit der Welt, so ist der Journalist allemal besser legitimiert als sein ewiger ‚adversary', der Politiker. Der trickreiche Wettbewerb zwischen beiden Seiten wird sportlich hart ausgetragen – Watergate wirkt wie ein Archetyp. Das Mediensystem erscheint meist in kritischem Licht, aber die Protagonisten nehmen das als Herausforderung, allgemeine Klage wird nicht geführt. Ein nahezu jeden Roman durchdringendes Motiv ist das der journalistischen Ethik: Wie weit darf der Journalist gehen? Nicht selten zerbricht er an seinem ungestümen Ehrgeiz. Humor ist bei alledem eher selten zu finden, aber durchaus präsent – denn auf dem riesigen US-Markt findet sich für jeden Geschmack etwas. Auffällig ist, dass sich in den USA ungleich mehr Erfolgsautoren finden als anderswo, deren Bestseller-Titel von ihren Verlagen weltweit vermarktet und in viele Sprachen übersetzt werden (übrigens zumeist Verlage, die selbst im Besitz von Medienkonzernen sind, wie Bertelsmanns Random House, das größte Verlagshaus der Welt). Viele Autoren verfügen über frühere journalistische Erfahrungen, haben sich allerdings ganz auf das Bücherschreiben kapriziert, eine Möglichkeit, auf die nur wenige britische und überhaupt keine deutsche Autoren rechnen dürfen. Sicherlich nicht zum Nachteil des Medienthrillers, der dadurch in Deutschland besonders authentisch wirkt, denn sein Autor bleibt in aller Regel im Hauptberuf Journalist.

Schließlich gilt für alle untersuchten Länder, dass im Medienthriller Dinge gesagt werden können, die im redaktionellen Teil eines marktgängigen Mediums keine Chance hätten. Bekanntlich gelten die inneren Verhältnisse der Medien diesen als ständiges, aber ungeschriebenes Tabu. Wer Medienthriller liest, wird sich immer wieder fragen: Sieht es tatsächlich so miserabel in unseren Redaktionen aus, oder wird hier um der spektakulären Handlung willen übertrieben? Das Irritierende in der romanhaften Verwirrung von Fakten und Fiktionen ist, dass diese Frage ungeklärt bleibt. Alle hier zitierten Romane, gleich aus welchem Weltwinkel sie stammen, wirken – so unterschiedlich sie im Detail auch die Verhältnisse darstellen – wie ein einziger großer Aufschrei, dass die in der Gesellschaft bekämpfte Kriminalität wenigstens vor den Toren der Medien halt macht. Im Thriller wird diese Fundamentalkritik nur wenig vercodet, offensichtlich so weit, dass die weiterlaufende Beschäftigung als Journalist nicht gefährdet ist. Aber die Grenzen der Sanktionslosigkeit sind offensichtlich schon erreicht, wie sonst wäre zu erklären, dass die erzählerische Identifikation eines Senders mit einer beliebten Regionalspeise bereits zum Rauswurf führt?

Literatur

Benford, Gregory (2001): Lesestoff in Los Alamos. In: Frankfurter Allgemeine Zeitung vom 23.6.2001: 43

Burke, Jan (1993): Goodnight Irene. New York: Avon

Cage, Nicholas (1998): Schlag-Zeilen. Zürich: Diogenes

Follett, Ken (1996): Paper Money. London: Pan

Franklin, H. Bruce (1990): War Stars. The Superweapon and the American Imagination. Oxford: Oxford University Press

Gomboa, Santiago (2000): Verlieren ist eine Frage der Methode. Berlin: Wagenbach

Hall, Patricia (1997): Tödliche Wahl. Hamburg: Argument

Harrison, Colin (1997): Manhattan Nocturne. New York: Dell

Haug, Gunter (2000): Höllenfahrt. Meßkirch: Gmeiner Verlag

Ignatius, David (1997): A Firing Offence. London: Headline Feature

Johannes, Peter (1999): Perlen für die Säue. Frankfurt: Eichborn

King, Stephen (2000): On Writing. A Memoir of the Craft. London: New English Library

Kleinsteuber, Hans J. (2001): Journalisten im Medienthriller. Fakten und Fiktionen in einem neuen literarischen Genre. In: Achim Baum/Siegfried J. Schmidt (Hg.): Fakten und Fiktionen. Über den Umgang mit Medienwirklichkeiten. Konstanz: UVK: 217-232

Marklund, Liza (1998): Olympisches Feuer. Hamburg: Hoffmann und Campe

Marklund, Liza (2001): Studio 6. Hamburg: Hoffmann und Campe

Marklund, Liza (2001a): Mord & Moral. In: Medium Magazin, 16. Jg., H. 5: 44f. (Interview)

Poe, Edgar Allen (1982): The Mystery of Marie Roget. In: ders.: The Complete Tales of Mystery and Imagination. London: Book Club Associates: 382-413

Rangel, Paulo (1997): Die Ermordung des Kriminalromans. Wuppertal: Hammer

Russo, Enzo (2000): Grüße aus Palermo. Frankfurt: Fischer TB

Rückert, Sabine (2000): Tote haben keine Lobby. Die Dunkelziffer der vertuschten Morde. Hamburg: Hoffmann und Campe

Schiller, Francis (2002): Nahkampf. München: Diana

Studnitz, Cecilia von (1983): Kritik des Journalisten. Ein Berufsbild in Fiktion und Realität. München: Saur

Wollenhaupt, Gabriella (2000): Grappa und das große Rennen. Dortmund: grafit

Heiner Bus

Der U.S.-amerikanische New Journalism der 60er und 70er Jahre

Truman Capote, Michael Herr, Norman Mailer und Tom Wolfe

1 Die literaturgeschichtlichen Wurzeln

„(...) they never dreamed that anything they were going to write for newspapers or magazines would wreak such evil havoc in the literary world". Das aus diesem Zitat aus der Einleitung zu seiner Anthologie *The New Journalism* herauslesbare naive Staunen des Brandstifters Tom Wolfe (1973: 3) über das von ihm mitentfachte Feuer wirkt auch heute noch wenig überzeugend bei einer Person, die so gar nicht unserer Vorstellung eines Biedermanns entspricht. Wenn man etwa das Umschlagfoto auf Wolfes jüngster Publikation, der Essaysammlung *Hooking Up* (2000), betrachtet, so erinnert man sich eher an seine Etikettierung als „Dr. Pop" (Hentoff 1968), die Beschreibung seines Metiers als „Kandy-Kolored Journalism" (Grossman 1973) und als „His Job Is to Hide His Opinions" (Wood 1973). Wenn man zudem erfährt, dass Tom Wolfe in Yale im Fach American Studies promovierte, kann man davon ausgehen, dass ihm die immer wieder beschworene große und historisch weit zurückverfolgbare Affinität zwischen Journalismus und amerikanischer Literatur bekannt ist. Die Person des Autors wird bereits an dieser Stelle ganz bewusst betont, weil drei der vier ausgewählten Autoren sich selbst im Werk und als öffentliche Person ausgiebig inszeniert haben.

Zunächst soll dargelegt werden, dass der New Journalism der 60er und 70er Jahre eine Auseinandersetzung aufgreift und fortsetzt, welche Literatur und Literaturkritik bereits in der ersten Hälfte des 19. Jahrhunderts geprägt hat. Nach diesem Rückblick wird mit Hilfe von Tom Wolfe der New Journalism definiert und dann jeweils ein Werk von Truman Capote, Norman Mailer und Michael Herr vorgestellt, um die Theorie des New Journalism am Text zu überprüfen.

Die erste These besagt, dass die Praktiker und Theoretiker des New Journalism Debatten aus der amerikanischen Kolonialzeit und den ersten 50 Jahren der Republik fortsetzen, die um Sinn und Zweck der Literatur sowie ihre Relation zur Wirklichkeit geführt wurden. Die *historischen* Diskussionen sind allerdings geprägt von einem tiefen Misstrauen gegenüber der Literatur, ihrer Macht bzw. ihrer Ohnmacht.

Wenn wir die gängige Meinung akzeptieren, dass das puritanische Neu-England die amerikanische Geistesgeschichte entscheidend beeinflusst hat, müssen wir zur Kenntnis nehmen, dass diese Puritaner die Literatur als Flucht vor ihrer durch Verfolgung und Kolonisierung geprägten Wirklichkeit empfanden und ihr nur als temporäre Ablenkung vom Bibelstudium oder in der Form von Zweckprosa bzw. Zwecklyrik ein eng definiertes Betätigungsfeld einräumten. Ebenso offensichtlich sind die Versuche der amerikanischen Revolutionäre und Gründerväter, sowohl die Revolution als auch die Literatur unter Kontrolle zu halten. Sie wurde so lange gefördert, wie sie ‚the glorious cause' diente.[1]

Um solche Rollenzuweisungen in Frage zu stellen, mussten amerikanische Autoren in der ersten Hälfte des 19. Jahrhunderts neben der Begründung ihrer Werke im Faktischen versuchen, dem Irrationalen und Phantastischen als ebenso legitimem Teil der Wirklichkeit und als Stoffe, für die sich eine diversifizierende Leserschaft interessierte, einen Raum zu öffnen. Im zweiten Band der *Cambridge History of American Literature* stellt der Kritiker Jonathan Arac deshalb fest, dass Nathaniel Hawthorne und Herman Melville mit ihren Hauptwerken *The Scarlet Letter* (1850) und *Moby-Dick* (1851) das Genre der ‚literary narrative' als Gegensatz zu dem, was wir heute ‚nonfiction' nennen, ‚erfanden'.

---

[1] Thomas Jefferson etwa formulierte 1818 sein tiefes Misstrauen gegenüber der Literatur in dem Essay *On the Dangers of Reading Fiction.*

Sie bewirkten dadurch, dass sich in dieser Periode ‚literary' und ‚national culture' auseinander entwickelten, das heißt, dass sich ‚literary narrative' von stärker auf das Faktische ausgerichteten Formen wie Geschichtsschreibung und zweckgerichtetem Journalismus, aber auch etwa vom Reisebericht weg entwickelten, obwohl diese Formen munter weiter existierten und in vielen Fällen Autoren die finanzielle Grundlage für die Produktion von kommerziell zunächst erfolglosen ‚literary narratives' sicherten (vgl. Arac 1995).

Ein kompliziertes Spiel um seine Transformation vom Journalisten zum Reiseschriftsteller und schließlich zum Autobiographen betreibt Mark Twain in seinem zweiten Buch *Roughing It* (1872), in dem er zunächst eine Reise in das Nevadaterritorium in den 1860er Jahren schildert, wo er unter anderem als Silberschürfer reich werden wollte. Als sich die Silberader als ‚dead lead' entpuppt, beschließt er, seinen Lebensunterhalt als Lokalreporter zu verdienen. Er tut dies mit großem Erfolg, da er schnell begreift, wie man das Tagesgeschehen dem Erwartungshorizont des Lesers durch einfache Multiplikation anpasst. Er erklärt sich bereit, alle Immigrantenzüge im wilden Westen durch erfundene Indianerüberfälle zu dezimieren: „I felt that I could take my pen and murder all the immigrants on the plains if need be and the interests of the paper demanded it" (Twain 1985: 305).

Mit diesem journalistischen ‚Ehrenkodex' ausgestattet, verbindet er Nachrichten- und Unterhaltungswert so erfolgreich, dass er als Korrespondent von Reisen nach Hawaii und Europa berichten darf, von denen er Briefe an die Redaktionen schickte, die später unter anderem als sein erstes Buch *The Innocents Abroad; or, The New Pilgrim's Progress* (1869) publiziert wurden. Diese Tätigkeit ermuntert ihn dann auch, *Roughing It* zu veröffentlichen, in dem das eigene Reiseerlebnis nicht mehr als Reisebrief fungiert, sondern als bearbeitete Aneinanderreihung von Highlights, so dass der zweite Teil des Buches, die Schilderung seiner Entwicklung vom Glücksritter zum Journalisten und Schriftsteller, nicht nur eine *zeitliche* Erweiterung des Abstands zwischen Erlebnis und Vermittlung enthält. Darüber hinaus vollzieht sich ein Positionswechsel der eigenen Person, welche die Qualität des Dialogs zwischen erlebendem und berichtendem Ich verändert. Diese Veränderung wird dann allerdings wieder durch die Retrospektive aufgehoben.

Eine andere Form des Wirklichkeitsbezugs stellte der von Hawthorne immer als Kronzeuge für sein Plädoyer für Imagination und Phantasie herangezogene Edgar Allan Poe in seinen Überlegungen zur Beziehung zwischen Text und Rezeption her. Sein Konzept der ‚unity of effect' oder der Einschränkung des Lesevergnügens auf ‚one sitting' zeugen von Poes lebenslanger Gratwanderung zwischen Literatur und Journalismus, zwischen ungekünstelter Wiedergabe von Realität und ihrer Manipulation zum Zwecke einer kalkulierbaren Rezeption, zwischen künstlerischem Anspruch und Verdienstmöglichkeiten. Dazu kommt sein Kalkül, dass das Phantastische, Unheimliche und Grausame, wenn es entsprechend dargestellt wird, eine unwiderstehliche Anziehungskraft auf den Leser ausübt, die über die Attraktion des vordergründig Faktischen weit hinausgeht, das heißt, in weitaus stärkerem Maße als seine Nachfolger Hawthorne und Twain stellt Poe die Natur der Wirklichkeit in Frage, zumindest die Natur der zugegebenen Wirklichkeit, und stößt dabei in Bereiche der Tiefenpsychologie und Anthropologie vor.

Die Geschichte der auffälligen Affinität zwischen Literatur und Journalismus soll hier nicht systematisch weiter verfolgt werden. Nur im Überflug zu erwähnen bleiben die verschiedenen von John Dos Passos gezogenen Register zur Rekonstruktion einer Epoche, darunter die Wochenschauen, „newsreels" in seiner *U.S.A.*-Trilogie (1930-36), oder auch die Serie von Interviews mit armen Farmern in Alabama, die James Agee 1941 als *Let Us Now Praise Famous Men* veröffentlichte, wo er in seinem ersten Portrait feststellt:

> George Gudger is a man (...). But obviously, in the effort to tell of him (by example) as truthfully as I can, I am limited. I know him only so far as I know him, and only in those terms in which I know him; and all of that depends as fully on who I am as on who he is (Agee/Evans 1988: 239).

Mit diesen Ausführungen soll nicht unbedingt die Originalität des New Journalism in Abrede gestellt, sondern es sollen Kontinuitäten konstatiert und dem Eingangszitat eine weitere Bedeutungsnuance gegeben werden.

Die amerikanische Literatur durchläuft immer wieder Phasen der Erneuerung – durch einen intensiven Dialog mit dem Journalismus. Umgekehrt erneuert sich der Journalismus durch eine Neubestimmung seines

Verhältnisses zur Literatur, zur Fiktion. Damit verbunden ist häufig die Einsicht, dass die Wirklichkeit wenig oder gar keine Bearbeitung im Sinne einer Dramatisierung benötigt.[2]

Daraus ergibt sich folgende These: Bewegungen wie der New Journalism leiten sich aus einem Unbehagen am jeweiligen Zustand von Journalismus und Literatur ab. Wie die Autoren des 19. Jahrhunderts tragen die New Journalists Kontroversen um den idealen Leser, um die Natur der Wirklichkeit und um die Beziehung zwischen Literatur und Journalismus aus. Sie gehen erst in zweiter Linie von einer Krise der Literatur aus, in erster Linie von der Krise einer bestimmten Form des Journalismus, der einer Erneuerung durch eine Anlehnung an literarische Darstellungstechniken bedarf, die dann an die fundamentale journalistische Aufgabe, die des ‚reporting', ob tatsächlich oder nur vorgespielt, angepasst werden müssen. Ein so per Transfusion von durch die Literatur fahrlässig ignorierten Techniken erneuerter Journalismus hat in Krisenzeiten der Literatur eine gute Chance, als alternative, realitätsbezogenere Literaturform angesehen und in den literarischen Kanon einbezogen zu werden.

2 Tom Wolfe

Tom Wolfe erfand nach eigener Aussage den New Journalism, als er 1962 einen belanglosen Artikel in der so genannten ‚totem newspaper' *Esquire* sah, einer Zeitschrift, die man erwirbt, ohne sie unbedingt lesen zu müssen. In der Einleitung zu seinem ersten dem New Journalism zugerechneten Buch, *The Kandy-Kolored Tangerine-Flake Streamline Baby* (1965), äußert er deshalb sein Unbehagen an einem journalistischen Register, das der Kurzgeschichte oder dem Essay sehr nahe steht, der ‚human interest story' von der ersten Seite des zweiten Teils der ‚totem magazines', die „Mom's pie view of life" für „Vicks-Vapo-Rub chairarm-doilie burghers" vermittelt und meist über etwas überkandidelte

2 Anzumerken ist, dass solche Überlegungen immer stereotype Einschätzungen sowohl der Literatur als auch des Journalismus enthalten, da viele Ideologen entweder von einem der beiden Metiers oder im Extremfall von beiden nichts verstehen.

Personen oder Ereignisse berichtet: „The totem story usually makes what is known as ‚gentle fun‘ of this, which is a way of saying, don't worry, these people are nothing“ (Wolfe 1966: xi).

Tom Wolfe selbst arbeitete zu dieser Zeit an einem Artikel über ‚custom car shows‘ für die *Herald Tribune*, erkannte aber schnell, dass er mit der üblichen herablassenden Perspektive diesem Phänomen nicht gerecht werden konnte. Er führt als Ursache dieses beklagenswerten Zustandes eine Krise der amerikanischen Oberschicht an, die als Pop Society unfähig geworden ist, Standards zu setzen, die den gesellschaftlichen und kulturellen Wandel ignoriert, für die aber durch eine bestimmte Form des Journalismus die Illusion erhalten wird, weiterhin meinungsbildend zu sein.

Wolfes New Journalism nimmt zur Kenntnis, dass Unter- und Mittelschichten nun in der Lage sind, eigene kulturelle Ausdrucksformen zu entwickeln, die Millionen Menschen und Dollars bewegen, wie ‚stock car racing‘, ‚custom cars‘, ‚drag racing‘, das ‚demolition derby‘, ‚football‘, ‚baseball‘ und ‚basketball‘. Tom Wolfe argumentiert hauptsächlich gesellschaftlich-politisch und fordert eine bestimmte Kategorie von Journalisten und Verlegern auf, diese neuen Realitäten endlich zur Kenntnis zu nehmen. Für den Journalisten bedeutet dies eine Befreiung von Konventionen und eine Hinwendung zu den von einer Mehrheit anerkannten und gepflegten Kulturgütern. Die Mehrzahl der Essays in Tom Wolfes erster Sammlung *The Kandy-Kolored Tangerine-Flake Streamline Baby* widmet sich denn auch diesen, enthält aber auch als eine Art Feuerschutz Artikel, in denen ironische bis sarkastische Salven gegen die alten Eliten abgefeuert werden. Auf diese Weise legitimiert sich die etwas zweideutige Rolle des alternativen Klatschkolumnisten, die Tom Wolfe und vor allem Truman Capote phasenweise auch gespielt haben.

In der programmatischen Anthologie von 1973 geht Wolfe von zwei für den New Journalism grundlegenden Erkenntnissen aus. Erstens: Es gibt vier spezifische, realistische Darstellungsweisen, welche die emotionale Qualität eines wirkungsvollen Prosatextes, ob ‚fiction‘ oder ‚nonfiction‘, erzeugen (vgl. Wolfe/Johnson 1973: 31f., 39ff., 47ff.). Zweitens: Realismus ist nicht nur ein Konzept unter vielen anderen. In seiner Beschreibung des Zustandes des Journalismus Anfang der 60er Jahre tadelt er das Selbstbild vieler ‚feature'-Autoren als verhinderte Romanciers und ihre Geringschätzung journalistischer Texte als der ästhetischen Dimension mangelnd, als bloße ‚legwork' und ‚digging'. Und hier werden die beiden oben genannten Postulate wirksam: Es ist nämlich

> möglich, akkurate ‚nonfiction' zu produzieren mit den Techniken von Roman und Kurzgeschichte (...) mit jeder Darstellungsweise, von der traditionellen Dialoggestaltung im Essay bis zum Bewusstseinsstrom. Und man kann mehrere von ihnen zugleich auf relativ knappem Raum anwenden, um den Leser intellektuell und emotional einzubeziehen (ebd.: 15; meine Übersetzung, H.B.).

So kann man den Erzähler als staunenden Augenzeugen oder als Reporter, der immer im Wege ist, dramatisieren (vgl. ebd.: 17), der auch eingesetzt werden kann als „a downstage voice (...) as if characters downstage from the protagonist himself were talking" (ebd.: 18). Wolfe plädiert für die Multiperspektivität als adäquate Form, die den Erzähler zu einem Chamäleon macht, ihn aber auch dem Vorwurf der mangelnden Parteinahme und moralischer Neutralität aussetzt.[3] „The idea was to give the full objective description, plus something that readers had always had to go to novels and short stories for: namely, the subjective or emotional life of the characters" (Wolfe/Johnson 1973: 21). Wolfe reklamiert damit den gleichen Anspruch für reale wie für fiktive Personen. Wie Hawthorne setzt er sich für eine komplementäre Interaktion von journalistischen und literarischen Techniken ein: „Only through the most searching forms of reporting was it possible, in non-fiction, to use whole scenes, extended dialogue, point-of-view and interior monologue" (ebd.). Hawthorne und Poe hätten hier eher Begriffe wie Imagination, Phantasie, akribische Beobachtungsgabe und Intuition, aber auch ‚probing deep into the heart of a person' als Vorform des ‚investigative reporting' benutzt. Wolfes Erneuerung des Journalismus erhebt den Anspruch, dass die reformierten Journalisten einer Literatur, welche die solide Verankerung in der Realität aufgegeben hat, einer ‚literature of exhaustion' (vgl. Barth 1967), einer ‚erschöpften Literatur' wieder auf die Beine helfen können.

---

3 Vgl. die Kontroverse um Capotes *In Cold Blood* zwischen dem Autor und Kenneth Tynan in *The Observer* (März 1967).

Wolfe geht an dieser Stelle zwar nicht so weit wie Thomas Jefferson, aber sein Urteil ist ebenso vernichtend und mit Vorurteilen behaftet. Einige faktenorientierte Autoren erkennt er aber als Vorläufer des New Journalism an, etwa Melville und Twain als Reiseschriftsteller oder den Reporter Stephen Crane, die von den Nachgeborenen, bis hin zu den so genannten ‚Neo-Fabulists', entweder ignoriert oder bewusst konterkariert wurden, so dass eine Literatur von „No Background, No Place Name, No Dialogue, and the Inexplicables" (Wolfe/Johnson 1973: 41) entstehen konnte. Dagegen setzt der New Journalism seine Unmittelbarkeit, seine konkrete Realität und sein Streben nach emotionaler Anteilnahme durch folgende Mittel:

1. die Konstruktion eines Textes durch die Abfolge einzelner Szenen,
2. die vollständige Wiedergabe von Dialogen,
3. die Erzählperspektive in der dritten Person,
4. das Aufzeichnen aller Einzelheiten mit Symbolgehalt in einer Szene, aller Details, die den Status einer Person bestimmen (vgl. ebd.: 31f.).

Über die so genannten Statussymbole beabsichtigen die Autoren des New Journalism, die Erinnerung des Lesers an seine eigenen Statussymbole zu aktivieren, um ihn so emotional in den Text einzubinden:

> The most gifted writers are those who manipulate the memory sets of the reader in such a rich fashion that they create within the mind of the reader an entire world that resonates with the reader's own real emotions. The events are merely taking place on the page, in print, but the emotions are real (ebd.: 48).

Mit der Akzeptanz der Vorgabe, dass sich der New Journalism mit Fakten und nicht mit Fiktionen beschäftigt, „the reader knows ALL THIS *happened*" (ebd.: 34), kann sich der Leser dem Sog der Objekte nicht mehr entziehen, der Realien, wie sie schon bei Melville und Walt Whitman als Instrumente der Verteidigung gegen den Vorwurf übermäßiger Imagination benutzt wurden.

Tom Wolfe lädt zu solchen Rückblicken ein, wenn er zum Beispiel behauptet: „A slice of literary history was repeating itself" (ebd.: 37), mit Referenz auf die Entstehungsgeschichte des Romans, aber den Innovationscharakter der New Journalists wie folgt begründet: „All the New

Journalists (...) customarily go to great lengths (even overboard in some cases) to analyze and evaluate their material, although seldom in a moralistic fashion. None of them simply provides ‚documentaries'" (ebd.: 39). Neben den schon genannten Melville und Twain zählt Wolfe unter anderen Boswell, Dickens, Chekhov und Orwell zu den Vorläufern. Abschließend offeriert er die neue Mischung von journalistischen und literarischen Themen und vor allem Darstellungsweisen des New Journalism als Vademecum für die Literatur, denn „if a new literary style could originate in journalism, then it stood to reason that journalism could aspire to more than mere emulation of those aging giants, the novelists" (ebd.: 22).

3 Truman Capote

Truman Capotes *In Cold Blood. A True Account of a Multiple Murder and Its Consequences* (1967) ist das erfolgreichste Buch dieses neuen Genres, unter anderem weil sich unerwarteterweise ein bereits arrivierter Autor plötzlich der Geschichte eines brutalen, sinnlosen Mordes in Kansas vom 15. November 1959 widmete, die zunächst als Fortsetzungsgeschichte im *New Yorker* publiziert wurde. Truman Capote begann seine Laufbahn im Umfeld des ‚Southern Gothic' und des Initiationsromans, vor allem mit der Gesellschaftssatire *Breakfast at Tiffany's* (1958) hatte er großes Aufsehen erregt.[4] In *The Worlds of Truman Capote* stellt William L. Nance fest, dass Capote die Auftragsarbeit aus mehreren Gründen übernommen hat: erstens weil das Thema zeitlos und der Schauplatz zweitens so ungewöhnlich ist sowie drittens weil die große Zahl der Beteiligten es möglich macht, die Geschichte aus unterschiedlichen Blickwinkeln zu erzählen (vgl. Nance 1970: 161). Bereits durch seinen Titel baut Truman Capote für den scheinbar motivlosen Mord an vier Angehörigen der respektierten Clutter-Familie aus Holcomb, Kansas, ein Be-

4 Titelgestaltung und Autorenfotos belegen eindrücklich den Wandel vom romantisch-nostalgischen zum dokumentarischen Image. *In Cold Blood* ist Harper Lee gewidmet, die Capote sechs Jahre als ‚research assistant' bei seinen Recherchen für den Roman unterstützte und 1960 mit *To Kill a Mockingbird* in verschlüsselter Form einen Mordfall bzw. seine juristische und menschliche Verarbeitung vorgelegt hatte.

ziehungsgeflecht auf, das für die zunächst absolut isoliert erscheinende Mordtat Kontexte herstellt. ‚In cold blood' kann sich als juristischer Begriff auf den Tathergang selbst und auf die staatliche Justiz beziehen, aber auch auf Capotes Erzählweise. In dem ‚Roman' kulminieren zwei Haupterzählstränge in der Mordtat. Capotes ständiger Wechsel von den Lebensumständen und Wertvorstellungen der Clutters und ihrer Mörder produziert Schritt für Schritt das Bewusstsein einer schicksalhaften Verknüpfung beider Welten und, damit zusammenhängend, ein Bild von der Doppelbödigkeit der amerikanischen Gesellschaft, die sich in solch sinnlosen Gewalttaten ausdrückt.

Daneben nutzt Capote Momentaufnahmen von Wirklichkeit und Gegenwart zu substantiellen Rückblicken in die Vergangenheit der handelnden Figuren, oftmals durch Anbindung per Erinnerung der Figuren selbst und ebenso häufig verifiziert durch das Zitieren von Dokumenten. Etwa die Hälfte des Buches besteht aus solchen Zitaten, die – in Form von Monolog, Dialog oder Gesprächsausschnitten – in kommentierende und zusammenfassende Passagen eingebaut werden. Capote hat allerdings gesagt, er kommentiere nicht, er stelle lediglich dar; er analysiere nicht, er arrangiere nur (vgl. Plimpton 1974). Wenn dem so ist, so ist darauf wohl sein oft mangelhafter Einblick in die Psyche der handelnden Personen zurückzuführen. Vor allem der bedauernswert sozial benachteiligte Mörder Perry Smith wird sentimentalisiert und die guten Bürger von Holcomb geraten zeitweise zur Karikatur. Und natürlich enthält das subjektive Arrangement von Fakten und Details, die Wahl des Ausschnitts, der ‚slice of life', Aussagen des Autors über seine Gegenstände, vergleichbar mit der Kameraführung im ‚Reality TV', wie dies Ronald Weber auch im Sinne von Tom Wolfes Postulaten ausgedrückt hat:

> The writer remains an ‚eye', an omniscient shadow slipping unannounced from scene to scene, character to character, yet in the obvious meticulousness of the reporting and the novelistic artistry of scene and characterization the writer makes his presence and his shaping consciousness known (Weber 1974: 20).

Obwohl Capote diese subjektive Einwirkung ständig verneint, ist seine Imagination, wie beispielsweise bei Stendhal und Dostojevskij, deren Fiktionen von tatsächlichen Kriminalfällen ausgehen, am Werk. Sie ist aktiv, um der scheinbar sinnlosen Tat *doch* einen Sinn zu geben und insbesondere, um dem Leser die Spannung zu erhalten. So wird zum Beispiel die Mordszene erst nach der Verhaftung der Täter erzählt, mit der Begründung, dass davor nichts über sie bekannt war. An anderer Stelle wird jedoch auf Fakten zurückgegriffen, die ebenfalls erst nach diesem Zeitpunkt zugänglich wurden.

Die ‚third-person omniscient'-Perspektive, das heißt, die Abwesenheit des Autors als Erzähler, an den Beobachtungen und Interpretationen gebunden werden können, produziert diese Lücke, die einerseits eine Anteilnahme des Lesers und einen Eindruck von der Mühseligkeit journalistischer Wahrheitsfindung vermittelt. Andererseits erzeugt sie aber auch eine Atmosphäre des Irrealen, des Konstruierten, die sicherlich den Intentionen des Autors entgegenläuft. Wie in der Kritik mehrfach bemerkt wurde, entspricht diese Ambiguität einem durchgängigen Thema des Buches, der Schwierigkeit, zwischen dem, was wahr ist, und dem, was wahr zu sein scheint, zu unterscheiden, und der Schwierigkeit, sprachloser Realität eine Sprache zu geben, auch von Tätern, die sprachlose Gewalt der sprachlichen Kommunikation vorziehen.
Capote hat sich in einem ergiebigen Interview mit George Plimpton zu seiner Anteilnahme bekannt, allerdings zu einer zweckgebundenen, temporären Empathie:

> Above all, the reporter must be able to empathize with personalities outside his usual imaginative range, mentalities unlike his own, kinds of people he would never have written about had he not been forced to by encountering them inside the journalistic situation. This last is what first attracted me to the notion of narrative reportage (Plimpton 1974: 189).

4 Norman Mailer

Der 1923 geborene Norman Mailer engagierte sich 1967 als bereits bekannter Autor in der Protestbewegung gegen den Vietnamkrieg und nahm am Marsch auf das Pentagon zusammen mit dem Journalisten und Schriftsteller MacDonald sowie dem Poeten Lowell teil. Dieses Ereignis ist der faktische Hintergrund seines Buches *The Armies of the Night:*

History as a Novel. The Novel as History (1968).[5] Mailer hat stets Wert darauf gelegt, den Bezug zu aktuellen Ereignissen bei seinen Lesern wach zu halten, sich als Intellektueller und als Tatmensch zu profilieren:

> Anyone who was more purely an artist than Mailer would not have been able to bring it off; but neither would any kind of traditionalist journalist, no matter how inventive. The feat arose from the conjunction of Mailer's special nature – part artist, part activist, part inventor, part borrower – with what the times required: an end, for certain purposes, of literary aloofness on the one hand, and of the myth of ‚objective' reporting on the other (Gilman 1969: 143).

Andere Kritiker meinen, die Themen und Darstellungsmethoden des New Journalism kämen Mailer entgegen, weil sie Objektivität mit der Subjektivität des Autobiographischen verbinden und die ‚nonfiction novel' ihn der Notwendigkeit enthebt, Handlungsgerüst und Charaktere erfinden zu müssen.

The Armies of the Night besteht aus zwei Teilen. Teil I, *History as Novel*, dokumentiert Mailers Teilnahme am Marsch vom Lincoln Memorial zum Pentagon und seine dortige Verhaftung. Dieser Teil benutzt Darstellungstechniken des Romans und liefert „a history in the guise or dress or manifest of a novel" (Mailer 1968: 284). Der kürzere zweite Teil, *The Novel as History*, bietet vor allem dokumentarisches Material wie Zeitungsausschnitte und Flugblätter, die eine historische Distanz zu den Erfahrungen des ersten Teiles aufbauen. Grundsätzlich ist Mailer der Meinung, dass vielschichtige Ereignisse wie dieses nicht akkurat wiedergegeben werden können. Deshalb beginnt und endet Teil I mit Nachweisen für die verfälschende Berichterstattung der Medien. Wie ständig im Text, wirft er den Historiker und Journalisten in *einen* Topf:

> The mystery of the events at the Pentagon cannot be developed by the methods of history – only by the instincts of the novelist. (...) The novel must replace history at precisely that point where experience is sufficiently emotional, spiritual, psychical, moral, existential, or supernatural to expose the fact that the historian in pursuing the experience would be obliged to quit the clearly demarcated limits of historic inquiry (ebd.).

[5] Die Titelgestaltung der verschiedenen Ausgaben des Buches macht den Versuch, den faktischen Hintergrund, die Anbindung an aktuelle Ereignisse herauszustellen.

Teil I ist nicht in der Ich-Perspektive geschrieben. Mailer erfindet einen teilnehmenden Beobachter, den er, wie zufällig, Mailer nennt. Ein anderer Mailer macht sich als allwissender Erzählers über den partizipierenden Mailer, der auch ‚Historian' oder ‚Novelist' genannt wird, lustig. Aus der Verdoppelung der eigenen Person ergeben sich verschiedene Formen der ironischen Distanz. Ein Beispiel dafür ist folgende Passage:

> It is fitting that any ambiguous comic hero of such history should be not only off very much to the side of the history, but that he should be an egoist of the most startling misproportions, outrageously and often unhappily self-assertive, yet in command of detachment classic in severity (...) Once History inhabits a crazy house, egoism may be the last tool left to History (ebd.: 68).

Mailer nutzt den Raum, den er sich durch die Lokalisierung seines Buches zwischen *history* und *novel* sowie durch die Verdoppelung der eigenen Person geschaffen hat, schamlos aus. Er spricht den Leser zum Beispiel wie folgt an:

> Of course, if this were a novel, Mailer would spend the rest of the night with a lady. But it is History, and so the novelist is for one blissfully removed from any description of the hump-your-backs of sex. Rather he can leave such matters to the happy or unhappy imagination of the reader (ebd.: 52).

So und in vielen anderen Rollen kann Mailer jedwedes Material als subjektiv oder objektiv in seinen Text einbringen. Er zeichnet dabei außergewöhnliche panoramaartige Darstellungen mit hohem Symbolgehalt, als Beitrag zur Würdigung des Gesamtereignisses als „a paradigm of the disproportions and contradictions of the twentieth century itself" (ebd.: 255).

Das zentrale Thema, das er dabei im Sinn hat, ist die Knebelung und Zerrissenheit des Individuums durch einen zentralisierten, immer mächtiger werdenden Staat, durch seine Bürokratien und seine Parteigänger auf der einen Seite und dem unterdrückten ‚Traumleben der Nation', das die *Armies of the Night* repräsentieren, auf der anderen. Diese Gespaltenheit der Nation spiegelt sich in der Gespaltenheit von Mailers Ego, in einen disziplinierten Berichterstatter und ein ständig aus den Zügeln laufendes exhibitionistisches ‚Beast'. Die Anti-Vietnam-Demonstration legt diese Gegensätze offen, das heißt, Mailer erkennt in diesem Ereignis emblematische Inhalte und verbindet diesen Vorgang mit Selbsterkenntnis durch Selbstbespiegelung, die er beide mit journalistischen und literarischen Techniken durchführt und darstellt:

> Yet in writing his personal history of these four days, he was delivered a discovery of what the March on the Pentagon had finally meant, and what had been won, and what had been lost, and so found himself ready at last to write a most concise Short History, a veritable précis of a collective novel, which here now, in the remaining pages, will seek as History, no, rather as some Novel of History, to elucidate the mysterious character of that quintessentially American event (ebd.: 241).

5 Michael Herr

Der dritte Autor, mit Tom Wolfe der vierte, ist der jüngste und privateste Autor. Michael Herr markiert im Titel seines Vietnambuches *Dispatches* (1977) sehr deutlich den journalistischen Bezug. Das Buch wird als eine Sammlung von Reportagen angekündigt, von denen einige ursprünglich für *Esquire* verfasst worden waren. Herr sticht vor allem aus dem Quartett heraus, weil weder sein Verleger noch er selbst einen Personenkult aufgebaut haben. Im November 1967 ging Michael Herr als freier Mitarbeiter für *Esquire* nach Vietnam. Nach der Publikation von *Dispatches* arbeitete er an den Drehbüchern der beiden Vietnamfilme *Apocalypse Now* (1979) und *Full Metal Jacket* (1987) mit.

Dispatches entwickelt über sechs unterschiedliche Sektionen hinweg Kohärenz schaffende Themen und setzt durchgängig bestimmte, aber sehr diverse Darstellungsformen ein. So beschreibt Michael Herr immer wieder die Brutalisierung der Soldaten durch den Krieg, die so radikal ist, dass sie in normalen sozialen Situationen nicht mehr funktionieren können. Herr benutzt für den Vietnamkrieg den spanischen Begriff ‚la vida loca'. Darüber hinaus bindet die starke Präsenz des fast parasitären Berichterstatters, seine ihn immer wieder verstörende, doch eindeutig vorhandene, fast makabre Angezogenheit von der Mischung aus Blutvergießen, Irrsinn, Kameradschaft und Heldentum, die diesen Krieg ausmacht. Ebenso thematisiert wird die Allgegenwart der Presse, welche die Militärs auch dazu veranlasste, Aktionen in ‚story' und ‚no-story events' zu klassifizieren. Diese Themen werden in einem Stil dargestellt, der ‚beyond the language of factual reporting' führen soll, der die auch diesen halluzinatorischen Krieg direkt beeinflussende Drogenszene der 60er Jahre sowie die authentische ‚popular culture' in sich aufgenommen hat. Ein Kritiker hat dies so ausgedrückt: „part John Wayne movie, part rock-and-roll concert, part redneck riot, part media event, and part bad drug trip" (Paredes 1994). Aus der Diskrepanz zwischen der Sprachebene des gemeinen Infantristen, des ‚grunt', und dem offiziellen Militärjargon baut Michael Herr über den gesamten Roman hinweg einen ironischen Spannungsbogen auf, aber auch zwischen der über jeden Zweifel erhabenen, offiziellen Berichterstattung und dem, was er gesehen und gefühlt hat und was er so schwer verstehen und in Worte fassen kann. Ein junger Marine variiert Herrs Korrespondentenauftrag wie folgt: „Okay, man, you go on, you go on out of here, you cocksucker, but I mean it, you tell it! You tell it, man" (Herr 1978: 207). Das heißt, die journalistische Berichterstattung wird im Roman thematisiert und problematisiert:

> Talk about impersonating an identity, about locking into a role, about irony: I went to cover the war and the war covered me; an old story, unless of course you've never heard it. I went there behind the crude but serious belief that you had to be able to look at anything, serious because I acted on it and went, crude because I didn't know, it took the war to teach it, that you were as responsible for everything you saw as you were for everything you did. The problem was that you didn't always know what you were seeing until later, maybe years later, that a lot of it never made it in at all, it just stayed stored there in your eyes. Time and information, rock and roll, life itself, the information isn't frozen, you are. Sometimes I didn't know if an action took a second or an hour or if I dreamed it or what. In war more than in other life you don't really know what you are doing most of the time, you're just behaving, and afterward you can make up any kind of bullshit you want to about it, say you felt good or bad, loved it or hated it, did this or that, the right thing or the wrong thing; still, what happened happened (ebd.: 20f.).

Dies ist ein Plädoyer gegen die Unmittelbarkeit journalistischer Berichterstattung, die erst nach einem vermutlich langen Filtrierprozess, der ebenso, wie bei Mailer, ein Selbstentdeckungsprozess ist, wiederhergestellt werden kann. Die Kritikerin Evelyn Cobley hat erkannt:

> *Dispatches* exemplifies the most crucial theoretical dilemmas new journalism has to face as a discourse which is both factually accurate and conscious of the contamination of fact through the literary strategies the text employs to enunciate its ‚truth' (Cobley 1986).

6 Produktives Fabulieren über die Wirklichkeit

Dies ist vielleicht das wichtigste Ergebnis der Diskussionen um den New Journalism: Er setzt dem alten Journalismus einen neuen, aber weiten Rahmen, in dem alle Darstellungsformen möglich sind, Unmittelbarkeit und rekonstruierte Unmittelbarkeit, auch die der vielgeschmähten ‚literature of exhaustion'. Die Wahl und Mischung der Darstellungsmittel bleibt ein individueller Akt. Das bedeutet, dass sich im New Journalism Literatur und Journalismus eng verzahnen und an vielen Stellen überlappen, wie John Hellman in *Fables of Fact* beschreibt:

> The new journalism is properly understood as a genre of fiction (...) like any writing, new journalism points to an external subject; but, like traditional novels, romances, fabulations, and historical novels, it is fiction because it finally points to its own form. (...) the precise mode of a new journalistic work may be realistic, surrealistic, naturalistic, parodic, ironic, romantic or whatever. (…) an author's version of the actual world as manifest through language and form in the text may create a pattern, without violating facts, fitting any of the terms above. With a critical framework (…) we will be better able to explore the rich, individual approaches to fact of separate texts. Indeed, one of the most exciting because so clearly problematic aspects of new journalism thus becomes apparent – the relation of language and form, of text, of knowledge, of meaningful construction to the external world (Hellman 1977: 33).

Donald Pizer zieht folgendes Fazit, das die produktive Interaktion zwischen Journalismus und Literatur beschreibt und auf keinen Fall den Journalismus als Literatur mit kurzem Verfallsdatum disqualifiziert:

> Documentary narrative can vary in form and theme from William Manchester's total absorption in event as event to Truman Capote's exploration of event as meaning. Its adaptability suggests that it will continue to serve as a vehicle of experimental narrative by serious writers as well as a form of the higher journalism. (…) Like all literary artists, the modern writer is confronted by the problems of the seemingly rival

> claims made upon him by his roles as observer and as maker. Documentary narrative with its contrapuntal striking of the chords of ‚truth' and ‚art', appears to have found favor not only because it ‚solves' the problem but because it proclaims its solution loudly and clearly (Pizer 1971: 118).

In einem 2000 veröffentlichten Essay lässt der indianische Autor Sherman Alexie seinen Erzähler sagen: „‚That's a hell of a story,' I said." Worauf ihn sein Gesprächspartner aufklärt: „‚Ain't no story ... It's what happened'" (2000: 30).

Literatur

Agee, James/Walker Evans (1988): Let Us Now Praise Famous Men. Boston: Houghton Mifflin

Alexie, Sherman (2000): The Toughest Indian in the World. New York: Grove

Anderson, Chris (1987): Style as Argument. Contemporary American Nonfiction. Carbondale: Southern Illinois Press

Arac, Jonathan (1995): Narrative Forms. In: Sacvan Bercovitch (Hg.): The Cambridge History of American Literature. Band II. Cambridge: Cambridge University Press: 605-777

Barth, John (1967): The Literature of Exhaustion. In: The Atlantic, Vol. 220, August: 29-34

Cobley, Evelyn (1986): Narrating the Facts of War. New Journalism in Herr's ‚Dispatches' and Documentary Realism in First World War Novels. In: Journal of Narrative Technique, Jg. 16, H. 2: 103

Dennis, Everette E./William L. Rivers (1974): Other Voices. The New Journalism in America. San Francisco: Canfield Press

Fishwick, Marshall (1975) (Hg.): New Journalism. Bowling Green: Bowling Green University Press

Flippen, Charles C. (1974) (Hg.): Liberating the Media. The New Journalism. Washington, D.C.: Acropolis Books

Fontaine, André (1974): The Art of Writing Nonfiction. New York: Thomas Y. Crowell

Gilman, Richard (1969): Norman Mailer. Art as Life, Life as Art. The Confusion of Realms. New York: Random House

Grossman, Edward (1973): Kandy-Kolored Journalism. In: Saturday Review World vom 5.6.1973: 70

Hamilton, Hamish (1966): Stranger than Fiction. In: Times Literary Supplement vom 17.3.1966: 215

Hellman, John (1977): Fables of Fact. The New Journalism and the Nonfiction Novel. Chapel Hill: University of North Carolina Press

Hentoff, Margot (1968): Dr. Pop. In: New York Review of Books vom 22.8.1968: 20f.

Herr, Michael (1978): Dispatches. New York: Avon

Hollowell, John (1981): Fact and Fiction. The New Journalism as New Fiction. Urbana: University of Illinois Press

Howe, Quincey (1967): The New Age of the Journalist-Historian. In: Saturday Review vom 20.5.1967: 25ff. u. 69

Johnson, Michael L. (1971): The New Journalism. The Underground Press, the Artists of Nonfiction, and Changes in the Established Media. Lawrence: University of Kansas Press

Krim, Seymour (1974): The Newspaper as Literature/Literature as Leadership. In: Ronald Weber (Hg.): The Reporter as Artist. A Look at the New Journalism Controversy. New York: Hastings House: 169-187

McCarthy, Mary (1961): The Fact in Fiction. In: dies.: On the Contrary. New York: Farrar, Straus and Cudahy: 249-270

Macdonald, Dwight (1965): Parajournalism, or Tom Wolfe and His Magic Writing Machine. In: The New York Review of Books vom 26.8.1965: 3f.

Mailer, Norman (1968): The Armies of the Night. History as a Novel. The Novel as History. New York: New American Library

Malin, Iriving (1968) (Hg.): Truman Capote's ‚In Cold Blood'. A Critical Handbook. Belmont, CA: Wadsworth Publishers

Mills, Nicolaus (1974) (Hg.): The New Journalism. A Historical Anthology. New York: McGraw-Hill

Nance, William L. (1970): The Worlds of Truman Capote. New York: Stein & Day

Paredes, Raymund (1994): Michael Herr, b. 1940. In: Paul Lauter (Hg.): The Heath Anthology of American Literature II. Lexington, Mass.: Heath: 2777

Peer, Elizabeth (1975): New Journalism Now. In: Newsweek vom 31.3.1975: 67

Pizer, Donald (1971): Documentary Narrative as Art. William Manchester and Truman Capote. In: Journal of Modern Literature, Jg. 2, H. 1: 118

Plimpton, George (1974): Truman Capote. An Interview. In: Ronald Weber (Hg.): The Reporter as Artist. A Look at the New Journalism Controversy. New York: Hastings House: 188-206

Prescott, Peter S. (1976): Instant History. In: Newsweek vom 3.5.1976: 89-90

Richardson, Jack (1968): New Fundamentalist Movement. In: New Republic vom 28.9.1968: 34f.

Shana, Alexander (1966): A Nonfictional Visit with Truman Capote. In: Life, Jg. 18, H. 2: 22f.

Snyder, Louis Leo A. (1962): Treasury of Great Reporting. "Literature Under Pressure" from the Sixteenth Century to Our Time. 2. Aufl. New York: Simon and Schuster

Tebbel, John W (1971): The ‚Old' New Journalism. In: Saturday Review vom 13.3.1971: 96f.

Twain, Mark (1985): Roughing It. New York: Penguin

Weber, Ronald (1980): The Literature of Fact. Literary Nonfiction in American Writing. Athens: Ohio University Press

Weber, Ronald (1974) (Hg.): The Reporter as Artist. A Look at The New Journalism Controversy. New York: Hastings House

Wolfe, Tom (1966): The Kandy-Kolored Tangerine-Flaked Streamline Baby. New York: Pocket Book

Wolfe, Tom (2000): Hooking Up. New York: Farrar, Strauss, Giroux

Wolfe, Tom/E.W. Johnson (1973) (Hg.): The New Journalism. New York: Harper & Row

Wood, Michael (1973): His Job Is to Hide His Opinions. In: The New York Times Book Review vom 22.7.1973: 20f.

Zavarzadeh, Mas'ud (1976): The Mythopoetic Reality. The Postwar American Nonfiction Novel. Urbana: University of Illinois Press

Johannes Birgfeld

Möglichkeiten und Grenzen literarischer Kriegsberichterstattung

Am Beispiel Bodo Kirchhoffs und Peter Handkes

1 Der Krieg und die Musen *oder* literarische Kriegsberichterstattung?

Im Krieg, so lautet ein altes Sprichwort, schweigen die Musen. Dass das Gegenteil wahr ist, beweist die Literaturgeschichte aller Jahrhunderte. Denn auch wenn selten Autoren während eines Krieges über denselben geschrieben und veröffentlicht haben, so ist doch zugleich der Krieg selber in all seinen Formen von Homers *Ilias* (700 c.C.) über Wolfram von Eschenbachs *Parzival* (1200/1210), Grimmelshausens *Simplicissimus* (1668), Gleims *Preußische Kriegslieder* (1758), Kleists *Hermannsschlacht* (1810/21) und Plieviers *Des Kaisers Kulis* (1930) bis zu Erich Frieds Vietnam-Gedichten (etwa in *und Vietnam und*, 1966) eines der konstantesten und am häufigsten aufgegriffenen Themen der Literatur. Gleiches gilt für den Journalismus: Da immer schon kaum eine Nachricht für die Bevölkerung wie für die Herrschenden eines Landes wichtiger sein konnte als die über Sieg oder Niederlage der eigenen Truppen, waren Kriegszeiten stets Hochzeiten des Nachrichtenbedarfs (vgl. Richter 1999: 58), auch wenn die Nachrichtenübermittlung oft mit den verschiedensten Formen der Zensur zu kämpfen hatte.

Nun kommt es häufig vor, dass Schriftsteller im Neben- oder Hauptberuf als Journalisten arbeiten, in den meisten Fällen, um mittels dieser Lohnarbeit ihre literarischen Ambitionen finanzieren zu können. Schon das Entstehen des freien Schriftstellertums am Ende des 18. Jahrhunderts wäre in Deutschland ohne die explosionsartige Vermehrung der Zahl an Zeitungen und Zeitschriften und ohne die sich so für Schreibende ergebenden Verdienstmöglichkeiten nur schwer denkbar gewesen (vgl. Wittmann 1991: 148). Die journalistische Arbeit ist bis heute eine der Hauptsäulen des Überlebens der Schriftsteller geblieben.[1]

Trotz der hohen Zahl journalistisch tätiger Autoren und Autorinnen wurden und werden nur wenige von ihren Redaktionen explizit als Kriegsreporter eingesetzt. Zwar lässt sich etwa im 18. Jahrhundert beobachten, dass viele Autoren, entweder anonym oder unter Nennung ihres Namens, Gedichte und Epen über einzelne Schlachten verfasst und publiziert haben.[2] Dass es ihnen dabei nicht nur um die Schilderung einer Kampfhandlung und ihres Ausganges, also um die Information der Leserschaft ging, sondern dass es mindestens ebenso galt, den Sieger zu loben, mitunter auch historische Fakten ein wenig schön zu reden, liegt auf der Hand.

Regelrechte Frontberichterstattung hingegen war zu dieser Zeit noch unüblich, entwickelte sich auch im 19. Jahrhundert erst langsam und ist bis heute nur selten von Schriftstellern übernommen worden. Goethes beobachtende Teilnahme an der Campagne in Frankreich im Jahr 1792 und der Belagerung von Mainz 1793[3] sowie Gustav Freytags und Theodor Fontanes Arbeit als Kriegsberichterstatter im deutsch-französischen Krieg von 1870/71 sind bis dato in Deutschland Ausnahmen.

---

1 So ist die Zahl der heute in den Feuilletons aktiven Autoren von Durs Grünbein über Katja Lange-Müller und Kurt Drawert bis zu den Jungen wie Antje Ravic Strubel und Judith Hermann fast Legion. Selbst ein so erfolgreicher Autor wie Benjamin von Stuckrad-Barre verfasst regelmäßig Beiträge, erst für die *FAZ* und später für den *Stern*.

2 Man denke hier an die von Johann Nepomuk Denis 1760 in Wien publizierten *Poetischen Bilder der meisten kriegerischen Vorgänge in Europa seit dem Jahr 1756*, oder an anonym publizierte Schriften wie die 1757 ohne Ort und Verlag erschienene *Ode auf den von (...) Friedrich II. (...) bey (...) Weissenfels (...) herrlich erfochtenen Sieg.*

3 Bemerkenswerterweise hat Goethe seine Eindrücke zunächst nur in einem Tagebuch festgehalten und sie erst dreißig Jahre später unter Zuhilfenahme historischer Abhandlungen sowie von Tagebüchern und Erinnerungen anderer Kriegsteilnehmer zu umfänglichen Berichten ausgearbeitet und 1822 im Rahmen von *Dichtung und Wahrheit* publiziert.

Noch seltener ist zu beobachten, dass sich Autoren freiwillig und nicht als professionelle Journalisten, sondern explizit als Literaten in ein Kriegsgebiet begeben und darüber berichten. Zwei dieser Fälle 90er Jahren sollen im Mittelpunkt der nachfolgenden Betrachtungen stehen: 1993 war es der Schriftsteller Bodo Kirchhoff, Jahrgang 1948, der sich nach Somalia zu den deutschen UNO-Friedenstruppen begab, um zunächst im Magazin *Der Spiegel*[4] und anschließend in dem Buch *Herrenmenschlichkeit* von 1994 über seine Eindrücke vom somalischen Bürgerkrieg und von der westlichen Beteiligung daran zu berichten. Zwei Jahre später machte sich Peter Handke, geboren 1942, Büchnerpreisträger und bis dahin einer der angesehensten deutschen Autoren, auf die Reise in den serbischen Teil Jugoslawiens, um dort die ‚Wahrheit' über die Serben und den bosnischen Bürgerkrieg herauszufinden. Sein Reisebericht erschien 1996 unter dem Titel *Eine winterliche Reise zu den Flüssen Donau, Save, Morawa und Drina oder Gerechtigkeit für Serbien* zunächst in der *Süddeutschen Zeitung*[5], dann als Buch im Suhrkamp Verlag.

Beide Projekte scheinen aus zwei Gründen für das Verhältnis von Literatur und Journalismus besonders interessant: Kirchhoff und Handke agieren in der Fremde dezidiert als Literaten, auch wenn sie sich eine journalistische Aufgabe gestellt haben, und zwar die der Berichterstattung aus einem Kriegsgebiet für ihre daheimgebliebenen Leser. Damit repräsentieren sie erstens einen seltenen Typ der Verschmelzung von Journalismus und Literatur, nämlich den des explizit literarischen Journalismus, den genauer zu erforschen eine interessante Aufgabe ist.[6] Zweitens bieten ihre Reisen eine Gelegenheit, die Unterschiede und Grenzen in der Leistungsfähigkeit einer literarischen und einer journalistischen Herangehensweise an die Welt näher zu bestimmen.

---

4 Kirchhoffs Beitrag erschien im Spiegel (Nr. 30/1993: 160ff.) unter dem Titel *Staub in allen Briefen. Deutsche Soldaten in Belet Huen: Aus dem Tagebuch des Schriftstellers Bodo Kirchhoff.*

5 In der *SZ* (5./6. und 13./14. 1. 1996) trug Handkes Text die von der Redaktion gewählte Überschrift *Gerechtigkeit für Serbien. Eine winterliche Reise zu den Flüssen Donau, Save, Morawa und Drina* (vgl. Handke 1996: 4).

6 Ein weiterer bekannter Vertreter dieser Art des literarischen Kriegsjournalismus ist der spanische Schriftsteller Juan Goytisolo, der wiederholt in Krisengebiete der Welt gereist ist und in tagebuchartigen Büchern wie *Notizen aus Sarajewo* (dt. 1993) und *Ein algerisches Tagebuch* (dt. 1994) über seine Erlebnisse berichtet hat.

2 Der Literat als Zeuge der Geschichte und als Vermittler des Leides ihrer Opfer: Bodo Kirchhoffs Reise nach Somalia

Kirchhoffs *Herrenmenschlichkeit* (1994) ist mit gut 60 Seiten ein eher knapper Reisebericht, der auf Erfahrungen beruht, die Kirchhoff selbst im Jahr 1993 während seines Aufenthaltes in Somalia gesammelt hat. In Somalia herrschte zu diesem Zeitpunkt bereits seit fünf Jahren ein heftiger Bürgerkrieg, der von 1990 an stetig eskalierte und 1992 so verheerend geworden war, dass sich die Vereinten Nationen zum Eingreifen entschlossen. Nach dem weitgehenden Scheitern begrenzter Frieden schaffender Maßnahmen beschloss schließlich der UN-Sicherheitsrat am 3. Dezember 1992 erstmals in seiner Geschichte, Friedenstruppen zu entsenden („Operation Restore Hope"), die nicht nur den Auftrag hatten, den Frieden zu sichern, sondern diesen auch mit gewaltsamen Mitteln zu erzwingen (vgl. Weber 1997).

An diesem ersten Versuch eines ‚peace-enforcements' nahmen auch deutsche Soldaten teil. Damit waren erstmals seit dem Zweiten Weltkrieg deutsche Truppen außerhalb Deutschlands mit einem bedingten Kampfauftrag tätig. Sofort entbrannte eine heftige Diskussion, ob ein solches Unternehmen überhaupt mit der deutschen Verfassung vereinbar sei, bis das Bundesverfassungsgericht am 23. Juni 1993 die Legitimität des Einsatzes feststellte (vgl. Kirchhoff 1994: 28f.).

Genau in dieser Phase des intensiven Streits macht sich Kirchhoff selbst nach Somalia auf, um dort insgesamt 16 Tage einerseits bei den deutschen Truppen in Belet Huen, andererseits in Begleitung deutscher Journalisten in der Landeshauptstadt Mogadischu zu verbringen.[7] Er reist auf eigene Rechnung, also ohne Auftrag einer Redaktion oder einer Regierung. Dabei mag die Begründung, die Kirchhoff in *Herrenmenschlichkeit* für seine Reise gibt, zunächst etwas vage klingen: Schon immer habe ihn „das Deutsche in der Fremde gereizt" (ebd.: 8), der Einsatz in Somalia interessiere ihn, einfach weil es ihn gebe (vgl. ebd.: 8f.) und weil hier etwas geschehe, „das einer, der schreibend ergründen will, in welcher Zeit, in welcher Welt er lebt, nicht versäumen sollte" (ebd.:

[7] Kirchhoff erreicht am 19. Juni Belet Huen, am 24. Juni Mogadischu, am 26. Juni wiederum Belet Huen, verlässt am 2. Juli Somalia, um am 3. Juli wieder in Deutschland zu landen (alle Daten nach Kirchhoff 1994).

27f.). Ihm geht es folglich zunächst um die Deutschen und um den Zustand der Welt, in der er lebt, er möchte seine Landsleute in der Fremde beobachten und den Puls der Zeit zu spüren, möchte dabei sein, wenn sich Deutschland mit seinem ersten Kampfeinsatz in der Welt neu positioniert. Dazu scheint es für ihn zu nötig sein, sich mit dem somalischen Bürgerkrieg zu befassen. Diesen jedoch umfassend zu verstehen, um ihn anschließend seinen Lesern zweifelsfrei zu erklären, ist für ihn kein vorrangiges Ziel. Folgerichtig entschließt er sich bereits in den ersten Tagen seines Aufenthaltes, „keine Abkürzungen und keine Clan-Namen mehr zu notieren“ (ebd.: 16).

Dennoch ist festzuhalten, dass Kirchhoff der Lage der Somalis weder desinteressiert oder mitleidslos entgegentritt. Bereits bei der Anreise über Djibouti erkennt er „in jeder Kleinigkeit“ ein „erniedrigtes Afrika“ (ebd.: 9). Ausführlich beobachtet er bei jeder Gelegenheit das Verhalten der Somalis, beschreibt, wie Clanführer mit vielen Worten wenig sagen (vgl. ebd.: 14), wie die einheimischen Frauen immer zu arbeiten scheinen, während die Männer meist Müßiggang treiben (vgl. ebd.: 18). Zwei Mal trifft er sich mit einer Somalierin, die vor dem Camp der Deutschen in einer Reisighütte haust, als Prostituierte arbeitet und auf einen richtigen Job bei den Deutschen hofft. Er hört sich ihre Sorgen und Wünsche an, erfährt, dass bereits vier ihrer elf Kinder verstorben sind (vgl. ebd.: 25), kann ihr am Ende aber doch nicht helfen (vgl. ebd.: 57-59). Er notiert, wie den Somalis die UN-Konvois vor allem exotisch erscheinen (vgl. ebd.: 19) und wie sie sich über die Deutschen erregen, weil diese in ihrer kostenfreien Ambulanz Frauen behandeln, statt sie zurück zur Arbeit zu schicken, Kinder untersuchen, obwohl es von denen doch mehr als genug gäbe (vgl. ebd.: 53).

Um ein tiefergehendes Verständnis der somalischen Lebensweise oder der politischen Lage aber bemüht sich Kirchhoff nicht. Auch gegenüber den Journalisten und Soldaten aus Deutschland, Nigeria oder Italien, mit denen er zu tun hat, zeigt er kaum mehr Interesse. Hier und da berichtet er von Gesprächen, die er mit Gefreiten oder Offizieren über ihr bisheriges Leben (vgl. ebd.: 11), über die Erfolgschancen (vgl. ebd.: 22) und die Legitimation der Mission (vgl. ebd.: 48f.) führt. Noch am ausführlichsten beschreibt er die Soldaten bei ihrer Arbeit, wenn sie mit einem Konvoi durch Belet Huen fahren (vgl. ebd.: 11), in Mogadischu wohl geordnet Lebensmittel an die Bevölkerung verteilen (vgl. ebd.: 36ff.) oder die Ströme der Kranken vor der deutschen Ambulanz kanalisieren und die hilfsbedürftigsten Patienten zur Behandlung auswählen (vgl. ebd.: 51ff.). Tiefergehende Fragen stellt er nicht.

Ähnlich ergeht es den Journalisten: Kirchhoff beobachtet und beschreibt, wie sie Soldaten dazu bewegen, sich in Posen zu werfen (vgl. ebd.: 11), wie ihnen die Militärs die strategische Lage trotz langer Vorträge nicht verraten (vgl. ebd.: 16), wie sie in Mogadischu alle in einem Hotel versammelt sind, inmitten der zerstörten Stadt das neueste technische Gerät besitzen und regelrecht auf „Schreie, auf Bilder, auf Arbeit" (ebd.: 35) warten. Auch hier fragt Kirchhoff nicht nach, bemüht sich nicht, Zusammenhänge zu ergründen.

Dieses Desinteresse hat jedoch einen entscheidenden Grund: Kirchhoff glaubt offenbar nicht, dass es ihm möglich sein könnte, das Fremde, dem er in Somalia, bei den Journalisten und den Soldaten begegnet, adäquat zu verstehen. Schon der erste Satz des Buches macht dies deutlich und stellt alle folgenden Aussagen über Somalia und die Somalis unter den Vorbehalt der Subjektivität und Zweifelhaftigkeit: „Die Somalis, soweit ich sie beobachten konnte – ich konnte vielleicht zwanzig oder dreißig beobachten, von sieben oder acht Millionen –, sind in der Mehrzahl Nomaden" (ebd.: 7).

Doch nicht nur der zu kleine Ausschnitt der erlebten Wirklichkeit, auch der zu große Grad an Fremdheit begrenzt aus Kirchhoffs Sicht die Möglichkeit, während seiner Reise adäquate Einsichten zu gewinnen. So schreibt er über seine ersten Eindrücke in Belet Huen: „Was ich sehe, drückt mich an die Wand. Zu viele Farben, zu viele Gesten, zu viele Gesichter – zu viel Fremdheit, wenn man Fremdheit ernst nimmt" (ebd.: 10). Und noch am Ende der Reise bestätigt er diese Haltung mit der Überlegung: „(...) daß es nicht richtig ist, über diese Tage zu schreiben, weil es Jahre sein müßten" (ebd.: 56).

Damit hat Kirchhoff eine Position bezogen, die seit einiger Zeit mit gutem Recht als postkolonial bezeichnet wird. Sie trägt der Tatsache Rechnung, dass über Jahrhunderte hinweg die europäische Reiseliteratur die Fremde, über die sie berichtete, systematisch verkannt hat. Immer wieder diente ihr das Unbekannte nur als Folie für „eurozentrische Projektion[en]" (Guthke 2000: 2), wurde das Andere nicht in seiner Eigenart wahrgenommen, sondern stereotypisiert, wurde es zum Zweck der „Affirmation [der] Besonderheit der eigenen Kultur“ und zur Bestärkung des eigenen „Überlegenheitsgefühls“ (Heinritz 1998: 16) als unterentwickelt abgewertet oder aber im Sinne edler Wildheit und paradiesischen Lebens als Gegenbild zur eigenen Gesellschaft idealisiert.[8] Eine postkoloniale Literatur, die solche Fehlentwicklungen vermeiden will, verzichtet daher, wie es Paul Michael Lützeler treffend zusammengefasst hat, grundsätzlich auf „jene Autor-Perspektive, die gleichsam olympisch alles übersieht, alles eindeutig zu bewerten und einzuordnen weiß“ (1998: 235). Zudem gestehen ihre Autoren

> Unsicherheiten, Irritationen, mögliche Irrtümer und die Begrenztheit ihrer Erfahrung ein. Sie wissen, daß ein eurozentrischer Blickwinkel den Zugang zu den Problemen der Dritten Welt erschwert, sind sich aber gleichzeitig darüber im klaren, daß sie bei ihren Reisen europäische Denk- und Verhaltensweisen nur revidieren, nie aber ganz aufgeben können bzw. wollen (ebd.).

Herrenmenschlichkeit ist in vieler Hinsicht die genaue Umsetzung dieses postkolonialen Programms: Kirchhoff berichtet hier nur, was er unmittelbar als Individuum und Subjekt wahrgenommen hat, berücksichtigt keine fremden historischen oder politischen Erläuterungen und Interpretationen der Situation. Bei der Wiedergabe seiner Wahrnehmungen verzichtet er konsequent auf jeden Versuch des Verstehens und beschreibt, ohne zu erklären.

Wirklich bemerkenswert allerdings wird der Text erst durch zwei Erweiterungen, die Kirchhoff an diesem Programm vornimmt. Denn obwohl er davon ausgeht, auf seiner Reise in Somalia keine wirklich nachhaltigen Einsichten in das Leben der Somalis, der Journalisten oder Soldaten gewinnen zu können, nutzt er seine Eindrücke doch zu einem ausgiebigen, wiederum rein subjektiven Räsonnieren über das Gesehene. So glaubt Kirchhoff beispielsweise mehrfach beobachten zu können, dass die Somalis ein anderes Verhältnis zum Tod und zum Leiden haben als die Europäer. Beim Besuch eines Krankenhauses trifft er auf „eine frisch Verstorbene auf einem Brett, drumherum Hinterbliebene“, und stellt mit

---

[8] Insbesondere Edward Saids Studie *Orientalism* (1978) war hier bahnbrechend und zog eine Vielzahl weiterer Forschungen nach sich, die heute zumeist unter dem Stichwort der ‚postcolonial studies‘ zusammengefasst werden.

Erstaunen fest, dass „niemand klagt, niemand weint, als sei der Tod so gewöhnlich wie die Sonne“ (Kirchhoff 1994: 20). Als er bei anderer Gelegenheit jene Somalierin, die vor dem Lager als Prostituierte lebt, nach dem Tod ihrer Kinder fragt, ist er irritiert, als sie nur anmerkt, „es sterben immer Kinder“, so, „als seien gar nicht ihre Kinder gestorben“ (ebd.). Hingegen bemerkt Kirchhoff wiederholt, wie sich die deutschen Soldaten in der Mittagshitze mit Dauerläufen fit zu halten versuchen (vgl. ebd.: 15), und entwickelt daraufhin folgende, sehr eigene Position zum Einsatz der UN in Somalia:

> Ich sehe hier einen neuartigen Kreuzzug (...), auf dessen Fahne nicht Humanität steht, sondern Humanitismus – wie früher Katholizismus, Kapitalismus, Sozialismus. (...) Wir, die wir hier bei 45 Grad im Schatten Dauerläufe machen, in der Hoffnung, dadurch länger zu leben, worauf ein Somalier im Leben nicht käme, (...) wir, die wir aus einer Überlebenskultur kommen, tragen unsere Lebensbesessenheit in ein Land, in dem der Tod ein Vertrauter, ja ein Verbündeter ist. Humanitismus bedeutet die Idee vom Leben um jeden Preis (ebd.: 28).

Gewiss wirkt diese Äußerung auf den ersten Blick zynisch und vielleicht ist sie auch nicht haltbar. Sie zeigt aber zugleich, dass Kirchhoff auch eine moralische Konsequenz aus den Überlegungen des Postkolonialismus zieht. Denn dort, wo man nicht glaubt, das Fremde erkennen zu können, da darf man womöglich auch nicht versucht sein, dem Anderen bestimmte Lebensformen, wie die des friedlichen Zusammenlebens in einer staatlichen Gemeinschaft, aufzuzwingen.

Wie wenig zynisch Kirchhoff solche Überlegungen tatsächlich meint, zeigt seine zweite grundlegende Erweiterung des postkolonialen Basiskonzeptes. Sie besteht in einer umfassenden Literarisierung und symbolischen Aufladung seines Reiseberichts. So werden die Erinnerungen an Somalia zwar scheinbar in chronologischer Reihenfolge präsentiert, bereits auf der ersten Seite aber macht der Erzähler deutlich, dass er sich die Freiheit genommen hat, die Eintragungen nach seinem Belieben umzustellen (vgl. ebd.: 7f.). Auch durchbricht Kirchhoff immer wieder seine somalischen Notizen mit Beschreibungen der Zeit nach der Rückkehr aus Afrika und kontrastiert so die afrikanischen Erlebnisse mehrfach mit Schlaglichtern auf die deutsche Lebenswirklichkeit. Von einem regelrechten Reisebericht kann da keine Rede mehr sein, eher von einer Reiseerzählung.[9] Darüber hinaus wendet Kirchhoff in *Herrenmenschlichkeit* ein Verfahren an, das er in seiner Frankfurter Poetikvorlesung von 1994/95 mit dem Motto *Dem Schmerz eine Welt geben* bezeichnet hat (Kirchhoff 1995: 135). Kriege, so führte er damals aus, verursachten vor allem viele sinnlose Schmerzen, weil den Opfern meist gar kein Ziel oder Grund des Krieges bewusst sei (vgl. ebd.: 137). Der Literatur komme es in dieser Situation zu, dem sinnlosen Schmerz „eine referentielle Stabilität zu geben" (ebd.), ihm also dadurch, dass man ihn zu etwas in Beziehung setzt, eine Dimension und Richtung zu geben, beispielsweise, indem er zur Biografie des Opfers oder zum Schmerz anderer Personen in ein Verhältnis gesetzt wird (vgl. ebd.: 140).

Liest man *Herrenmenschlichkeit* aufmerksam, so zeigt sich, dass der gesamte Text mit symbolischen Verweisen auf den westlichen Umgang mit Tod, Krankheit und Tröstung durchsetzt ist, die das somalische Leid in seiner Größe veranschaulichen. Hier sei zum Beispiel auf die Angst der deutschen Soldaten vor Bissen so genannter Kamelspinnen (vgl. Kirchhoff 1994: 12) verwiesen, die sich angesichts des Mordens im Land lächerlich ausnimmt. Zu denken ist auch an die immer wieder bekundeten Schmerzen des Erzählers ob eines Leistenbruchs, der sich bereits am ersten Tag in Somalia bemerkbar macht und zunehmend seine Bewegungsfreiheit einzuschränken droht (vgl. ebd.: 13, 20, 38, 50). Auch diese scheinen gegenüber dem Elend der Somalier unbedeutend, zumal wenn man bedenkt, dass sich der Erzähler schließlich ausfliegen lässt und in Deutschland zügig und ohne Komplikationen operiert wird. Dass er dabei in einem Krankenhaus landet, das ausgerechnet den gleichen Namen wie das Konzentrationslager Sachsenhausen trägt, dass man ihm zum Schreiben eine nichtbelegte Sterbekammer zur Verfügung stellt (vgl. ebd.: 8) und dass er dort von einer Krankenschwester betreut wird, die ihn über den Verslust eines Freundes mit religiösen Gedichten des Barockdichters Paul Gerhard (vgl. ebd.: 30, 35) und der Ermahnung „Jesus nicht vergessen" (ebd.: 60) zu trösten versucht, kann nicht als Zufall gelten. Hier verweist Kirchhoff darauf, dass auch in Deutschland etwa

9 Auf die Schwierigkeiten, genau zwischen den verschiedenen Genres der Reiseliteratur zu unterscheiden, wie sie immer wieder in der Reiseliteraturforschung betont werden (vgl. beispielsweise Heinritz 1998:13 f.; Neuhaus 1997: 22f.; Brenner 1990), kann an dieser Stelle nicht eingegangen, sondern nur verwiesen werden.

im Dreißigjährigen Krieg oder während des Dritten Reiches das Sterben eine alltägliche Sache war, und er erinnert an den hohen medizinischen Standard und die Ausgrenzung des Sterbens aus dem Leben – das Sterbezimmer steht leer. Kirchhoff leistet hier also mehr, als ‚nur' durch den Verweis auf den Leistenbruch des Erzählers dem „Körper als Ort des Schmerzes – an meinem unbedeutenden Beispiel – eine Referenz zu verleihen, um so die Referenzlosigkeit jener unzähligen anderen, ungleich gequälteren Körper hervorzuheben" (Kirchhoff 1995: 144). Durch die Harmlosigkeit und Heilbarkeit seines Leidens im Gegensatz zur scheinbaren Heillosigkeit der somalischen Verhältnisse und durch den wiederholten Verweis auf die deutsche Geschichte vertieft er seinen Text zu einer komplexen Reflexion über die unterschiedlichen Realitäten des Todes und des Umgangs mit dem Sterben in Westeuropa und Afrika.[10]

Kirchhoff hat mit *Herrenmenschlichkeit* einen literarischen Bericht über den somalischen Bürgerkrieg vorgelegt, der sich in fünf Punkten von jeder journalistischen Reportage unterscheidet: Er hat unabhängig von einer Redaktion gearbeitet, er hat sich nicht darum bemüht, die Hintergründe des Krieges zu erklären, er hat sich von subjektiven Wahrnehmungen zu gewagten Thesen über den Sinn des UNO-Einsatzes verleiten lassen, er ist in seinem Bericht erklärtermaßen von der Wahrheit abgewichen und hat seine Erinnerungen deutlich literarisch gestaltet und symbolisch überformt.[11] Damit taugt *Herrenmenschlichkeit* natürlich

---

[10] Insofern vermag es nicht zu überzeugen, wenn Nina Bermann *Herrenmenschlichkeit* in die Reihe früherer Kirchhoff-Texte, in denen der „Gestus der Selbstbespiegelung" (Bermann 1998: 223) im Mittelpunkt stand, nahtlos einreihen will. Denn hier zeigt sich – so richtig es ist, mit Bermann festzustellen, Kirchhoff gehe es „nicht so sehr um die Darstellung oder das Verstehen anderer Kulturen" –, dass es nicht zutrifft, Kirchhoff betrachte „in erste Linie" das Deutsche in der Fremde (ebd.: 222). Nicht das Deutsche, sondern die Relation zwischen beiden Lebensräumen und das Bemühen, dem fremden Schmerz durch Betrachtung der eigenen Welt eine Dimension zu geben, steht im Zentrum des Textes.

[11] *Herrenmenschlichkeit* ist daher keineswegs bloß ein „Tagebuch", wie Nina Bermann angenommen hat. Tatsächlich ändern die „literarisierenden Einschübe aus der Zeit des Krankenhausaufenthaltes und des Italienurlaubes", anders als Bermann (1998: 240f.) glaubt, sehr viel, vor allem den Grundcharakter des Textes. Sie machen, in Verbindung mit den anderen genannten literarisierenden Strategien des Erzählers, aus dem Tagebuch einen durchkomponierten literarischen Text, von dem man nicht mehr erwarten kann, dass er als „authentischer Text, als Diskussionsbeitrag, der politische und historische Informationen enthält", funktioniert (ebd.).

nicht zu einer im herkömmlichen Sinn historischen-politischen Erhellung der somalischen Verhältnisse. Wohl aber leistet das Buch neben vielen Momentaufnahmen der Kriegsrealität eine produktive Wiederbelebung der alten Frage, ob und inwieweit der helfende Eingriff von außen in eine fremde Kultur legitim sein kann, und ob überhaupt zu vermeiden ist, dass die überlegenen Helfer im weiteren Sinn als neue ‚Herrenmenschen' erscheinen (vgl. Kirchhoff 1994: 53), die mit guten Absichten doch wieder kolonial handeln. Gleichzeitig gelingt es ihm dank der symbolischen Verdichtung des Textes, die grundlegende Verschiedenheit der Lebensverhältnisse in unserer technisierten Welt und im zerstörten Somalia anschaulich zu machen. *Herrenmenschlichkeit* ist am Ende nicht nur ein Bericht über Eindrücke aus Somalia und ein subjektiv begründetes kritisches Korrektiv der westlichen Selbstwahrnehmung, sondern eben auch gute Literatur, ein symbolisch komplexer Essay über den Tod und den Umgang mit ihm in verschiedenen Kulturen.

3 Der Literat als Mittler zum Frieden und als Anwalt der Gerechtigkeit – Peter Handkes Reise nach Serbien

Zwei Jahre lagen zwischen Bodo Kirchhoffs Somalia-Aufenthalt und Peter Handkes Reise in das ehemalige Jugoslawien. Hier wie dort befand sich das Land in einem Bürgerkrieg, hier wie dort waren UN-Friedenstruppen im Einsatz, und letztendlich schien angesichts des Bürgerkrieges entlang ethnischer Linien vielen Westeuropäern das Land auf dem Balkan kaum weniger fremd als das afrikanische Somalia.

Die osteuropäischen Umwälzungen im Jahr 1989 hatten auch in Jugoslawien zu politischen Reformen geführt, später zu Unabhängigkeitsbestrebungen einzelner Teilrepubliken, die in Abstimmungen mündeten. Als die Zentralregierung die Unabhängigkeitserklärungen nicht akzeptierte, kam es zu den bekannten jugoslawischen Kriegen: Im Juli 1991 zwischen Jugoslawien und Slowenien, von Juli 1991 bis Januar 1992 zwischen Kroatien und Jugoslawien, zwischen März 1992 und Dezember 1995 in Bosnien-Herzegowina. Es folgte 1999 der Kosovokrieg der Nato gegen Rest-Jugoslawien, in dessen Nachhall heute albanische Unabhängigkeitskämpfer in Mazedonien operieren.

Kurz vor Ende des Bosnienkrieges 1995 entschließt sich Peter Handke, für mehrere Wochen in den serbischen Teil Jugoslawiens zu reisen.[12] Auf den Erfahrungen, die er in dieser Zeit macht, beruht sein gut 130 Seiten umfassender Reisebericht *Eine winterliche Reise zu den Flüssen Donau, Save, Morawa und Drina oder Gerechtigkeit für Serbien*.[13] Wie Kirchhoff hatte Handke seinen Text zunächst in einer Zeitung bzw. Zeitschrift veröffentlicht, und wie Kirchhoff war auch Handke auf eigene Verantwortung und Veranlassung zu seiner Reise aufgebrochen. Abgesehen davon jedoch unterscheidet sich Handkes Projekt ebenso wie sein Text grundlegend von Kirchhoffs *Herrenmenschlichkeit*.

Das zeigt sich bereits sehr deutlich an den Zielen, die Handke mit seiner Reise verfolgt. Wollte Kirchhoff vor allem an einem seiner Ansicht nach wichtigen Ereignis der Gegenwart als unvoreingenommener Betrachter teilnehmen, so verfolgt Handke eine regelrechte Mission mit zwei konkreten Absichten. Er versteht seine Kriegsberichterstattung erstens als eine poetische Arbeit für den Frieden. Um diesen in Jugoslawien zu fördern sei es nicht genug, so schreibt er, „die bösen Fakten" festzuhalten (Handke 1996: 133). Es bedürfe vielmehr auch eines Anstoßes an alle Jugoslawen „zum gemeinsamen Erinnern, als der einzigen Versöhnungsmöglichkeit" (ebd.). Er selber gehe in seinem Text den „Umweg" über das „Festhalten bestimmter Nebensachen", um so ein gemeinsames „Sich-Erinnern" aller Jugoslawen und daran anschließend eine „zweite, gemeinsame Kindheit" der jugoslawischen Völker zu ermöglichen (ebd.: 134). Zweitens möchte Handke das erreichen, was er „Gerechtigkeit für Serbien" nennt (ebd.: 29). Er glaubt nämlich beobachtet zu haben, dass der Blick der westlichen Welt auf Serbien von Wahrnehmungsmustern, Stereotypen (vgl. ebd.: 46) und Bildmustern (vgl. ebd.: 13) geprägt und

[12] Daten und Dauer der Reise sind aus dem Text nicht genau zu rekonstruieren: „Ende Oktober 1995" (Handke 1996: 29) brach man auf, befand sich am 4. November, jenem Tag an dem „in Tel Aviv Ytzak Rabin ermordet wurde" (ebd.: 66), in Belgrad und hatte spätestens bis zum 14. Dezember (ebd.: 127) das Land wieder verlassen.

[13] Das Buch gliedert sich in insgesamt vier Abschnitte, von denen nur der zweite und dritte Teil Erfahrungen des Aufenthaltes in Jugoslawien behandeln, während die anderen beiden Überlegungen „Vor der Reise" und einen „Epilog" enthalten. Während der Reisebericht weitgehend ruhig erzählend gestaltet wurde, nutzt Peter Handke Pro- und Epilog, wie Walter Fanta richtig angemerkt hat, vor allem als „explizit politische Streitschrift mit einer geballten Ladung von Polemik" (Fanta 1996: 134).

wesentlich verfälscht wird. Dieser unangemessenen bzw. zweifelhaften Darstellung möchte Handke entgegenarbeiten, indem er, wie er schreibt, „hinter den Spiegel" (ebd.) des westlichen Blickes tritt, dadurch dass er vor Ort reist, um so „jenes tatsächliche Wissen" zu erwerben, welches „allein durch (...) Schauen und Lernen" entstehen kann (ebd.: 30). Ohne die serbischen Kriegstaten zu leugnen (vgl. ebd.: 29), möchte er auf Basis seiner eigenen Augenzeugenschaft (vgl. ebd. 13) Argumente ins Feld führen, die „Bedenklichkeit" (ebd.: 124) und Verständnis für die serbische Position wecken.

Tatsächlich steht in Handkes *Winterlicher Reise* immer wieder eine intensive Auseinandersetzung mit der westlichen Kriegsberichterstattung im Mittelpunkt. Dabei mischen sich grundsätzliche Bedenken über die Möglichkeit einer Kriegsberichterstattung mit konkreten Einwänden gegen die bisherige Praxis. Denn Handke gibt zum einen zu bedenken, dass „ausgestrahlte Reporte und Bilder" sich beim „Empfänger um- oder verformen" können, dass also ein Zuschauer bzw. Leser auf Basis der Bilder, die ihm die Medien vom Kriegsgeschehen zeigen, zu anderen Schlüssen gelangen kann, als es der Reporter tut (ebd.: 32). Zum anderen hält er die Berichterstattung vieler Journalisten und Zeitungen speziell über den Bosnienkrieg für unlauter und falsch.

Fast alle bedeutenden Tages- und Wochenzeitungen der westlichen Welt greift er massiv an, so den *Spiegel*, die *Zeit*, die *FAZ*, *Le Monde*, *Libération*, die *Times* oder *El País*. Dabei ist die Liste seiner Vorhaltungen lang: Die Journalisten gäben nicht mehr wie Augenzeugen Auskunft (vgl. ebd.: 13), hetzten gegen den Staat Jugoslawien im Allgemeinen oder verunglimpften unrechtmäßig einzelne jugoslawische Personen oder Institutionen wie den Fußballklub Roter Stern Belgrad (vgl. ebd.: 28). Sie verfielen der Unsitte, Personen über ihr Aussehen zu charakterisieren (vgl. ebd.), und schrieben überhaupt, als hätte ihnen jemand ihre Texte diktiert (vgl. ebd.: 29). Sie hätten auch zu schnell die Rollen von Angreifer und Opfer festgelegt (vgl. ebd.: 38), betrieben zu wenig Ursachenforschung (vgl. ebd.: 121), berichteten einseitig und kaum über die serbischen Opfer (vgl. ebd.: 39). Handke bezeichnet die Mehrzahl der Journalisten als „Fernfuchtler", „Richter", „Demagogen" (ebd.: 122), spricht von „Serbenhassern" (ebd.: 126) und „argen Kriegshunden" (ebd.: 123) und unterstellt ihnen, Fotos zu stellen und somit ein falsches

Bild vom Leid der Bosnier zu erzeugen: Die bosnischen Opfer seien immer in Opfer-Posen abgebildet (vgl. ebd.: 42) und nähmen diese auch gerne ein (vgl. ebd.: 41). Kurz gesagt: Für Handke ist die westliche Kriegsberichterstattung im Fall Jugoslawiens weitgehend gleichgeschaltet, einseitig, böswillig, hetzerisch und keinesfalls gründlich, objektiv oder informativ. Dabei ist das Problem all dieser Anschuldigungen offensichtlich: Sie sind so generell gehalten, so selten an konkreten Fällen belegt, dass sie schon wegen ihres allgemein gültigen Anspruchs als zweifelhaft anzusehen sind.[14]

Wie aber sieht Handkes eigener Gegenentwurf einer poetischen Kriegsberichterstattung aus, die Gerechtigkeit und Frieden schaffen soll? Zunächst ist festzuhalten, dass Handke nicht ein einziges Mal während seiner Reise das eigentliche bosnische Kriegsgebiet betritt. Sein Weg führt ihn nach Belgrad, Zemun, Smederevo, Porodin, Studenica, Valjevo, Bajina Basta, Novi Sad und Subotica, nicht aber nach Sarajewo und auch noch nicht einmal in die von Serben kontrollierten Gebiete der heutigen Repulika Srpska. Handke bewegt sich also nicht im Kriegsgebiet, sondern ausschließlich in dessen Hinterland, er sieht keine Zerstörungen und Opfer und verfährt damit genauso einseitig wie angeblich die westlichen Journalisten, denen er ja vorgeworfen hatte, nur Augen für die Muslime zu haben.

Ebenfalls ist interessant, dass sich Handke auf seinen Reisen nicht bemüht, mit möglichst vielen verschiedenen Menschen in Kontakt zu kommen, um zu einem repräsentativen Bild von wenigstens den Gegenden zu gelangen, die er bereist. Ihn begleiten zumeist zwei serbische Freunde, der Übersetzer Zarko und der Maler Zlatko, die beide seit Jahren nicht mehr in Serbien leben (vgl. ebd.: 15ff.). Sie sind demnach erstens keine rechten Inländer mehr, die die Lage im Detail kennen. Zweitens sind sie Intellektuelle. Das ist im Wesentlichen der Personenkreis, mit dem Handke in engeren Kontakt gerät: Er trifft fast ausschließlich entweder Freunde seiner Begleiter, die wiederum zumeist Intellektuelle sind, serbische Schriftsteller und Künstler, die ihn einladen, oder aber die Familienangehörigen Zarkos und Zlatkos, wodurch immerhin eine gewisse Erweiterung des Spektrums erfolgt. Selten aber spricht er mit ei-

[14] Vgl. dazu Seibt: „Seine Methode ist der verallgemeinerte, sich am selbstgesehenen Detail festhaltende Verdacht" (1997: 54).

nem unbekannten Passanten, einem Grenzsoldaten, und überhaupt nicht mit Vertriebenen oder Kämpfern des bosnischen Krieges.

Noch bemerkenswerter ist, dass Handke den wenigen Menschen, die er trifft, nur selten und ungern Fragen stellt. Lieber beobachtet er sie und notiert, was sie ihm und einander erzählen. Dabei entwirft er ein sympathisches, vielen Klischees widersprechendes Bild der Serben: Nirgends in Belgrad entdeckt Handke Slivovitztrinker, Parolen oder Anspielungen auf den Krieg, er findet gesittete und würdevolle Menschen vor (vgl. ebd.: 58f.). Immer wieder betonen ihm gegenüber die Serben, wie gut sie einst mit den Slowenen zusammengearbeitet haben (vgl. ebd.: 62), dass sie die Reisen „quer durch Bosnien nach Split und (...) an die Adria" ebenso wie das „Zusammensein mit ihren muslimischen Freunden" (ebd. 95) und das bosnische Obst (vgl. ebd.: 104) vermissen. Auch leugnen sie nicht, dass es Gräueltaten wie das Morden von Srebrenica gegeben hat, selbst wenn sie zugleich betonen, der ganze bosnische Krieg sei ein einziges wechselseitiges Morden gewesen (vgl. ebd.: 95).

Handke stellt dabei noch nicht einmal in jenen Situationen, in denen seine Gesprächspartner selbst auf den Krieg zu sprechen kommen, weitergehende Fragen, die etwa die Beteiligung der jugoslawischen Serben am bosnischen Krieg oder den serbischen Nationalismus beträfen. Tatsächlich muss man den Eindruck gewinnen, Handke halte die Serben gar nicht für kompetent, die Frage nach den Gründen und der Schuld in Bosnien zu klären. Denn als wirklich einmal ein Serbe, wie Handke schreibt, „leibhaftig herausschrie, wie schuldig die serbischen Mächtigen an dem heutigen Elend ihres Volkes" seien, da bemängelt Handke, dass „anderwärtige (...) Kriegshunde" ausgespart blieben (ebd.: 85), und will diese „Verdammung der Oberherren nicht hören" (ebd. 86). Ein gerechtes Urteil über die Rolle Serbiens im Krieg zu fällen, traut Handke am Ende vor allem sich selbst zu. Ganz vertraut er dabei seinen Instinkten, einer Form subjektiver Einfühlung,[15] und recht fragwürdigen Rechtsbegriffen, wie zwei Beispiele verdeutlichen sollen.

15 Siehe dazu auch Handke selbst: „Doch was Jugoslawien betrifft, bilde ich mir doch ein, um einiges mehr zu wissen, zu ahnen und zu spüren als nicht so wenig Journalisten, die darüber geschrieben haben" (Reiter/Seiler 1999: 152), sowie: „Das dritte Jugoslawien war auf dem Weg. Ich weiß das. Ich hab' das gespürt" (ebd.: 153).

- Schon die Tatsache, dass im ersten jugoslawischen Krieg zwischen Slowenien und der Republik Jugoslawien unter den 70 Toten fast nur jugoslawische Soldaten waren, gibt Handke zu denken. Immerhin war die jugoslawische Armee zu diesem Zeitpunkt hoch gerüstet, die slowenische nur spärlich bewaffnet. Ist nicht also zu vermuten, dass die jugoslawischen Truppen Befehl hatten, „keinesfalls zurückzuschlagen, da man sich trotz allem noch unter südslawischen Brüdern wähnte" (ebd.: 31), während die Slowenen ihre Gegner „mir nichts, dir nichts abgeschossen" hätten und also die eigentlichen Aggressoren gewesen seien? (ebd.: 32)[16]
- Auch im kroatisch-jugoslawischen und im bosnischen Krieg sieht Handke die Serben keineswegs als die Aggressoren. Kroatien habe seine Unabhängigkeit über die Köpfe der dort lebenden Serben hinweg beschlossen, diese zu einer Volksgruppe zweiten Ranges degradiert und Erinnerungen an die Verfolgungen der Serben im Zweiten Weltkrieg unter dem Ustascharegime geweckt (vgl. ebd: 33f.). Handke ist sicher, dass auch er sich hier „zur Wehr gesetzt" hätte (ebd.: 35). Auch die bosnische Staatsgründung, wie die kroatische in einer Volksabstimmung beschlossen, hält er für einen Völkerrechtsbruch, für eine „Ellenbogengründung", die das Recht der nichtmuslimischen Bürger des Staates bricht und damit als erste Aggression zu betrachten ist (vgl. ebd.: 38).

Handke hat in seiner *Winterlichen Reise* im Zuge seiner gewiss zu polemischen und zu pauschalen Medienkritik berechtigte Zweifel an der Glaubwürdigkeit und Praxis der journalistischen Kriegsberichterstattung geweckt, die durch die nachträgliche Aufdeckung mancher Falschmeldungen in der Tat bestätigt wurde.[17] Auch ist es ihm gelungen, seinem Vorsatz entsprechend, durch die Beschreibungen einzelner Personen, Landschaften oder Gebäude viele ‚Nebensachen' festzuhalten. Ob diese allerdings dazu taugen, so, wie er es erhofft hat, ein gemeinsames Erinnern in Jugoslawien anzuregen und damit zum Frieden beizutragen, mag

[16] Diese These hat Handke bereits mit ähnlich schwachen und auf subjektivem Empfinden basierenden Argumenten in seinem Buch über die Sezession Sloweniens mit dem Titel *Abschied des Träumers vom neunten Land* vertreten (vgl. Handke 1991: 48f.).

[17] In der Forschung ist bereits mehrfach auf diese Fälle falscher Berichte, gestellter oder manipulierter Bilder hingewiesen worden (vgl. etwa Deichmann 1999: u. a. 260; Lengauer 1998: 356; Fanta 1996: 138).

dahingestellt bleiben.[18] Handke hat sich redlich bemüht, Serbien Gerechtigkeit widerfahren zu lassen, indem er erstens ein freundliches Bild jener Serben gezeichnet hat, die ihm begegnet sind, und zweitens versucht hat, Zweifel zu wecken an mancher Gräueltat des bosnischen Krieges wie dem Massaker von Srebrenica, das er schlicht für unwahrscheinlich hält, weil er es sich nicht erklären kann (vgl. Handke 1996: 121). Dennoch kann dieser Text, anders als der von Kirchhoff, nicht überzeugen: Wo Kirchhoff wirklich in das Kriegsgebiet reist, hält sich Handke im Hinterland auf, wo Kirchhoff mit Soldaten und betroffenen Somalis spricht, redet Handke mit Intellektuellen und Zufallsbekannten, wo Kirchhoff die Journalisten bei ihrer Arbeit beobachtet und die Defizite ihrer Arbeit aufzeigt, kritisiert Handke aus der Ferne, ohne mit einem von ihnen in Kontakt zu treten.

Zudem präsentiert Handke – anders als Kirchhoff, der dezidiert einen postkolonialen Blick praktiziert – eine Sicht auf Jugoslawien, die tatsächlich als ‚kolonial' bezeichnet werden könnte. Zwar vertreten beide gleichermaßen ein Programm der Augenzeugenschaft, reisen nach Somalia bzw. Serbien, um vor Ort selber das Geschehen zu beobachten. Kirchhoff aber ist von einer steten Erkenntnisskepsis getrieben, zweifelt mit guten Gründen daran, ob ein nachhaltiges Erkennen des Fremden möglich ist, und beschränkt sich daher weitgehend auf Beobachtungen, subjektive Kommentare und Reflexionen.

Handke hingegen reist nach Serbien, um journalistische Ansichten von Serbien zu korrigieren und durch sein eigenes Serbienbild zu ersetzen. Ohne längere Zeit in Serbien gelebt zu haben, glaubt er von Anfang an zu wissen, dass das serbische Volk anders ist als in den Medien dargestellt (vgl. ebd. 30f., 35f., 47f.) und mit welchen poetischen Mitteln es wieder zum Frieden geführt werden kann (s.o.). Gelegentlich geäußerte Erkenntniszweifel – „Was weiß ein Fremder" (ebd.: 59), „niemand kennt Serbien" (ebd.: 116) – erweisen sich als rhetorische Floskeln. Handke fühlt sich bereits am ersten Tag in Serbien heimisch (vgl. ebd.: 56), findet sich hier wie sonst kaum „stetig und beständig in die Welt (...) einbezogen" (ebd. 102f.) und sieht wildfremden Männern auf den Straßen Belgrads zweifelsfrei an, „daß sie alle etwa den gleichen Verlust erlitten

---

[18] Der Erfolg seines Unterfangens darf angezweifelt werden; die *Winterliche Reise* ist ins Serbische übersetzt worden, bevor es zum Kosovo-Krieg gekommen ist.

hätten" (ebd.: 61), wobei er damit offensichtlich den Untergang des bewunderten Vielvölkerstaates Jugoslawien meint (vgl. ebd.: 103f., 113; Handke 1991: 38ff.). Überhaupt glaubt er, sich in das Denken der in Kroatien und Bosnien Krieg führenden Serben einfühlen zu können (vgl. Handke 1996: 35, 37, 39, 113). Er nimmt damit jene Autorenperspektive ein, die Lützeler zutreffend als kolonial bezeichnet hat, weil sie „alles eindeutig zu bewerten und einzuordnen weiß" (Lützeler 1998: 235), wie fremd auch immer es sei; weil eine solche Perspektive eine fremde Gesellschaft nicht mit Erkenntnisskrupeln vorsichtig betrachtet, sondern glaubt, sie zweifelsfrei ausdeuten zu können.

4 Vom Potenzial literarischer Kriegsberichterstattung und den Gefahren ihrer Überforderung

Geht man von dem Bild aus, das Simone Richter in ihrer Studie *Journalisten zwischen den Fronten* (1999) über die Probleme, Ziele und Anforderungen des zeitgenössischen Kriegsjournalismus erarbeitet hat, so unterscheiden Handke und Kirchhoff von ihren journalistischen Kollegen vor allem drei Dinge: Beide waren erstens nie für eine Redaktion tätig und standen damit weder unter dem Druck, regelmäßig womöglich nur unzureichend recherchierte Artikel möglichst sensationellen Inhalts zu liefern (vgl. ebd.: 33, 63, 65). Da sie quasi als Touristen im Land waren, konnten sie sich zweitens weitgehend frei und unbeaufsichtigt bewegen (vgl. ebd.: 34, 47, 82). Drittens aber waren beide, und das unterscheidet sie erheblich von professionellen Journalisten, weder dem Bemühen um Objektivität noch dem Prinzip der Ausgewogenheit verpflichtet (vgl. ebd.: 34, 62, 184). Sie konnten allein ihren subjektiven Eindrücken folgen und auf Basis ihrer eigenen Wahrnehmungen operieren.

In dieser Subjektivität schließlich liegt denn auch der größte Mangel und die größte Kraft einer literarischen Kriegsberichterstattung. Weder *Herrenmenschlichkeit* noch die *Winterliche Reise* taugen dazu, die Verhältnisse in Somalia oder Bosnien/Serbien gründlich zu erklären. Sie bieten Eindrücke vom dortigen Geschehen, aber keine stimmigen Erklärungen, auch, weil den Autoren die Kompetenz dazu fehlt.[19] Die Subjektivität ihres Blicks führt aber zugleich dazu, dass die Literaten im Kriegsgebiet ungewohnte Ansichten entdecken und Zweifel anmelden können, die sich aus den nebensächlichen Szenen der Kriege ergeben und nicht aus den großen Bewegungen.

Kirchhoff nutzt die Freiheiten und poetischen Kompetenzen, die er als literarischer Kriegsreporter hat, um zum Zeugen fremder Leiden zu werden und diesen Ausdruck zu verschaffen. Im Gegensatz zur Berichterstattung in Zeitung und Fernsehen setzt er weder auf Erklärungen noch auf bewegende Bilder vom Elend, sondern eröffnet auf Basis subjektiver Wahrnehmungen, durch seinen Gestus der Zurückhaltung, durch seine unkonventionellen Einschätzungen der Lage (‚*Herrenmenschlichkeit*') und durch seine Methode, das Leid der Somalis keinem Voyeurismus auszusetzen, sondern es durch Verweise und Relationierungen anschaulich zu machen, neue Blicke auf den Bundeswehreinsatz am Horn von Afrika, auf den somalischen Bürgerkrieg wie auf das Verhältnis zwischen den Lebensweisen in der so genannten Ersten und Dritten Welt.

Handke hingegen hat seine Freiheiten dazu genutzt, mit seinem Text zwei Ziele zu verfolgen. Das eine, die Praxis der „Berichterstatter und Kommentatoren (...) mit scharfer Zunge" zu hinterfragen (Deichmann 1999: 180), hat er, wie auch in der Forschung mehrfach festgestellt (vgl. Fanta 1996: 140), trotz der offensichtlichen Schwächen seiner Argumentation im Detail nachhaltig erreicht. Das andere Ziel jedoch, durch die Beschreibung seiner eigenen Reiseerfahrungen „sicheres Wissen" (Handke 1996: 30) über Serbien zu ermitteln, um so Gerechtigkeit für Serbien und ein Umschreiben der Geschichtsbücher (vgl. ebd.: 49) zu fördern, hat er ebenso deutlich verfehlt.

Das hängt zum einen damit zusammen, dass er nicht jene Serben besucht, von denen in den westlichen Medien die Rede ist, nämlich die bosnischen und ihre Unterstützer und Waffenlieferanten in Restjugoslawien, sondern kriegsunbeteiligte Menschen im kriegsverschonten serbischen Hinterland. Zwischen Handkes Erfahrungen und dem Serbienbild, gegen das er sich zu wenden sucht, fehlt das *tertium comparationis*, das

---

19 Vgl. dazu etwa das Interview, das Gabriel Grüner 1996 mit Peter Handke geführt hat und in dem Handke manch eklatanten Bildungsmangel in Bezug auf den Bosnien-Krieg offenbart (Grüner 1999: 110f.).

beides zueinander in Beziehung setzen könnte.[20] Zum anderen sorgen die begrenzte soziale Bandbreite der Menschen, die er trifft, der Verzicht, Fragen zu stellen, sein Verfahren intuitiv-zweifelsfreier Interpretation und sein kolonialer Blick dafür, dass er selbst für das Serbien, das er besucht, keine Gerechtigkeit erreichen kann: Die Beschränktheit seines Blicks und seiner Wahrnehmung erlauben es ihm nicht, plausible Aussagen über Restjugoslawien oder die Serben als Volk herzuleiten.

Handke scheitert hier, anders als Kirchhoff, der ja ebenfalls als Flaneur durch die Fremde geht und nur zufällig gemachte Beobachtungen festhält, an seinem zu hohen Anspruch: Statt über das „Festhalten bestimmter Nebensachen" (Handke 1996: 134) ungewohnte Perspektiven auf das Leben in Serbien aufzureißen und Bedenken zu wecken, überfordert er seine Literatur maßlos, indem er vom Beschreiben des Kleinen Gerechtigkeit für jenes Große erhofft, das er selber nie in den Blick nimmt.

Handke scheitert aber auch daran, mit Hilfe seiner ganz eigenen literarischen Mittel, die aus seiner Prosa der letzten Jahre nur allzu bekannt sind, den Blick des Westens auf Serbien zu korrigieren. Immer wieder beschreibt und feiert er hier, wie seit der *Lehre der Sainte-Victoire* (1980) häufig geschehen, vor allem solche Dinge, Situationen und Handlungen, die dem Erzähler die Erfahrung einer Epiphanie, des Aufleuchtens vergangener Lebensvollzüge im Jetzt erlauben. Hubert Winkels hat gezeigt, wie weit verbreitet diese „Dingpoesie und Metaphysik" (Seibt 1997: 56) in der *Winterlichen Reise* ist (vgl. Winkels 1997: 88ff.) – sei es, dass Handke auf dem Belgrader Markt eine „ursprüngliche und volkstümliche Handelslust" (Handke 1996: 71) entdeckt, sei es, dass er etwas später das dem Boykott geschuldete Benzintanken per Hand bewundert, weil es Benzin als einen Bodenschatz erkennbar macht (vgl. ebd.: 88).

Tatsächlich jedoch sagt diese offenbare Verklärung Serbiens zu einer „Stätte poetischer Wirklichkeit" (Seibt 1997: 55) nur wenig über Serbien und sehr viel über Peter Handke aus: Sie rückt den Text eng in die Werk-

20 Insofern stimmt es eben nicht, dass Handke, wie Thomas Deichmann behauptet, vor allem deshalb angegriffen wurde, weil er überhaupt über Serbien, also über einen Gegenstand, über den „man eben nicht schreiben" dürfe, geschrieben habe (Deichmann/Reul 1999: 181). Dieses Serbien hat er gar nicht besucht.

tradition Handkes, in der die Suche nach solchen Orten und nach epiphanischen Erfahrungen ein zentrales Motiv darstellt, deutet aber auch an, dass Handkes Bemühen um Serbien womöglich vor allem von privaten Leidenschaften geleitet ist, von jenem Traum vom Neunten Land, der scheinbar eben nicht nur Slowenien, sondern den ganzen Vielvölkerstaat Jugoslawien meinte, wie ein Blick auf Handkes weitere Arbeiten zum Jugoslawien-Konflikt nahe legt.[21]

So haben Kirchhoff und Handke keine Reportagen im journalistischen Sinn abgeliefert, auch wenn ihre Texte auf Erfahrungen vor Ort basieren und den Anspruch erheben, diese weitgehend authentisch zu vermitteln. Kirchhoff jedoch hat mit *Herrenmenschlichkeit* gezeigt, wie ein Literat als Kriegsreporter durch die Unabhängigkeit von Redaktion und Auftraggeber, durch die Beschränkung auf subjektive Eindrücke und durch den geschickten Einsatz literarischer Mittel und Verweise nicht nur provokante Thesen zur Zeitgeschichte entwickeln kann, sondern zugleich seinen Erfahrungsbericht in eine Reflexion über den Umgang mit dem Tod unter verschiedenen kulturellen und wirtschaftlichen Bedingungen umzugestalten und damit auch die „Empfindlichkeit für den Schmerz anderer zu steigern“ (Kirchhoff 1995: 164) vermag, wie es einem Journalisten nicht möglich wäre.

Handke hat mit seiner *Winterlichen Reise* vor allem eine nachhaltig wirksame Medienkritik vorgelegt. Zugleich scheint er die Möglichkeiten, die eine literarische Kriegsberichterstattung bietet, weit überschätzt zu haben, indem er hofft, auf Basis vereinzelter subjektiver Eindrücke in Serbien das westliche Bild über die in Bosnien-Herzegowina Krieg führenden Serben insgesamt korrigieren zu können.

---

21 Vgl. die vielfältigen Beschreibungen Sloweniens und Jugoslawiens als Orte der ‚Wirklichkeit‘ (Handke 1991: 11, 15, 24, 45). Handke hat sich bis dato in sechs Büchern zu den jugoslawischen Kriegen geäußert: *Abschied des Träumers vom Neunten Land* (1991), *Noch einmal vom Neunten Land* (1993), *Winterliche Reise* (1996), *Sommerlicher Nachtrag zu einer winterlichen Reise* (1996), *Die Fahrt im Einbaum oder Das Stück zum Film vom Krieg* (1999) sowie *Unter Tränen fragend* (2000).

Literatur

Bermann, Nina (1998): Die Bundeswehr in Somalia und die Frage humanitärer Intervention. Bodo Kirchhoff: *Herrenmenschlichkeit*. In: Paul Michael Lützeler (Hg.): Schriftsteller und „Dritte Welt". Studien zum postkolonialen Blick. Tübingen: Stauffenburg Verlag: 221-242

Brenner, Peter J. (1990): Der Reisebericht in der deutschen Literatur. Ein Forschungsüberblick als Vorstudie zu einer Gattungsgeschichte. Tübingen: Niemeyer

Deichmann, Thomas (1999): „Es war dieses Bild, das die Welt in Alarmbereitschaft versetzte." Ein Bild ging um die Welt, und es war ein falsches Bild vom Bosnienkrieg. In: Thomas Deichmann (Hg.): Noch einmal für Jugoslawien: Peter Handke. Frankfurt/Main: Suhrkamp: 228-258

Deichmann, Thomas/Sabine Reul (1999): Der „sanfte Totalitarismus". Die Handke-Debatte: Wozu noch Literatur? In: Thomas Deichmann (Hg.): Noch einmal für Jugoslawien: Peter Handke. Frankfurt/Main: Suhrkamp: 180-186

Fanta, Walter (1996): Authentizität und Poesie. Zu Peter Handkes jüngsten Reisen. In: Tamás Lichtmann/Walter Fanta/Krisztián Tronka (Hg.): Zwischen Erfahrung und Erfindung. Reiseliteratur einst und heute. Debrecen: Kossuth Egyetemi Kiado: 131-144

Guthke, Karl S. (2000): Der Blick in die Fremde. Das Ich und das andere in der Literatur. Tübingen u.a.: Francke

Handke, Peter (1991): Abschied des Träumers vom Neunten Land. Eine Wirklichkeit, die vergangen ist: Erinnerung an Slowenien. Frankfurt/Main: Suhrkamp

Handke, Peter (1996): Eine winterliche Reise zu den Flüssen Donau, Save, Morawa und Drina oder Gerechtigkeit für Serbien. Frankfurt/Main: Suhrkamp

Heinritz, Richard (1998): „Andre fremde Welten". Weltreisebeschreibungen im 18. und 19. Jahrhundert. Würzburg: Ergon

Kirchhoff, Bodo (1994): Herrenmenschlichkeit. Frankfurt/Main: Suhrkamp

Kirchhoff, Bodo (1995): Legenden um den eigenen Körper. Frankfurter Vorlesungen. Frankfurt/Main: Suhrkamp

Lengauer, Hubert (1998): Pitting narration against image. Peter Handke's literary protest against the stagind of reality by the media. In: Arthur

Williams/Stuart Parkes/Julian Preece (Hg.): „Whose story?“ – Continuities in contemporary German-language literature. Bern u.a.: Lang: 353-370

Lützeler, Paul Michael (1998): Europäische Identität. Der mühsame Weg zur Multikultur. In: Alexander von Bormann (Hg.): Volk – Nation – Europa. Zur Romantisierung und Entromantisierung politischer Begriffe. Würzburg: Königshausen & Neumann: 227-237

Neuhaus, Stefan (1997): Warum sollen keine Poeten nach London fahren? Zur Intention literarischer Reiseberichte am Beispiel von Heinrich Heines *Englischen Fragmenten*. In: Heine-Jahrbuch, Jg. 36. Stuttgart, Weimar: Metzler: 22-39

Reiter, Wolfgang/Christian Seiler (1999): „Nackter, blinder, blöder Wahnsinn“. Gespräch mit Peter Handke. In: Thomas Deichmann (Hg.): Noch einmal für Jugoslawien: Peter Handke. Frankfurt/Main: Suhrkamp: 147-156

Richter, Simone (1999): Journalisten zwischen den Fronten. Kriegsberichterstattung am Beispiel Jugoslawien. Opladen: Westdeutscher Verlag

Seibt, Gustav (1997): Krieg und Kitsch. Peter Handkes serbische Mauerschau. In: ders.: Das Komma in der Erdnußbutter. Essays zur Literatur und literarischen Kritik. Frankfurt/Main: Fischer: 54-58

Weber, Mathias (1997): Der UNO-Einsatz in Somalia. Die Problematik einer „humanitären Intervention“. Denzlingen: M.-W.-Verlag

Winkels, Hubert (1997): Gleiten und Stottern. Medien, Krieg und Handke. In: ders.: Leselust und Bildermacht. Über Literatur, Fernsehen und Neue Medien. Köln: Kiepenheuer und Witsch: 73-94

Wittmann, Reinhard (1991): Geschichte des deutschen Buchhandels. München: Beck

Andreas Meier

Krieg im Feuilleton?

Inszenierung und Repräsentanz der öffentlichen Debatten um Martin Walser und Günter Grass

> Der Tausendsackerment!
> Schlagt ihn tot, den Hund! Es ist ein Rezensent.
> (Johann Wolfgang von Goethe)

1 Zur Geschichte literarischer Debatten

Goethes im ansonsten so friedlichen *Wandsbecker Boten* 1774 veröffentlichte Polemik auf den schnorrenden Gast (vgl. Goethe 1774/1978: 62), der sich auch noch beim Nachbarn über die genossenen Speisen beklagt, mag angesichts des ungewohnt bellikosen Tons im Kontext des *Wandsbecker Boten* irritieren. Leicht könnte man die über die Greuel des Siebenjährigen Krieges erschrockenen Ausrufe seines Herausgebers Claudius vergessen, „S'ist Krieg! S'ist Krieg und ich begehre nicht schuld daran zu sein!" – doch Goethes satirisch aggressive Töne sind in der Terminologie literarischer Auseinandersetzungen tief eingeschrieben, ja eine geradezu militärische Topik ist fest mit der Rhetorik ästhetischer Debatten[1] verbunden.

---

1 Zur rhetorischen Formation literarischer Kritiken vgl. besonders Lamping (1986).

Der Polemik wie dem Terminus Literaturstreit sind etymologisch kämpferische Konnotationen über das griechische ,πόλεμοζ' und das mittelhochdeutsche ,strît' eingeschrieben. Nicht selten lassen Autoren bedruckte und gebundene Soldaten zu Bücherschlachten aufmarschieren (vgl. Hölter 1995), wie etwa Swift in seiner *Battel Fougth last Friday, between the Ancient and the Modern Books in St. James Library* (1698). Kriegerische Klänge haben in der Rhetorik literarischer Auseinandersetzungen ihren festen Platz und Versuche der „Autorenzertrümmerung" (Schafroth 1976: 358), wie man sie im Umgang des populärsten Literaturkritikers der Gegenwart mit Martin Walser anlässlich einer Besprechung von *Jenseits der Liebe* 1976 ausmachte, sind in der Literaturgeschichte nicht selten, wenn man etwa an Schillers Rezension der Bürgerschen Gedichte denkt (vgl. Schiller 1791), deren Folgen für Bürger in der Tat einer ,Autorenzertrümmerung' gleichkamen. Auch der 1789 unternommene Versuch des „moralischen Totschlags" (Sauder 1989: 91) von Heinrich Campe an Karl Philipp Moritz reiht sich in die Kette literarischer Rufmordversuche ein, zu deren Tradition die Vermischung ästhetischer und außerästhetischer, vorwiegend politischer Argumente gehört.

Schon die zum ,Zürcher Literaturstreit' erhobenen, im dortigen Schauspielhaus 1966 vorgetragenen Angriffe Emil Staigers auf die Politisierung der Gegenwartsliteratur (vgl. Böhler 1986) und die Reaktionen Max Frischs und Friedrich Dürrenmatts gelten heute als Teil eines stellvertretend geführten Diskurses, der über wechselnde Phasen der Intensität, vom neudeutschen Literaturstreit (vgl. Lüdke 1986) um Handke, Strauss und andere Mitte der 80er Jahre, über den deutsch-deutschen Literaturstreit (vgl. Deiritz 1991; Dietrich 1998) ausgelöst durch Christa Wolfs *Was bleibt* (1990) bis zu den polemischen Schlachten der vergangenen Jahre um Günter Grass und Martin Walser führt. Gerade in der Aufnahme der Werke von Günter Grass und Martin Walser in der literarischen Kritik, die in den Kampagnen gegen *Ein weites Feld* (1995) und die Paulskirchenrede von Martin Walser (1998) gegen Ende des letzten Jahrhunderts gipfelten, spiegeln sich nicht nur die Repräsentativität literarischer Debatten, sondern im Allgemeinen die Struktur medial geführter Diskurse.

2 Anmerkungen zur Grass-Rezeption

Vor allem die Reaktionen auf das literarische Werk von Günter Grass sind seit dessen demonstrativem Engagement für die SPD in den Wahlkämpfen für Willy Brandt in den 60er Jahren gekennzeichnet durch die je nach Bedarf wechselnde Vermischung ästhetischer und politischer Argumentationsstrategien, wie man am Beispiel der Auseinandersetzungen um *Kopfgeburten* (1980) und *Zunge zeigen* (1988) oder *Die Rättin* (1986) ablesen kann. Seit *Unkenrufe* (1992) geriet Grass zudem in die Turbulenzen des deutsch-deutschen Literaturstreits. Selbst sein fragiler Lyrikband *Novemberland*[2], der im Frühjahr 1993 mit nur bescheidener Öffentlichkeitsarbeit platziert wurde, verfehlte in der eminent politisierten Atmosphäre gut drei Jahre nach der Wiedervereinigung beider deutscher Staaten, in einem Klima, das zudem durch fremdenfeindliche Anschläge zusätzlich belastet war, seine provokative Wirkung nicht.[3] Die unmittelbare Aufnahme im deutschen Feuilleton illustriert den Verlauf der die kritischen Lager trennenden Demarkationslinie.[4] Entlang der ästhetischen Prämisse, okkasionellen Genres in der zeitgenössischen Lyrik Heimatrecht einzuräumen oder nicht, wiederholte sich ein in der Grass-Rezeption wohl bekanntes Phänomen. Der Streit um den Zyklus *Novemberland* machte, ausgehend von Fragen nach den Möglichkeiten poetischer Teilnahme am Wiedervereinigungsdiskurs, auf grundsätzliche Probleme des Verhältnisses von Literatur und Politik und dessen sprachliche Reglementierung durch die öffentlichkeitsbezogenen Medien aufmerksam.

---

2 Zitiert wird im Folgenden nach der ersten Ausgabe (Grass 1993). Die textgleiche Wiedergabe in der von Volker Neuhaus und Daniela Hermes herausgegebenen Werkausgabe (Grass 1997) bietet leider nicht die von Grass der ersten Ausgabe beigefügten Grafiken, ohne die die emblematischen Bezüge verloren gehen.

3 Die folgenden Grass betreffenden Ausführungen stützen sich im Wesentlichen auf Meier (2001).

4 Mit dieser 'Lagerbildung' wiederholt sich in der öffentlichen Reaktion auf *Novemberland* 1993 ein der Grass-Rezeption wohl bekanntes Phänomen, das in der Aufnahme des Romans *Ein weites Feld* 1995 kulminierte. Rasch formierten sich mit Schlagworten markierte „Freund-Feind-Linien“ (Negt 1996: 7), die mittels, wie Jürgen Habermas formulierte, „kollektive(r) Beißreflexe“ (Habermas 1995 zit. n. Negt 1996: 10) verteidigt wurden. Zur Geschichte der literarischen Debatten in Deutschland nach 1989 (vgl. Anz 1991: 7 ff.).

Der Feuilleton-Streit, mit einem harschen Verriss von Heinrich Detering in der *Frankfurter Allgemeinen Zeitung* eröffnet, ließ poetische Fragen wie die Verankerung des Melancholie-Topos[5] im Werk von Günter Grass oder die Inszenierung von Reibungen zwischen Gattungsgeschichte und tagespolitischem Thema außer Acht, und konzentrierte sich im Wesentlichen auf die Debatte um das Problem des instrumentellen Charakters literarischer Texte.[6] Vom Unbehagen über eine Parallelisierung von Moral und Ästhetik bis zu ‚lyrischen Leitartikeln' reichten die Reaktionen,[7] von „bonbonbunte(m) Politkitsch" (Sundermeier 1993) und „lyrische(r) Planwirtschaft" (G.C.K. 1993) war die Rede.[8]

Mit der ästhetischen Begründung politisch motivierten Missbehagens wiederholt sich in den unmittelbaren Pressereaktionen auf *Novemberland* im Frühjahr 1993 ein bei der Rezeption der Grass'schen Lyrik immer wieder zu beobachtender Vorgang. Vom Standpunkt einer historisch-materialistisch begründeten Politisierung der Literatur aus gab Heiner Müller bereits 1957 in seiner Rezension der *Vorzüge der Windhühner* Grass als inhuman und unästhetisch verloren (vgl. Müller 1957). Überblickt man die lebhaft geführte Auseinandersetzung um den Gedichtband *Ausgefragt* (1967), so schienen auch hier die kontroversen und überwiegend ablehnenden Stellungnahmen (vgl. Mayer 1967; Kaiser 1967; Reich-Ranicki 1967; Härtling 1967) auf mehr als nur das konkrete Gedicht zu zielen.[9] So konnte Erich Fried (1967) resümieren: „Der

---

5 Vgl. hierzu Detering (1993): „Da hilft auch die poetologische Erklärung (...) nicht weiter, die in der schwarzen Tinte ein Gleichnis sieht für die Schwarzgalligkeit des Poeten." Zum Thema Melancholie bei Grass vgl. jüngst Schulz (1997), zu diskurstheoretischen Implikationen des Melancholie-Themas vgl. Wagner-Egelhaaf (1997).

6 So auch der Tenor der allerdings strikt politisch fixierten Replik Gerstenbergs (1993) auf die Rezension Deterings.

7 Baumgart (1993) betont in diesem Zusammenhang: Das „Sonett zwingt zu solcher Geistesgegenwart, es stemmt sich stark und schön mit seinen (einigermaßen) strengen Bauvorschriften aller Sentimentalität und Jammerseligkeit entgegen".

8 Eine detaillierte Beschreibung der *Novemberland*-Rezeption bietet Meier (2001).

9 Einwände gegen die lyrischen Formen der Grass'schen Texte brachte man bereits nach Erscheinen der ersten Gedichtbände vor, denen Theodor Wieser kurzerhand jeden „formalen Ehrgeiz" absprach (zit. nach Krolow 1973: 18). Hiergegen erhob Krolow (ebd.) einen eher sanft formulierten Einwand: Das Formale sei „nie so außer acht gelassen, daß es zu Nachlässigkeiten" gekommen wäre, auch käme selbst das „spielerische Gedicht (...) ohne einen deutlichen ‚formalen' Ehrgeiz nicht aus".

Gedichtband ‚Ausgefragt' von Günter Grass hat eine Diskussion ausgelöst, bei der es nicht nur um Lyrik geht" - eine Formulierung, die Thomas Anz (1991) 25 Jahre später im deutsch-deutschen Literaturstreit zur Beschreibung der Reaktionen auf Christa Wolfs *Was bleibt* aufgriff.

Die durch *Novemberland* angestoßene Diskussion bestätigt die immer wieder geäußerte These der außerliterarischen Repräsentanz, einer gesellschaftspolitischen Stellvertreterfunktion literarischer Debatten, deren Heftigkeit durch die Legitimation ihrer jeweiligen politischen Positionen mit einer Verantwortung gegenüber der deutschen Geschichte zunahm und zu Richtungskämpfen der Literatur und des moralisch intellektuellen Diskurses gerieten. Mitte der 80er Jahre begann der neudeutsche Literaturstreit mit der sich andeutenden Ablösung einer vom sozialen wie moralischem Engagement getragenen Literatur durch eine neue Autorengeneration, für die vor allem Peter Handke und Botho Strauss standen. Mit der Wiedervereinigung nahmen literarisch begründete Debatten proportional zur kulturellen Repräsentanz an Schärfe zu, insofern der deutsch-deutsche Literaturstreit auch zur Abrechnung mit gesellschaftspolitischen Modellen genutzt wurde. Vor diesem Hintergrund wurde die Feuilleton-Reaktion auf *Ein weites Feld* von Günter Grass zum ‚Fall Fonty', wie ihn Oskar Negt (1996) benannte.

Dieser Fall nahm im Frühjahr 1995 seinen Ausgang, als der Steidl-Verlag mit großem PR-Aufwand das Erscheinen dieses Romans vorbereitete. Auf einer kleinen Lesereise gab Grass Kostproben seiner Arbeit an die Öffentlichkeit, unter anderem las er im Jüdischen Gemeindezentrum Frankfurt auf einer von Marcel Reich-Ranicki moderierten Veranstaltung. Wer das spannungsreiche Verhältnis zwischen Reich-Ranicki und Grass kannte, registrierte mit Erstaunen die freudig erwartungsvolle Reaktion des deutschen Großkritikers auf den ‚neuen Grass'. Mit noch größerer Überraschung nahm man später allerdings zur Kenntnis, dass das im August erschienene Buch nicht nur nicht das Gefallen Reich-Ranickis erlangte, sondern von diesem mit einem in der Geschichte der deutschen Literaturkritik nach dem Zweiten Weltkrieg beispiellosen Verriss besprochen wurde. Das am 21. August 1995 erschienene Titelbild der Wochenzeitschrift *Der Spiegel* unterstrich, dass es hier nicht mehr nur um politisch-ästhetische Auseinandersetzungen, sondern auch um Marketingstrategien moderner Massenmedien ging. Der Vorwurf

Reich-Ranickis an Grass und den Steidl-Verlag, das Buch sei mit einer unangebrachten Medienkampagne präsentiert worden, richtete sich insofern gegen den Kritiker, als er selbst in Frankfurt an ihr partizipiert hatte. Der Verdacht entstand, dass Reich-Ranicki mit seiner antizipierten Laudatio Grass lediglich auf ‚Abschusshöhe' gebracht hatte. In der Sendereihe *Das literarische Quartett* (ZDF) fasste Reich-Ranicki seine kritischen Einwände nochmals zusammen: „Das Schlimme in diesem Roman ist (...) daß nicht erzählt wird"[10], es werde lediglich behauptet, nicht dargestellt, „es gibt keine einzige lebendige Figur, keine Story". Doch schleicht sich ein neuer Ton in die Kritik, wenn Reich-Ranicki nicht ohne Ironie gegenüber dem eigenen Metier den Roman als „wertlose Prosa, nicht erzählt, eigentlich Feuilleton" bezeichnet. Wenn auch Hellmuth Karasek in dieser Sendung in Anspielung auf Deterings Rezension polemisch von „Leitartikeln" spricht, so deutet sich in den Reaktionen auf *Ein weites Feld* eine mediale Selbstbezüglichkeit an, die den literarischen Debatten der 90er Jahre eine spezifische Note verlieh.

3 Der Meinungskrieg um eine Friedenspreisrede

Die zunehmende Reflexivität öffentlicher Medien, die sich auch darin zeigt, dass diese selbst in steigendem Maße zum Gegenstand der Berichterstattung werden, tritt besonders deutlich in den Auseinandersetzungen um Martin Walser zutage. Nur zwei Jahre vor *Ein weites Feld* war das *Literarische Quartett* in der von Seiten Reich-Ranickis mit gewohnt polemischem Vernichtungswillen vorgetragenen Besprechung des Romans *Ohne einander* (1993) von Martin Walser über die in diesen Roman verwobene Figur des Literaturkritikers König in eine medienkritische Falle getappt. Sowohl Sigrid Löffler wie auch Marcel Reich-Ranicki bezogen Walsers Figur einseitig auf den Chef des kritischen Quartetts. Doch parodierte Walser keineswegs nur Reich-Ranicki, sondern erschuf im fiktiven Kritiker König eine Kunstfigur, die sich aus für Walser zentralen Merkmalen aller drei Großkritiker der Gruppe 47, Joachim Kaiser, Walter Jens und eben Reich-Ranicki zusammensetzt.

---

10 Die Zitate beruhen auf Transkriptionen einer Videoaufzeichnung der Sendung.

Wie sehr die argumentative Qualität der literaturkritischen Auseinandersetzungen proportional zu ihrer wachsenden Popularität verloren ging und zunehmend hinter einer medialen Inszenierung zurücktrat, illustriert eindringlich die Debatte um Walsers am 11. Oktober 1998 in der Frankfurter Paulskirche bei der Überreichung des Friedenspreises des deutschen Buchhandels gehaltene Rede *Erfahrungen beim Verfassen einer Sonntagsrede* (Walser 1998). Die heftigen Reaktionen auf sie dokumentieren sicherlich die hohe Repräsentanz der „Walser-Bubis-Debatte" (Schirrmacher 1999a) für das politische wie kulturelle Klima der 90er Jahre. Immerhin fließen in ihr Diskussionen wie zum Beispiel der ab Mitte der 80er Jahren geführte ‚Historiker-Streit'[11] mit tagespolitischen Diskursen wie der Mahnmal-[12] oder der ‚Goldhagen'-Debatte[13] zusammen. Sie entzündeten sich aber insbesondere an sprachlichen Provokationen wie beispielsweise der Formulierung vom ‚Wegschauen' angesichts der Präsenz des Holocaust in öffentlichen Medien oder der Rede vom ‚normalen Staat',[14] lebt doch hier die seit den 80er Jahren schwelende Debatte um ein deutsches Nationalbewusstsein wieder auf, an der Walser lange vor der Wiedervereinigung ebenfalls großen (und kritischen) Anteil nahm (vgl. Walser 1963, 1988, 1997).

Doch darf der bereits im Titel signalisierte reflexive Charakter der Rede nicht übersehen werden. Aus einem betont subjektiven Blickwinkel sollten die Bedingungen öffentlicher Rede ausgelotet werden, sollte die Sprache des durch seine mediale Vermittlung beeinflussten intellektuellen Diskurses einer kritischen Betrachtung unterzogen werden. Wenn Walser schließlich einer radikalen Individualisierung des Gewissens das Wort führte, schien ein aus dem Kontext seines Werkes bekanntes Themenfeld auf, das sich aus zahlreichen Variationen des Spannungsfeldes zwischen Identität und Erinnerung einerseits sowie Fremdleitung und kollektivem Gedächtnis andererseits speist.

---

11 Den Vergleich mit dieser Debatte führt Walser selbst an (vgl. Bubis/Korn/Schirrmacher/Walser 1999: 456). Zum 'Historikerstreit' vgl. Evans (1991), Donat (1991), Wippermann (1997).

12 Vgl. u. a. Neander 1998, Dittmar (1998), Brumlik (1998), Bubis (1998), Duve (1998), Oehlen (1998), Worthmann (1998).

13 Vgl. Wippermann (1997: Anm. 32) und Schoeps (1996).

14 Vgl. bei der Walser-Bubis-Debatte Assheuer (1998) und Mohr (1998).

Doch wurde die literarische Apostrophierung der Rede in den Reaktionen nahezu gänzlich übergangen.[15] Die öffentliche Performanz führte zu einer selektiven Wahrnehmung, das diskurskritische Potenzial des Textes wurde durch das von Walser sicherlich auch in provokanter Absicht formulierte Beispiel der medialen Instrumentalisierung des nationalsozialistischen Völkermords verdeckt. Reagierte noch die Tagespresse unmittelbar nach der Rede mit zunächst vorsichtiger Zustimmung, verwundert vor allem über das Gnadengesuch für Rainer Rupp, so verschwand Rupp, der ehemalige Topspion ‚Topas', trotz der von Walser indirekt erwirkten späteren Begnadigung mitsamt der hier anklingenden Wiedervereinigungsthematik vollständig hinter der von Ignatz Bubis ausgelösten und angesichts ihrer unvermittelten Heftigkeit wohl auch lange überfälligen Antisemitismus-Debatte. Noch am gleichen Tage verbreitete die Deutsche Presse-Agentur unter der Überschrift „Bubis wirft Walser ‚geistige Brandstiftung' vor", Ignatz Bubis habe in einem telefonischen Interview seine Empörung über Walsers Rede zum Ausdruck gebracht:

> Leute wie der DVU-Vorsitzende Gerhard Frey und Ex-Republikaner-Chef Franz Schönhuber sagen es auch nicht anders. Das ist geistige Brandstiftung (dpa 1998).

Wenn Walser beginne, bei der Darstellung des Holocaust wegzuschauen, hieße das, „daß er nie hingeschaut hat" (ebd.), fuhr Bubis fort und kündigte gleichzeitig an, in seiner für den 9. November angekündigten Rede zum Gedenken an den 60. Jahrestag der so genannten Reichskristallnacht auf die Rede Walsers zu antworten. Hier nun bezog sich Bubis (1998b) nahezu ausschließlich auf den Mittelteil der Rede, sowohl der motivische Rahmen um den Spion Rupp als auch Walsers Ausführungen zur literarischen Rede, zur Differenzierung von literarischer Person und zum öffentlichen Amt des Redners ließ er unberücksichtigt. Das von Walser als zwanghaft angesichts des für ihn unerträglichen Entsetzens begründete „Wegschauen" wurde von Bubis als intentionaler Willensakt (fehl-) interpretiert.

15 Einzig Borchmeyer (1999) gewinnt die notwendige Unbefangenheit gegenüber Walsers Beitrag, indem er ihn in eine durch Namen wie Heinrich Heine oder Thomas Mann markierte literarhistorische Traditionslinie einordnet und von kurzfristigen tagespolitischen Bezügen befreit.

> Hier spricht Walser eindeutig für eine Kultur des Wegschauens und des Wegdenkens, die im Nationalsozialismus mehr als üblich war und die wir uns heute nicht wieder angewöhnen dürfen (...) Diese Schande war nun einmal da und wird durch das Vergessenwollen nicht verschwinden; es ist ‚geistige Brandstiftung', wenn jemand darin eine Instrumentalisierung von Auschwitz für gegenwärtige Zwecke sieht (Bubis 1998b: 111).

Die von Walser deutlich markierte Trennlinie „zwischen der Erinnerung an die Leiden und die Verbrechen – und dem Gebrauch dieser Erinnerung zu andern, politischen, moralischen, medialen Zwecken" (Raulff 1998: 123), eben die von Walser gemeinte „Instrumentalisierung", ließ Bubis ebenso wenig gelten wie eine Differenz zwischen öffentlicher Redesituation und dem von Walser gewählten subjektiven Gestus des Literaten.

Auf die mittlerweile öffentlich schäumende Debatte reagierte Walser wiederum mit seinem Duisburger *Zwischenruf* [16] (vgl. Walser 1998b). Konsequent behielt er seine diskurskritische Position bei, indem er sich den Einwänden jener akademischen Lehrer in Duisburg zuwandte, die sich gegen ihn und seine Rede aussprachen und ihre Einladung an ihn in einem öffentlichen Brief widerriefen (vgl. Bogdal/Brocke 1999). Die Notwendigkeit, von einer metakritischen Position grammatische Aufklärung zu betreiben, illustrierte in Duisburg eine anekdotische Zufälligkeit. Walsers Formulierung „Deutsch ist Glücksache!" interpretierte eine Zuhörerin als Zynismus. Aus den Schwierigkeiten, bei der Beherrschung der deutschen Sprache wurde das Glück, ein Deutscher zu sein, herausgehört (vgl. Schirrmacher 1999b: 249; Seifert 1998; polemisch: Kunstreich 1999) – eine Missdeutung, die sich auch in ersten kritischen Reaktionen des Feuilletons auf Walsers Duisburger Rede findet (vgl. Liska 1999).

„Die Sprache hat ihre Eindeutigkeit verloren – und Walser hatte daran seinen Anteil" (Schirrmacher 1999b: 252). Präziser müsste wohl formuliert werden, sein Anteil habe darin bestanden, diesen Verlust aufgedeckt zu haben, darauf aufmerksam gemacht zu haben, dass es neben der offiziellen Sprache der kollektiven Umgangsformen auch eine Sprache der persönlichen Erinnerung geben müsse. Insbesondere in dem von

---

16 Eine am 28. November 1998 aus Anlass der Duisburger Tage für Literatur an der Mercator-Universität gehaltenen Rede.

Frank Schirrmacher in den Redaktionsräumen der *Frankfurter Allgemeinen Zeitung* am 13. Dezember 1998 arrangierten Gespräch zwischen Ignatz Bubis und Martin Walser wird die sprachliche Barriere als Ursache der Frontenbildung deutlich. Als kleinster gemeinsamer Nenner bleibt die Feststellung des Mangels einer gemeinsamen Sprache, welche die Modi der Erinnerung, die kollektiven wie die privaten, verbindet. Walser entgegnet den Einwänden von Ignatz Bubis, es habe mindestens ein klärender Satz gefehlt, der die Differenz zwischen seiner diskurskritischen Prüfung der medienvermittelnden Sprache und der benannten Inhalte unterstrichen hätte:

> Wir müssen eine neue Sprachstufe entwickeln (...) Wir haben die Weise des Erinnerns noch nicht gefunden (...) Die Mehrheit der Deutschen – natürlich würde man kritisch sagen, das sei die schweigende Mehrheit – hat die gemeinsame Sprache noch nicht gefunden (Bubis/Korn/Schirrmacher/Walser 1999: 461).

Und Walser betont, dass die öffentliche „Wirkung, die wir alle jetzt erleben, nicht auf Mißverständnissen" beruhe (ebd.: 462), sondern im Aufeinanderprall unterschiedlicher Sprachreglements, der Dissens nicht innerhalb der bestehenden Diskurse zu lösen sei, sondern erst, wenn man „eine neue Sprache" (ebd.) gefunden habe. Walser versuchte damit, die Auseinandersetzung, die im Feuilleton mit abnehmender Intensität noch bis ins Frühjahr 1999 weitergeführt wurde, auf das auch in der Friedenspreisrede akzentuierte Problem zurückzuführen. Selbst Vivian Liskas bald nach der Rede im *Wirkenden Wort* publizierter Einwand, Walsers Rede könne sich einer „Kontamination durch bestehende Diskurse" (Liska 1999: 278) nicht entziehen, seine Aufkündigung diskurshafter Sprachregelung bewirke ein „schwankende(s) Verhältnis zwischen Geist und Buchstabe" und gebäre „Monster" (ebd.: 276), unterstreicht ex negativo die Gefahr diskursiver Reglementierung, versprachlichte Rituale zu erzeugen, Worthülsen ohne das Gewicht einer bewussten moralischen Entscheidung des sprechenden Subjekts, eben das von Walser (1998a: 20) beklagte „Lippengebet". Liskas im übrigen von erstaunlicher Lektüreabstinenz des Walserschen Werkes zeugende Kritik stellt Walsers Betonung der persönlichen Gewissensverantwortung in Zusammenhang mit der „Abkehr von der öffentlichkeitsbewussten Ideologiekritik der siebziger Jahre zur ‚neuen Innerlichkeit'" (Liska 1999: 276) – wobei gänzlich übersehen wird, dass der aggressive Pamphletist Walser schon in *Über die neueste Stimmung im Westen* (1969) gerade die politisch abstinente Literatur geißelte und 30 Jahre später seine Position einer öffentlichkeitskritischen Selbstreflexion nicht mit jener ‚neuen Innerlichkeit' verwechselt werden darf. Nicht neue Innerlichkeit, sondern die in den 70er Jahren noch kaum zu ahnende Gefahr medialer Überrepräsentanz für die persönliche Gewissensbildung stellt sich Walser als zentrales Problem einer Auseinandersetzung mit der jüngsten Geschichte. Das „kollektive Gedächtnis", eine von den Heidelberger Historikern Jan und Aleida Assmann formulierte und auf die Walser-Bubis-Debatte angewandte Beschreibungsgröße,[17] sieht Walser in zunehmendem Konflikt mit der Identität gewährenden Freiheit individueller Erinnerung, dem schlechthin zentralen Thema seiner Prosa seit *Ehen in Philippsburg* (1957).

So wählt Martin Walser immer wieder von Identitätskrisen gezeichnete Protagonisten, die am Paradox scheitern, in einer durch uniformierenden Konkurrenzdruck soziale Differenzen überspielenden Gesellschaft individuelle Selbstbilder zu entwerfen (vgl. Meier 1994). Diese Krisen schreiben sich ästhetisch in die Form seiner Romane ein, einerseits wie in *Der Sturz* (1973) durch Proust verpflichtete Bewusstseinrekonstruktionen (vgl. Walser 1958), andererseits durch die Integration surrealer Partien. Doch scheint in seinem von der literarischen Kritik immer wieder mit Schlagworten wie ‚Gesellschaftskritik' (vgl. (An.) 1987; (An.) 1977; Nägele 1973; Doane 1971; Blöcker 1960; Westecker 1958; Schümann 1958; (An.) 1957) oder ‚midlife-crisis' (vgl. Colberg 1985; Borngässer 1984; Kuh 1979; Lodermann 1978) etikettierten Werk hinter den persönlichen Krisen seiner Protagonisten noch eine tiefere historische Identitätskrise verborgen zu sein.

Seit den späten 70er Jahren (*Rede in einem Festzelt*, 1978) macht Walser für die Erfahrung einer brüchigen Realität auch die Zerrissenheit der deutschen Geschichte und damit der persönlichen Erinnerungen verantwortlich. Mit der *Verteidigung der Kindheit* (1989) gerät die Rekonstruktion der persönlichen Erinnerung und damit der Widerspruch gegen eine kollektiv gepflegte Gedächtniskultur zunehmend ins Zentrum seines

---

[17] Zur theoretischen Konzeption des Begriffs vgl. Assmann (1997). Mit Bezug auf die Walser-Bubis-Debatte vgl. Assmann (1998), ähnlich Assmann/Assmann (1998).

literarischen Schaffens. Walser scheint hier einen kulturellen Paradigmenwechsel im öffentlichen Bewusstsein der bundesrepublikanischen Gesellschaft zu antizipieren. Sein Roman *Ein springender Brunnen* (1998) unterstreicht eindrucksvoll, dass die Wurzeln problematischer Identitäten nicht mehr ausschließlich in paradoxalen sozioökonomischen Bedingungen gesucht werden sollten, sondern auch im Versuch, die persönliche Kindheitserfahrung gegen die diskurshafte Festschreibung des kulturellen Gedächtnisses zu verteidigen, eine Identität auch gegen eine dominant formulierte Geschichtsauffassung zu bewahren.

Vor diesem Hintergrund muss seine Frankfurter Friedenspreisrede erneut als Versuch gelesen werden, die Freiheit des eigenen auf persönlichen Erfahrungen beruhenden Gewissens gegenüber eines instrumentalisierten Moralanspruchs der öffentlichen Meinung, hier am Beispiel des Umgangs mit dem Holocaust in deutschen Medien, zu verteidigen – und aus der spürbaren öffentlichen Reaktion ließ sich ablesen, wie leicht die für solide gehaltenen Fundamente des politischen Common Sense als erschütterbar gelten.

Im Presse-Echo wurde Walsers Rede immer wieder als Symptom des Diskurswandels in der neuen politischen Kultur der ‚Berliner Republik' gelesen, die sich schleichend aus dem ‚Gründungsmythos Auschwitz' der alten Bundesrepublik zu verabschieden gedenkt (vgl. Kunstreich 1999; Mohr 1998; Brumlik 1998). Gerade hier müssen jedoch Walsers provozierend empfundene Vorwürfe einer Instrumentalisierung des Holocaust als ‚Moralkeule' des öffentlichen Diskurses und seine Forderung einer Re-Privatisierung des Gewissens, um die Auseinandersetzung mit historischer Schuld und Schande wach zu halten, als Bemühen gewertet werden, die Diskussionen um den Holocaust und die historische Schuld des Dritten Reichs auch über die allmählich schwindende Generation der unmittelbaren Zeitzeugen hinaus nicht verstummen zu lassen.

Ein Jahr nach Ende der Walser-Bubis-Debatte bemüht sich Walser nochmals in einem großen Essay *Über das Selbstgespräch* (Walser 2000a) und einem der *Frankfurter Allgemeinen Zeitung* gegebenen Interview (Walser 2000b) um die Klärung seiner Position. Über eine nach seiner 1979 gehaltenen Rede *Auschwitz und kein Ende* benannte Fernsehserie des Südwestdeutschen Rundfunks wie des Westdeutschen Rundfunks befragt, präzisiert Walser seine Kritik am öffentlich vermittelten Umgang mit der jüngeren deutschen Geschichte durch mittlerweile in literarhistorische Ferne gerückte Beispiele wie Rolf Hochhuths *Stellvertreter* (1963), *Die Ermittlung* von Peter Weiss (1965), sein eigenes Stück *Der schwarze Schwan* (1964) und Heiner Kipphardts *Bruder Eichmann* (1983). Noch bei Kipphardt scheint die schon 1939 in Thomas Manns Essay *Bruder Hitler* formulierte selbstkritische Position durch. Heute jedoch, so Walser,

> würde kein Intellektueller mehr wagen, sich in eine solche Nähe zu diesem Problem zu begeben. Er würde es vorziehen, aus der Position eines unangefochtenen Guten moralische Noten zu verteilen, und dabei ganz selbstverständlich voraussetzen, dass alle anderen nicht so gut sein können wie er (Walser 2000b).

Auch sei die Bedeutung des Theaters als „Ort der Auseinandersetzung" geringer geworden, wodurch Erinnerung in eine neue Qualität überführt wird.

> Denn längst gibt es, durch das Fernsehen und das Kino produziert, eine Routine des Bildzitats, das überall eingesetzt wird, auch da, wo es nicht hingehört (...) Das ist keine Auseinandersetzung, sondern eine Ritualisierung (...). (Walser 2000b)

Zwar betont Walser, dass die Stärke der Bildmedien in ihrer dokumentarischen Kraft liege, doch bleibe hiervon das für ihn zentrale Problem persönlicher Gewissensbildung unberührt, das er in seinem Essay *Über das Selbstgespräch* (2000a) als Konflikt zwischen öffentlicher Meinung und persönlicher Sprache beschrieben habe. Ausgehend von der für ihn immanenten Schwäche des Diskurses, in einer uneigentlichen Sprache geführt zu werden, formuliert Walser den Versuch, zu einer tragfähigen Sprache zu gelangen mittels einer Differenzierung zwischen „adressierter Sprache" und „Sprache des Romans". Der „instrumentenhaft verwendete(n) Sprache der Politiker, der Pfarrer, der Lehrer, der Journalisten" (ebd.: 43) setzt Walser die unwillkürliche Sprache des Romanciers entgegen, der sich in Selbstgesprächen erprobt, ohne „den Eindruck erwecken zu müssen, man sei der bessere Mensch".

4 Der ‚autopoetische Verriss‘

Wie tragfähig auch immer Walsers Versuch ist, den Dissens zwischen Literatur und funktionalen Medien auf einen unterschiedlichen Sprachgebrauch zurückzuführen – literarisch ausgelöste Debatten haben mit der Paulskirchenrede und den Reaktionen auf sie ihre entschieden medial selbstreflexive Dimension offenbart. Für diesen Fall müsste die Typologie der „rhetorischen Rechtfertigungsstrategien des Verrisses“, wie sie Dieter Lamping (1986: 35) aufstellte und die sich primär entweder „auf den Verfasser, den Gegenstand oder den Leser“ beziehen, erweitert werden: je marktschreierischer der Verriss, desto höher die Auflage. Doch auch diese Kritik medialer Autopoetik, des Selbstzwecks öffentlicher Rede, reicht weit zurück bis ins ausgehende 18. Jahrhundert. So heißt es zeitgleich zu Goethes Klagen im *Wandsbecker Boten* in seinem Brief an Jenny von Voigts vom 28. Dezember 1774:

> Schändlich ists, daß die garstigen Rezensionen aus ihren Höhlen im Namen aller derer antworten, denen ein Autor oder Herausgeber Freude gemacht hat (Goethe 1887: 223).

Besonders die Tendenz der literarischen Kritik zur Autonomie, zur Lösung vom primären Gegenstand, galt Goethe als Signum des Niedergangs einer literarischen Kultur. An Riemer heißt es am 7. November 1806:

> Bücher werden jetzt nicht geschrieben, um gelesen zu werden, um sich daraus zu unterrichten und zu belehren, sondern um rezensirt zu werden (...) Seitdem man die Bücher rezensiert, liest sie kein Mensch außer den Rezensenten und der auch so so (Goethe 1948: XXII, 419).

Die Aktualität dieses von Goethe beklagten Phänomens medialer Selbstreferenzialität erhellt ein Artikel von Ulrich Greiner, der unter der Überschrift „Eins in die Presse“ den durch ihre Selbstbezüglichkeit bewirkten Informationsverlust der Medien beklagt.

> Heute zählt nicht der Stil, sondern der Erfolg. Aber was hat es zu bedeuten, dass die Menschen, die doch – ihrer objektiven Funktion nach – über öffentliche Ereignisse informieren sollten, selber Ereignisse herstellen, um sie öffentlich zu machen? (Greiner 2001)

Ist der „Krieg im Feuilleton“ also nur eine Inszenierung medialer Zirkularität? Martin Lüdke (1986) machte anlässlich des neudeutschen Literaturstreits darauf aufmerksam, dass die damals spürbare Krise der Literaturkritik aus ihrer antagonistischen Struktur als einerseits „sozialer Institution“ und andererseits Instrument der Aufklärung resultiere. Zumindest die Debatten um Grass und Walser legen nahe, dass sich die Krise verschärft und die Literaturkritik ihrer Eigenschaft als „Instrument der Aufklärung“ entschieden verlustig zu gehen droht.

Literatur

(An.) (1957): Gesellschaftskritik von Heinrich Mann und Martin Walser. In: Erlanger Tagblatt vom 17.12.1957 (AD-Do)[18]

(An.) (1977): Martin Walser 50 Jahre alt. Gesellschaftskritik in Prosa und Dramen. In: Pariser Kurier vom 1.4.1977 (AD-Do)

(An.) (1987): Martin Walser 60: Erzähler und Gesellschaftskritiker. In: Westfälische Rundschau vom 24.3.1987 (AD-Do)

Anz, Thomas (1991) (Hg.): „Es geht nicht um Christa Wolf“. Der Literaturstreit im vereinten Deutschland. München: Edition Spangenberg

Assheuer, Thomas (1998): Ein normaler Staat? In: Frank Schirrmacher (Hg.): Die Walser-Bubis-Debatte. Eine Dokumentation. Frankfurt/Main: Suhrkamp: 134-138

Assmann, Aleida/Jan Assmann (1998): Niemand lebt im Augenblick. Ein Gespräch mit den Kulturwissenschaftlern Aleida und Jan Assmann über deutsche Geschichte, deutsches Gedenken und den Streit um Martin Walser. In: Die Zeit vom 3.12.1998 (AD-Do)

Assmann, Jan (1997): Das kulturelle Gedächtnis. Schrift, Erinnerung und politische Identität in frühen Hochkulturen. München: Beck

[18] Die mit „AD-Do“ bezeichneten und zum Teil recht entlegen erschienenen Artikel sind einsehbar in der Arbeitsstelle „Autorendokumentation“ der Stadt- und Landesbibliothek Dortmund.

Assmann, Jan (1998): Gegen die Hermeneutik des Mißtrauens. Historikerpreisträger Jan Assmann wirft Martin Walser die falsche Verwendung von Sprache vor. In: die tageszeitung vom 13.12.1998 (AD-Do)

Baumgart, Reinhard (1993): Novembersonette von Günter Grass. Komm, Nebel, Komm! In: Die Zeit vom 18.6.1992 (AD-Do)

Blöcker, Günter (1960): Über die Erbötigkeit der Wörter. Geballte Gesellschaftskritik oder routinierte Harmlosigkeit? In: Frankfurter Allgemeine Zeitung vom 23.8.1960: AD-Do

Bogdal, Klaus M./Michael Brocke (1999): Offener Brief an Martin Walser. In: Frank Schirrmacher (Hg.): Die Walser-Bubis-Debatte. Eine Dokumentation. Frankfurt/Main: Suhrkamp: 119-120

Böhler, Michael (1986): Der ‚neue' Zürcher Literaturstreit. Bilanz nach zwanzig Jahren. In: Franz Josef Worstbrock/Helmut Koopmann (Hg.): Formen und Formgeschichte des Streitens. Der Literaturstreit. Tübingen: Niemeyer: 250-262

Borchmeyer, Dieter (1999): Von der politischen Rede des Dichters. In: Frank Schirrmacher (Hg.) Die Walser-Bubis-Debatte. Eine Dokumentation. Frankfurt/Main: Suhrkamp: 608-616

Borngässer, Rose-Marie (1984): Midlife-Crisis unter Hagelschauern. Literatur im Fernsehen: P. Beauvais dreht „Ein fliehendes Pferd" nach M. Walser. In: Die Welt vom 31.7.1984 (AD-Do)

Brumlik, Micha (1998): Der Schwanengesang der Flakhelfer. Mit dem Zwist zwischen Walser, Bubis und Dohnanyi wird das nationale Selbstverständnis der „Berliner Republik" ausgefochten. In: die tageszeitung vom 3.12.1998 (AD-Do)

Brumlik, Micha (1998): Vom Alptraum nationalen Glücks. Eine Entgegnung auf die Polemik Martin Walsers gegen das Berliner Mahnmal in seiner Rede anläßlich der Verleihung des Friedenspreises. In: die tageszeitung vom 15.10.1998 (AD-Do)

Bubis, Ignatz (1998a): „Statt Rechtsextremisten schrieben nette Menschen". Ignatz Bubis, Präsident des Zentralrats der Juden, über Walser, das Mahnmal und die Entschädigung der Opfer. In: Frankfurter Rundschau vom 19.10.1998 (AD-Do)

Bubis, Ignatz (1998b): Wer von der Schande spricht. In: Frank Schirrmacher (Hg.) Die Walser-Bubis-Debatte. Eine Dokumentation. Frankfurt/Main: Suhrkamp: 106-113

Bubis, Ignatz/Salomon Korn/Frank Schirrmacher/Martin Walser (1999): Wir brauchen eine neue Sprache für die Erinnerung. In: Frank Schirrmacher (Hg.): Die Walser-Bubis-Debatte. Eine Dokumentation. Frankfurt/Main: Suhrkamp: 438-465

Colberg, Klaus (1985): Midlife-Ehepaare in einer Ferienwohnung am Bodensee. Uraufführung in Meersburg: Martin Walsers Novelle „Ein fliehendes Pferd" von Ulrich Khuon dramatisiert. In: Kieler Nachrichten vom 24.7.1985 (AD-Do)

Deiritz, Karl (1991) (Hg.): Der deutsch-deutsche Literaturstreit oder „Freunde, es spricht sich schlecht mit gebundener Zunge". Analysen und Materialien. Hamburg: Luchterhand

Detering, Heinrich (1993): Nur der Orkan ist ohne Grenzen. Günter Grass hat dreizehn lyrische Leitartikel verfaßt. In: Frankfurter Allgemeine Zeitung vom 30.4.1993 (AD-Do)

Dietrich, Kerstin (1998): „DDR-Literatur" im Spiegel der deutsch-deutschen Literaturdebatte. „DDR-Autorinnen" neu bewertet. Frankfurt/Main u.a.: Peter Lang

Dittmar, Peter (1998): Das Mahnmal, längst errichtet – in Worten. In: Die Welt vom 5.10.1998 (AD-Do)

Doane, Heike (1971): Gesellschaftskritik in Martin Walsers Romanen. Diss. Montreal: McGill University

Donat, Helmut (1991) (Hg.): „Auschwitz erst möglich gemacht?" Überlegungen zur jüngsten konservativen Geschichtsbewältigung. Mit einer Bibliographie zum „Historikerstreit" von Helmut Donat, Diether Koch und Martin Rohkrämer. Bremen: Donat

dpa (1998): Bubis wirft Walser «geistige Brandstiftung» vor. In: dpa (Meldung vom 12. Oktober 1998, 15.41 Uhr)

Duve, Freimut (1998): Körpersprache der Politik. Für Martin Walser - und das Mahnmal in Berlin. In: Frank Schirrmacher (Hg.): Die Walser-Bubis-Debatte. Eine Dokumentation. Frankfurt/Main: Suhrkamp: 175-177

Evans, Richard J. (1991): Im Schatten Hitlers? Historikerstreit und Vergangenheitsbewältigung in der Bundesrepublik. Frankfurt/Main: Suhrkamp

Fried, Erich (1967): Protestgedichte gegen Protestgedichte. In: Die Zeit vom 18.8.1967 (AD-Do)

G.C.K. (1993): Außer Plan. In: Fränkischer Tag Bamberg vom 29.5.1993 (AD-Do)

Gerstenberg, Rolf (1993): Grass und sein Novemberland. In: Unsere Zeit vom 25.6.1993 (AD-Do)

Goethe, Johann Wolfgang von (1774/1978): Werke. Band 1. Textkritisch durchgesehen und kommentiert von Erich Trunz. 11. Auflage. München: Beck

Goethe, Johann Wolfgang von (1887): Goethes Werke. Hrsg. im Auftrag der Großherzogin Sophie von Sachsen. IV. Abt.: Briefe. Band 2. Weimar: Böhlau

Goethe, Johann Wolfgang von (1948): Gedenkausgabe der Werke, Briefe und Gespräche. Zürich und Stuttgart: Artemis

Grass, Günter (1980): Kopfgeburten oder die Deutschen Sterben aus. Darmstadt u.a.: Luchterhand

Grass, Günter (1986): Die Rättin. Darmstadt u.a. Luchterhand

Grass, Günter (1987): Werkausgabe in zehn Bänden. Darmstadt u.a.: Luchterhand

Grass, Günter (1988): Zunge zeigen. Darmstadt u.a.: Luchterhand

Grass, Günter (1992): Unkenrufe. Eine Erzählung. Göttingen: Steidl

Grass, Günter (1993): Novemberland. 13 Sonette. Göttingen: Steidl

Grass, Günter (1995): Ein weites Feld. Roman. Göttingen: Steidl

Grass, Günter (1997): Novemberland. In: ders.: Werkausgabe. Hrsg. v. Volker Neuhaus und Daniela Hermes. Band 1: Gedichte und Kurzprosa. Göttingen: Steidl: 283-297

Greiner, Ulrich (2001): Eins in die Presse. In: Die Zeit vom 11.10.2001 (AD-Do)

Härtling, Peter (1967): Gedichte zu Gelegenheiten. In: Der Spiegel vom 3.7.1967 (AD-Do)

Hochhuth, Rolf (1963): Der Stellvertreter. Schauspiel. Reinbek: Rowohlt

Hölter, Achim (1995): Die Bücherschlacht. Ein satirisches Konzept in der europäischen Literatur. Bielefeld: Aisthesis

Kaiser, Joachim (1967): Der gelassene Grass. In: Süddeutsche Zeitung vom 27.4.1967 (AD-Do)

Kipphardt, Heiner (1983): Bruder Eichmann. Schauspiel. Reinbek: Rowohlt

Krolow, Karl (1973): Günter Grass in seinen Gedichten. In: Manfred Jurgensen (Hg.): Grass. Kritik - Thesen - Analysen. Bern u.a.: Peter Lang. 11-20

Kuhn, Christoph (1979): Dichter ohne „midlife crisis". In: Tages-Anzeiger vom 10.2.1979 (AD-Do)

Kunstreich, Tjark (1999): Subjekt, Opfer, Prädikat. Martin Walser und die Grammatik der Berliner Republik. In: Konkret, Nr. 1 (AD-Do)

Lamping, Dieter (1986): Zur Rhetorik des Verrisses. In: Franz Josef Worstbrock/Helmut Koopmann (Hg.): Formen und Formgeschichte des Streitens. Der Literaturstreit. Tübingen: Niemeyer: 34-40

Liska, Vivian (1999): Sprachflucht. Zu Martin Walsers Duisburger Rede. In: Wirkendes Wort, Nr. 49: 273-280

Lodemann, Jürgen (1978): Der Mann als Panzerschiff. Zwei in der Midlife-Crisis. Martin Walsers neue Novelle. In: Westdeutsche Allgemeine Zeitung vom 1.4.1978 (AD-Do)

Lüdke, Martin (1986) (Hg.): ‚Wer mir der liebste Dichter sei?' – Der neudeutsche Literaturstreit. Reinbek: Rowohlt

Martens, Wolfgang (1986): Zur Metaphorik schriftstellerischer Konkurrenz 1770-1800. In: Franz Josef Worstbrock/Helmut Koopmann (Hg.): Formen und Formgeschichte des Streitens. Der Literaturstreit. Tübingen: Niemeyer: 160-171

Mayer, Hans (1967): Das lyrische Tagebuch des Günter Grass. Ein Gedichtband im Streit der Meinungen. „Ausgefragt" – Anleitung zum Lesen. In: Der Tagesspiegel vom 23.7.1967 (AD-Do)

Meier, Andreas (1994): Das Paradox einer individuellen Identität. Zur erzählerischen Konturierung Walserscher Protagonisten. In: Jürgen Kamm u.a. (Hg.): Spuren der Identitätssuche. Trier: WVT: 89-107

Meier, Andreas (2001): Eine ‚irenische Provokation'. „Novemberland" von Günter Grass und der „Niedergang der politischen Kultur". In: Zeitschrift für Deutsche Philologie, Nr. 120: 252-284

Mohr, Reinhard (1998): Total normal? Der Streit zwischen Martin Walser und Ignatz Bubis wühlt die Nation auf. Ist die Debatte über die „Dauerpräsentation" der Nazi-Verbrechen Auftakt für eine neue deutsche „Normalität" der Berliner Republik. In: Der Spiegel vom 30.11.1998 (AD-Do)

Müller, Heiner (1957): Die Kröte auf dem Gasometer. In: Neue Deutsche Literatur Nr. 5: 160

Nägele, Rainer (1973): Zwischen Erinnerung und Erwartung. Gesellschaftskritik und Utopie in Martin Walsers Einhorn. In: Basis. Jahrbuch für deutsche Gegenwartsliteratur. Band 3. Königstein/Ts.: Akademische Verlagsanstalt Athenaion: 198-213

Neander, Joachim (1998): Walser: Auschwitz nicht mißbrauchen. Schriftsteller warnt vor Instrumentalisierung des Holocaust. Kritik an Mahnmal Debatte. In. Die Welt vom 12.10.1998 (AD-Do)

Negt, Oskar (1996): Über die literarische Öffentlichkeit und den Verlust ihrer kritischen Substanz. In: ders. (Hg.): Der Fall Fonty. „Ein weites Feld“ von Günter Grass im Spiegel der Kritik. Göttingen: Steidl: 7-28

Oehlen, Martin (1998): Kein Ausstieg aus der Geschichte. Die Walser-Debatte und das Holocaust-Mahnmal. In: Kölner Stadt-Anzeiger vom 15.12.1998 (AD-Do)

Raulff, Ulrich (1998): Das geteilte Gedächtnis. Ignatz Bubis attackiert Martin Walser. In: Frank Schirrmacher (Hg.): Die Walser-Bubis-Debatte. Eine Dokumentation. Frankfurt/Main: Suhrkamp: 122-124

Reich-Ranicki, Marcel (1967): Neue Gedichte von Günter Grass. Verse, die auf einen Doppelpunkt zulaufen. In: Die Zeit vom 19.5.1967 (AD-Do)

Sauder, Gerhard (1986): Ein deutscher Streit 1789. Campes Versuch „moralischen Totschlags“ und Moritz’ Verteidigung der Rechte des Schriftstellers. In: Franz Josef Worstbrock/Helmut Koopmann (Hg.): Formen und Formgeschichte des Streitens. Der Literaturstreit. Tübingen: Niemeyer: 91-97

Schafroth, Heinz F. (1976): „Nicht Schritt gehalten mit seinem Abstieg.“ Über Martin Walsers Roman *Jenseits der Liebe.* In: Schweizer Monatshefte, Nr. 4: 358

Schiller, Friedrich (1791): Über Bürgers Gedichte. In: Allgemeine Literatur-Zeitung, Nr. 13 und 14

Schirrmacher, Frank (1999a) (Hg.): Die Walser-Bubis-Debatte. Eine Dokumentation. Frankfurt/Main: Suhrkamp

Schirrmacher, Frank (1999b): Seelenarbeit. Zwischenbeschreibung: Walser antwortet seinen Kritikern. In: ders. (Hg.): Die Walser-Bubis-Debatte. Eine Dokumentation. Frankfurt/Main: Suhrkamp: 249-252

Schoeps, Julius H. (1996) (Hg.): Ein Volk von Mördern? Die Dokumentation zur Goldhagen-Kontroverse um die Rolle der Deutschen im Holocaust. Hamburg: Hoffmann und Campe

Schulz, Andrej (1997): Chance tätiger Resignation. Zur „melancholischen Struktur" in Günter Grass' Roman „Die Rättin". Bern u.a.: Peter Lang

Schümann, Kurt (1958): Gesellschaftskritik durch das Astloch. In: Mittag vom 8./9.3.1958 (AD-Do)

Seifert, Heribert (1998): „Deutsch ist Glücksache". In: Frank Schirrmacher (Hg.): Die Walser-Bubis-Debatte. Eine Dokumentation. Frankfurt/Main: 268-269

Sundermeier, Jörg (1993): Abstrafen. Günter Grass raunt sonettisch. In: Bielefeld Stadtillu, August-Heft (AD-Do)

Wagner-Egelhaaf, Martina (1997): Die Melancholie der Literatur. Diskursgeschichte und Textfiguration. Stuttgart: Metzler

Walser, Martin (1958): Literatur der Genauigkeit. Lese-Erfahrung mit Macel Proust. In: Frankfurter Hefte, H. 6: 414-426

Walser, Martin (1963): Ein deutsches Mosaik. In: Neue Rundschau, Nr. 74: 353-367

Walser, Martin (1964): Der schwarze Schwan. Frankfurt/Main: Suhrkamp

Walser, Martin (1969): Über die Neueste Stimmung im Westen. In: Goethe Institut (Hg.): Beiträge zu den Fortbildungskursen des Goethe-Instituts für Deutschlehrer und Hochschulgermanisten aus dem Ausland 1969. München: Goethe-Institut: 20-30

Walser, Martin (1978): Über den Leser - soviel man in einem Festzelt sagen soll. In: literatur konkret, H. 3: 59-61

Walser, Martin (1988): Über Deutschland reden. Frankfurt/Main: Suhrkamp

Walser, Martin (1993) Ohne einander. Roman. Frankfurt/Main: Suhrkamp

Walser, Martin (1997): Deutsche Sorgen. Frankfurt/Main: Suhrkamp

Walser, Martin (1998a): Erfahrungen beim Verfassen einer Sonntagsrede. Friedenspreis des Deutschen Buchhandels 1998. Frankfurt/Main: Suhrkamp

Walser, Martin (1998b): Wovon zeugt die Schande, wenn nicht von Verbrechen. Das Gewissen ist die innere Einsamkeit mit sich. Ein Zwischenruf. In: Frank

Schirrmacher (Hg.): Die Walser-Bubis-Debatte. Eine Dokumentation. Frankfurt/Main: Suhrkamp: 252-260

Walser, Martin (2000a): Über das Selbstgespräch. Ein flagranter Versuch. In: Die Zeit vom 13.1.2000 (AD-Do)

Walser, Martin (2000b): Jetzt bin ich dem Fernsehen dankbar. Martin Walser plädiert für das Hinschauen. Ein Gespräch über die Fernsehreihe „Auschwitz und kein Ende". In: Frankfurter Allgemeine Zeitung vom 29.1.2000 (AD-Do)

Weiss, Peter (1965): Die Ermittlung. Oratorium in 11 Gesängen. Frankfurt/Main: Suhrkamp.

Westecker, Wilhelm (1958): Elegante Gesellschaftskritik. In: Christ und Welt vom 16.1.1958 (AD-Do)

Wippermann, Wolfgang (1997): Wessen Schuld? Vom Historikerstreit zur Goldhagen-Kontroverse. Berlin: Elefanten-Press

Wolf, Christa (1990): Was bleibt. Erzählung. Frankfurt/Main: Luchterhand

Worstbrock, Franz Josef/Helmut Koopmann (1986) (Hg.): Formen und Formgeschichte des Streitens. Der Literaturstreit. Tübingen: Niemeyer

Worthmann, Joachim (1998): Normal oder nicht? Bubis, Walser und das Mahnmal. In: Stuttgarter Zeitung vom 15.12.1998 (AD-Do)

Autorin und Autoren

Birgfeld, Johannes, M.A., geb. 1971, Lehrbeauftragter am Lehrstuhl für Neuere deutsche Literaturwissenschaft an der Otto-Friedrich-Universität Bamberg. Arbeitsgebiete: Literatur der Aufklärung, Wiener Volkstheater, Literatur des 20. Jahrhunderts, deutsche Theatergeschichte, Krieg und Literatur, Klopstock, Elise Müller, Franz Innerhofer, Peter Handke, Kerstin Hensel.

Blöbaum, Bernd, Dr. phil., geb. 1957, Professor für Medientheorie und Medienpraxis am Institut für Kommunikationswissenschaft der Westfälischen Wilhelms-Universität Münster. Arbeitsgebiete: Journalismusforschung, Journalismustheorie, europäische Öffentlichkeit, Rezipientenforschung.

Bus, Heiner, Dr. phil., geb. 1941, Professor für Englische Philologie unter besonderer Berücksichtigung der Amerikanistik an der Otto-Friedrich-Universität Bamberg. Arbeitsgebiete: U.S. ethnische und Immigranten Literaturen in vergleichender Perspektive, hemisphärische amerikanische Identitäten, europäische und amerikanische *captivities*.

Conter, Claude D., M.A., geb. 1974, Lehrbeauftragter am Lehrstuhl für Neuere deutsche Literaturwissenschaft an der Otto-Friedrich-Universität Bamberg. Arbeitsgebiete: Verhältnis Literatur und Politik, vor allem DDR-Literatur, Vormärz, Nation und Europa, Verhältnis von Literatur und Medien, Spätaufklärung, 19. Jahrhundert und Gegenwartsliteratur.

Heinritz, Reinhard, Dr. phil. habil, geb. 1954, Privatdozent für Neuere deutsche Literaturwissenschaft an der Otto-Friedrich-Universität Bamberg. Arbeitsgebiete: Literatur des 16. Jahrhunderts, Reiseberichte, Literatur der Romantik, Text-Bild-Beziehungen (Literatur/bildende Kunst, Buchillustration).

Kleinsteuber, Hans J., Dr. rer. pol., geb. 1943, Professor für Politische Wissenschaft und für Journalistik an der Universität Hamburg. Arbeitsgebiete: Vergleichende Politikwissenschaft mit den Schwerpunkten Nordamerika und Europa, Medienpolitik, Medientechnik, Öffentlichkeit, globale Kommunikation.

Meier, Andreas, Dr., geb. 1957, Privatdozent, Vertretungsprofessor am Institut für deutsche Philologie im Fachbereich Sprach- und Literaturwissenschaften der Bergischen Universität Wuppertal. Arbeitsgebiete: Literatur der Goethe-Zeit, Klassik und klassische Moderne.

Meyer, Michael, Dr., geb. 1958, Privatdozent, Vertretungsprofessor am Institut für Anglistik der Universität Koblenz-Landau. Arbeitsgebiete: Autobiografien, britische Lyrik, moderne britische Kurzgeschichten, koloniale und postkoloniale Literaturen, Literaturdidaktik.

Neuhaus, Stefan, Dr. phil., geb. 1965, Privatdozent und Wiss. Mitarbeiter am Lehrstuhl für Neuere deutsche Literaturwissenschaft der Otto-Friedrich-Universität Bamberg. Arbeitsgebiete: Literaturgeschichte des 18.-20. Jahrhunderts, Literaturtheorien, Kanonforschung, Theodor Fontane, Erich Kästner, Literaturtheorien (u.a. Diskursanalyse).

Reus, Gunter, Dr. phil., geb. 1950, apl. Professor für Journalistik am Institut für Journalistik und Kommunikationsforschung der Hochschule für Musik und Theater Hannover. Arbeitsgebiete: Sprache und Stil der Massenmedien, Kulturjournalismus, journalistische Darstellungsformen, Kinder und Medien.

Studnitz, Cecilia von, Dr. phil., geb. 1940. Zeitungsredakteurin, freie Journalistin, Wiss. Mitarbeiterin an der Otto-Friedrich-Universität Bamberg im Bereich Kommunikationswissenschaft mit Schwerpunkt Journalistik. Arbeitsgebiete: Praktischer Journalismus für Printmedien und Hörfunk, Kommunikationswissenschaft.

Unger, Thorsten, Dr. phil., geb. 1962, Privatdozent am Seminar für Deutsche Philologie der Universität Göttingen und wissenschaftlicher Referent für Kultur- und Geisteswissenschaften bei der Wissenschaftlichen Kommission Niedersachsen. Arbeitsgebiete: Literatur des 18. Jahrhunderts (bes. Drama und Theater), Klassische Moderne (bes. Weimarer Republik), Humor- und Lachkulturforschung, übersetzungswissenschaftliche Komparatistik, Arbeit und Literatur, Forschungsevaluation und Qualitätssicherung in der Germanistik.

Wagener, Benjamin, Dipl.-Germ., geb. 1974, Studium der Germanistik, Kommunikationswissenschaft/Journalistik und Geschichte in Bamberg und Waterloo (Kanada). Volontär bei der *Schwäbischen Zeitung.*

West-
deutscher
Verlag